Politik und Wirtschaft

Qualifikationsphase (Q3/Q4)

bearbeitet von

Stephan Benzmann

Gunnar Meyer

Kersten Ringe

Martina Tschirner

Jan Weber

unter Beratung von Sabrina Reinhardt

C.C. Buchner Verlag · Bamberg

Hessen

Kolleg Politik und Wirtschaft Hessen

Qualifikationsphase (Q3/Q4)

bearbeitet von Stephan Benzmann, Gunnar Meyer, Kersten Ringe, Martina Tschirner, Jan Weber unter Beratung von Sabrina Reinhardt

Zu diesem Lehrwerk sind erhältlich:
- Digitaler Lehrerassistent click & teach (BN 72040-1)
- Digitaler Schülerband click & study (BN 72025-1)

Weitere Materialien finden Sie unter www.ccbuchner.de

Dieser Titel ist auch als digitale Ausgabe unter www.ccbuchner.de erhältlich.

1. Auflage, 1. Druck 2018

Alle Drucke dieser Auflage sind, weil untereinander unverändert, nebeneinander benutzbar.

Dieses Werk folgt der reformierten Rechtschreibung und Zeichensetzung. Ausnahmen bilden Texte, bei denen künstlerische, philologische oder lizenzrechtliche Gründe einer Änderung entgegenstehen.

Die Mediencodes enthalten ausschließlich optionale Unterrichtsmaterialien. Auf verschiedenen Seiten dieses Buches finden sich Verweise (Links) auf Internetadressen. Haftungshinweis: Trotz sorgfältiger inhaltlicher Kontrolle wird die Haftung für die Inhalte externer Seiten ausgeschlossen.

Redaktion: Stephanie Gebhardt
Grafische Gestaltung: HOCHVIER GmbH & Co. KG, Bamberg
Druck und Bindung: creo Druck & Medienservice GmbH, Bamberg

www.ccbuchner.de

ISBN 978-3-661-72025-8

ZUR BENUTZUNG DER LEHR- UND ARBEITSBÜCHER

Unsere Oberstufenreihe **Kolleg Politik und Wirtschaft** geht in die nächste Generation. Ziel der Bände bleibt es, den Schülerinnen und Schülern Anregungen zur selbstständigen Arbeit zu geben und den Unterrichtenden Hilfen für einen methoden- und handlungsorientierten Unterricht anzubieten.

Zum Aufbau der Kapitel

Der Kapitelaufbau folgt dem Doppelseiten- bzw. Vier-Seiten-Prinzip. Dieser Aufbau erleichtert die Strukturierung der Unterrichtsstunden.

Einführung	Jedes Kapitel beginnt mit einem Problemaufriss, einer Lernstandserhebung und der Formulierung der im Kapitelverlauf zu erwerbenden Kompetenzen.
Basiskonzepte	Jedem Großkapitel werden entsprechende Basiskonzepte vorangestellt und diese durch Fachkategorien und Leitfragen konkretisiert.
Materialien	Die Materialienseiten sind multiperspektivisch angelegt und vertiefen zentrale Themenaspekte. Sie ermöglichen einen vielseitigen und kompetenzorientierten Unterricht. In Infokästen und in der Randspalte werden zentrale Begriffe und wichtige Zusatzinformationen knapp erklärt, um eine genaue fachwissenschaftliche Verwendung zu erleichtern. Die Darstellung aktueller Kontroversen fördert die Urteilskompetenz der Schüler. Materialien und Aufgaben für das erhöhte Anforderungsniveau werden gekennzeichnet ⭐.
Aufgaben	Jede Themeneinheit schließt mit Aufgaben ab, die gezielt auf die Probleme und Zusammenhänge vorangegangener Lernsequenzen eingehen. Angebote in der Randspalte zum Helfen 🄷 und Fordern 🄵 unterstützen die Binnendifferenzierung des Unterrichts. Semesterübergreifende Aufgaben werden extra gekennzeichnet ⌐.
Methoden	Methodenseiten nehmen für das jeweilige Thema zentrale Fachmethoden und Arbeitsweisen auf und stärken so die Methodenkompetenz.
Kompetenzen ausbilden	Zusätzlich können an konkreten Aufgabenstellungen die Kompetenzen „Analysieren", „Handeln" und „Urteilen" schrittweise erlernt werden.
Zusammenfassungen	Orientierungswissen am Ende der Unterkapitel sichert das erworbene Wissen und ermöglicht eine Wiederholung zentraler Inhalte.
Kompetenzen anwenden	Kompetenzseiten runden die Kapitel ab und wenden die am Kapitelbeginn formulierten Kompetenzen mit komplexen Aufgabenstellungen an.

Das **Register** dient dem Auffinden zentraler **Begriffe** und ermöglicht Querverbindungen innerhalb der einzelnen Themengebiete.
Aufgrund der besseren Lesbarkeit wird im Folgenden darauf verzichtet, immer beide Geschlechter anzusprechen („Bürgerinnen und Bürger"...), auch wenn selbstverständlich beide gemeint sind.

INHALT

INHALT

Über QR-Codes können in verschiedenen Kapiteln digitale Inhalte direkt angesteuert werden. Diese können außerdem über die Eingabe von Mediencodes im Suchfeld auf www.ccbuchner.de aufgerufen werden.

Beispiel: 72025-01

Zerstörtes Aleppo

IS-Kämpfer vor Kobane

Vom Baaltempel in der Welt-kulturerbestätte Palmyra ist nach der Sprengung durch den IS im August 2015 nicht mehr viel übrig.

Syrische Flüchtlinge auf dem Weg zum Flücht-lingslager in Jordanien, 2016.

Internationale Konflikte und Konfliktbearbeitung in einer differenzierten Staatenwelt

Auch ein Vierteljahrhundert nach Ende des Ost-West-Konfliktes hat sich die Hoffnung vieler Menschen auf eine friedliche Epoche der Weltgeschichte nicht erfüllt. Zwar sind zwischenstaatliche militärische Konflikte mit militärischer Eskalation selten(er) geworden, die Fälle innerstaatlicher Gewaltanwendung haben dagegen drastisch zugenommen.

Am Beispiel des internationalisierten Bürgerkrieges in Syrien und dessen Analyse (Kap. 1.1) erschließen Sie sich in Kapitel 1.2 die Möglichkeiten und Grenzen der Vereinten Nationen, als einst zur „Wahrung des Weltfriedens" gegründete universelle Organisation, dem selbst gestellten Anspruch gerecht zu werden.

Dabei wird deutlich, dass wir bislang nicht in einem durchsetzungsfähigen „Weltstaat" leben; Versuche einer Verrechtlichung internationaler Beziehungen, die Sie am Beispiel des Internationalen Strafgerichtshofes (ICC) erarbeiten und beurteilen, weisen jedoch in diese Richtung (Kap. 1.3).

Chancen und Grenzen deutscher Außen- und Sicherheitspolitik werden am Beispiel des Bundeswehreinsatzes im Syrienkrieg kritisch hinterfragt (Kap. 1.4).

Zuletzt analysieren Sie in Kap. 1.5 die Interessen und Ziele der NATO-Mitglieder im Syrienkrieg und beurteilen, welche Auswirkungen aktuelle und zukünftige Konflikte auf die Entscheidungsstrukturen und die strategische Ausrichtung des Bündnisses haben.

KOMPETENZEN

Am Ende dieses Kapitels sollten Sie Folgendes wissen und können:

... internationale bzw. internationalisierte Konflikte anhand von Kategorien bzw. Leitfragen analysieren.

... Grundsätze, Befugnisse bzw. Zuständigkeiten sowie Machtmittel der Vereinten Nationen (UNO) kennen.

... Die Handlungsmöglichkeiten und die Durchsetzungsfähigkeit internationaler Organisationen in einem konkreten Konflikt analysieren und begründet einschätzen.

★ ... Die Verrechtlichung internationaler Beziehungen beschreiben und die Wirksamkeit internationalen Rechts beurteilen.

Was wissen und können Sie schon?

1. a) Beschreiben Sie anhand der Bilder die Auswirkungen des Konfliktgeschehens in Syrien für unterschiedliche Betroffenengruppen.

   a) Stellen Sie ausgehend von der Bildbetrachtung Ihr Vorwissen zum Syrien-Krieg dar.

2. Diskutieren Sie Ihre Erwartungen an internationale Akteure wie die Vereinten Nationen (UNO) bei der Beendigung des Bürgerkrieges.

1.1   Der Syrien-Konflikt – Bürgerkrieg in einem gescheiterten Staat?

Basiskonzepte	Fachkategorien	Leitfragen
Prozesse und Handeln	Konflikte Macht	· Worin liegen die Ursachen des Syrien-Konflikts? · Über welche Machtmittel verfügen die am Konflikt beteiligten Akteure?
Akteure und deren Dispositionen	Interessen	· Welche Interessen verfolgen die Akteure, die am Syrien-Konflikt beteiligt bzw. von diesem betroffen sind?

1.1.1   Vom lokalen Protest zum Bürgerkrieg – die Eskalation des Syrien-Konflikts

M 1 ● Vom lokalen Protest zum Bürgerkrieg: Die Genese des Syrien-Konfliktes

Opferzahlen in Syrien

Schätzung der Toten seit Ausbruch der Kämpfe: UN: 93.000 Tote (Stand: Juni 2013), ab Juli 2013 Zählung bzw. Schätzung aufgrund der nicht zu überblickenden Lage eingestellt.
Die oppositionelle „Syrische Beobachtungsstelle für Menschenrechte" geht von 280.00 Toten aus (Stand: Mai 2016).

Erklärfilm zum Syrienkonflikt

Mediencode: 72025-01

[Die Genese des syrischen Bürgerkriegs lässt sich in vier Phasen unterteilen:]
Die erste von März bis Ende April 2011 ist die Zeit friedlicher Demonstrationen. Er-
5 mutigt durch den arabischen Frühling fordern nicht nur Angehörige der vernachlässigten sunnitischen Unterschicht Freiheit, Demokratie und soziale Gerechtigkeit. [...]
Als Anfang März zornige Väter gegen die
10 Festnahme ihrer Kinder protestieren, schießt der Geheimdienst. Es gibt viele Tote. [...] Es gibt Kräfte, die keine Beruhigung wollen. Ende April sind auf einmal Waffen und Geld da. [...]
15 In Phase zwei, von Mai bis August 2011, treten die ersten bewaffneten Kämpfer auf. Darunter Scharfschützen, die sowohl auf Demonstranten als auch auf Sicherheitskräfte schießen. Sie heizen die Lage drama-
20 tisch an. Dass es diese Provokateure gibt, ist weitgehend unstreitig; umstritten ist, für wen sie arbeiten. Für inländische oder ausländische Geheimdienste, für Rebellen? [...] Demonstrieren wird gefährlicher, die Kund-
25 gebungen aber werden größer. Auch das Regime organisiert Märsche, an denen bis zu eine Million Menschen teilnehmen, Mitglieder der sunnitischen Mittel- und Ober-

schicht, Alawiten und Christen. Auch sie fordern Demokratie, aber mit Assad. [...] 30
In der dritten Phase, von August bis Ende 2011, präsentieren sich die bewaffneten Rebellen als Schutztruppe friedlicher Demonstranten. Doch [w]o sie mit Demonstranten auftreten, suchen die bewusst die 35 Konfrontation mit den Sicherheitskräften. Rebellen, Zivilisten, Soldaten und Polizisten sterben. Gleichzeitig greifen extremistische Rebellen zunehmend alawitische Zivilisten an, die sie pauschal als Vertreter 40 des Regimes betrachten. Alawiten rächen sich an Sunniten. Die Kämpfe werden sektiererisch [= gesellschaftliche Gruppen betreffend].
In der vierten Phase, von Anfang 2012 bis 45 heute [Stand: September 2012], verselbständigen sich die bewaffneten Rebellen. Und radikalisieren sich. [...] Es kommt zu schweren Gefechten mit den staatlichen Sicherheitskräften, die sich ebenfalls radika- 50 lisiert haben.
Die demokratischen Demonstranten der ersten Tage werden an den Rand gedrängt. Aus den friedlichen Protesten ist ein erbarmungsloser Bürgerkrieg zwischen Anhän- 55 gern der Regierung und Anhängern der

bewaffneten Opposition geworden. Die Regierungstruppen bombardieren gnadenlos Wohngebiete, in denen sich Rebellen verbergen. Sie töten dabei auch Zivilisten.

Die Rebellen exekutieren immer häufiger „feindliche" Zivilisten. Einige arbeiten eng mit Terrorkommandos von al-Qaida zusammen. [...]

Der Slogan „Assad tötet sein eigenes Volk" geht an der Realität dieses gegenseitigen Mordens vorbei. Beide Seiten töten das „eigene" Volk. Ein Drittel der Getöteten dürften Sicherheitskräfte sein, ein Drittel Rebellen, ein Drittel Zivilisten. Regierung und Rebellen töten wahrscheinlich gleich viele Zivilisten.

Jürgen Todenhöfer, Volk gegen Volk, in: Süddeutsche Zeitung, 3.9.2012

Jürgen Todenhöfer war von 1972-1990 Bundestagsabgeordneter (CDU), danach Medien-Manager. 2011 wurde er als einer der wenigen westlichen Journalisten zu Syriens Präsidenten Assad vorgelassen.

Er bereist und schreibt über Krisenregionen weltweit, seine Haltungen und Methoden polarisieren, beispielsweise seine Interviews mit dem „IS" (2014).

M 2 ● Soziale Gerechtigkeit, politische Freiheit, Religion: Hintergründe des Syrien-Konfliktes

Die Regierungszeit von [Staatspräsident] Baschar al-Assad begann im Jahr 2000 mit einer zaghaften Reform der sozialistischen Planwirtschaft, allerdings ohne mehr politische Freiheiten zu gewähren. [...]

Die punktuelle Liberalisierungspolitik verstärkte, zusätzlich verschärft durch die Beutewirtschaft des Assad-Clans, die sozialen Ungleichheiten und damit die Existenzangst der syrischen Mittelschicht. Verschlimmernd auf die soziale Situation hatte sich zudem die große Zahl irakischer Flüchtlinge ausgewirkt. Angesichts der Unzufriedenheit schwappte der „Arabische Frühling" zur Jahreswende 2010/2011 auch auf Syrien über. [...] Die Demonstranten forderten die Achtung der Menschenwürde, Freiheiten, Rechtsstaatlichkeit sowie soziale und wirtschaftliche Perspektiven. [...]

Die ursprüngliche Konfrontation zwischen dem autoritären Assad-Regime und großen Teilen der Bevölkerung wird inzwischen von einer Reihe weiterer Konflikte begleitet und überlagert:

1. Die Auseinandersetzung um das Gesellschaftsmodell des syrischen Staates: Neben moderaten und konservativen islamischen Vorstellungen konkurrieren radikale und pseudo-islamische Gruppierungen. Angezogen durch den Krieg und den Zerfall des Staates sind Dschihadisten aus dem Ausland eingedrungen. Ihr Ziel ist oft nicht mehr der Kampf gegen das Assad-Regime, sondern die Errichtung regionaler Kalifate. [...]

2. Die Frontstellung zwischen politisch-militärischen Gruppierungen und kriminellen Vereinigungen: Der Zugang zu wirtschaftlichen und finanziellen Ressourcen hat es insbesondere dem IS ermöglicht, sich als Kriegspartei zu etablieren. [...]

3. Der Konflikt zwischen ethnisch-religiösen Gruppen: Der sunnitisch-schiitische Gegensatz hat eine regionale Dimension. Kleinere Religionsgemeinschaften, wie Alawiten, Christen oder Drusen, drohen zwischen den beiden Lagern zerrieben zu werden. Die kurdischen Gebiete konnten sich zwar weitgehend verteidigen, werden aber nach wie vor von den Kampfverbänden des IS belagert. [...]

5. Der Kurdenkonflikt: [Kurdische Gruppierungen aus Irak, wo bereits eine autonom regierte Kurdenregion existiert, Syrien und die Türkei fordern einen von den genannten Staaten unabhängigen Kurdenstaat.]

Carsten Wieland, www.bpb.de, 17.11.2015

Carsten Wieland arbeitet im diplomatischen Dienst des Auswärtigen Amts in Berlin. Von Dezember 2013 bis Juni 2014 arbeitete er als politischer Berater des UN-/Sondergesandten zu Syrien, Lakhdar Brahimi.

Erklärfilm „Syrien: Die Ursprünge der Krise"

Mediencode: 72025-02

Erklärfilm „Syrien – regionale Auswirkungen der Krise"

Mediencode: 72025-03

Sunniten und Schiiten

Sunniten und Schiiten sind Angehörige der beiden theologischen Hauptströmungen des Islam. Der theologische Konflikt entzündet sich an der Frage um die „wahre" Nachfolge Mohammeds. Während die Sunniten (ca. 90 % aller Muslime) sich auf die Religionsauslegung der vier auf Mohammed folgenden Kalifen beziehen, vertreten die Schiiten die Auffassung, dass allein Mohammeds Schwiegersohn Ali und dessen Nachfahren politische und religiöse Oberhäupter der Muslime sein könnten.

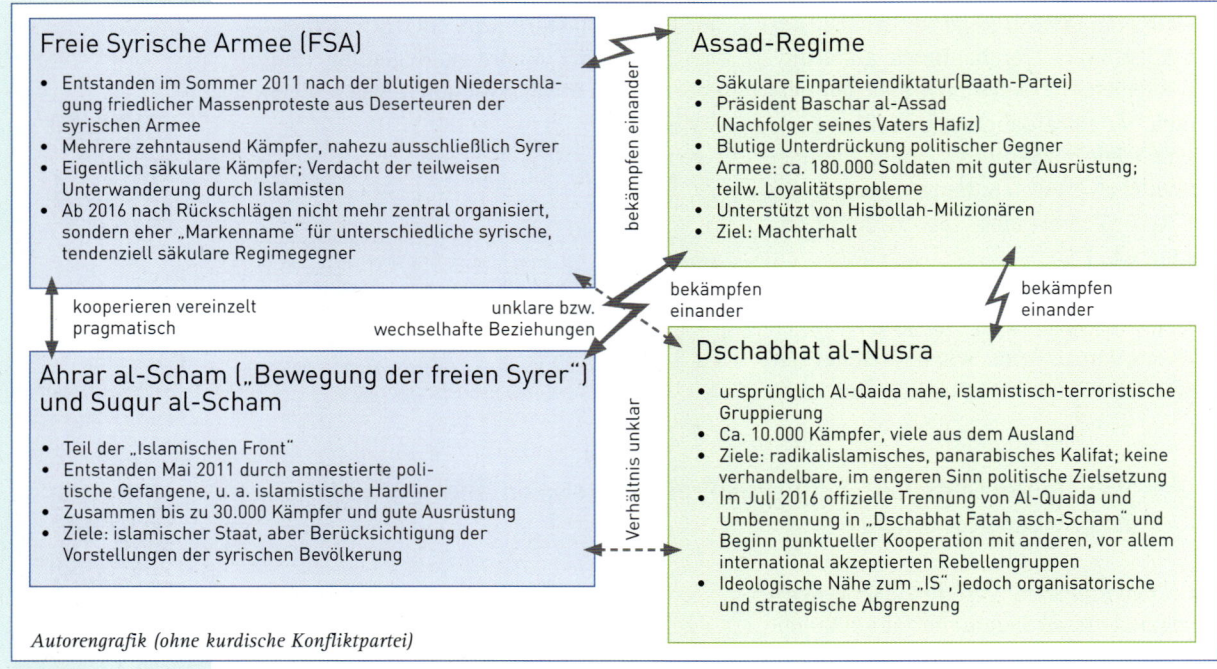

Freie Syrische Armee (FSA)

- Entstanden im Sommer 2011 nach der blutigen Niederschlagung friedlicher Massenproteste aus Deserteuren der syrischen Armee
- Mehrere zehntausend Kämpfer, nahezu ausschließlich Syrer
- Eigentlich säkulare Kämpfer; Verdacht der teilweisen Unterwanderung durch Islamisten
- Ab 2016 nach Rückschlägen nicht mehr zentral organisiert, sondern eher „Markenname" für unterschiedliche syrische, tendenziell säkulare Regimegegner

bekämpfen einander

Assad-Regime

- Säkulare Einparteiendiktatur(Baath-Partei)
- Präsident Baschar al-Assad (Nachfolger seines Vaters Hafiz)
- Blutige Unterdrückung politischer Gegner
- Armee: ca. 180.000 Soldaten mit guter Ausrüstung; teilw. Loyalitätsprobleme
- Unterstützt von Hisbollah-Milizionären
- Ziel: Machterhalt

kooperieren vereinzelt pragmatisch

unklare bzw. wechselhafte Beziehungen

bekämpfen einander

bekämpfen einander

Ahrar al-Scham („Bewegung der freien Syrer") und Suqur al-Scham

- Teil der „Islamischen Front"
- Entstanden Mai 2011 durch amnestierte politische Gefangene, u. a. islamistische Hardliner
- Zusammen bis zu 30.000 Kämpfer und gute Ausrüstung
- Ziele: islamischer Staat, aber Berücksichtigung der Vorstellungen der syrischen Bevölkerung

Verhältnis unklar

Dschabhat al-Nusra

- ursprünglich Al-Qaida nahe, islamistisch-terroristische Gruppierung
- Ca. 10.000 Kämpfer, viele aus dem Ausland
- Ziele: radikalislamisches, panarabisches Kalifat; keine verhandelbare, im engeren Sinn politische Zielsetzung
- Im Juli 2016 offizielle Trennung von Al-Quaida und Umbenennung in „Dschabhat Fatah asch-Scham" und Beginn punktueller Kooperation mit anderen, vor allem international akzeptierten Rebellengruppen
- Ideologische Nähe zum „IS", jedoch organisatorische und strategische Abgrenzung

Autorengrafik (ohne kurdische Konfliktpartei)

M 3 ● Der Syrische Bürgerkrieg als regionaler Krisenherd

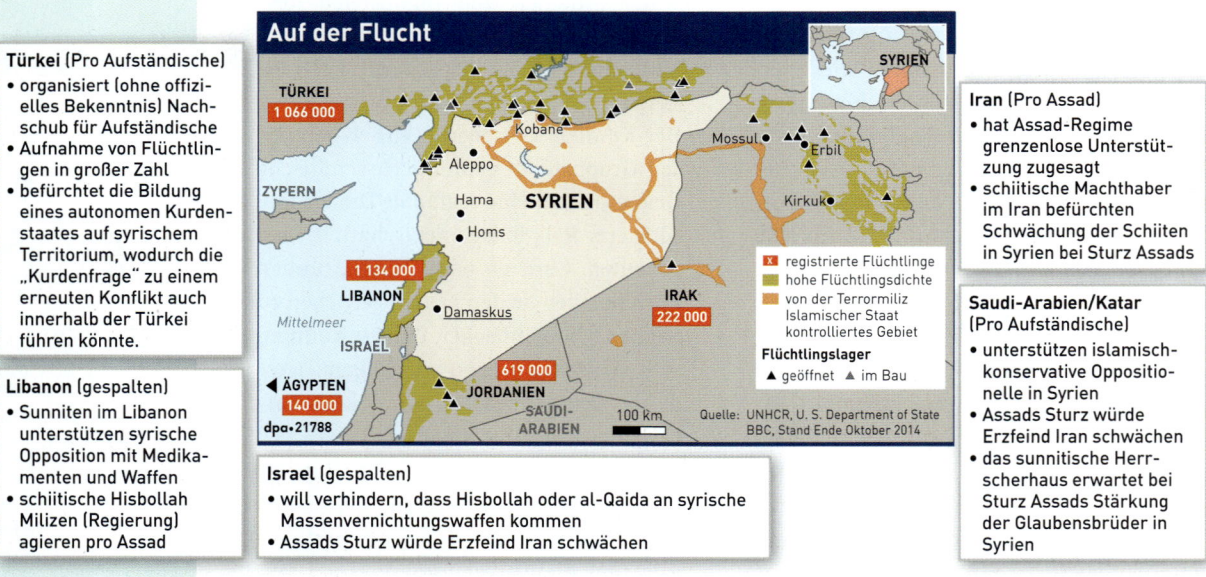

Türkei (Pro Aufständische)
- organisiert (ohne offizielles Bekenntnis) Nachschub für Aufständische
- Aufnahme von Flüchtlingen in großer Zahl
- befürchtet die Bildung eines autonomen Kurdenstaates auf syrischem Territorium, wodurch die „Kurdenfrage" zu einem erneuten Konflikt auch innerhalb der Türkei führen könnte.

Libanon (gespalten)
- Sunniten im Libanon unterstützen syrische Opposition mit Medikamenten und Waffen
- schiitische Hisbollah Milizen (Regierung) agieren pro Assad

Iran (Pro Assad)
- hat Assad-Regime grenzenlose Unterstützung zugesagt
- schiitische Machthaber im Iran befürchten Schwächung der Schiiten in Syrien bei Sturz Assads

Saudi-Arabien/Katar (Pro Aufständische)
- unterstützen islamisch-konservative Oppositionelle in Syrien
- Assads Sturz würde Erzfeind Iran schwächen
- das sunnitische Herrscherhaus erwartet bei Sturz Assads Stärkung der Glaubensbrüder in Syrien

Israel (gespalten)
- will verhindern, dass Hisbollah oder al-Qaida an syrische Massenvernichtungswaffen kommen
- Assads Sturz würde Erzfeind Iran schwächen

Aufgaben

ℍ **zu Aufgabe 1**
Unterscheiden Sie dabei zwischen politischen, sozioökonomischen und religiösen Konfliktdimensionen.

1️⃣ Analysieren Sie die innerstaatliche Ebene des Syrischen Bürgerkrieges (vgl. Methodenseite Konfliktanalyse). Beachten Sie dabei insbesondere Konfliktursachen, -gegenstände sowie die beteiligten Akteure. (M 1 – M 2)

2️⃣ Diskutieren Sie die (mögliche) Verantwortung der Weltgemeinschaft für die Befriedung des Bürgerkrieges und die Bewältigung seiner humanitären Folgen. (M 1 – M 3)

Internationale Konflikte strukturiert analysieren

Die vorliegende Übersicht zeigt Untersuchungsbereiche und Leitfragen auf, mit denen inner- und zwischenstaatliche Konflikte analysiert werden können. Dabei ist es wichtig, dass Sie bei der Analyse eines konkreten Konflikts Aspekte fokussieren, die für diesen besonders relevant sind, also für Ihre konkrete Untersuchungsaufgabe eine Auswahl und Reduktion der Untersuchungsaspekte vornehmen.

1. Konfliktinhalt

Fragen an den Konflikt	Bearbeitungsvorschläge
• Worum geht es in dem Konflikt? • Welche Streitfragen und welche Konfliktebenen gibt es? • Welche unterschiedlichen Konfliktgruppen gibt es? • Wer ist in welcher Weise von dem Konflikt betroffen?	Den Konfliktgegenstand ermitteln, Akteure und deren Interessen analysieren. Die Situation der Bevölkerung im Konflikt darstellen. Die Konfliktebenen (lokal, regional, national, zwischenstaatlich und international) unterscheiden.

2. Konfliktverlauf

Fragen an den Konflikt	Bearbeitungsvorschläge
• Welche konkreten Anlässe gab es? • Welche Stationen und Entwicklungen sind festzustellen? • Wie sieht die Geschichte des gesamten Konflikts aus? • Wie (in)kompatibel sind die jeweiligen Forderungen der Konfliktbeteiligten? • Wie verhalten sich die internationalen Hauptakteure? • Welche Unterstützungen / Sanktionen liegen ihrerseits vor?	Eine knappe Vorgeschichte ermitteln ist hilfreich, um die Konfliktparteien verstehen zu können. Aufmerksamkeit auf Probleme im internationalen System als Hintergrund der Konflikte richten. Ergebnisse beschreiben und Entwicklungstendenzen der internationalen Politik beurteilen, z. B. Verträge, Boykottmaßnahmen, militärische Interventionen.

3. Konfliktstrukturen

Fragen an den Konflikt	Bearbeitungsvorschläge
• Welche Interessen spielen in dem Konflikt eine Rolle und lassen sich Interessen bündeln? • Welche Machtmittel (wirtschaftliche, militärische, rechtliche, religiöse, ethnische ...) werden eingesetzt? • Welche strukturellen Ursachen hat der Konflikt?	Machtverhältnisse einschätzen und Folgen abschätzen, z. B. politische, ökonomische, militärische Stärke. Die Struktur des internationalen Systems analysieren und angemessene politisch-institutionelle Reaktionen ableiten.

4. Konfliktprognose

Fragen an den Konflikt	Bearbeitungsvorschläge
• Wie wird sich der Konflikt weiterentwickeln? • Welche Kompromiss- und Lösungskonzepte werden vorgelegt? • Gibt es Lösungsmöglichkeiten und welche weiteren Vorschläge sind denkbar? • Sind existierende Organisationen geeignet, die Aufgabe einer Prävention / Befriedung von Konflikten wirksam leisten zu können?	Kompromisse suchen und beurteilen, z. B. Verhandlungen, Verständigung, gemeinsame Projekte. Alternative Lösungsmöglichkeiten einordnen und beurteilen. Den Reformbedarf vor dem Hintergrund gewandelter Friedensgefährdungen ermitteln und Chancen einschätzen.

5. (Mediale) Wahrnehmung und Beurteilung des Konflikts

Fragen an den Konflikt	Bearbeitungsvorschläge
• Welche Rolle spielen die Medien in dem Konflikt / wie gestaltet sich die mediale Darstellung? • Wie sind erzielte Ergebnisse politisch zu beurteilen?	Die Präsenz des Konflikts in den Medien ermitteln und verfolgen. Die Themensetzung (Agenda-Setting) und Parteinahme von Medien unterscheiden.

1.1.2 Ein Stellvertreterkrieg? Die Internationalisierung des Syrischen Bürgerkrieges

M 4 ● Die Internationalisierung des Syrien-Krieges: Akteure und Interessen

Wollte man für Syrien ein Organigramm des Krieges zeichnen, heraus käme ein unentwirrbares Knäuel an bewaffneten Akteuren, Zielen, Ideologien, Bündnissen und Feind-
5 schaften. Vier Kriege gleichzeitig toben mittlerweile in dem geschundenen Land. Der erste Krieg zwischen dem Assad-Regime und den Aufständischen, der zweite zwischen dem „Islamischen Staat" und einer
10 internationalen Luftallianz, der dritte zwischen Sunniten und Schiiten. Seit [August 2016] ist mit dem Einmarsch der Türkei nach Nordsyrien ein vierter Krieg hinzugekommen – der Krieg um die Kurden. [...]
15 [Angesichts] einer solch vertrackten und vielschichtigen Dynamik [ist es] kein Wunder, dass die Friedensgespräche in Genf seit Monaten ausgesetzt sind. [...]
Stattdessen schaufelt der Waffengang zwi-
20 schen Türkei und Kurden jetzt eine weitere Schicht von Gewalt und Zerstörung auf das geschundene Syrien [...], der Kurdenkrieg wird die bisherigen Allianzen neu verquirlen, vor allem aber den Vormarsch gegen
25 den IS erschweren. Einen ersten Vorgeschmack bekamen die Amerikaner, die sich als Verbündete der syrisch-kurdischen YPG-Milizen [„Volksverteidigungseinheiten" der syrischen Kurden] gegen den IS und
30 als NATO-Partner der Türkei plötzlich auf beiden Seiten der Front wiederfinden. Iran, Syrien-Regime und Türkei, ansonsten erbitterte Gegner, ziehen gegen die Autonomiewünsche der 30 Millionen Kurden an einem
35 Strang. Assad-Freund Russland dagegen paktiert eher mit der kurdischen Seite. Moskau ist jedoch offenbar bereit, sich dies von Ankara abhandeln zu lassen, wenn dafür der Waffennachschub für die Aufständi-
40 schen nach Nordsyrien und Aleppo gedrosselt wird.
[...] [K]eine der Kriegsparteien kann gewin-

nen. Jeder der lokalen, regionalen und internationalen Akteure ist in der Lage, wenn sich das Kriegsgeschehen wendet, mit zu- 45 sätzlichem Nachschub zu eskalieren, um zumindest eine Niederlage abzuwenden.
Die Saudis sehen sich in einem apokalyptischen Kampf gegen den Iran und wollen ihrem Erzfeind am Golf keinesfalls das Feld 50 in Syrien überlassen. Die Türkei scheint sich mittlerweile mit einem politischen Überleben Assads abzufinden, sucht aber eine Annäherung an Russland, um den iranischen Einfluss vor Ort zu kontern. Der Iran wiede- 55 rum stützt das Assad-Regime mit allen Mitteln, um seinen wertvollsten arabischen Verbündeten zu behalten plus die Nachschubbrücke zur libanesischen Hisbollah.
Als größte Übereinstimmung schält sich 60 mittlerweile der Kampf gegen den „Islamischen Staat" heraus. Russland und die USA wollen ihre Luftangriffe koordinieren. Die Türkei hat nach einer Serie verheerender Anschläge fast ihren gesamten Tourismus 65 eingebüßt. Saudi-Arabien erlebte kürzlich sogar ein IS-Attentat direkt neben der Prophetenmoschee in Medina. Und Iran verzeichnet eine wachsende Radikalisierung seiner sunnitischen Minderheit im Osten 70 [...].
Die türkische Invasion jedoch richtet sich nun ausgerechnet gegen die bisher einzigen Landstreitkräfte, die dem IS die Stirn bieten und ihn aus wichtigen syrisch-türkischen 75 Grenzorten vertreiben konnten. Im Kampf gegen das „Islamische Kalifat" sind die Kurden der zuverlässigste Verbündete der USA. Umso mehr empfinden ihre Kämpfer die Kollaboration Washingtons mit Ankara als 80 Verrat [...].

Martin Gehlen, Ein Land – vier Kriege, www.fr.de, 29.8.2016

Chronologie der Ereignisse

Ab Mai 2011
Iran und Hisbollah unterstützten das Assad-Regime (schiitische Milizen).

Ab Sommer 2014
USA fliegen Luftangriffe gegen Stellungen des „IS" auf syrischem Territorium.

Ab Sommer 2015
Russland greift mit Luftangriffen zugunsten Assads in den Konflikt ein. Die Unterstützung Russlands gilt als wesentlich für die (Rück-)Eroberung Aleppos durch Syrische Regierungstruppen (Dezember 2016).

Ab Sommer 2016
Die Türkei greift auf syrischem Territorium Kurden an.

M 5 ● Der Syrien-Krieg – ein globaler Stellvertreterkrieg?

Amerikas Außenminister verhandelt mit seinem russischen Kollegen wieder einmal einen Waffenstillstand im syrischen Bürgerkrieg. Hoffnung keimt auf – [...] [z]um wie-
5 vielten Mal? Bislang haben Waffenruhen, wenn sie überhaupt eingetreten sind, nie lange gehalten. Zu [...] gegensätzlich sind [...] die Interessen aller, die in diesem [...] Krieg ihre Hände im Spiel haben.
10 [...] Als die Syrien-Krise 2011 ausbrach, gab es viele Stimmen, die eindringlich warnten: Gelinge es nicht, diesen Konflikt schnell einzuhegen und politisch zu lösen, werde er die gesamte Region und womöglich sogar
15 die Welt in schwere Turbulenzen stürzen. Doch die Warnungen wurden nicht ernst genommen oder in den Wind geschlagen. Am Anfang, 2012, als der IS noch nicht Fuß gefasst hatte, als Assad zu wanken schien
20 und Russland und der Iran ihm noch nicht in der heutigen Stärke militärisch zur Seite standen, lehnte Obama die Bewaffnung moderater Rebellenkräfte ab. [...] Obama weigerte sich sogar, Flugverbotszonen für As-
25 sads Luftwaffe und Schutzzonen für Flüchtlinge einzurichten und durchzusetzen.
2012 warnte er zwar Syriens Regierung vor einer Eskalation und vor allem vor dem Ein-
30 satz von Giftgas. Damit, sagte er damals, wäre die „rote Linie" überschritten – sollte heißen: In diesem Fall bliebe Amerika nichts anderes übrig, als militärisch einzugreifen. Doch als ein Jahr später, im Sommer 2013,
35 Assad nachweislich Giftgas einsetzen ließ und in den Vororten von Damaskus mindestens 1.400 Menschen daran qualvoll starben, nahm Obama von seiner ultimativen Drohung Abstand. Stattdessen ließ er sich
40 auf einen Kompromiss des russischen Präsidenten Wladimir Putin ein, der vorgeschlagen hatte, die syrischen Vorräte an Giftgas außer Landes zu bringen und unschädlich zu machen.
45 Schließlich: [...] dank der Unterstützung aus Moskau konnten sich Assad, sein Regime und seine Armee Schritt für Schritt stabili-

sieren. 2011 noch hatte Obama gefordert, „Assad must go!" [...]. Fünf Jahre später sitzt
50 der Despot immer noch in seinem hoch gesicherten Präsidentenpalast in Damaskus, während sein Volk stirbt oder flieht und das Land in Trümmern liegt.
Nicht, dass Amerika sich aus dem Konflikt herausgehalten und völlig beiseite gestan-
55 den hätte. Die US-Luftwaffe flog und fliegt weiter Angriffe, die Militärexperten bilden unterschiedliche Rebellentruppen aus und versorgen sie mit Waffen. Doch Amerikas alleiniges Ziel ist der IS, die Terroristen des
60 „Islamischen Staats" sollen gestoppt und unschädlich gemacht werden. Das Ziel ist es nicht, Assad zu beseitigen oder dem Massenmörder zumindest Einhalt zu gebieten.
Das ginge heute auch kaum noch. Obama
65 sind die Hände gebunden, steckt er doch inzwischen in einem ebenso politischen wie militärischen Dilemma. Weil die Russen nun ganz offen als Kriegspartner der syrischen Regierung zur Seite stehen, sind Angriffe
70 auf Assads Armee für Amerika tabu. Niemand will eine noch größere Eskalation mit unabsehbaren Konsequenzen heraufbeschwören.
Ebenso sind Obama inzwischen auch bei der
75 Unterstützung von Aufständischen Grenzen gesetzt. In diesen Tagen zum Beispiel hilft

Karikatur: Klaus Stuttmann, 2015

Amerika mit gezielten Luftangriffen den in Syrien einmarschierten türkischen Panzer-
80 einheiten, jedenfalls solange sich deren Aktionen gegen den IS richten. Doch Erdogans Truppen schießen aus eigennützigen politischen Gründen ebenso auf kurdische Rebellen, die gegen den IS kämpfen. Die jedoch
85 werden seit Jahren von Amerika ausgebildet und ausgerüstet. [...]
Bürgerkriege enden meist dann, wenn eine Seite verliert oder wenn beide Seiten völlig erschöpft sind. Das wäre in Syrien um ein
90 Haar der Fall gewesen, jedenfalls am Anfang des Konflikts. Damals standen sich Assads Armee und die Rebellen noch allein gegenüber. Und womöglich hätte man zu diesem Zeitpunkt noch mit Flugverbotszo-
95 nen, mit geschützten Rückzugsgebieten für Flüchtlinge und mit gezielter Unterstützung gemäßigter Aufständischer das furchtbare Leid noch verhindern und eine politische Lösung herbeiführen können. Dafür ist es jetzt zu spät.
100 Heute steht keine einzige syrische Konfliktpartei mehr allein. [...] Heute [...] ist der syrische Bürgerkrieg genau das, wovor Obama gewarnt hat: ein Stellvertreterkrieg.

Martin Klingst, Obamas vertane Chance, www.zeit.de, 29.8.2016

Info

Warum werden Kriege geführt? Konflikttypen

Die Arbeitsgemeinschaft Kriegsursachenforschung (AKUF) an der Universität Hamburg unterscheidet zwischen fünf Kriegstypen:

Antiregime-Kriege:
Kriege, in denen um den Sturz der Regierenden oder um die Veränderung oder den Erhalt des politischen Systems oder gar der Gesellschaftsordnung gekämpft wird.

Autonomie- und Sezessionskriege:
Kriege, in denen um größere regionale Autonomie innerhalb des Staatsverbandes oder um Sezession vom Staatsverband gekämpft wird.

Zwischenstaatliche Kriege:
Kriege, in denen sich Streitkräfte der etablierten Regierungen mindestens zweier staatlich verfasster Territorien gegenüberstehen, und zwar ohne Rücksicht auf ihren völkerrechtlichen Status.

Dekolonisationskriege:
Kriege, in denen um die Befreiung von Kolonialherrschaft gekämpft wird.

Sonstige Kriege:
Zahlreiche Kriege lassen sich nicht eindeutig einem dieser Typen zuordnen, weil sich verschiedene Typen überlagern oder sich der Charakter des Krieges im Verlauf der Kampfhandlungen verändert, so dass sich Mischtypen bilden.

Cord Jakobeit, Universität Hamburg/AKUF, Kriegsdefinition und Kriegstypologie, www.wiso.uni-hamburg.de, Abruf am 21.1.2017

ⓗ zu Aufgabe 1
Visualisieren Sie die Konfliktkonstellation in Form eines Strukturbildes.

ⓗ zu Aufgabe 2
Differenzieren Sie dabei ggf. unterschiedliche Phasen des Konfliktes.

Aufgaben

① Analysieren Sie die Internationalisierung des Syrischen Bürgerkrieges hinsichtlich der beteiligten Akteure, ihrer Interessen, Strategien und Allianzen (vgl. Methodenseite, M 3 – M 5).

② Ordnen Sie den Syrien-Krieg in die Kriegstypologie (Info) ein.

③ Martin Klingst (M 5) hält Obamas „hinhaltendes, unentschiedenes und inkonsistentes Handeln im Syrien-Konflikt" für einen der größten außenpolitischen Fehler des ehemaligen US-Präsidenten. Erörtern Sie diese Einschätzung des ZEIT-Journalisten.

1.1.3 Internationaler Terrorismus des IS (in Mitteleuropa)

M 6 ● Eine terroristische Tatwaffe

LKW, mit dem ein islamistischer Terrorist am 19.12.2016 auf einen Weihnachtsmarkt an der Berliner Gedächtniskirche fuhr und insgesamt 12 Menschen tötete sowie etwa 50 z. T. schwer verletzte.

M 7 ● Anschlag im Auftrag des „IS"?!

Der mutmaßliche Attentäter Anis Amri hat vor dem Anschlag auf einen Berliner Weihnachtsmarkt offenbar ein Treuebekenntnis zur Terrormiliz IS abgegeben. Das IS-
5 Sprachrohr „Amak" veröffentlichte das Video am Freitag. [...] In dem knapp dreiminütigen Video schwört Amri dem Anführer der Terrormiliz Islamischer Staat (IS), Abu Bakr al-Bagdadi, die Treue. [...] Auch nach
10 den Attentaten von Ansbach und Würzburg im Sommer [2016] hatte der IS Bekennervideos publiziert, die dem gleichen Schema folgen.
In dem Video richtet sich ein junger Mann,
15 der sich offenbar selbst mit dem Handy filmt, an die „Ungläubigen" und „Kreuzzügler". So bezeichnet der IS den christlichen Westen [...]. Es werde Rache für das Blut von Muslimen geben, das vergossen wurde. Einen konkreten Bezug zum Lkw- 20 Attentat auf den Weihnachtsmarkt nimmt er offenbar nicht.
Auffällig sind die Kopfhörer, die Amri auf dem Video trägt: Es könnte sein, dass er das Video mit seiner Handykamera aufgenom- 25 men hat, während er mit jemandem per Chat kommunizierte, der ihm genaue Anweisungen für das Bekenntnis zum IS gab.

www.rbb-online.de, 23.12.2016

Chronik terroristischer Anschläge in Europa

11.9.2001: Al-Qaida-Anschläge mit Passagierflugzeugen in New York und Washington; fast 3.000 Opfer

11.3.2004: Bombenanschläge auf Pendlerzüge in Madrid; 191 Opfer

7.7.2005: Bombenanschläge auf U-Bahnen und Busse in London; 56 Tote, 700 Verletzte; in England aufgewachsene Selbstmordattentäter pakistanischer Abstammung

7.-9.1.2015: Überfälle auf die Redaktion der Satirezeitschrift „Charlie Hebdo" und einen jüdischen Supermarkt in Paris; „IS" bekennt sich; 17 Opfer

13.11.2015: Überfälle und Selbstmordattentate an verschiedenen Orten in Paris; „IS" bekennt sich; 130 Tote

12.1.2016: Selbstmordanschlag Istanbul; „IS" bekennt sich; 11 deutsche Touristen getötet

22.3.2016: zwei Selbstmordanschläge in Brüssel; „IS" bekennt sich; 32 Tote, mehr als 300 Verletzte

14.6.2016:
Anschlag eines einzelnen Attentäters in Nizza, der mit einem LKW durch eine Menschenmenge rast; „IS" bekennt sich; 86 Tote, über 400 Verletzte

1.1.2017:
Überfall auf Neujahr Feiernde in einem Nachtclub in Istanbul; „IS" bekennt sich; 39 Tote

„Islamischer Staat" (IS)
Der sogenannte „IS" ist eine islamistische Terrororganisation, die seit Mitte 2014 ein zusammenhängendes Gebiet im Nordwestirak und Ostsyrien beherrscht. Dieses „Kalifat" wird nach angeblich traditionell islamischen Grundlagen regiert. Im Auftrag des oder zumindest inspiriert vom „IS" immer wieder (Selbstmord-)Attentate in Mitteleuropa, der Türkei und v. a. der arabischen Halbinsel; mehrere andere islamistischer Terrororganisationen schworen dem „IS" Gefolgschaft.

Dschihad
Im Koran nicht exakt beschriebener Begriff; von den allermeisten islamischen Rechtsgelehrten als defensiver Kampf zur Verteidigung islamischen Territoriums gegen Andersgläubige verstanden („kleiner Dschihad"); von schiitischen Theologen teilweise auch als innerer Kampf gegen Versuchungen gedeutet („großer Dschihad")

M 8 ● Islamismus – Ideologie islamischer Fundamentalisten

Was ist Islamismus?

[Es ist] wichtig, genau zwischen Islam und Islamismus zu unterscheiden. Der Islam ist eine 1.400 Jahre alte Offenbarungsreligion.
5 Der Islamismus ist dagegen eine politische Ideologie, eine politische und radikale Verengung des Islam. Die Anhänger dieser Ideologie, islamische Fundamentalisten, missachten die Grund- und Menschenrech-
10 te und die Religionsfreiheit. Sie sind gegen eine Trennung von Staat und Religion und verstehen sich als Gegner der Demokratie. Die Islamisten sichern ihren Machterhalt, indem sie sich auf die Unantastbarkeit des
15 Koran berufen, damit aber die Unantastbarkeit der eigenen Korandeutung meinen. [...] Wer sich gegen die Meinung islamischer Fundamentalisten ausspricht, gilt nicht als Kritiker, sondern als Ungläubiger, als Feind,
20 der Allah verrät. [...]

Was will der Islamismus?

„Islamisten, oder anders ausgedrückt: islamische Fundamentalisten, wollen die Welt neu ordnen, indem sie diese zunächst ‚ent-
25 westlichen'; sie sind bestrebt, die westlich-europäische Globalisierung rückgängig zu machen. Damit ist nicht nur gemeint, die Hegemonie (Vorherrschaft) des Westens durch eine Vorherrschaft des Islam abzulö-
30 sen, sondern auch und vor allem, westliche Normen und Werte durch islamische abzulösen [...]." Der Verfassungsschutz formuliert die Ziele der radikalen Bewegungen des islamischen Fundamentalismus wie folgt:
35 „[...] die Islamisten fordern unter Berufung auf den Urislam des 7. Jahrhunderts die ‚Wiederherstellung' einer ‚islamischen Ordnung' als der nach ihrem Verständnis einzig legitimen Staats- und Gesellschaftsform,
40 die alle anders geprägten Ordnungssysteme ersetzen soll. In dieser ‚islamischen Ordnung' sollen alle Lebensbereiche so gestaltet sein, wie es von Gott durch den Koran und das Vorbild des Propheten und der frühen
45 Gemeinde (Sunna) verbindlich vorgegeben sei. Militante Islamisten glauben sich legitimiert, die ‚islamische Ordnung' mit Gewalt durchzusetzen. Sie beziehen sich dabei auf die im Koran enthaltene Aufforderung zum
50 ‚Jihad' (eigentlich: Anstrengung, innerer Kampf, auch: ‚heiliger Krieg')."

Gregor Delvaux de Fenffe, Islamistischer Fundamentalismus, www.planet-wissen.de, 21.1.2015

M 9 ● Warum Terrorismus (im Westen)? – Ursachen

Unter dem Eindruck der Pariser Terroranschläge vom 13. November [2015] [...] wiederholte der einflussreiche französische Politikwissenschaftler Olivier Roy seine schon
5 mehrfach formulierte These, dass der von radikalisierten Salafisten ausgehende Terror in Europas Städten nur sehr wenig mit Religion und Islam zu tun habe. Man müsse solche Attentate als eine neue Jugendrevol-
10 te gegen die herrschende Kultur deuten, als pathetisch inszenierten Bruch mit den Konventionen jener Welt, in der die jungen Täter aufgewachsen seien. Die in den Medien weitverbreitete Rede vom „politischen Isla-
15 mismus" sei irreführend. Man müsse stattdessen von „islamisierter Radikalität" re-
den. [...] Roy [entwirft] Psychogramme der Täter, die das herrschende Bild vom fanatischen Superfrommen, der aus primär religiösen Motiven gewalttätig wird, in Frage
20 stellen. Die meisten Täter seien Angehörige der zweiten Generation von Einwanderern oder aber Konvertiten aus europäischen Familien der Mittel- oder Unterschichten. Oft hätten sie eine Karriere als Drogenhändler
25 und Kleinkriminelle hinter sich. Weder seien sie in Kindheit und Jugend besonders fromm gewesen, noch hätten sie Kontakte zu irgendeiner Moschee gehabt. Roy bestreitet nicht, dass für die Selbstdeu-
30 tung der Täter die religiöse Symbolsprache eine wichtige Rolle spielt. Aber die religiöse

Sprache diene diesen zumeist gescheiterten, aus der Bahn geworfenen, von Frustration über ihr Lebensunglück und Hass auf die Gesellschaft geprägten jungen Menschen nur dazu, endlich ihrem Leben einen Sinn geben zu können. [...] Dass sie sich dabei auf islamische Vorstellungen stützten, sei eher zufällig. Der Islam biete sich in Europa derzeit eben an.

Roys Thesen blieben nicht ohne scharfen Widerspruch. Vor allem der französische Sozialwissenschaftler Gilles Kepel hat immer wieder [...] die hohe Bedeutung genuin religiöser Motive für die Terrorattacken europäischer Muslime betont. Natürlich weiß er um sozialstrukturelle Prägekräfte wie die elementare Exklusion [...]. Aber die hier bei vielen Jugendlichen vorherrschenden Gefühle von Ausschluss aus dem Arbeitsmarkt, Benachteiligung in den Bildungsinstitutionen und Missachtung durch die Mehrheitsgesellschaft würden primär religiös artikuliert und schafften so eine gegen den laizistischen Staat gerichtete kollektive Glaubensidentität der Muslime, die die „Werte" der Republik mit ihren Versprechen von Freiheit, Gleichheit und Brüderlichkeit nur als blanken Hohn empfinden könnten.

Friedrich Wilhelm Graf, Töten im Namen Gottes, www.faz.net, 29.3.2016

Laizismus

Lehre von der strikten Trennung von Kirche und Staat; insbesondere in Frankreich propagiert

M 10 ● Was ist Terrorismus?

Terrorismus bedeutet einfach, für politische Zwecke planmäßig und gewaltsam gegen Zivilisten vorzugehen. Er zeichnet sich durch sieben entscheidende Merkmale aus. Erstens: Ein Terrorakt ist politisch motiviert. Wenn nicht, handelt es sich einfach um ein Verbrechen. [...] Zweitens: Wenn nicht gewaltsam vorgegangen wird und auch keine Gewalt angedroht wird, handelt es sich nicht um Terrorismus. Der Begriff „Cyberterrorismus" ist nicht sinnvoll. [...] Drittens: Zweck von Terrorismus ist nicht, den Feind zu besiegen, sondern eine Botschaft zu verkünden. Zu den Attentaten vom 11. September erklärte ein Sprecher von al-Qaida: „Die Wiederherstellung arabischer und islamischer Größe wurde eingeläutet." Viertens: Der Terrorakt und die Opfer haben in der Regel symbolische Bedeutung. Bin Laden bezeichnete die Zwillingstürme als „Ikonen" der „militärischen und wirtschaftlichen Macht" Amerikas. Die Schockwirkung eines Terrorakts wird durch die Symbolik des Angriffsziels enorm gesteigert. Es kommt darauf an, dass die psychologische Wirkung größer ist als der tatsächliche physische Schaden. [...] Fünftens ist – und das ist umstritten – Terrorismus die Vorgehensweise von Gruppen auf substaatlicher Ebene, nicht von Staaten. Das soll nicht heißen, dass Staaten nicht Terrorismus als Instrument ihrer Außenpolitik benutzen. Wir wissen, dass sie das tun. [...]

Das sechste Merkmal des Terrorismus ist, dass die Opfer der Gewalt und das Publikum, das die Terroristen zu erreichen versuchen, nicht identisch sind. Opfer sind Mittel, um das Verhalten eines größeren Publikums zu beeinflussen, in der Regel einer Regierung. [...] Das ist ein Unterschied zu den meisten anderen Formen politischer Gewalt, die auf Sicherheitskräfte oder Repräsentanten von Staaten zielt, um einen Gegner zu schwächen.

Das letzte und wichtigste Merkmal des Terrorismus ist, dass er sich bewusst gegen Zivilisten richtet. Das unterscheidet ihn von anderen Formen politischer Gewalt, auch von eng verwandten wie dem Guerillakrieg.

Louise Richardson, Was Terroristen wollen. Die Ursachen der Gewalt und wie wir sie bekämpfen können, Frankfurt a. M./New York 2007, S. 28–30; (Übersetzer: Hartmut Schickert)

Louise Richardson war Harvard-Professorin für Politikwissenschaft und ist seit 2009 Vizekanzlerin der Universität St. Andrews, Schottland.

Zwillingstürme (twin towers)

gemeint sind die bei einem Terroranschlag am 11.9.2001 zerstörten Hochhäuser des World Trade Centers in New York

Info

Terrorismus – eine Typologie

Die bekannteste Typologisierung von Terrorismus ist die nach Motivgruppen. Danach lässt sich jede terroristische Organisation mehr oder weniger genau einer dieser vier Typen zuordnen:

(1) sozialrevolutionärer Terrorismus
- gewaltsamer Versuch nicht-staatlicher Organisationen, Besitz- und Herrschaftsverhältnisse grundlegend umzuwälzen
- z. B. RAF (Deutschland), Brigate Rosse (Italien)

(2) ethnisch-nationalistischer Terrorismus
- gewaltsamer Versuch nicht-staatlicher Organisationen von Minderheitenpopulationen (oft mit eigener Sprache und Kultur), ein eigenes Staatsgebiet (durch Abspaltung) zu erhalten
- z. B. baskische ETA (Spanien)

(3) religiöser Terrorismus
- gewaltsame Verfolgung von Zielen durch nicht-staatliche Organisationen, aus einem fundamentalistischen Religionsverständnis abgeleitet
- z. B. al-Qaida, Aum-Sekte (Japan)

(4) vigilantistischer Terrorismus
- im Gegensatz zu Terroristengruppen anderer Motivtypen Ziel der Stärkung staatlicher Autorität durch gewaltsames Vorgehen nicht-staatlicher Organisationen (in ihrem ideologischen Sinne)
- z. T. parapolizeilicher/-militärischer Aufbau
- z. B. Todesschwadronen in El Salvador (1980er Jahre), Ku-Klux-Klan (USA)

Es existieren aber auch Mischformen, wie z. B. die „al-Aksa-Märtyrer-Brigaden", die aufgrund ihrer islamistisch-antisemitischen Ideologie dem religiösen Terrorismus, aufgrund ihres Ziels, einen palästinensischen Nationalstaat errichten zu wollen, eher dem ethnisch-nationalistischen Terrorismus zuzuordnen wären.

Angelehnt an: Peter Waldmann, Stefan Malthaner, Terrorismus, in: Dieter Nohlen, Florian Grotz (Hg.), Kleines Lexikon der Politik, Bonn 2008, S. 573-578

M 11 ● Terroristische Gewalt als Kommunikationsmittel?!

a) Der „IS" in den Medien
Die teils bestialische Gewalt [...] wird bewusst eingesetzt und inszeniert wie in einem Film. Der IS verfolgt damit mehrere
5 Ziele: Unter seinen Gegnern will er Schrecken verbreiten, während er selbst als nahezu übermächtig erscheint und seine Botschaft mittels medialer Berichterstattung weltweit verbreiten kann. Damit wiederum
10 erreicht er Sympathisanten, Unterstützer und potentielle Rekruten.
Dabei kommt der Organisation der Warencharakter von Nachrichten entgegen. Jede alarmistische Schlagzeile kann die Auflage
15 steigern. Viele Medien zeichnen die Bedrohung durch den IS in grellen Farben. [...] Der IS ist auf diese Berichte angewiesen.

Unermüdlich arbeiten die Medienstrategen der Organisation unter Verwendung sozialer Netzwerke wie Twitter, Instagram und 20 Facebook deshalb daran, solche Meldungen zu provozieren. Vor allem mit dramatisch inszenierten Hochglanzvideos grausamer Hinrichtungen [...] versucht der IS Aufmerksamkeit auf sich zu lenken. Dies ge- 25 schieht in verstärktem Maße dann, wenn er auf dem militärischen Feld Misserfolge zu verzeichnen hat. [...]
Losgelöst von den militärischen Realitäten bemüht sich der IS deshalb seine angebli- 30 che Schlagkraft unter Beweis zu stellen. Dies dient nicht nur dazu, Sympathisanten zu gewinnen, sondern auch, um Feinde einzuschüchtern [...]. In der westlichen Welt

35 versucht der IS mittels Dschihadisten aus westlichen Ländern Eindruck zu machen. Diese „Auswanderer" drohen mit Anschlägen und rufen Sympathisanten zum Dschihad für den Islamischen Staat auf. [...]

40 Es liegt nahe, einen Zusammenhang zwischen dem medialen „IS-Hype" und dem Erstarken rechter Bewegungen wie Pegida [...] zu sehen. Gleichzeitig könnten vermehrte rassistische Übergriffe auf Muslime 45 wiederum dazu führen, dass das dschihadistische Narrativ [= legitimierende Erzäh-

lung] von der Unterdrückung der Muslime durch die westlichen „Ungläubigen", bei manchen marginalisierten [= an den gesell-schaftlichen Rand gedrängten] Muslimen 50 auf fruchtbaren Boden fällt. So perpetuieren [= dauerhaft machen] und legitimieren sich Islamismus und Rechtsradikalismus gegenseitig [...].

Jean Rokbelle, Der IS in den Medien und die Medien in der Strategie des IS, www.sicherheitspolitik-blog.de, 24.2.2015

b) Hoffnung auf Gegenreaktionen

Panik und Schockeffekte sind das eine, die Mobilisierung von Sympathisanten und Unterstützern sowie die Radikalisierung 5 von politisch nahe stehenden Bewegungen sind das andere strategische Motiv terroristischer Aktivitäten. Terroristen handeln daher zumeist im Namen von „als interessiert unterstellten Dritten" (Herfried Münkler). 10 Sie verstehen sich dabei als Avantgarde [= Auserwählte, wissende Vorreiter], die sich für die Unterdrückten einsetzt, unabhängig davon, ob sie nun ethnonationale/separa-tistische [= abspalterische], sozialrevolutio- 15 näre oder religiös inspirierte Ziele verfolgen. Daraus speist sich das Bewusstsein moralischer Überlegenheit, mit der Terroristen ihre eigentlich unmoralischen Taten vor sich selbst und vor anderen rechtferti- 20 gen. In diesem Sinne stellt Terrorismus eine Kommunikationsstrategie dar, mit der politische Botschaften gleichermaßen an Freund und Feind übermittelt werden sollen. Dazu nutzen Terroristen neben der ope- 25 rativen Ebene [= Handlungsebene] auch die Ebene der Propaganda, die sie in Form von

Bekennerschreiben, Drohungen und politischen Erklärungen verbreiten, heute zumeist über das Internet und per Videoauf- nahmen. [...] 30

Allerdings erreichen Terroristen die gewünschte Mobilisierung von Sympathisanten in der Regel weniger durch ihre Anschläge oder ihre Propaganda, als vielmehr durch die Gegenreaktionen, die sie beim 35 Adressaten des Anschlags hervorrufen. Die Attentate sollen den Gegner zu möglichst brutalen und unverhältnismäßigen Maßnahmen provozieren, die ihn, so das Kalkül der Terroristen, „entlegitimieren" und „de- 40 maskieren". [...] Der Angegriffene soll als der „eigentliche Aggressor" entlarvt werden, während die eigenen Aktionen als Form der Selbstverteidigung und Selbstbehauptung verkauft werden. Terroristen set- 45 zen insofern auf eine Aktion-Reaktion-Spirale, bei der sie von der Rolle des Angreifers in die des Angegriffenen, des „Opfers" wechseln können.

Ulrich Schneckener, Transnationaler Terrorismus, Frankfurt a. M. 2006, S. 22 ff. (Hervorhebungen im Original)

Aufgaben

1 Stellen Sie Ziele und wesentliche Ideologiebausteine international agierender islamistischer Terrororganisationen wie dem „IS" sowie Ursachen für die Radikalisierung junger Täter dar. (M 6 – M 9, M 11)

2 Erläutern Sie die These, Terroranschläge fungieren als Kommunikationsmittel, an einem selbst gewählten Beispiel. (M 6, M 11)

3 Entwickeln Sie Grundzüge einer Strategie, internationalen Terrorismus erfolgreich zu bekämpfen und gleichzeitig Bürgerrechte zu erhalten.

M **zu Aufgabe 1**
Visualisieren Sie Ihre Ergebnisse mithilfe einer Mindmap oder eines systematischen Schaubilds.

1.1.4　Syrien – ein failed state?

M 12 ● Fragile Staaten = Terrorzentren?

Auf den ersten Blick scheinen fragile Staaten günstige Bedingungen für die Aktivitäten von Terroristen zu bieten […]. Allerdings konnten quantitative Ansätze keine allgemeine Korrelation zwischen Fragilität und Terrorismus feststellen. […] [Es] werden nicht alle Tätigkeiten terroristischer Gruppen durch fragile Staatlichkeit einfacher gemacht. Zum Beispiel benötigen sie eine gewisse Infrastruktur für ihre Kommunikation, ihre Logistik, ihre Finanztransaktionen und ihre Planung. Zweitens verändert es die strategische Logik von Terroristen, wenn sie Basen in „gewaltoffenen Räumen" (Elwert 1997) unterhalten, da sie nun auch territoriale Kontrolle ausüben müssen. […] **Aber auch wenn es keinen allgemeinen Zusammenhang zwischen Fragilität und Terrorismus gibt, können fragile Staaten unter bestimmten Bedingungen eine** günstige Umgebung für terroristische Aktivitäten darstellen. So stellt James A. Piazza (2007) fest, dass es in 19 Staaten des Nahen und Mittleren Ostens durchaus einen Zusammenhang zwischen Perioden politischer Instabilität und terroristischer Aktivität gab.

[…] Mit zunehmendem Verfall des Staates setzen Flüchtlingsströme ein; kommt es zu einem Gewaltkonflikt, bezieht dieser oft auch Regierungen und Milizen aus Nachbarländern mit ein. So kann der Verfall eines Staates auch zur Schwächung seiner unmittelbaren Nachbarländer führen. Im Extremfall entstehen so regionale „Fragilitäts-Cluster" […].

Daniel Lambach, Fragile Staatlichkeit: Begriffe, Theorien und politische Diskurse, in: Günter Meyer et al. (Hg.), Staatlichkeit in der Dritten Welt – fragile und gescheiterte Staaten als Entwicklungsproblem. Mainz 2013, S. 39f

M 13 ● Typologie fragiler Staatlichkeit

Auf der Basis der drei Staatsfunktionen (vgl. Info) lässt sich, wenn auch etwas holzschnittartig, eine Typologie fragiler Staaten entwickeln.

	Typ 1 Schwache Staaten (weak states)	Typ 2 Versagende oder verfallende Staaten (failing states)	Typ 3 Gescheiterte Staaten (failed states)
Sicherheitsfunktion	• staatliches Gewalt- monopol noch weitgehend existent	• staatliches Gewalt- monopol stark eingeschränkt • daher: Gewährleis- tung von Sicherheit durch den Staat stark beeinträchtigt	• nicht mehr durch den Staat erfüllt • teilweise Anarchie • teilweise Staatsfunk- tionen durch nichtstaatliche Akteure wie Warlords übernommen, deren Herrschaft auf Gewalt und Unterdrückung aufbaut
Wohlfahrtsfunktion	• Defizite	• staatliche Dienstleis- tungen und Infra- struktur einge- schränkt	
Legitimations-/ Rechtsstaatsfunktion	• Defizite		

Auf der Grundlage von: Ulrich Schneckener, Transnationaler Terrorismus, Frankfurt a. M. 2006, S. 183f

Kontinuum fragiler Staatlichkeit

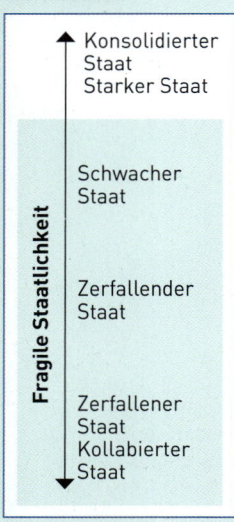

Nach: Daniel Lambach, a.a.O., S. 35

Staatsfunktionen

Um analysieren zu können, über welchen Grad „moderner Staatlichkeit" Staatsgebilde verfügen, sind politikwissenschaftlich drei Staatsfunktionen herausgearbeitet worden. Historisch hat sich (in Europa) zunächst die Sicherheitsfunktion von Staaten im 17. Jahrhundert etabliert, die Legitimitätsfunktion dann ab dem ausgehenden 18. und die Wohlfahrtsfunktion im Laufe des 19. Jahrhunderts:

	Sicherheits-funktion	Wohlfahrts-funktion	Legitimitäts- und Rechtsstaatsfunktion
Zweck	Gewährleistung physischer Sicherheit für die Bürger	Verteilung materieller Ressourcen zur Unterstützung der Bürger	Politische Partizipation der Bürger und Rechtsstaatlichkeit
Mittel (Auswahl)	Staatliches Gewaltmonopol • Entwaffnung privater Gewalt-akteure • Befriedung von Konflikten • Verteidigung der Außengrenzen • Staatliche Verwaltung zur Ressourcenkontrolle • Erhebung von Steuern u. Ä.	• Sozial- und Arbeitsmarktpolitik • Bildungspolitik • Gesundheitspolitik • Umweltpolitik • Öffentliche Infrastruktur • finanziert durch Steuern, Zölle, Gebühren, Abgaben	• Wahrung der Menschenrechte • Unabhängige Justiz • Unbestechliche, effiziente Verwaltung • Hohes Maß politischer Freiheiten (Vereinigungs-, Versammlungs-freiheit...) • Wahlen, Abstimmungen

Nach: Ulrich Schneckener, Transnationaler Terrorismus, Frankfurt a. M. 2006, S. 182 f.

M 14 ● Welche Staaten sind fragil?

Der „Fragile States Index" wird jährlich von der Nichtregierungsorganisation „The Fund for Peace" erstellt. Anhand von 12 Indikatoren wird die Wahrscheinlichkeit gemessen, dass ein Staat kollabiert und Gewalt im Inneren ausbricht. Deutschland ist in dem Index nur in der zweitbesten Gruppe, da es bei den Indikatoren „demografische Probleme", „differente wirtschaftliche Entwicklung" und „Betroffenheit von Flüchtlingsproblemen" schlechte Bewertungen erhielt.

Aufgaben

① Skizzieren Sie mögliche Zusammenhänge zwischen dem Zustand des syrischen Staates und der Etablierung der Terrororganisation „IS". (M 12, Kap. 1.1.1)

② Ordnen Sie Syrien in die Typologie fragiler Staaten ein. (M 13, Kap. 1.1.1)

③ Erklären Sie die Bedeutung des gravierenden Verlustes von Staatlichkeit für die Bevölkerung, die Staaten in der Region und die internationale Gemeinschaft. (M 12 - M 14)

Ⓕ zu Aufgabe 3
Charakterisieren Sie hypothesenartig die weltweite Verteilung zerfallender und kollabierter Staaten. (M 14)

1.2 Die Vereinten Nationen – Wächter über Frieden und Sicherheit?

Basiskonzepte	Fachkategorien	Leitfragen
System und Struktur	Institutionen Recht/Normen	· Welche Rechte und Normen sind für die Bewältigung internationaler Gewaltkonflikte von Bedeutung? · Welche Institutionen sind für die Wahrung des Weltfriedens von Bedeutung?
Akteure und deren Dispositionen	Interessen und Bedürfnisse Ideologien	· Über welche Machtmittel verfügen die Vereinten Nationen, um Frieden zu schaffen bzw. zu wahren?

1.2.1 Der Syrien-Konflikt – eine Aufgabe für die UN?

M 1 ● Ziele und Grundsätze der Vereinten Nationen

Die Charta der Vereinten Nationen fußt auf zwei grundlegenden Prinzipien:

> Wesentliches Ziel der Vereinten Nationen ist es „den Weltfrieden und die internationale Sicherheit zu wahren."
> *(Kapitel I, Artikel 1 (1) der Charta)*

> „Die Organisation [der Vereinten Nationen] beruht auf dem Grundsatz der souveränen Gleichheit aller ihrer Mitglieder."
> *(Kapitel I, Artikel 2 (1) der Charta)*

UN-Charta

Den vollständigen Text der Charta finden Sie unter www.un.org/Depts/german/un_charta/charta.pdf.
Für den Zusammenhang dieses Kapitels sind die Präambel, die Artikel 1 und 2 sowie 38–51 von Bedeutung.

Nach den Erfahrungen mit dem Völkerbund, vor dem Hintergrund zweier Weltkriege und massiver Verletzungen der Menschenrechte [...] wurde mit den V[ereinten]

5 N[ationen] ein neuer Versuch zur Regulierung des internationalen Systems und zur Schaffung von dauerhafter Sicherheit unternommen. „Fest entschlossen, künftige Geschlechter von der Geißel des Krieges zu

10 befreien", sollten Bedingungen geschaffen werden, unter denen „Gerechtigkeit und die Achtung vor den Verpflichtungen aus Verträgen [...] gewahrt werden können, den sozialen Fortschritt und einen besseren Le-

15 bensstandard in größerer Freiheit zu fördern" (Präambel der VN-Charta). [...]
[Die VN] beruhen auf dem Grundsatz der souveränen Gleichheit aller ihrer Mitglieder, dem Prinzip der friedlichen Beilegung

von Streitigkeiten und dem Gewaltverbot 20 (von dem lediglich die vom Sicherheitsrat autorisierten Zwangsmaßnahmen und die individuelle bzw. kollektive Selbstverteidigung ausgenommen sind), der grundsätzlichen Beistandspflicht gegenüber der Welt- 25 organisation und dem – inzwischen umstrittenen – Verbot der Einmischung in die „Angelegenheiten, die ihrem Wesen nach zu inneren Zuständigkeiten eines Staates gehören" (Art. 2 Abs. 7 [Nicht-Ein- 30 mischungsgebot]).
Die rechtliche Einordnung der Ziele und Grundsätze ist in mehrfacher Hinsicht unklar, [...] [da] eine Prioritätensetzung hinsichtlich der Ziele aus der Charta nicht 35 direkt ableitbar [ist].

Johannes Varwick, in: Wichard Woyke (Hg.), Handwörterbuch Internationale Politik, Bonn 2011, S. 545 f.

Die Vereinten Nationen

Die Vereinten Nationen (international: UNO = United Nations Organization) wurden am 24.10.1945 von damals 51 Staaten unter dem Eindruck der Katastrophe des Zweiten Weltkrieges mit dem Ziel gegründet, durch eine globale Organisation künftig Frieden und Sicherheit in der Welt zu gewährleisten.

Seither hat sich die Zahl der Mitgliedstaaten auf 193 (2017) erhöht, und die Vereinten Nationen haben ihre Tätigkeitsbereiche auf zahlreiche weitere Weltprobleme, wie zum Beispiel die Bekämpfung des Hungers oder den Menschenrechtsschutz, ausgeweitet. *Autorentext*

Erklärfilm zu den Vereinten Nationen

Mediencode: 72025-04

M 2 ● Von der Nicht-Einmischung zur Schutzverantwortung – die Neujustierung völkerrechtlicher Prinzipien

Seit den 1990er Jahren hat sich in der internationalen Gemeinschaft ein Verständnis dafür etabliert, dass Gerechtigkeit, wirtschaftliches Wachstum und Wohlstand eine
5 Voraussetzung für dauerhaften Frieden in einem Land sind. Dabei werden Entwicklungs- und Menschenrechtsfragen zunehmend mit Fragen der internationalen Sicherheit verbunden. [...] Dieser wachsende
10 Konsens spiegelt sich in der Vorstellung einer Schutzverantwortung der internationalen Gemeinschaft (englisch: Responsibility to Protect; abgekürzt R2P) wider. Diese Verantwortung zum Schutze des
15 Menschen vor schweren Menschenrechtsverletzungen und Brüchen des humanitären Völkerrechts stellt einen neuen und ganzheitlichen Ansatz der internationalen Politik dar. Befürworter des Konzepts sehen
20 dies als historischen Schritt zur Verhinderung schwerster Massenverbrechen. [...] [Dieses Konzept erfordert] ein konzeptionelles Überdenken des Begriffs der staatlichen Souveränität und ein Abwiegen zwi-
25 schen individuellen Rechten und staatlicher Verantwortung: „Diese Ansätze sehen alle eine Verlagerung des Grundverständnisses von Souveränität weg von absoluten Rechten von Staatsoberhäuptern hin zu einer
30 Respektierung des Volkswillens und internen Governance-Formen, basierend auf internationalen Standards der Demokratie und Menschenrechte. [...] Auf einer Werteskala steht die Souveränität eines Staates nicht höher als die Menschenrechte seiner 35 Bewohner" (ICISS 2001, S. 11).
Die Schutzverantwortung der internationalen Gemeinschaft hat sich in den letzten Jahren zu einem der dringlichsten Anliegen der internationalen Politik zum Schutz vor 40 massiven Menschenrechtsverletzungen, Kriegsverbrechen und Völkermord entwickelt. Auf der Plenarsitzung der UN-Vollversammlung (World Summit) im September 2005 in New York erkannten zum ersten 45 Mal alle Mitgliedstaaten der Vereinten Nationen offiziell ihre Verantwortung zum Schutz ihrer Bürger an [...]. Die Legitimität der Intervention aus humanitären Gründen ist [dabei] die zentrale Frage. 50

Rolf Schwarz, Libyen und das Dilemma externer Interventionen, in: Der Bürger im Staat, 1-2/2012, S. 34 ff.

„Schutzverantwortung konkret"

Durch die Doktrin der Schutzverantwortung werden alle Staaten der Weltgemeinschaft zu einem dreifachen Schutz verpflichtet:
· **Prävention („responsibility to prevent"):** Wirtschaftliche und politische Unterstützungsmaßnahmen, die der Entstehung von Gewaltkonflikten vorbeugen
· **Intervention („responsibility to react"):** Eingreifen in Gewaltkonflikte zur Verhinderung humanitärer Katastrophen
· **Nachsorge („responsibility to rebuild"):** State-building und ökonomischer Wiederaufbau als Grundlage einer nachhaltig friedlichen Gesellschaftsordnung *Autorentext*

M 3 ● „R2P" kontrovers diskutiert

Trotz [ihrer inzwischen erreichten Wirksamkeit] wurde der Wert der Doktrin von zwei gegensätzlichen Standpunkten aus infrage gestellt. Auf der einen Seite behaupten viele Fürsprecher eines stärkeren humanitären Schutzes, dass die Worte des Schlussdokuments genau dies blieben – Worte eben – und dass der Sicherheitsrat [bislang] in der Praxis nicht willens war, die vorgeschriebenen „kollektiven Maßnahmen" zu ergreifen, insbesondere nicht im Fall von Darfur.

Auf der anderen Seite [...] gibt es die schleichende Gefahr, mit der Doktrin Maßnahmen zu decken, auf die sie offenkundig nicht anwendbar ist. Der frühere britische Premierminister Tony Blair hat dies nachträglich für die Invasion im Irak versucht, während Russland im August 2008 behauptete, seine Invasion in Georgien solle einen Genozid in Südossetien und Abchasien verhindern. Diese Einlassungen verdrehen nicht nur Wirkungen und nahezu sicher die Motive der infrage stehenden Aktionen, sie ignorieren auch munter die Bestimmung des Schlussdokuments, dass kollektive Maßnahmen durch den Sicherheitsrat ergriffen werden. [...]

Man sollte nicht erwarten, dass sich die UN über Nacht von einer Mischung einander misstrauisch begegnenden und oft sehr eigennützigen souveränen Staaten zu einer Koalition wandeln, die überall auf der Welt die Menschenrechte hochhalten und die Bevölkerungen schützen. Anstrengungen in dieser Richtung, wie eben die Entwicklung der R2P-Doktrin, sollten jedoch nicht zu schnell abgeschrieben werden.

Karikatur: Satoshi Kambayashi, 2013

Edward Mortimer/Axel Berger, Eine Doktrin gegen Souveränitäts-Apologeten, www.zeit.de, 22.3.2010

Aufgaben

❶ a) Fassen Sie die Ziele und Rechtsprinzipien der Vereinten Nationen zusammen. (M 1, Info)

b) Erläutern Sie am Beispiel des Syrien-Konfliktes das Spannungsverhältnis zentraler Prinzipien der Vereinten Nationen.

❷ a) „Befürworter des Konzeptes (R2P) sehen dies als historischen Schritt zur Verhinderung schwerster Massenverbrechen" (M 2, Z. 19f.). Erläutern Sie die Ziele und beabsichtigten Funktionen der internationalen Schutzverantwortung. (M 2, Info)

b) Diskutieren Sie Möglichkeiten und Grenzen, Gewaltkonflikte auf der Grundlage der internationalen Schutzverantwortung zu befrieden. (M 2, M 3)

❸ Erörtern Sie, ob bzw. unter welchen Bedingungen der Syrien-Konflikt in den Zuständigkeitsbereich der Vereinten Nationen fällt.

1.2.2   Was können die Vereinten Nationen tun?

M 4 ● Syrien und die Vereinten Nationen – Chronologie der Bemühungen um Frieden und Humanität

Seit Beginn des syrischen Bürgerkrieges lassen sich verschiedene Bemühungen der interna- tionalen Staatengemeinschaft – vor allem vertreten durch die Vereinten Nationen und ihre Teil- bzw. Sonderorganisationen – zur Bewältigung der humanitären Katastrophe sowie zur Herbeiführung des Friedens beobachten:

3. August 2011	Nach Monaten der Gewalt verurteilen die Mitglieder des Sicherheitsrates der Vereinten Nationen die Gewalt in Syrien (präsidentielle Erklärung).
23. August 2011	Der UN-Menschenrechtsrat verurteilt die Gewalt.
19. Dezember 2011	Die UN-Vollversammlung kritisiert Syrien wegen der Gewalt gegen Demons- tranten. Syrien erklärt sich bereit, Beobachter der Arabischen Liga einreisen zu lassen.
24. Februar 2012	UN und Arabische Liga ernennen den früheren UN-Generalsekretär Kofi Annan zum Sondergesandten für Syrien; seine Aufgabe besteht darin, auf diplomatischem Wege den Konflikt zu entschärfen.
14. April 2012	Der UN-Sicherheitsrat erteilt einer 300 Mann starken unbewaffneten Beob- achtertruppe (UNSMIS) zur Überwachung der Waffenruhe gemäß des Frie- densplanes das Mandat. Es ist die erste verabschiedete Resolution zum Syrien-Konflikt.
2. August 2012	Der Sondergesandte für Syrien, Kofi Annan, erklärt, sein Amt nicht über den 31. August hinaus verlängern zu wollen.
ab April 2013	Es verdichten sich Hinweise auf den Einsatz von Giftgas, wobei die Verant- wortlichkeiten zwischen Regierungstruppen und Oppositionellen umstritten sind. Der Verdacht des Einsatzes von Chemiewaffen wird von der internatio- nalen Staatengemeinschaft im Sommer 2013 als bestätigt angesehen.
10. September 2013	Auf Druck Russlands stimmt die syrische Regierung der Sicherstellung und Verschrottung ihres Chemiewaffenarsenals durch Kontrolleure der „Organi- sation für das Verbot chemischer Waffen" (OPCW) gemäß der internationalen Chemiewaffenkonvention, der Syrien damit ebenfalls beitritt, zu. Vorausge- gangen waren u.a. US-amerikanische Drohungen, den Einsatz von Chemie- waffen zur Not durch eine militärische Intervention zu verhindern. Die OPCW ist eine zwar organisatorisch eigenständige internationale Vertragsorgani- sation, die jedoch die Kooperation mit den Organen der UN nutzt.
7. Januar 2014	Unter Aufsicht von OPWC-Kontrolleuren beginnt die Verschiffung von che- mischen Waffen aus Syrien.
Januar 2014	In Genf findet die „Syrien-Konferenz" statt, bei der Vertreter der syrischen Regierung, der syrischen Opposition sowie zahlreicher regionaler und inter- nationaler Mächte (nicht jedoch Iran) unter Leitung von UN-Generalsekretär Ban Ki-Moon verhandeln. Sie wird Ende Januar ergebnislos abgebrochen.
Bis Dezember 2016	Im UN-Sicherheitsrat scheitern mehrere Resolutionsanträge, die auf eine vollständige Waffenruhe in Syrien abzielen.
19. Dezember 2016	Nachdem die Syrische Armee die lange Zeit von Rebellen kontrollierte Stadt Aleppo weitgehend eingenommen hat, beschließt der UN-Sicherheitsrat, Beobachter zu entsenden, die die Evakuierung und humanitäre Versorgung der Einwohner überwachen sollen.

Zusammenstellung des Autors

M 5 ● Was können die Vereinten Nationen tun? Konfliktprävention und Intervention

Die Charta der Vereinten Nationen eröffnet ihren Mitgliedstaaten unterschiedliche, hinsichtlich ihres Drohpotentials gestufte Instrumente der Konfliktprävention und -intervention. Eine entsprechende Entscheidung obliegt dem UN-Sicherheitsrat, dessen Beschlüsse für alle UN-Mitgliedstaaten bindend sind.

Friedliche Beilegung von Konflikten (Kapitel VI)	Zwangsmaßnahmen bei Bedrohung oder Bruch des Friedens (Kapitel VII)
Konkrete Maßnahmen der Vereinten Nationen	
• Vermittlungsvorschlag des Sicherheitsrates (Art. 38) auf Ersuchen der Konfliktparteien	• nicht-militärische Sanktionen (Art. 41) wie Wirtschaftsboykott, Unterbrechung von Verkehrswegen und diplomatischen Beziehungen
	• militärisches Handeln zur Wiederherstellung (Erzwingung) des Friedens (Art. 42 ff.): „Demonstrationen, Blockaden und sonstige Einsätze"
„Durchschlagskraft" des UN-Sicherheitsrates	
	• Weisungs- und Entscheidungsbefugnis gegenüber Konfliktparteien *unter Voraussetzung*
	• der Feststellung seiner Zuständigkeit aufgrund von Friedensbedrohung, Friedensbruch oder Angriffshandlung (Artikel 39)
grundlegende Prinzipien	
• Primat der staatlichen Souveränität	• Primat der kollektiven Sicherheit
• sowie zwischenstaatlicher Lösungen auf dem Verhandlungsweg	

von der Prävention **zur** **Intervention**

• **Das Recht auf individuelle bzw. kollektive Selbstverteidigung aller Mitgliedstaaten gemäß Art. 51 bleibt unberührt**

Autorengrafik

M 6 ● Was passiert, wenn der Sicherheitsrat interveniert? Interventionsformen und militärische Aufgaben

Auf die politische Frage, wie Interventionen gemäß Art. 42ff. der UN-Charta konkret ausgeführt werden, haben die Vereinten Nationen im Laufe ihrer Geschichte unter-
5 *schiedliche Antworten gefunden:*
[Als sich die Anforderungen an die globale Krisenintervention in den 1990er Jahren veränderten und die klassischen „Blauhelm-Missionen" der UN] ein neues [weiter
10 reichendes] Format bekommen hatten, sprachen viele Autoren von einer neuen *„Peace-keeping*-Generation". Der Generationen-Begriff erleichtert zwar einerseits die Unterscheidung der verschiedenen Missio-
15 nen anhand ihrer Aufgabenstellung. Er suggeriert andererseits eine Abfolge von verschiedenen Missionsformen, die so nicht zu finden sind. Vielmehr existieren verschiedene Missionen mit unterschiedlichen Manda-
20 ten [Aufträgen] nebeneinander. [...]
Bei der ersten Generation handelt es sich um die [...] klassischen Missionen [...]. Diese überwachen, mit leichter [ausschließlich der Selbstverteidigung dienenden] Bewaff-
25 nung ausgestattet, Waffenstillstände oder Friedensverträge, die zur Beendigung der zwischenstaatlichen Kriege geschlossen wurden [„Blauhelm"-Einsätze].
Ziel der zweiten Generation ist dagegen
30 nicht die Überwachung, sondern die Implementierung von komplexeren Friedensverträgen. Diese erfolgt wie auch bei den klassischen Einsätzen mit Zustimmung der Konfliktparteien.

UN-Soldaten der Philippinen auf den Golan-Höhen zwischen Israel und Syrien, 12.6.2013.

Bei Missionen der dritten Generation stim- 35 men dagegen nicht alle Konfliktparteien einem UN-Einsatz zu. Die UN erlaubt daher ihrem Personal, das Mandat auch mit Waffengewalt durchzusetzen; den Frieden also zu erzwingen *(peace enforcement)*. 40
Wenn zu [diesen] robusten Mandaten zusätzlich auch noch Aufgaben des Verwaltungs- und Staatsaufbaus hinzu kommen, spricht man auch von der vierten Generation von Friedensmissionen [*State building*]. 45

Tanja Brühl, Elvira Rosert, Die UNO und Global Governance, Wiesbaden 2014, S. 130

Ⓗ zu Aufgabe 1 b)
Unterscheiden Sie dabei zwischen einer befriedenden, deeskalierenden oder einer eskalierenden Rolle.

Ⓕ zu Aufgabe 2
Berücksichtigen Sie dabei neben den völkerrechtlichen Grundlagen auch die Akteure und Interessen des Syrien-Krieges.

Ⓗ zu Aufgabe 2
Gehen Sie dabei auch auf die Herausforderungen, die sich aus sogenannten „Failed States" (vgl. Kap. 1.1.4) ergeben, ein.

Aufgaben

① a) Beschreiben Sie die Maßnahmen, die die internationale Staatengemeinschaft zur Befriedung des syrischen Bürgerkrieges bzw. Linderung seiner humanitären Folgen ergriffen hat. (M 4)

  b) Analysieren Sie darauf aufbauend die Rolle der Vereinten Nationen (bzw. ihrer Teil- und Sonderorganisationen) bei der Lösung des Syrien-Konfliktes. (M 4 und Organigramm UN im Orientierungswissen)

② Erläutern Sie die Möglichkeiten und Grenzen einer Befriedung von Gewaltkonflikten wie dem Syrien-Konflikt im Rahmen der Charta der Vereinten Nationen. (M 5, M 6)

1.2.3 Das Ringen um ein internationales Mandat –
der Syrien-Konflikt im UN-Sicherheitsrat

M 7 ● Wer ist zuständig? Die Hauptorgane der Vereinten Nationen

Das im Laufe der Jahre entstandene, äußerst komplexe UN-System besteht aus den Hauptorganen und den durch die UNO geschaffenen Hilfsorganisationen (z. B. Kinder-
5 hilfswerk UNICEF, Entwicklungsprogramm UNDP) sowie den durch Abkommen an die UNO gebundenen Sonderorganisationen (z. B. Welterziehungsorganisation UNESCO, Internationaler Währungsfonds IWF). [...]
10 Die in der Regel einmal jährlich über mehrere Monate tagende Generalversammlung, in der alle Mitgliedstaaten gleichberechtigt vertreten sind, stellt in erster Linie ein Diskussionsforum für Weltprobleme dar. Sie
15 gibt Empfehlungen, die allerdings die Mitgliedstaaten oder den Sicherheitsrat nicht binden, ist aber für Fragen der UN-Organisation, wie etwa von Reformvorhaben, das Entscheidungsorgan.
20 Der Sicherheitsrat besteht aus fünf ständigen und zehn nichtständigen, von der Generalversammlung auf zwei Jahre gewählten Mitgliedern. Der Sicherheitsrat stellt fest, ob eine Bedrohung des Friedens vor-
25 liegt, und kann Zwangsmaßnahmen zur Wahrung des Weltfriedens beschließen, die

von Wirtschaftssanktionen bis zur Anwendung von Waffengewalt zur Herstellung und Sicherung des Friedens reichen. „Be-
30 schlüsse des Sicherheitsrates [...] bedürfen der Zustimmung von neun Mitgliedern einschließlich sämtlicher ständigen Mitglieder" (Art. 27 Charta der Vereinten Nationen). Mit einem Nein kann also jedes ständige Mit-
35 glied Beschlüsse verhindern, besitzt also das Vetorecht. Die UNO-Mitglieder sind verpflichtet, die Resolutionen des Sicherheitsrates umzusetzen; bei militärischen Einsätzen ist die UNO allerdings immer darauf
40 angewiesen, dass ausreichend Streitkräfte zur Verfügung gestellt werden.
Der UN-Generalsekretär ist der höchste Verwaltungsbeamte und Repräsentant, der den Sicherheitsrat auf, seiner Ansicht nach,
45 bedrohliche Entwicklungen hinweisen kann. Er wird auf Vorschlag des Sicherheitsrates von der Generalversammlung für fünf Jahre gewählt, mit der Möglichkeit einer einmaligen Wiederwahl.

Reinhard Reuter, in: Frieden, Sicherheit und internationale Wirtschaft, Bamberg 2011, S. 101

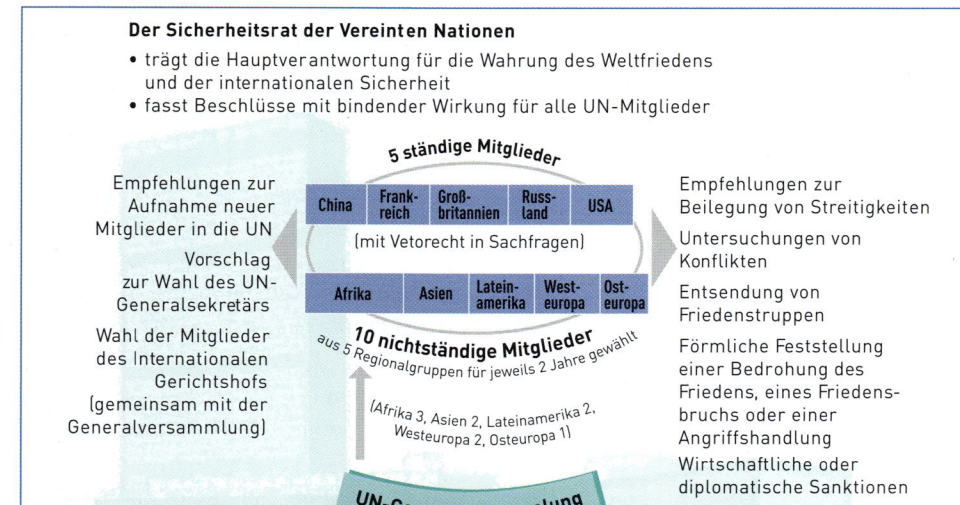

M 8 ● Widerstreit der Positionen im UN-Sicherheitsrat

Im Dezember 2016 griff die Syrische Armee, unterstützt durch Luftschläge der Russischen Luftwaffe, die Rebellenhochburg Aleppo an. Angesichts des humanitären Leids der unzähligen in Aleppo eingeschlossenen Menschen drängten einige Staaten auf eine unmittelbare Waffenruhe.

„Frankreich beruft Sondersitzung des Sicherheitsrates ein"

Im Folgenden können Sie im Rahmen eines Planspiels (Simulation) die Möglichkeiten, den Syrien-Konflikt im Rahmen der Vereinten Nationen zu lösen oder zumindest seine Folgen zu lindern, selbst ausloten und dabei die Funktionsweise des UN-Sicherheitsrates erfahren.
Für dieses Spiel wird folgende Situation angenommen:

Vor dem Hintergrund der dargestellten politischen Entwicklungen, der weiteren Eskalation der Gewalt sowie der immer problematischeren humanitären Situation nicht nur in Syrien, sondern auch und gerade in den Flüchtlingscamps der Nachbarstaaten, hat Frankreich in seiner Funktion als amtierender Vorsitzender des UN-Sicherheitsrates eine Sondersitzung des Gremiums einberufen, bei der die Außenminister der Mitgliedstaaten dem Vernehmen nach anwesend sein werden.
Erklärtes Ziel des französischen Außenministeriums ist es, die Einigung auf eine Resolution voranzubringen, die gleichermaßen geeignete Maßnahmen zur Befriedung des Konfliktes wie auch zur Linderung der humanitären Katastrophe im Nahen Osten unter dem Dach der Vereinten Nationen ermöglicht.

Autorentext

Sturm auf Aleppo

Recherchieren Sie genauere Informationen zu dieser Konfliktsituation und situieren Sie die Simulation der UN-Sicherheitsratssitzung im Dezember 2016.

Vereinigte Staaten von Amerika

In den Jahren nach der Auflösung des Warschauer Paktes (1989/1991) und dem Ende der Blockkonfrontation haben die USA massiv weltpolitischen Einfluss gewonnen. Sie gelten als die derzeit einzig verbliebene militärische, politische und wirtschaftliche Weltmacht. Allerdings ist auch diese Position fragil: die Kampfeinsätze in Afghanistan und im Irak haben die USA finanziell und militärisch bis an die Grenzen belastet, hinzu kommt eine nachhaltige ökonomische Verunsicherung in Folge der globalen Wirtschafts- und Finanzkrise.

Trotz dieser Probleme sind die USA weiterhin bemüht, ihren Machteinfluss in Osteuropa und dem Nahen Osten zu sichern bzw. auszuweiten, um sowohl die eigenen ökonomischen (Ressourcenbeschaffung) als auch sicherheitspolitischen (Bekämpfung von Terrorismus und Proliferation in Regionen begrenzter Staatlichkeit) Interessen zu wahren. Dabei treten – wie insbesondere im Falle des Ukraine-Konfliktes bzw. der Krim-Krise (vor allem ab 2014) – immer wieder Konflikte mit Russland zu Tage. Zudem verstehen sich die USA als „Schutzmacht" Israels, das einen – womöglich gar atomaren – Angriff aus dem Iran fürchtet.

Den Entwicklungen des „Arabischen Frühlings" als Demokratisierungsprozess stehen die USA unter Verweis auf den Grundwert der Freiheit grundsätzlich positiv gegenüber; so waren die USA auch federführend an der Intervention in Libyen beteiligt. Syrien gilt den USA aufgrund seiner prononciert anti-amerikanischen Haltung sowie der engen Bindung an den (vermutlich) an einem Atomprogramm arbeitenden Iran als „Sicherheitsrisiko" im Nahen Osten; gleichwohl befürchten die USA eine „Kettenreaktion" im Falle einer militärischen Intervention, die zu einer weiteren Destabilisierung der Region und dem Aufflammen weiterer Konflikte – etwa zwischen Iran und Israel – führen könnte.

Russische Föderation

In den Jahren nach Auflösung des Warschauer Paktes als militäri-
schem Gegenbündnis zur NATO (1989/1991) hat Russland weltpolitischen Einfluss eingebüßt. Die EU und die NATO wurden um Staaten
erweitert, die zuvor zum sowjetischen Einflussbereich gehörten. Die
USA bzw. die NATO haben zwar ihre Absicht aufgegeben, in Polen und Tschechien Raketen-
abwehrstationen einzurichten, jedoch zieht die russische Führung die engere Kooperation
der USA bzw. des Westens mit osteuropäischen Staaten (Ukraine, Georgien) als unange-
messenen Eingriff in die eigene Einflusssphäre. Gerade der Ukraine-Konflikt, auf den die
NATO u.a. mit einer stärkeren militärischen Präsenz im Baltikum reagiert, scheint die Grä-
ben zwischen Russland und dem Westen nach einer längeren Entspannungsphase wieder
zu vertiefen. Auch seine Syrien-Politik möchte sich der russische Präsident Putin nicht vom
Westen diktieren lassen.
Während die russische Regierung dem „Arabischen Frühling" eher als Zuschauer folgte,
verfolgt sie im Syrien-Konflikt fundamentale ökonomische und geopolitische Interessen:
Russische Energiekonzerne sind in großem Umfang in Syrien engagiert, die russische Rüs-
tungsindustrie sieht in Syrien einen sehr wichtigen Abnehmer. Zudem besitzt Russland im
syrischen Tartus seinen einzigen Marinestützpunkt außerhalb des „postsowjetischen" Raumes mit direktem Zugang zum Mittelmeer – ein geostrategisch unverzichtbarer Stützpunkt,
der nicht durch einen Regimewechsel in Damaskus gefährdet werden sollte.
Nicht zuletzt agiert Russland im Sicherheitsrat als Gegenmacht zu westlichen Interventi-
onsplänen, um nach der Schwächung der eigenen Machtposition im Libyen-Konflikt wieder
weltpolitische Stärke zu demonstrieren: In diesem Fall war nach eigener Auffassung die –
von Russland mitgetragene – Einrichtung einer Flugverbotszone als „Freifahrtschein" für
eine „Intervention zum Umsturz" missbraucht worden.

Volksrepublik China

China ist das bevölkerungsreichste Land der Erde und hat seinen weltpolitischen Einfluss in den vergangenen 15 Jahren auf der Grundlage
eines enormen Wirtschaftswachstums erheblich steigern können. Ge-
wachsen ist dadurch das Selbstvertrauen in internationalen Verhandlungen und der Wunsch, den weltpolitischen Einfluss der USA und der EU zu begrenzen,
ohne diese Räume als wichtige Handelspartner (Export) zu verlieren.
Dies wird auch als erforderlich angesehen, um nach der Schwächung der eigenen Machtposition im Libyen-Konflikt wieder weltpolitische Stärke zu demonstrieren: In diesem Fall
war nach eigener Auffassung die – von China durch Enthaltung akzeptierte – Einrichtung
einer Flugverbotszone als „Freifahrtschein" für eine „Intervention zum Umsturz" missbraucht worden.
Nicht zuletzt aufgrund des eigenen Umgangs mit politischer Opposition und religiösen Minderheiten verfolgt China die außenpolitische Doktrin der Nichteinmischung in innere Angelegenheiten souveräner Staaten. Der – durch die rasante Industrialisierung entstandene –
wachsende Energiebedarf wird zum Beispiel durch Öl und Gas aus dem Iran und Syrien
gedeckt. Die exklusiven, auf der Doktrin der Nichteinmischung basierenden Beziehungen zu
vom Westen „geächteten" Staaten sichern deren Ressourcenlieferungen an China.

Bundesrepublik Deutschland

Deutschland ist Gründungsmitglied und Kernland der EU und tritt für eine gemeinsame Außen- und Sicherheitspolitik ein, die sich eng an der Charta der Vereinten Nationen (militärische Einsätze nur mit UN-Mandat) und an den Menschenrechten orientiert. Alleingänge auf internationaler Ebene werden demgegenüber abgelehnt. Trotz der traditionellen Verbundenheit mit den USA (Westbindung nach 1945) wird eine Ausweitung des Einflusses der USA, aber auch Russlands und Chinas auf die UN-Institutionen abgelehnt.

Deutschland engagiert sich unter UN-Mandat im Ausland (z.B. Afghanistan bis 2014), was jedoch Kritik der Bevölkerung hervorruft und aufgrund knapper Mittel an die Grenzen der militärischen Möglichkeiten führt. Zugleich zielen zahlreiche politische Forderungen und Aktivitäten („Flüchtlings-Deal" mit der Türkei) auf eine Begrenzung der Fluchtbewegungen nach Europa und – so das politische Ziel – auch auf die Bekämpfung von Fluchtursachen. Deutschland ist in der Simulation nicht-ständiges Mitglied des UN-Sicherheitsrates, strebt aber mittelfristig einen ständigen Sitz an. Die Reputation Deutschlands bei den Vereinten Nationen und insbesondere den westlichen Verbündeten hat jedoch empfindlich gelitten, da man sich bei der Beschlussfassung über eine Intervention in Libyen der Stimme enthalten und auch in der Folge geringes militärisches Engagement gezeigt hatte.

Frankreich

Frankreich ist Gründungsmitglied und Kernland der EU und tritt für eine gemeinsame Außen- und Sicherheitspolitik ein, die sich eng an der Charta der Vereinten Nationen (militärische Einsätze nur mit UN-Mandat) und an den Menschenrechten orientiert. Alleingänge auf internationaler Ebene werden demgegenüber abgelehnt. Ebenso möchte Frankreich eine Erweiterung des Einflusses der USA, Russlands und Chinas auf die UN-Institutionen verhindern.

Aufgrund seiner Geschichte als Kolonialmacht versteht sich Frankreich auch heute als verantwortlich für die Entwicklungen in Nordafrika und dem Nahen Osten. So galt Frankreich im Libyen-Konflikt als wesentlicher Motor einer internationalen Intervention und beteiligte sich mit eigenen Einheiten an der vom Sicherheitsrat mandatierten Intervention.

Spätestens seit den islamistisch motivierten Terroranschlägen vom November 2015, zu denen sich der IS bekannte, ist die Terrorismusbekämpfung ein zentrales Ziel der französischen Außenpolitik.

Im Libyen-Konflikt galt Frankreich als wesentlicher Motor einer internationalen Intervention und beteiligte sich mit eigenen Einheiten an der vom Sicherheitsrat mandatierten Intervention. Frankreich verfügt mit seiner Fremdenlegion und anderen Spezialtruppen durchaus über Erfahrung und eine entsprechende Logistik zum Einsatz in (Halb-)Wüstenregionen.

Info

Erklärungen und Resolutionen – die politische Rhetorik des Sicherheitsrates

Die UN-Charta sieht als Dokument der Beschlüsse des Sicherheitsrates in erster Linie Resolutionen vor, die rechtlich für alle Mitgliedstaaten bindend sind.

Da Resolutionsentwürfe aufgrund des Vetorechts der Ständigen Mitglieder zu scheitern drohen, stellen tatsächlich verabschiedete Resolutionen gerade auch in ihrer sprachlichen Gestalt einen Kompromiss zwischen unterschiedlichen Wahrnehmungen und Interessen dar. Sie variieren zwischen dem „Ausdruck tiefer Besorgnis" oder der „Sorge" um den Frieden in einer Region – der schwächeren Form der Aufmerksamkeit des Sicherheitsrates für einen Konflikt – bis hin zur „Kritik" oder gar der „Verurteilung", wobei zu beachten ist, ob dabei eine allgemeine Situation (z.B. „Gewalt in Syrien") oder eine konkrete Konfliktpartei angesprochen wird. Können sich die Mitglieder des Sicherheitsrates auf keinen Resolutionstext einigen, besteht die Möglichkeit, eine „präsidentielle Erklärung" zu beschließen; diese wird im Konsens beschlossen und anschließend vom Präsidenten veröffentlicht werden. Sie sind politisch wichtige Dokumente, haben aber keinen rechtsverbindlichen Charakter. *Autorentext*

Vorsitz im UN-Sicherheitsrat

Der Vorsitz im UN-Sicherheitsrat, der offiziell als Präsident-schaft bezeichnet wird, rotiert in alphabetischer Reihenfolge (englische Staatsbezeichnungen) zwischen seinen ständigen und nicht-ständigen Mitgliedern. An den Verhandlungen nimmt zusätzlich – je-doch ohne Stimmrecht – der Generalsekretär der UN teil.

Entwurf für eine Resolution des Sicherheitsrates der Vereinten Nationen

Die Delegation _____ schlägt den geehrten Mitgliedern des

Sicherheitsrates folgenden Text zur Beschlussfassung am _____ vor:

Resolution des Weltsicherheitsrates Nr. 4321 vom _____

Der Sicherheitsrat gibt seiner _____ ❶

über _____ ❷ in Syrien Ausdruck.

Er unterstreicht, dass _____ ❸

Der Sicherheitsrat _____ ❹ _____ ❺

des/der gegenwärtigen _____ ❻ :

1. _____ ❼

2. _____ ❽

❶ Beunruhigung, Sorge, Kritik ...

❷ die Situation, Lage, Aggression, den Krieg, den Bürger-krieg, das unangemessene Vorgehen gegen Zivilisten ...

❸ *Hier sollten Sie sich auf die Charta der Vereinten Nationen beziehen.*

❹ ruft dazu auf, fordert dringend auf, bittet, ersucht zu prüfen ...

❺ die Parteien, die Streitparteien, die syrische Regierung ...

❻ Konfliktes, Kampfes, Krieges, Auseinandersetzung ...

❼ z. B. ... jede militärische Handlung einzustellen ...

❽ *Hier sollten Sie das Vorgehen der UNO (Art. 41 und 42 der Charta der Vereinten Nationen) konkretisieren.*

Aufgaben

❶ Simulieren Sie die von Frankreich einberufene Sondersitzung des UN-Sicherheits-rates. Sie übernehmen dabei die Rolle der Außenminister der teilnehmenden Staaten sowie weiterer Delegationsmitglieder und argumentieren auf der Grundlage Ihrer Positionskarten (M 8) sowie der UN-Charta (vgl. M 9, M 12). Abweichend von den Regelungen der UN-Charta kommt im Spiel ein Resolutionsentwurf zustande, wenn ihm mindestens drei Mitglieder des UN-Sicherheitsrates einschließlich aller ständigen Mitglieder zustimmen.

❷ Überprüfen Sie Verlauf und Ergebnis Ihrer Simulation hinsichtlich ihrer Plausibilität.

❸ Im Zusammenhang des Syrien-Konfliktes sind seit Frühjahr 2012 mehrere Resolu-tionsentwürfe, die eine Verurteilung der syrischen Regierung und die Ergreifung von Sanktionsmaßnahmen vorsahen, im UN-Sicherheitsrat gescheitert. (M 4)
Erläutern Sie die damit zum Ausdruck kommenden Schwierigkeiten einer Einigung im UN-Sicherheitsrat.

✪ Theorien der Internationalen Beziehungen

Politische Theorien dienen dazu, die politische Realität so zu systematisieren, dass allgemeine Grundsätze und Regelmäßigkeiten sichtbar werden. Trotz der Vielfalt in der Theorielandschaft Internationaler Beziehungen lassen sich als zentrale Denkschulen die drei – auf sehr unterschiedlichen Grundannahmen beruhenden – Großtheorien des Realismus, des Liberalismus (Idealismus) und des Institutionalismus identifizieren.

Realismus

Die realistische Schule basiert vor allem auf den theoretischen Überlegungen des amerikanischen Politikwissenschaftlers Hans Joachim Morgenthau (1904-1980). Politische bzw. gesellschaftliche Akteure
5 streben seiner Auffassung nach stets nach Erhalt oder Ausweitung ihrer Macht, weshalb Morgenthau ähnlich wie schon Thomas Hobbes (1588-1679) das Zusammenleben der Menschen als „Krieg aller gegen aller" versteht. Morgenthau überträgt dieses Konzept
10 der **Anarchie** auf die internationalen Beziehungen. Da auf dieser Ebene eine zentrale Entscheidungs- und Sanktionsgewalt fehlt, sei die internationale Politik durch den **Hauptakteur** des **nach Macht strebenden souveränen Nationalstaates** gekennzeichnet. Obers-
15 tes Ziel nationalstaatlicher Außenpolitik sei demnach die Durchsetzung der eigenen Interessen (Territorien, Ideologien, Ressourcen) gegen die Interessen anderer Staaten.
Gleichwohl könne auch in der Anarchie der „realisti-
20 schen" internationalen Politik Frieden (bzw. Nicht-Krieg) herrschen. Nach Auffassung der Vertreter dieser „Schule" gibt es im Wesentlichen zwei Konstellationen, die Frieden garantieren: einerseits könne ein mächtiger Nationalstaat in der Rolle eines Hege-
25 mons das Aufkommen von (bewaffneten) Konflikten unterbinden; andererseits könne Frieden gewahrt werden, wenn sich zwei starke Staaten bzw. Staatenverbünde in einem bipolaren Machtgleichgewicht gegenseitig (etwa durch Abschreckung und Rüs-
30 tungswettlauf) „neutralisieren". Folgerichtig ist die bipolare Weltordnung des „Kalten Krieges" und die Tatsache, dass ein Dritter Weltkrieg verhindert werden konnte, ein wichtiger Anwendungsfall der realistischen Theorie internationaler Beziehungen.

Liberalismus

Die liberalistische Denkschule steht in direktem Gegensatz zu den theoretischen Annahmen des Realismus' und geht auf das idealistische Menschenbild von Immanuel Kant (1724-1804) zurück. Deshalb wird der Liberalismus von Anhängern des Realismus' auch ab- 5 wertend als **Idealismus** bezeichnet. Kant nahm an, dass der Mensch von Natur aus vernunftbegabt, lernfähig und einsichtsvoll ist sowie sein Handeln an Normen und Ideen bzw. Idealen orientiert.
Moderne Vertreter des Liberalismus wie der amerika- 10 nische Politikwissenschaftler Andrew Moravcsik gehen deshalb nicht davon aus, dass souveräne Nationalstaaten die **zentralen Akteure** im System der internationalen Beziehungen sind. Vielmehr hänge das staatliche Interesse von innerstaatlichen Gege- 15 benheiten und dabei insbesondere dem Ziel unterschiedlicher **gesellschaftlicher Gruppen** ab, ihren bzw. den gesamtgesellschaftlichen Wohlstand zu mehren. Staatliches und außenpolitisches Handeln sei also immer das Ergebnis ganz spezifischer innerge- 20 sellschaftlicher Verhältnisse.
Dabei gehen die Vertreter dieser Theorieschule davon aus, dass sich in liberal-demokratischen Gesellschaftssystemen keine Mehrheiten für eine kriegerische Auseinandersetzung mit anderen Staaten finden 25 lasse, da hiervon maßgebliche gesellschaftliche Gruppen mehr Nach- als Vorteile zu befürchten hätten. Neben dieser Gesellschaftsordnung sei somit eine weltweite wirtschaftliche und gesellschaftliche Verflechtung ein wesentlicher Garant dafür, dass der 30 Friede gesichert werde.

Institutionalismus

Ähnlich wie der Realismus geht auch die institutionalistische Denkschule von einem anarchisch strukturierten System der Internationalen Beziehungen aus, verfolgt aber – im Sinne des Liberalismus – zugleich die Annahme, dass Kooperationen zwischen Staaten prinzipiell möglich seien. Durch das politische Aushandeln von Verträgen könne eine tragfähige Friedensordnung geschaffen werden, die zur Zivilisierung des prinzipiell anarchischen Systems der internationalen Beziehungen beitrage. Für heutige Vertreter des Institutionalismus, wie z. B. den deutschen Politikwissenschaftler Michael Zürn, stehen **internationale Organisationen** im Zentrum des Modells. Internationale Organisationen überwachen und garantierten die Einhaltung der gemeinsam ausgehandelten Verträge und böten eine politische „Arena", in der politische Konflikte regelhaft ausgetragen werden könnten und ihr Umschlagen in militärische Konflikte in der Regel verhindert werden könne. Dies gilt insbesondere dann, wenn ein Verlassen der Organisation bzw. ein Verstoß gegen ihre Regeln für die betreffenden Staaten höhere „Kosten" verursacht als die Regeleinhaltung. Der lang andauernde Friede in Europa und die damit verbundene Überwindung jahrhundertealter Feindschaften wird in dieser Perspektive als ein wesentlicher Erfolg der Europäischen Union interpretiert.

Als eine weitere Spielart dieser Theorieschule hat sich in den letzten Jahren der Ansatz des **Sozialkonstruktivismus** herausgebildet, der ebenfalls den internationalen Organisationen eine zentrale Rolle bei der Zivilisierung internationaler Beziehungen zuschreibt. Hier stehen jedoch weniger die rationalen Vorteilsabwägungen der agierenden Staaten bzw. der innenpolitischen Einflussgruppen als die Wirksamkeit globaler **Normen und Werte** im Vordergrund: internationale Organisationen trügen demnach maßgeblich dazu bei, dass Normen wie beispielsweise der Menschenrechtsschutz von den politischen Akteuren (Staaten, Regierungen) „gelernt" und verinnerlicht werden, so dass sich langfristig immer mehr Akteure entsprechend dieser Normen verhalten und Frieden bewahren.

Kompendium Politik. Neue Ausgabe, Bamberg 2013, S. 425 f.

Aufgaben

❶ Vergleichen Sie mithilfe der Tabelle die maßgeblichen Theorien der Internationalen Beziehungen.

	Realismus	Liberalismus/ Idealismus	Institutionalismus
Erkenntniskategorien			
Grundannahmen über Charakteristika internationaler Beziehungen (Weltordnungsmodelle) /Menschenbild			
Zentrale Akteure			
Erklärungsansätze für außenpolitisches Handeln von Staaten (Antriebskräfte, Ziele)			
Kooperation zwischen Staaten zur Entstehung einer dauerhaften Friedensordnung			

❷ Analysieren Sie die Politik der internationalen Staatengemeinschaft gegenüber Syrien (M 4, M 8) mithilfe der Theorien Internationaler Beziehungen.

1.2.4 (Wie) Muss der UN-Sicherheitsrat reformiert werden?

M 9 ● Der UN-Sicherheitsrat – ein unzeitgemäßes Organ?

Einem [...] denkbaren und wünschenswerten Übergang [zu einem „Weltinnenrecht"] steht jedoch ein Sachverhalt eklatant entgegen: die problematische Rolle des Sicher-
5 heitsrates – eines Gremiums, in dem sich eine althergebrachte Mächtekonstellation wiederfindet, deren Mitglieder de facto und gemäß der Konstruktion des Sicherheitsrates auch letztlich de jure nationale Interes-
10 senpolitik à la carte betreiben können, wenn sie dies nur wollen. Da die Entscheidungen dieses Gremiums überdies, sofern gemäß Kap. VII der Charta erfolgt, rechtsverbindli-

chen Charakter haben [...], ein parlamentarischer Vorlauf oder eine entsprechende 15 institutionell verbindliche Begleitdiskussion auf breiter Basis innerhalb der VN, im Übrigen auch eine rechtliche Kontrolle der Beschlüsse des Sicherheitsrates nicht vorgesehen sind [...], handelt es sich beim Sicher- 20 heitsrat um ein Organ der Vereinten Nationen von [...] neoabsolutistischem Zuschnitt.

Dieter Senghaas, Weltordnung in einer zerklüfteten
Welt, Berlin 2012, S. 148
Dieter Senghaas ist Politikwissenschaftler und Frie-
densforscher.

M 10 ● Modelle einer institutionellen Reform des UN-Sicherheitsrates

Im Dezember 2004 hat eine hochrangig besetzte Reformkommission einen Abschlussbericht über Bedrohungen, Herausforderungen und Wandel der UN vorgelegt, in dem
5 auch Vorschläge zur Reform des Sicherheitsrats unterbreitet wurden. Diese Vorschläge dominieren bis heute die weltweite Diskussion um eine institutionelle Reform der UN.

a) Sie sollten, im Sinne des Artikels 23 [...], 10 diejenigen stärker an den Entscheidungen beteiligen, die finanziell, militärisch und auf diplomatischem Gebiet die größten Beiträge zu den Vereinten Nationen leisten [...]; 15
b) sie sollten Länder, die repräsentativer für die gesamte Mitgliedschaft der Vereinten Nationen sind, insbesondere Entwick-

Resolutionen und Vetos im UN-Sicherheitsrat

	Verabschiedete Resolutionen	Vetos (= gescheiterte Resolutionsanträge)
1946 – 1955	110	83
1976 – 1985	196	60
1986 – 1995	455	37
1996 – 2005	616	13
2006 – 2012	434	14

Zusammenstellung des Autors nach Tanja Brühl, Elvira Rosert, Die UNO und Global Governance, Wiesbaden 2014, S. 89 (Vetos) und http://www.un.org/en/sc/documents/resolutions.

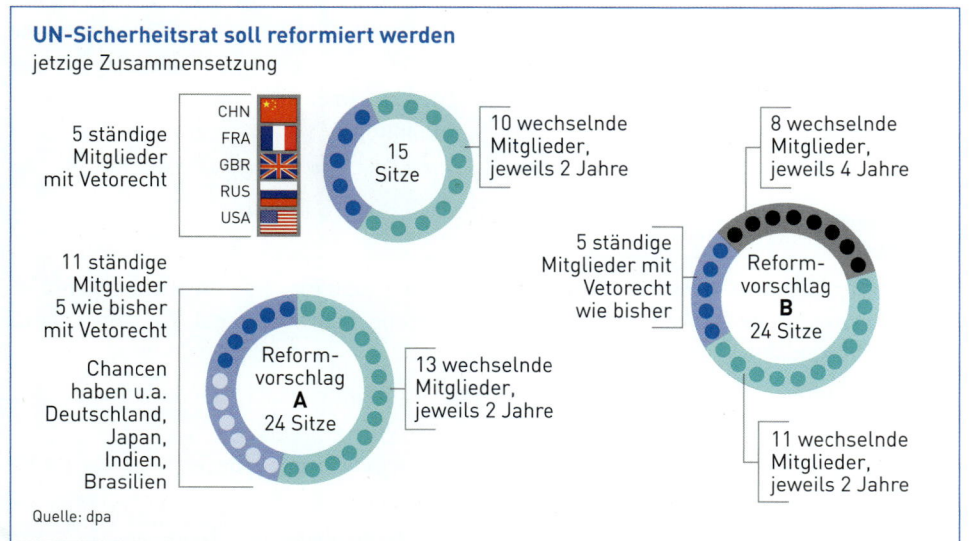

UN-Sicherheitsrat soll reformiert werden
jetzige Zusammensetzung

5 ständige Mitglieder mit Vetorecht
CHN FRA GBR RUS USA

15 Sitze

10 wechselnde Mitglieder, jeweils 2 Jahre

8 wechselnde Mitglieder, jeweils 4 Jahre

11 ständige Mitglieder 5 wie bisher mit Vetorecht

Chancen haben u.a. Deutschland, Japan, Indien, Brasilien

Reformvorschlag A 24 Sitze

13 wechselnde Mitglieder, jeweils 2 Jahre

5 ständige Mitglieder mit Vetorecht wie bisher

Reformvorschlag B 24 Sitze

11 wechselnde Mitglieder, jeweils 2 Jahre

Quelle: dpa

Nach: picture-alliance/dpa-Infografik

Institutionelle Reformen der Vereinten Nationen

Aus der Charta der Vereinten Nationen: Kapitel XVIII: Änderungen Artikel 108: Änderungen dieser Charta treten für alle Mitglieder der Vereinten Nationen in Kraft, wenn sie mit Zweidrittelmehrheit der Mitglieder der Generalversammlung angenommen und von zwei Dritteln der Mitglieder der Vereinten Nationen einschließlich aller ständigen Mitglieder des Sicherheitsrates nach Maßgabe ihres Verfassungsrechts ratifiziert [= angenommen, in Kraft gesetzt] worden sind.

H zu Aufgabe 1
Konkretisieren Sie Ihre Überlegungen am Beispiel des Syrien-Konfliktes.

H zu Aufgabe 2 b)
Berücksichtigen Sie dabei das Kriterium der Repräsentativität (Kategorie Legitimität).

F zu Aufgabe 3
Analysieren und beurteilen Sie die Position, die die gegenwärtige Bundesregierung sowie ihre Vorgänger hinsichtlich einer institutionellen Reform der Vereinten Nationen vertritt bzw. vertreten haben.

lungsländer, in den Entscheidungspro-
20 zess einbeziehen;
c) sie sollten die Wirksamkeit des Sicherheitsrats nicht beeinträchtigen;
d) sie sollten den Rat demokratischer und
rechenschaftspflichtiger machen.
25 [...] Die Hochrangige Gruppe ist der Auffassung, dass eine Entscheidung über die Vergrößerung des Rates, die diesen Kriterien
Rechnung trägt, jetzt geboten ist. [...]
Bei beiden Modellen würde dadurch ein An-
30 reiz für die Mitgliedstaaten geschaffen, größere Beiträge zum Weltfrieden und zur internationalen Sicherheit zu leisten, dass die

Generalversammlung, unter Berücksichtigung der feststehenden Praxis regionaler
Konsultationen, bei der Wahl von Mitglie- 35
dern des Sicherheitsrats für ständige beziehungsweise längerfristige Sitze denjenigen
Staaten den Vorzug geben würde, die in
ihrer Region entweder zu den drei größten
Beitragszahlern zum ordentlichen Haushalt, 40
zu den drei größten freiwilligen Beitragszahlern oder zu den drei größten truppen-
stellenden Staaten für Friedenssicherungs-
missionen der Vereinten Nationen gehören.
*Vereinte Nationen, 59. Tagung der Generalversamm-
lung, Bericht der Hochrangigen Gruppe für Bedrohungen, Herausforderungen und Wandel, 2.12.2004*

M 11 ● „Uniting for Peace": Die UN-Generalversammlung als Ausweg aus der Pattsituation?

[Die UN hat] die Möglichkeit, [im Falle einer
Blockade des Sicherheitsrates] mit einer
Mehrheit der Stimmen des Sicherheitsrats
oder mit einer Mehrheit der Mitgliedstaaten
5 innerhalb von 24 Stunden eine Notstands-
sondertagung der Generalversammlung ein-
zuberufen. Damals [1950] traf die Generalversammlung den Beschluss, „dass in allen
Fällen, in denen eine Bedrohung oder ein
10 Bruch des Friedens oder eine Angriffshandlung vorzuliegen scheint und in denen der
Sicherheitsrat mangels Einstimmigkeit der
ständigen Mitglieder seine Hauptverant-
wortung für die Wahrung des Weltfriedens
15 und der internationalen Sicherheit nicht
wahrnimmt, die Frage unverzüglich von der
Generalversammlung behandelt wird, mit
dem Ziel, den Mitgliedern geeignete Emp-

fehlungen für Kollektivmaßnahmen zur
Wahrung oder Wiederherstellung des Welt- 20
friedens und der internationalen Sicherheit
zu geben, die im Falle eines Friedensbruchs
oder einer Angriffshandlung erforder-
lichenfalls auch den Einsatz von Waffengewalt einschließen können". [...] Auf einer 25
solchen Sondersitzung dürfen keine rechtsverbindlichen Beschlüsse gefasst, aber
Empfehlungen an den Sicherheitsrat formuliert werden – bis hin zum Vorschlag, militärische Zwangsmaßnahmen in einer Situ- 30
ation der Gefährdung des Friedens und der
Sicherheit zu veranlassen. Für eine solche
Empfehlung bedarf es allerdings einer
Zweidrittelmehrheit in der Generalversammlung.   35
Gernot Erler, www.ipg-journal.de, 1.11.2016

Aufgaben

1 Erläutern Sie ausgehend von M 9 die strukturellen Probleme, die sich aus der Konstruktion des UN-Sicherheitsrates (Zusammensetzung, Mehrheitsregel, Zuständigkeit für die „Wahrung des Weltfriedens") ergeben.

2 a) Analysieren Sie die Reformvorschläge der Kommission hinsichtlich der anvisierten Ziele und Maßnahmen. (M 10)

b) Beurteilen Sie die Reformvorschläge im Hinblick auf die selbst gesetzten Ziele. (M 10)

3 Angesichts der Blockadesituation des UN-Sicherheitsrates ist von zahlreichen Staaten der Ruf laut geworden, den Syrien-Konflikt durch Beschlüsse der UN-Generalversammlung zu befrieden. Erörtern Sie diese friedenspolitische Strategie. (M 11)

✪ 1.3   Verrechtlichung internationaler Beziehungen

Basiskonzepte	Fachkategorien	Leitfragen
System und Struktur	Institutionen Recht/Normen	· Welche Rechte, Normen und Institutionen prägen das (entstehende) Internationale Strafrecht?
Wandel	Gewordenheit Transformation	· Wie wandelt sich die nationalstaatliche Souveränität angesichts der Verrechtlichung internationaler Beziehungen?

1.3.1   Assad anklagen? Verrechtlichung durch Völkerstrafrecht und Interntationalen Strafgerichtshof

M 1 ● Assad auf die Anklagebank

Die Ermittler der Vereinten Nationen haben eine Anklage syrischer Kriegsverbrecher vor dem Internationalen Strafgerichtshof (ICC) gefordert.

Sowohl die Führung um Präsident Baschar al-Assad als auch Rebellen hätten sich in dem [...] Bürgerkrieg des Mordes und der Folter schuldig gemacht, heißt es in einem Bericht, den die UN-Ermittler am Montag vorlegten. Der ICC sei die geeignete Einrichtung, um die Taten zu verfolgen, sagte der Chef der Syrien-Ermittler, Paulo Pinheiro.

Thomson Reuters, 18.2.2013

Das Gebäude des Internationalen Strafgerichtshofes und von Eurojust in Den Haag

M 2 ● Die Institutionalisierung des Völkerstrafrechts – der Internationale Strafgerichtshof

Jahrtausendelang war der Krieg ein rechtsfreier Raum. „Unter Waffen schweigen die Gesetze", hatte schon der römische Politiker und Philosoph Cicero gewusst. Im Mittelal-
5 ter sprachen die christlichen Kreuzfahrer vom Heiligen Krieg und brandschatzten Dörfer und Städte, vergewaltigten und ermordeten Ungläubige. Erst im ausgehenden 19. Jahrhundert wurden in internationalen
10 Abkommen Kriegshandlungen rechtliche Grenzen gesetzt, vor allem in der Haager Landkriegsordnung von 1899. Doch wer die missachtete, hatte in der Regel nichts zu fürchten. Das Recht, einen Angriffskrieg zu
15 führen, galt zudem bis in die Zeit zwischen den beiden Weltkriegen als selbstverständliches Attribut eines souveränen Staates. [...] Ein Meilenstein in der Geschichte des Kriegsvölkerrechts waren die Nürnberger Prozesse. Die [nationalsozialistischen] 20 Hauptverantwortlichen für Kriegsverbrechen und die Verbrechen gegen die Menschlichkeit kamen in Nürnberg vor ein Gericht der Alliierten. Doch der Kalte Krieg blockierte dann jede Weiterentwicklung einer 25 internationalen Justiz. Erst nach dem Fall der Berliner Mauer und dem Ende des Sowjetreiches konnte der Sicherheitsrat der Vereinten Nationen zwei internationale [Ad-hoc-]Tribunale schaffen – zur Aburtei- 30 lung der Kriegsverbrechen im ehemaligen Jugoslawien und in Ruanda.

Die beiden Tribunale beförderten die Entwicklung einer regional und zeitlich nicht 35 begrenzten Weltjustiz, deren gewiss höchst unvollkommener Ausdruck der ICC ist. Er wurde durch einen internationalen Vertrag [Römisches Statut] ins Leben gerufen, was ihm mehr Legitimität verleiht, als wenn er 40 auf Anordnung des UN-Sicherheitsrats entstanden wäre. Bis heute sind ihm 121 Staaten beigetreten. 32 weitere Staaten haben sein Statut unterzeichnet, aber noch nicht ratifiziert. Nachdem der 60. Staat seine Ratifikationsurkunde hinterlegt hatte, konnte 45 das Gericht vor zehn Jahren, am 1. Juli 2002, seine Arbeit aufnehmen.

Nach eigenem Statut kann der ICC nur Völkermord, Kriegsverbrechen, Verbrechen gegen die Menschlichkeit und Verbrechen der 50 gen die Menschlichkeit und Verbrechen der Aggression (Angriffskrieg) verfolgen, die nach dem 1. Juli 2002 begangen wurden. Und er ist nur zuständig, wenn die nationale Gerichtsbarkeit nicht fähig oder willens ist, die genannten Verbrechen zu ahnden 55 [Prinzip der Komplementarität]. Die wichtigste Einschränkung aber: Der ICC kann nur Täter zur Rechenschaft ziehen, die einem Staat angehören, der sein Statut ratifiziert hat oder die ihr Verbrechen in einem 60 der Vertragsstaaten begangen haben. In allen andern Fällen kann er nur tätig werden, wenn er vom Sicherheitsrat der Vereinten Nationen dazu ermächtigt wird.

Thomas Schmid, Der schwierige Weg zu einer Weltjustiz, in: Frankfurter Rundschau, 27.6.2012

Nach: Nürnberger Menschenrechtszentrum 2006 (aktualisiert)

M 3 ● Völkerstrafrecht in der Praxis: Anklage und Urteil gegen einen Kriegsverbrecher

Es ist ein Meilenstein in der Geschichte der Weltjustiz. Am 14.3.2012 fällte der Internationale Strafgerichtshof (IStGH) in Den Haag sein erstes Urteil überhaupt: Einstim-
5 mig sprach er Thomas Lubanga, Gründer und Chef einer Miliz im Kongo, wegen Kriegsverbrechen schuldig. Zwischen 2002 und 2003 hatten Truppen, die unter dem Kommando Lubangas standen, zahlreiche
10 Kinder unter 15 Jahren aus ihren Häusern oder aus den Schulen verschleppt, militärisch ausgebildet und in den Krieg geschickt. [...]
Lubanga, geboren 1960, hatte im Zweiten
15 Kongokrieg (1998-2003) mit Hilfe aus Uganda im Jahr 2000 die Patriotischen Kräfte für die Befreiung des Kongo (FPLC) gegründet, eine Miliz, der zahlreiche Kriegsverbrechen angelastet werden. Doch
20 beschränkte sich die Anklage des Weltstrafgerichtshofs auf die Rekrutierung und den Einsatz von Kindersoldaten, um den Prozess nicht unnötig in die Länge zu ziehen. Der unwiderlegbare Nachweis anderer Ver-
25 brechen wäre wohl schwieriger, jedenfalls aber extrem zeitraubend gewesen. Dass Lubanga auf Dorfversammlungen vor Kindersoldaten öffentliche Reden gehalten hat und dass seine eigene Leibgarde auch aus
30 Kindern bestand, ist bewiesen.
Im Gerichtsverfahren gegen Lubanga, das 2010 eröffnet wurde, kamen 67 Zeugen zu

Der US-amerikanische Chefankläger der Nürnberger Prozesse, Robert H. Jackson, entwarf in seiner Rede zur Prozesseröffnung am 21. November 1945 grundlegende Ideen eines modernen Völkerstrafrechts:
And let me make clear that while this law is first applied against German aggressors, the law includes, and if it is to serve a useful purpose it must condemn aggression by any other nation, including those which sit here not in judgment. We are able to do away with domestic tyranny and violence and aggression by those in power against their own people only when we make all men answerable to the law. This trial represents mankind's desperate effort to apply the discipline of the law to statesmen who have used their powers of state to attack the foundations of the world's peace and to commit aggressions against the rights of their neighbors.

Zitiert nach: Wolfgang Kaleck, Mit zweierlei Maß. Der Westen und das Völkerstrafrecht, Berlin 2012, S. 30

Wort, unter ihnen auch frühere Kindersoldaten. 129 Opfer durften am Prozess teilnehmen und den Zeugen auch Fragen stel- 35 len. Lubanga, der auf nicht schuldig plädiert hatte, kann Berufung einlegen. Sobald das Urteil auf Französisch vorliegt, hat er 30 Tage Zeit, Einspruch zu erheben.
Lubanga wurde nach der Ermordung von 40 neun Blauhelm-Soldaten der UN-Mission 2005 im Kongo festgenommen. Als der IStGH im Jahr danach einen Haftbefehl gegen ihn erließ, wurde der Milizenführer nach Den Haag ausgeliefert. Er war der ers- 45 te Häftling des Weltstrafgerichts, das 2002 seine Tätigkeit aufgenommen hatte.

Thomas Schmid, Historisches Urteil, in: Frankfurter Rundschau, 15.3.2012
1Das Strafmaß wurde im Juli 2012 auf 14 Jahre Haft festgelegt.

H zu Aufgabe 2
Unterscheiden Sie dabei (a) zwischen Wirkungen auf unmittelbare Täter, Opfer sowie weitere Akteure der internationalen Politik sowie (b) hinsichtlich des Zeithorizontes zwischen Reaktion und Prävention.

F zu Aufgabe 2
Recherchieren Sie zu gegenwärtigen Verfahren (Anklagepunkte, Stand des Verfahrens, Urteil bzw. Aussicht auf Verurteilung), die am ICC oder nicht-ständigen internationalen bzw. internationalisierten Gerichtshöfen anhängig sind (Beispiele: Charles Taylor, Liberia; Radovan Karadzic, Serbien; Umar al-Bashir, Sudan).

Aufgaben

1 Fassen Sie das Selbstverständnis, die Aufgaben und Befugnisse des Internationalen Strafgerichtshofes (ICC) zusammen. (M 1 – M 3)

2 Arbeiten Sie die (möglichen) Begründungen und Ziele einer internationalen Anklage aufgrund von Verbrechen, die im Verlauf des Syrischen Bürgerkrieges begangen wurden, sowie Wirkungen, die von einer Verurteilung ausgehen könnten, heraus. (M 1, vgl. Kap. 1.1)

3 Ordnen Sie die Institutionalisierung des Internationalen Strafgerichtshofes in die Theorien Internationaler Beziehungen (vgl. Kap. 1.2.4) ein.

4 Es gilt „weiterhin, dass Recht aus Macht erwächst" (Stefan Oerter, Völkerrechtler). Erörtern Sie – ausgehend von dieser These – die Forderung nach einer Anklage Assads. (M 1 – M 3)

1.3.2 Wie wandelt sich staatliche Souveränität durch internationale Verrechtlichung?

M 4 ● **Die Verrechtlichung internationaler Beziehungen – Schlüssel zum Weltregieren?**

Verrechtlichung vs. Informalisierung

Neben der Verrechtlichung kann die Informalisierung durch „Clubs" als gegenwärtiger Megatrend der internationalen Politik verstanden werden. Diese Gegentendenz zur Verrechtlichung wird in Kap. 3.1.3 dargestellt.

Recht ist in unserem Alltag allgegenwärtig, verschiedenste Bereiche unseres gesellschaftlichen Zusammenlebens werden durch Recht geregelt. Dies veranschaulicht das Beispiel Straßenverkehr: Klare und gleiche Regeln für alle, die am Straßenverkehr teilnehmen, sollen ein konfliktfreies Miteinander garantieren. Es wird kontrolliert, ob diese Regeln eingehalten werden; kommt es zu einem Regelbruch, wird er bestraft. Auch auf internationaler Ebene beobachten wir Formen von Rechtsstaatlichkeit, die die Zusammenarbeit zwischen Akteuren regulieren. Globalisierungsprozesse haben den zwischenstaatlichen Regelungsbedarf erheblich vergrößert, Verrechtlichung bildete eine politische Antwort auf diese neuen Herausforderungen. [...] [Das Völkerrecht] reicht bis in den innerstaatlichen Rechtsraum hinein, da viele Politikfelder, die früher ausschließlich nationalstaatlicher Regulierung unterlagen, nun zumindest teilweise völkerrechtlich reguliert werden.

Allgemein formuliert beschreibt internationale Verrechtlichung einen Prozess, in dem internationale Kooperation zunehmend rechtsstaatlichen Prinzipien unterworfen ist. Wenngleich sich bislang keine einheitliche internationale Rechtsordnung im Rahmen eines Weltstaates herausgebildet hat, finden sich jedoch Ansätze zu Rechtsstaatlichkeit.

Recht ist [...] bindend und einklagbar. Rechtliche Verbindlichkeit kann nur von bestimmten Gesetzgebungskörpern geschaffen werden. Diese Befugnis wird international von den verantwortlichen Staaten übernommen. Grundsätzlich besitzen Staaten in Abstimmungen zu Vertragstexten formal ein gleiches Stimmgewicht. [...] Dahinter steckt das Gebot der Rechtsgleichheit. [...] Formal werden dadurch militärisch oder wirtschaftlich unterschiedliche Machtpositionen ausgeschaltet, und somit wird das Recht des Stärkeren überwunden. [...]

Das augenscheinlichste Anzeichen für internationale Verrechtlichung ist jedoch eine wachsende Zahl an internationalen Gerichten bzw. gerichtsähnlichen Streitbeilegungsinstanzen. Als ein Grundpfeiler von Rechtsstaatlichkeit sorgt im Idealfall eine unabhängige Judikative für eine faire und unparteiische Konfliktregulierung mit rechtlich verbindlichen Urteilen. [...]

Nicht zuletzt verlangt Rechtsdurchsetzung eine Strafe, wenn Regeln nicht eingehalten werden. Die entsprechenden Sanktionen sollten nicht nur von einer unabhängigen Instanz festgesetzt, sondern auch von einem zentralen Organ durchgesetzt werden. Dies ist aufgrund einer fehlenden Weltpolizei einer der Hauptschwachpunkte, die das Entstehen einer internationalen Rechtsordnung behindern. [...]

Aufgrund ihrer beschriebenen Charakteristika erfüllt eine Rechtsordnung wichtige Funktionen für das gesellschaftliche Zusammenleben. Ziel ist es, durch vorab festgelegte Verfahren Verlässlichkeit und Erwartungssicherheit und damit die Garantie einer friedlichen Konfliktbearbeitung zu schaffen. Akteure können sich an Regeln orientieren und erwarten auch von anderen, dass diese die Regeln einhalten. Die Herausbildung einer Rechtsordnung soll zu Rechtssicherheit und damit zu Stabilität im internationalen Regieren führen. [...]

Da es bislang weder eine Weltregierung, noch eine Weltpolizei oder ein Weltgericht gibt, können internationale Regeln nicht in gleicher Weise wie im Nationalstaat durchgesetzt werden. [...] Es gibt jedoch „weiche"

85 Sanktionsmechanismen. Staaten und gesellschaftliche Akteure können Rechtsbrü-
che öffentlich an den Pranger stellen. Durch
die öffentliche Ächtung von Menschenrechtsverletzungen kann beispielsweise ein
90 so starker politischer Druck auf Regierungen ausgeübt werden, dass diese ihr regel-
widriges Verhalten korrigieren. Da Recht
grundsätzlich eine hohe Legitimität genießt
und oft als moralische Instanz gilt, möchte
95 kein Staat offen als Völkerrechtsverletzer
tituliert werden. Wenngleich Recht stets In-

terpretationsspielraum zulässt, setzt es dennoch Grenzen, welches Verhalten in einem
Meinungsaustausch legitimerweise ge-
rechtfertigt werden kann.   100

*Tanja Abendschein-Angerstein, Internationale Ver-
rechtlichung, in: Informationen zur politischen Bildung
Nr. 325/2015 („Regieren jenseits des Nationalstaates"),
S. 10–16.*

*Tanja Abendschein-Angerstein ist Doktorandin an der
Berlin Graduate School for Transnational Studies (BTS)
bzw. dem Wissenschaftszentrum Berlin für Sozialfor-
schung (WZB).*

M 5 ● Der Internationale Strafgerichtshof – (k)ein erfolgreiches Beispiel internationaler Verrechtlichung?

Fatou Benosouda, Chefanklägerin des ICC, während
des Prozesses gegen Germain Katanga.
Katanga wurde am 23.5.2014 wegen Beihilfe zu
Kriegsverbrechen und Verbrechen gegen die
Menschlichkeit bei einem Dorf in der Provinz Ituri
(Demokratische Republik Kongo) zu 12 Jahren Haft
verurteilt.

*Die aus Gambia stammende Fatou Bensou-
da ist seit 2012 Chefanklägerin des ICC:*
SPIEGEL: Frau Bensouda, man nennt Sie
„die Frau, die Tyrannen jagt". [...] Woran
5 bemisst sich für Sie Erfolg – geht es um
Genugtuung für die Opfer oder um die symbolische Strahlkraft, die von den Urteilen
ausgeht?
Bensouda: Nehmen Sie den Prozess gegen
10 den früheren Vizepräsidenten der Demokratischen Republik Kongo, Jean-Pierre
Bemba – er wurde im März verurteilt, weil
Truppen unter seinem Befehl Verbrechen
gegen die Menschlichkeit begangen und
15 ihre Opfer vergewaltigt haben. Das Urteil
konstatiert erstmals, dass Militärs verant-

wortlich sind für die Taten ihrer Soldaten,
[...], selbst wenn sie [...] nicht persönlich
beteiligt waren. Es ist eine deutliche Warnung an Kommandeure, das Verhalten ihrer 20
Soldaten unter Kontrolle zu halten [...]. Ein
wichtiger Präzedenzfall. [...]
SPIEGEL: [...] Einige [vor allem afrikani-
sche] Staatschefs werfen Ihnen Doppelmo-
ral vor: Sie jagen vor allem Afrikaner, die 25
Mächtigen im Westen lassen Sie laufen.
Bensouda: Wir sind vor allem deshalb in
Afrika tätig, weil afrikanische Mitgliedstaaten uns selbst darum gebeten haben,
[...]. Man kann uns nicht rufen, um sich 30
dann zu beschweren, wenn wir unsere Arbeit machen. Aber: Natürlich ermitteln wir
auch außerhalb Afrikas. In Georgien läuft
ein Verfahren an, wir führen Vorermittlun-
gen in Palästina, Afghanistan, Kolumbien, 35
im Irak und in der Ukraine durch. [...] Die
Kritik, der Strafgerichtshof operiere einseitig, ist haltlos.
SPIEGEL: Bleibt ein nicht unerheblicher
Geburtsfehler: Ausgerechnet Weltmächte 40
wie die USA, China und Russland gehören
dem Gerichtshof nicht an, dabei sind sie
selbst oft Teil des Konfliktgeschehens –
etwa in Syrien. Ist das gerecht?
Bensouda: [...] Der Strafgerichtshof ist kein 45
Allheilmittel, wir können nur eingreifen,
wo wir zuständig sind. Und wenn ein Staat
Gründe sieht, das Rom-Statut nicht zu ra-

tifizieren, kann er nicht dazu gezwungen
werden.

SPIEGEL: Was bedeutet das für Kriegs-
schauplätze wie Syrien und den Irak?

Bensouda: [...] [W]ir versuchen selbstverständlich im Rahmen unserer Jurisdiktion
zu tun, was wir können. Doch das ist eben
das Problem: die Zuständigkeit. Syrien und
Irak zählen nicht zu unseren Mitgliedstaaten. Zugriff haben wir aber auf Staatsbürger aller Nationen, die Mitglied des Gerichts
sind, und solche sind ja in großer Zahl in
beiden Ländern unterwegs. [...]

SPIEGEL: Was machen Sie im Fall von Afghanistan, wo das Parlament 2007 ein Am-
nestiegesetz erlassen hat, das Kriegsverbrecher vor Strafverfolgung schützen soll?

Bensouda: Afghanistan befindet sich in einem schwierigen Prozess, nach Jahren des
Krieges Frieden zu schaffen und Stabilität
herzustellen. Diese Entwicklung gilt es zu
unterstützen. Doch Frieden und Gerechtigkeit bedingen einander, und Afghanistan
muss seinen Verpflichtungen gegenüber
dem ICC nachkommen. Deshalb hat das Ge-
setz für uns keine Bedeutung. [...] Die Menschen haben große Erwartungen an uns. Ich
bin überzeugt, dass der Gerichtshof inzwischen auch eine bedeutsame Rolle bei der
Lösung von Konflikten spielt. [...]

SPIEGEL: Die Anstifter des Irakkriegs
[2003] hat bis heute niemand zur Rechenschaft gezogen. Sehen Sie eine Möglichkeit,

Tony Blair, George W. Bush oder Donald
Rumsfeld den Prozess zu machen?

Bensouda: Dieses Gericht wurde gegründet, um Kriegsverbrechen zu ahnden, Verbrechen gegen die Menschlichkeit, Völkermord – wo immer wir juristisch zuständig
sind. Irak ist kein Mitglied, Großbritannien
jedoch schon, weshalb wir gegen einzelnen
Soldaten ermitteln können. In Afghanistan
dürfen wir auch Anschuldigungen gegen
US-Soldaten nachgehen, weil sie sich auf
dem Territorium eines Mitgliedslandes er-
eignet haben sollen. [...]

SPIEGEL: Manchmal wirkt der Gerichtshof
allerdings erstaunlich machtlos, wie 2015,
als Jacob Zuma, der Staatschef Südafrikas,
den wegen Kriegsverbrechen gesuchten su-
danesischen Präsidenten Omar al-Bashir
empfing. Was ging Ihnen durch den Kopf,
als Sie diese Bilder im Fernsehen sahen?

Bensouda: Das Gericht existiert ja nicht
isoliert. Wir bilden ein System mit den Mitgliedstaaten, in dem jede Partei ihre Pflichten hat. Das muss klar sein. Wenn wir einen
Haftbefehl ausstellen, ist nach unserem
Statut jedes Mitgliedsland verpflichtet, die
betreffende Person festzunehmen und aus-
zuliefern, wenn sie sich auf seinem Territorium befindet.

*Interview mit Fatou Bensouda (Olaf Kanter/Susanne
Koebl), „Ich sage nicht, wer böse ist". in: Der Spiegel
52/2016, S. 98f.*

Ⓗ zu Aufgabe 1
Berücksichtigen Sie
als Merkmal das
sich verändernde
Verständnis
nationalstaatlicher
Souveränität.

Ⓕ zu Aufgabe 1
Gehen Sie dabei
auch auf die
parallele Tendenz
der Informalisierung
der internationalen
Beziehungen durch
„Regieren in Clubs"
(vgl. Kap. 3.1.3) ein.

Ⓜ zu Aufgabe 4
Führen Sie zu dieser
Streitfrage eine
Pro-Kontra-Debatte
oder eine Struktu-
rierte Kontroverse
durch.

Aufgaben

1 Fassen Sie die Merkmale, Leistungen und Hindernisse einer Verrechtlichung internationaler Beziehungen zusammen. (M 4)

2 „Da es bislang weder eine Weltregierung, noch eine Weltpolizei oder ein Weltgericht
gibt, können internationale Regeln nicht in gleicher Weise wie in Nationalstaaten
durchgesetzt werden" (Abendschein-Angerstein, vgl. M 4).
Erläutern Sie diese These unter Berücksichtigung der unterschiedlichen Leistungen
der politischen Gewalten auf nationalstaatlicher Ebene.

3 Charakterisieren Sie das Völkerstrafrecht und den Internationalen Strafgerichtshof als
Beispiel der Verrechtlichung internationaler Beziehungen. (M 1 – M 5)

4 Der ICC als „Meilenstein" auf dem Weg der Verrechtlichung internationaler Beziehungen – Erfolg oder Misserfolg? Nehmen Sie zu dieser Frage begründet Stellung.
(M 1 – M 5)

ORIENTIERUNGSWISSEN

Der Bürgerkrieg in Syrien entzündete sich 2011 zunächst an regimekritischen Demonstrationen nach Vorbild des „Arabischen Frühlings", die von syrischen Sicherheitskräften mit Waffengewalt niedergeschlagen wurden. Spätestens seit Sommer 2011 spielen Rebellentruppen, die vom Ausland mit Waffen versorgt werden, eine wichtige Rolle im Konflikt, in dem zahlreiche Zivilisten von beiden Konfliktparteien getötet wurden.

Neben der nationalen Ebene ist der Konflikt immer stärker in die regionale und globale Sicherheitsarchitektur eingewoben („Stellvertreterkrieg"), was seine Lösung erschwert. So verfolgen regionale Mächte wie die Türkei oder Iran bei der Unterstützung der Rebellen- bzw. Regierungsseite eigene Interessen und erfahren zudem durch massive Flüchtlingsströme eine mögliche Destabilisierung des eigenen Staatsgebietes. Auch die USA und Russland sind mit eigenen Interessen, die sie im UN-Sicherheitsrat verfolgen, stark in den Konflikt involviert.

Der internationalisierte Bürgerkrieg in Syrien
Kap. 1.1, M 1 – M 3, M 5

Am 24. Oktober 1945 wurden die **Vereinten Nationen** (UNO = United Nations Organization) von damals 51 Staaten begründet. Sie entstanden unter dem Eindruck der Katastrophe des Zweiten Weltkriegs mit dem Ziel, durch eine **globale Organisation** künftig **Frieden und Sicherheit in der Welt** zu gewährleisten. Seither hat sich die Zahl der Mitgliedstaaten auf 193 (2017) erhöht, und die Vereinten Nationen haben ihre Tätigkeitsbereiche auf alle Weltprobleme – von der Bekämpfung des Hungers bis zum Klimawandel, von der Kinderarbeit bis zur Überschuldung vieler Entwicklungsländer – ausgedehnt.

Gründung und Aufgabenfelder der UN
Kap. 1.2, M 1

Transnationaler Terrorismus ist ein relativ neues Phänomen. Gegen andere Formen politischer **Gewaltanwendung** ist er abgrenzbar durch seine Strategie, Ziele mit **Symbolgehalt** und **Zivilisten** (statt politische Entscheidungsträger oder staatliche Einrichtungen) zu attackieren. Mit dieser **„Kommunikationsstrategie"** möchten die Terrorgruppen die angegriffene Bevölkerung verunsichern und vor allem die gegnerischen Staaten zu überzogenen **Gegenreaktionen** veranlassen, die das terroristische Vorgehen im Nachhinein legitimieren. Terroristen wenden sich also vor allem an „als interessiert unterstellte Dritte" (Herfried Münkler), die zu Sympathisanten oder gar zu Anhängern werden sollen. Islamistische Terroristen stehen nicht mehr in jedem Fall in Verbindung mit Terrororganisationen wie dem „IS" oder sind von einer solchen ausgebildet worden. Teilweise finden Radikalisierungen im Internet statt.

Strategie transnational operierender Terroristen
Kap. 1.1, M 11, M 12, M 14, M 15

Stabile Staaten verfügen durchgängig über das Gewaltmonopol und können damit ihre Sicherheitsfunktion erfüllen. Darüber hinaus erfüllen sie je nach Entwicklungsstand Versorgungsleistungen („Wohlfahrtsfunktion") und lassen Bürger teilhaben (Legitimitätsfunktion). Staatliche Fragilität findet sich in einem Kontinuum zwischen **schwacher Staatlichkeit** (weitgehende Existenz nur des Gewaltmonopols) und dem **Staatszerfall** (keine Staatsfunktion mehr aufrechterhalten). Terroristen nutzen zerfallende Staaten oft zur Ausbildung, da ein Mindestmaß an Infrastruktur noch vorhanden ist, aber es an Kontrolle mangelt.

Fragile Staatlichkeit
Kap. 1.1, M 17

Organe und Zuständigkeiten der UN
Kap. 1.2, M 5, M 7

Die Vereinten Nationen sind eine internationale Organisation, die auf der freiwilligen Zusammenarbeit der beteiligten Staaten beruht, ohne dass diese auf Souveränitätsrechte verzichten. Die **Generalversammlung** stellt in erster Linie ein **Diskussionsforum für Weltprobleme** dar. Alle Mitgliedstaaten sind in diesem Organ vertreten, wobei jeder Staat bei Abstimmungen eine Stimme hat. Während die Generalversammlung nach innen bindende Beschlüsse fassen kann (z. B. Wahl von nichtständigen Mitgliedern des Sicherheitsrats, Haushaltsbeschlüsse), kann sie in politischen Fragen nur Empfehlungen abgeben (z. B. gegenüber dem Sicherheitsrat).

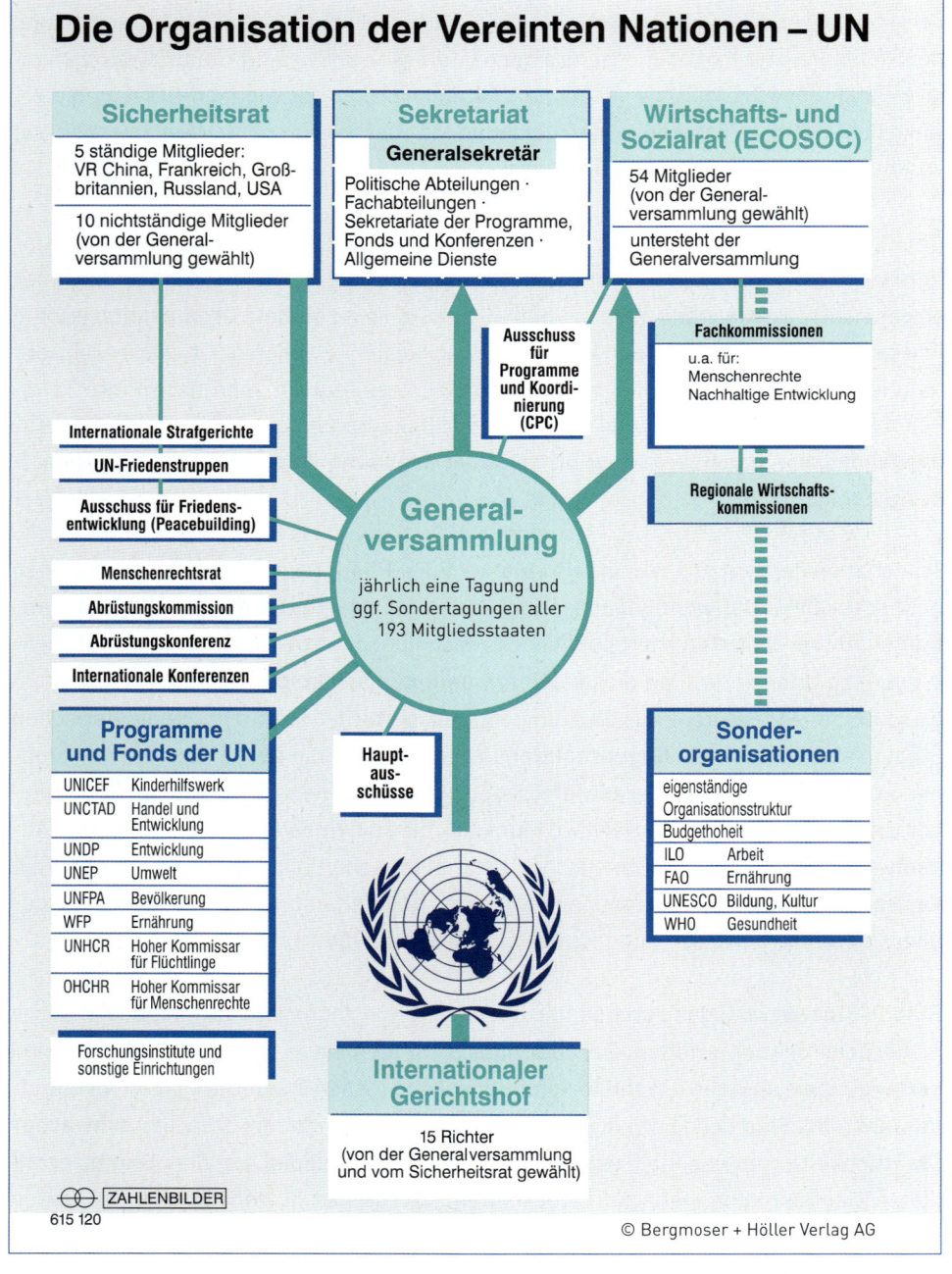

Die Organisation der Vereinten Nationen – UN

Sicherheitsrat

5 ständige Mitglieder: VR China, Frankreich, Großbritannien, Russland, USA

10 nichtständige Mitglieder (von der Generalversammlung gewählt)

Sekretariat

Generalsekretär

Politische Abteilungen · Fachabteilungen · Sekretariate der Programme, Fonds und Konferenzen · Allgemeine Dienste

Wirtschafts- und Sozialrat (ECOSOC)

54 Mitglieder (von der Generalversammlung gewählt)

untersteht der Generalversammlung

Ausschuss für Programme und Koordinierung (CPC)

Fachkommissionen

u.a. für: Menschenrechte Nachhaltige Entwicklung

Internationale Strafgerichte

UN-Friedenstruppen

Ausschuss für Friedensentwicklung (Peacebuilding)

Regionale Wirtschaftskommissionen

Menschenrechtsrat

Abrüstungskommission

Abrüstungskonferenz

Internationale Konferenzen

General-versammlung

jährlich eine Tagung und ggf. Sondertagungen aller 193 Mitgliedsstaaten

Programme und Fonds der UN

UNICEF	Kinderhilfswerk
UNCTAD	Handel und Entwicklung
UNDP	Entwicklung
UNEP	Umwelt
UNFPA	Bevölkerung
WFP	Ernährung
UNHCR	Hoher Kommissar für Flüchtlinge
OHCHR	Hoher Kommissar für Menschenrechte

Forschungsinstitute und sonstige Einrichtungen

Hauptausschüsse

Sonderorganisationen

eigenständige Organisationsstruktur Budgethoheit

ILO	Arbeit
FAO	Ernährung
UNESCO	Bildung, Kultur
WHO	Gesundheit

Internationaler Gerichtshof

15 Richter (von der Generalversammlung und vom Sicherheitsrat gewählt)

ZAHLENBILDER

615 120

Der **Sicherheitsrat** ist besonders im Hinblick auf die Friedenssicherung das eigentliche **Entscheidungsorgan**. Er besteht aus fünf ständigen Mitgliedern mit **Vetorecht** und zehn nichtständigen, von der Generalversammlung auf zwei Jahre gewählten Mitgliedern. Der Sicherheitsrat stellt fest, ob eine Bedrohung des Friedens vorliegt, und kann **Zwangsmaßnahmen zur Wahrung des Weltfriedens** beschließen, die von Wirtschaftssanktionen bis zum Einsatz von Waffengewalt reichen. Die UNO-Mitglieder sind verpflichtet, die Resolutionen des Sicherheitsrats umzusetzen, die UNO ist allerdings immer darauf angewiesen, dass ausreichend Mittel zur Verfügung gestellt werden.

Der **UN-Generalsekretär** (seit 2017 António Guterres, Portugal) ist der höchste Verwaltungsbeamte und Repräsentant der UNO. Er kann die Aufmerksamkeit des Sicherheitsrats auf Angelegenheiten richten, die nach seiner Auffassung eine Gefahr für den Weltfrieden darstellen, und erstattet der Generalversammlung jährlich Bericht. Auf Vorschlag des Sicherheitsrats wird er von der Generalversammlung auf fünf Jahre gewählt.

Als mit dem Ende des Ost-West-Konflikts die Konfrontation der ständigen Mitglieder mit Vetorecht beendet war, hoffte man auf ein effektiveres Wirken des Sicherheitsrats. Immer wieder aber zeigte es sich, dass Interessensgegensätze zwischen den fünf Großen des Sicherheitsrats die rechtzeitige Verabschiedung wirksamer Resolutionen zur Beendigung schwerster Menschenrechtsverletzungen verhinderten.

Das 2005 in einer Resolution verabschiedete Konzept der „Responsibility to Protect" sollte das **Spannungsverhältnis** zwischen **Menschenrechtsschutz und staatlicher Souveränität** auflösen und kann als Ausdruck eines gewandelten Verständnisses des Völkerrechts interpretiert werden. Es war jedoch bislang lediglich in einem Fall (Libyen 2011) expliziter Bezugspunkt einer humanitären Intervention unter UN-Mandat, obwohl es vielfach weltweit zu gewaltbedingten humanitären Katastrophen gekommen war.

Dass es häufig nicht zur Anwendung der in Kapitel VI und VII der UN-Charta festgelegten Instrumente zur Beendigung von Konflikten kommt, hat mehrere Ursachen:

- Oft kann sich der Sicherheitsrat nicht auf effektive Sanktionen einigen, weil die Vetomächte Resolutionen verhindern, die nicht ihren nationalen Interessen entsprechen.
- Um Friedensmissionen durchführen zu können, ist die UNO auf die Beteiligung von Mitgliedstaaten angewiesen.
- Die in der UN-Charta festgelegten Maßnahmen zielen auf zwischenstaatliche Konflikte. Da aber heute innerstaatliche Konflikte dominieren, geraten mögliche Interventionen mit dem Verbot, sich in innerstaatliche Angelegenheiten einzumischen **(Interventionsverbot)**, in Konflikt.

Auf Grund dieser strukturellen Probleme ist in der Vergangenheit auch der Ruf nach einer Reform der Vereinten Nationen laut geworden. Darunter wird in erster Linie eine **Reform des UN-Sicherheitsrates** verstanden, die dieses Gremium demokratischer (repräsentativer) und zugleich effizienter gestalten soll. Die strukturellen Probleme

Strukturelle Probleme der UN und das Konzept der Schutzverantwortung
Kap. 1.2, M 2, M 8

Reform der UNO
Kap. 1.2, M 10, M 11

der UN, die insbesondere durch das Vetorecht hervorgerufen werden, stehen dabei ebenso den Reformbemühungen im Wege.

Der internationale Strafgerichtshof
Kap. 1.3, M 2, M 3

Der am 1. Juli 2002 in Den Haag errichtete ICC ist die erste internationale und ständige Rechtsinstanz, die Einzelpersonen für schwere Menschenrechtsverletzungen wie **Völkermord, Verbrechen gegen die Menschlichkeit** oder **Kriegsverbrechen** zur Verantwortung ziehen kann.

Der ICC ist kein Organ der Vereinten Nationen, sondern wurde von den beteiligten Staaten als **unabhängige Instanz** errichtet und ausgestattet; sie üben die Kontrolle aus. Die Richter und der Chefankläger werden auf neun Jahre gewählt (keine Wiederwahl).

Verrechtlichung internationaler Beziehungen – Ansatz und Grenzen
Kap. 1.3, M 4

Verrechtlichung kann als ein wesentlicher Baustein einer zu entwickelnden **Global-Governance**-Architektur (vgl. Kap. 4) verstanden werden, die den Versuch darstellt, dem **System geteilter und sich überlappender Souveränitäten** politische Steuerungsfähigkeit wiederzuerlangen und Konflikte friedlich zu lösen.

Verrechtlichung basiert auf **völkerrechtlichen Verträgen**, die durch möglichst durchsetzungs- und sanktionsfähige Organisationen weltweit Gültigkeit erfahren sollen. Da in diesem Prozess – zumindest in Modellvorstellungen – **Staaten** ihre **Souveränität** an übergeordnete Organisationen **abgeben** und sich ihnen unterwerfen, bildet sich sukzessive ein „Weltinnenrecht" heraus. Somit steht auch die Einrichtung des ICC für eine zunehmende **Verrechtlichung internationaler Politik**.

Tatsächlich aber hängt die Umsetzung einmal getroffener Entscheidungen in erster Linie vom Willen der Nationalstaaten ab, die ein Vertragssystem begründet haben. Da es kein internationales Gewaltmonopol gibt, können vor allem mächtige Staaten nicht gezwungen werden, internationale Vereinbarungen einzuhalten oder gar aktiv zu unterstützen, wie u.a. an der eingeschränkten Universalität des ICC deutlich wird.

Grenzen und Probleme des IStGH
Kap. 1.3, M 3, M 5

121 Staaten haben das Römische Statut zum Internationalen Strafgerichtshof ratifiziert (Stand: März 2017). Wichtige Staaten wie die USA, China, Russland oder Indien sind jedoch nicht beigetreten. Das Fernbleiben bedeutender Länder schwächt den Gerichtshof in seiner internationalen Bedeutung. Die USA befürchten vor allem politisch motivierte Anklagen gegen amerikanische Staatsbürger bzw. Soldaten. Gerade vor diesem Hintergrund haben die sich gegenwärtig v.a. auf Afrika beziehenden Aktivitäten des Gerichts zu dem Vorwurf einer einseitigen bzw. politisch motivierten Strafjustiz geführt.

Möglichkeiten der Friedenssicherung durch die UN beurteilen

Syrien markiert das Ende der UNO, wie wir sie kennen. Am eklatantesten zeigte sich das vorige Woche bei einer Sondersitzung des Sicherheitsrats, der sich nicht mal auf eine
5 zahnlose Missbilligung einigen konnte. Dass diese Sitzung vom russischen Außenminister Sergej Lawrow persönlich geleitet wurde, war mehr als nur Ironie. An diesem Mittwoch will der Rat nun erneut zum Thema
10 Syrien tagen, diesmal in kleinerer Besetzung. Und erneut wird nichts geschehen.

Die Lähmung des Sicherheitsrats – altbekannt, doch durch Syrien ins grellste Licht gerückt – ist eine internationale Schande,
15 eine historische Schande. Das in leeren Gesten erstarrte Gremium lässt genau die im Stich, zu deren Schutz es erfunden wurde: die machtlosen Zivilisten.

Das Scheitern ist programmiert. Die ver-
20 kalkte Struktur des Rats, ein Weltkriegsprodukt, das im Kalten Krieg gefror, widersetzt sich heutiger Geopolitik: Mit ihrem anachronistischen Vetorecht können die aus der Siegerkoalition erwachsenen fünf stän-
25 digen Mitglieder (die P5: USA, Russland, Frankreich, Großbritannien, China) munter sabotieren.

Das macht sich im Moment vor allem Russland zunutze, um Baschar al-Assad zu stüt-
30 zen, seinen guten Freund und besten Waffenkunden, und sich zugleich die islamistischen Extremisten vom Leib zu halten. Viermal hat Moskau UNO-Aktionen gegen Assad per Veto blockiert. Jedes Veto
35 stärkte Assad. Als das nicht mehr reichte,

schickte Russland ihm seine Kampfbomber zur Hilfe – über die Köpfe der UNO hinweg, die Wladimir Putins Machtspielen hilflos zuschauen musste.

40 Die Geschichte dieses Konflikts ist so auch die Geschichte der gescheiterten Weltgemeinschaft: Die Macht der Minderheit kann die besten Vorsätze der Mehrheit ausbremsen. Etwa im Februar 2012, als 13 Mitglieder
45 des Sicherheitsrats dafür stimmten, Assad haftbar zu machen für seine „Verbrechen gegen die Menschlichkeit". Zwei Vetos killten die Resolution – von Russland und, wie so oft, von China. Die Botschaft war unüber-
50 hörbar, für Assad wie für Syriens Opposition. Nur einmal flackerte kurz Hoffnung auf, nach Assads horrenden Chemiewaffenangriffen: Im September 2013 handelten die UNO-Mächte einen Kompromiss zur Besei-
55 tigung dieser Tabu-Waffen aus.

Das Syrien-Debakel hat den lange gärenden Bemühungen um eine Reform des Sicherheitsrats neue Brisanz gegeben. Frankreich regte einen Kompromiss an: In Fällen von
60 Genozid, Kriegsverbrechen oder Menschenrechtsverletzungen mögen die P5 doch freiwillig auf ihr Vetorecht verzichten – Paris selbst gehe mit gutem Beispiel voran.

Bisher unterstützten 75 der 193 UNO-Mit-
65 gliedstaaten den Vorstoß. Russland, Großbritannien, China und die USA waren nicht dabei.

Marc Pitzke, Das Ende der UNO, www.spiegel.de, 7.10.2015
Marc Pitzke ist US-Korrespondent für SPIEGEL ONLINE in New York.

„P5"
International gebräuchliche Bezeichnung für die ständigen Mitglieder des UN-Sicherheitsrates („permanent five")

Aufgaben

1 Fassen Sie Pitzes Einschätzungen zur Handlungsfähigkeit der Vereinten Nationen zusammen.

2 „Die Geschichte dieses Konflikts ist [...] auch die Geschichte der gescheiterten Weltgemeinschaft" (Z. 29f.). Erläutern Sie ausgehend vom Text die – institutionell und machtpolitisch – begrenzten Möglichkeiten der UN, den Syrien-Konflikt zu befrieden.

3 Angesichts der stockenden Reformen des UN-Sicherheitsrates unterbreitete Frankreich einen Verfahrensvorschlag für die zukünftige Arbeit des UN-Sicherheitsrates (Z. 38 – 40). Erörtern Sie – nach einer knappen Klärung und Einordnung – diesen Vorschlag.

1.4　Chancen und Grenzen deutscher Außen- und Sicherheitspolitik

Basiskonzepte	Fachkategorien	Leitfragen
System und Struktur	Politische Gestaltung und Legitimation	· Wie werden Auslandseinsätze der Bundeswehr sicherheitspolitisch, (völker-)rechtlich und demokratisch begründet bzw. legitimiert?
Wandel	Gewordenheit	· Wie hat sich die Bundeswehr zu einer Out-of-area-Armee entwickelt?

1.4.1　Außen- und Sicherheitspolitik Deutschlands im Syrien-Krieg

M 1 ● Erfolg des deutschen Syrien-Einsatzes?

Interpretationshilfe

Die schwarze Flagge ist die des sogenannten „Islamischen Staates".

Zeichner: Marian Kamensky, 2.12.2015

M 2 ● Deutsche Flugzeuge über Syrien

Die Bundeswehr hat die Luftangriffe gegen die Terrororganisation „Islamischer Staat" (IS) im Irak und in Syrien [...] [im Jahr 2016] mit 692 „Tornado"-Aufklärungsflügen un-
5 terstützt. 315 Mal kam das zusammen mit den Jets im türkischen Incirlik stationierte deutsche Tankflugzeug zum Einsatz. [...] Zudem gehörten Bundeswehrsoldaten bei zehn Nato-Aufklärungsflügen zur Besatzung von „Awacs"-Flugzeugen. Diese Zah- 10

len nannte das Einsatzführungskommando der Bundeswehr.

Der Einsatz der Aufklärungsflieger hatte Anfang Januar 2016 begonnen. Derzeit
15 sind sechs „Tornados" in Incirlik stationiert. Während die „Awacs" den Luftraum überwachen, können die „Tornados" zur Identifizierung von Angriffszielen am Boden beitragen. Ein Einsatzflug dauert durch-
20 schnittlich drei Stunden.

Die erfassten Daten aus den deutschen Kampfflugzeugen werden den Staaten der Anti-IS-Koalition zur Verfügung gestellt, die insgesamt mehr als 60 Mitglieder hat. Für wie viele Bombardements in Syrien und 25 im Irak die von den „Tornados" gesammelten Daten genutzt wurden und wie viele Kämpfer und Zivilisten dabei ums Leben kamen, ist nicht bekannt.

cht/dpa, www.spiegel.de, 28.12.2016

M 3 ● Kritik am Syrien-Einsatz der Bundeswehr

Der Syrien-Einsatz der Bundeswehr [...] ist ein Akt der Solidarität mit Frankreich nach den Pariser Terroranschlägen [...]: eine Demonstration mitfühlenden Beistands, nicht
5 der Ausfluss militärstrategischer Notwendigkeit. [...]

Annahme Nr. 1: Ein Krieg könne aus der Luft gewonnen werden. Bomben können ein Land jedoch nur zerstören, sie können
10 es nicht besetzen. Letztlich vermögen sie keinen Sieg zu erringen [....]. Allein können sie jedenfalls keinen Frieden schaffen. [...]

Annahme Nr. 2: Man könne sich, wenn man partout keine Bodentruppen schicken
15 will – und das will bisher noch keiner – auf Luftangriffe in Kombination mit dem Einsatz lokaler Bodentruppen stützen. Dafür wird auf die „Ertüchtigung" einheimischer Kräfte gesetzt, wer immer die sein mögen
20 – die angeblich 70.000 Mann der Freien Syrischen Armee, die Milizen der weiß wie moderaten Opposition, die Kurden im Nordwesten oder die von der Bundesrepublik bewaffneten und ausgebildeten kurdi-

schen Peschmerga im Nordosten. Die Erfah- 25 rungen, die der Westen im Irak und in Afghanistan mit derartigen Verbündeten gemacht hat, sind freilich nicht ermutigend [...]. Die ertüchtigten Counterinsurgency-Gruppierungen – Söldnertruppen, um ehr- 30 lich zu sein – erwiesen sich vielfach als korrupt, wenig diszipliniert, zerstritten und in hohem Maße unzuverlässig. Alle verfolgten sie ihre eigene Agenda. Diesmal dürfte dies kaum anders sein. 35

Annahme Nr. 3: Die diplomatischen Bemühungen, in Syrien einen Verhandlungsfrieden zwischen den streitenden Parteien und nach einer Übergangszeit auch einen Regimewechsel zu erreichen, um danach mit 40 vereinten Kräften den „Islamischen Staat" zu zerschlagen, entheben die Mächte vorerst der Notwendigkeit, über militärische Weiterungen nachzudenken. Für den Erfolg der Diplomatie gibt es [...] [aber] keineswegs 45 eine Garantie.

Theo Sommer, Die drei Irrtümer der Syrien-Strategie, www.zeit.de, 8.12.2015

Das Ziel der Bundeswehr in Syrien

Die personelle Obergrenze des deutschen Einsatzkontingents liegt [...] bei 1.200 Soldatinnen und Soldaten. Das Mandat ist bis zum 31. Dezember 2017 befristet. Die fortgesetzte und ausgeweitete Beteiligung am Kampf gegen IS stellt einen Kernpunkt des deutschen sicherheitspolitischen Engagements in der Region dar. Damit wird der unmittelbaren und direkten Gefahr für Deutschland, den Bündnispartnern und der internationalen Gemeinschaft entgegengetreten. Der Einsatz dient dem entschlossenen Vorgehen gegen strategische IS-Versorgungswege und Ressourcen sowie Anführer, Kämpfer und Anhänger der Terrormiliz.

www.bundesregierung.de, 10.11.2016

Aufgaben

1. Analysieren Sie die Karikatur. (M 1)
2. Geben Sie die Begründung für den Bundeswehreinsatz und wesentliche Elemente seiner Durchführung wieder. (M 2, Rand)
3. Beurteilen Sie den Einsatz der Bundeswehr in Syrien. (M 3) Berücksichtigen Sie dabei mindestens die Kriterien Wirksamkeit und mögliche Nebenfolgen des Einsatzes.

H zu Aufgabe 3
Setzen Sie sich mit der Kritik Theo Sommers auseinander und problematisieren Sie die Awacs-Luftraumüberwachung als Mittel zur Erreichung der deutschen Einsatzziele.

1.4.2   Ist der Bundeswehreinsatz in Syrien strategisch sinnvoll und legitim?

M 4 ● Wie legitimiert die Regierung den Syrien-Einsatz?

Wie [...] begründet die Bundesregierung den Einsatz rechtlich?
- Die jüngste Uno-Resolution (Nr. 2249), eingebracht von Frankreich, fordert die Mitgliedstaaten auf, „alle notwendigen Maßnahmen" im Kampf gegen den IS im Irak und in Syrien zu ergreifen, „um terroristische Handlungen zu verhüten".
- Artikel 51 der Uno-Charta, wonach Frankreich sich auf das Selbstverteidigungsrecht berufen kann.
- Artikel 42 Absatz 7 des EU-Vertrags von Lissabon, wonach sich die EU-Länder bei einem bewaffneten Angriff Hilfe und Unterstützung schulden.

Severin Weiland, www.spiegel.de, 27.11.2015

M 5 ● Verteidigungspolitische Richtlinien der Bundesrepublik Deutschland

Deutschlands Platz in der Welt wird wesentlich bestimmt von unseren Interessen als starker Nation in der Mitte Europas und unserer internationalen Verantwortung für Frieden und Freiheit. Deutsche Sicherheitspolitik ist den Werten und Grundsätzen der freiheitlich demokratischen Ordnung des Grundgesetzes und des Völkerrechts verpflichtet. Deutschland nimmt als gestaltendes Mitglied der internationalen Staatengemeinschaft seine Interessen wahr und setzt sich aktiv für eine bessere und sichere Welt ein. Wir wollen als starker Partner in einem vereinten Europa dem Frieden der Welt dienen.

Deutsche Sicherheitsinteressen ergeben sich aus unserer Geschichte, der geografischen Lage in der Mitte Europas, den internationalen politischen und wirtschaftlichen Verflechtungen des Landes und der Ressourcenabhängigkeit als Hochtechnologiestandort und rohstoffarme Exportnation. Sie sind nicht statisch, sondern veränderlich in und mit internationalen Konstellationen und ihren Entwicklungen.

Parlamentsarmee

Im Gegensatz zu einer sog. Präsidialarmee eine Armee, deren Einsätze vom Parlament genehmigt werden müssen. In Deutschland entscheidet der Bundestag über einen Kabinettsvorschlag zu Einsatzraum und -dauer, Gerät und Befugnissen der Soldaten vor Ort sowie über eine Truppenobergrenze.

Die sicherheitspolitischen Ziele Deutschlands sind:
- Sicherheit und Schutz der Bürgerinnen und Bürger Deutschlands;
- territoriale Integrität und Souveränität Deutschlands und seiner Verbündeten;
- Wahrnehmung internationaler Verantwortung

Zu den Sicherheitsinteressen gehören:
- Krisen und Konflikte zu verhindern, vorbeugend einzudämmen und zu bewältigen, die die Sicherheit Deutschlands und seiner Verbündeten beeinträchtigen;
- außen- und sicherheitspolitische Positionen nachhaltig und glaubwürdig vertreten und einzulösen;
- die transatlantische und europäische Sicherheit und Partnerschaft stärken;
- für die internationale Geltung der Menschenrechte und der demokratischen Grundsätze einzutreten, das weltweite Respektieren des Völkerrechts zu fördern und die Kluft zwischen armen und reichen Weltregionen zu reduzieren;
- einen freien und ungehinderten Welthandel sowie den freien Zugang zur Hohen See und zu natürlichen Ressourcen zu ermöglichen

Sicherheit für unser Land zu gewährleisten, bedeutet heute insbesondere, Auswirkungen von Krisen und Konflikten auf Distanz zu halten und sich aktiv an deren Vorbeu-
30 gung und Einhegung zu beteiligen. Deutschland ist bereit, als Ausdruck nationalen Selbstbehauptungswillens und staatlicher Souveränität zur Wahrung seiner Sicherheit das gesamte Spektrum nationa-
35 ler Handlungsinstrumente einzusetzen. Dies beinhaltet auch den Einsatz von Streitkräften.

Die verfassungsrechtlich gebotene Einbindung des Deutschen Bundestages beim
40 Streitkräfteeinsatz bleibt auch in Zukunft unverzichtbare Grundlage deutscher Sicherheitspolitik. Militärische Einsätze ziehen weitreichende politische Folgen nach sich. In jedem Einzelfall ist eine klare Ant-
45 wort auf die Frage notwendig, inwieweit die Interessen Deutschlands und die damit verbundene Wahrnehmung internationaler Verantwortung den Einsatz erfordern und rechtfertigen und welche Folgen ein Nicht-
50 Einsatz hat.

Bundesministerium der Verteidigung, Verteidigungspolitische Richtlinien, Berlin 2011, S. 4 ff.

Info

Die Bundeswehr im Grundgesetz

Das Grundgesetz für die Bundesrepublik Deutschland verpflichtet die Bundesrepublik, die Bundeswehr zur Wahrung von „Menschenrechten als Grundlage jeder menschlichen Gemeinschaft, des Friedens und der Gerechtigkeit in der Welt" (Art. 1, Abs. 2 GG) einzusetzen. Jeder Einsatz – ob im Ausland oder zur unmittelbaren Verteidigung des eigenen Territoriums – steht, anders als in vielen anderen Staaten, unter Parlamentsvorbehalt. Von der Regierung beantragte Auslandseinsätze (und auch deren Verlängerung) muss der Bundestag mit absoluter Mehrheit zustimmen („Parlamentsbeteiligungsgesetz" von 2005). Bei der Landesverteidigung im Falle eines Angriffs (Feststellung des „Verteidigungsfalls") ist sogar eine Zweidrittel-Mehrheit von Bundestag und Bundesrat notwendig (Art. 115a GG). Daher wird die Bundeswehr auch als „Parlamentsarmee" bezeichnet. Teilweise in einem Spannungsverhältnis dazu steht das Recht des Bundes, „Hoheitsrechte auf zwischenstaatliche Einrichtungen [zu] übertragen" und „sich zur Wahrung des Friedens einem System gegenseitiger kollektiver Sicherheit ein[zu]ordnen" (Art. 24 GG). Wenn die Verfügungsgewalt von Streitkräften an intergouvernementale Instanzen (z. B. EU) teilweise übertragen oder die Armee in ein Sicherheitsbündnis eingeflochten ist (z. B. NATO), können Bündnisinteressen und Parlamentsentscheidung einander möglicherweise entgegenstehen, was die militärische Handlungsfähigkeit der Bundesrepublik einschränkt.

Autorentext

M 6 ● Syrien-Einsatz – rechtlich unbedenklich?

SPIEGEL ONLINE: Herr Khan, die Bundeswehr soll sich in Syrien unter anderem mit Aufklärungsflügen am Kampf gegen die Terrormiliz IS beteiligen. Darf sie das?

Khan: [...] Ich habe [...] erhebliche Zweifel an der Rechtmäßigkeit dieses Einsatzes. [...] Nach der Charta der Vereinten Nationen ist militärische Gewalt in den internationalen Beziehungen grundsätzlich verboten; das ist gewissermaßen der Kern der Völkerrechtsordnung [...]

*Nach: Interview Dietmar Hipp mit Daniel Erasmus Khan, www.spiegel.de, 3.12.2015
Daniel-Erasmus Khan ist Professor für öffentliches Recht, Europarecht und Völkerrecht an der Universität der Bundeswehr in München.*

Aufgaben

1 Positionieren Sie sich vorläufig, ob Sie der Legitimation des Syrieneinsatzes der Bundeswehr durch die Bundesregierung zustimmen. (M 4)

2 Setzen Sie die Entscheidung für den Syrieneinsatz mit den verteidigungspolitischen Richtlinien der Bundesrepublik in Beziehung. (M 4, M 5, Kap. 1.4.1)

3 Erklären Sie die besondere Rolle des Bundestages bei der Entscheidung über Auslandseinsätze. (Info)

4 Nehmen Sie ausgehend von Daniel Erasmus Khans Zitat Stellung zum Syrieneinsatz der Bundeswehr. (M 6)

M zu Aufgabe 1
Nutzen Sie eine Meinungslinie.

H zu Aufgabe 3
Geben Sie die zentralen Aspekte von Khans Argumentation vorbereitend wieder und entwickeln Sie Gegenargumente. (M 6)

Transformation der Bundeswehr

1989
- Bundeswehr: Truppenstärke ca. 495.000 Soldaten (davon ca. 218.000 Wehrdienstleistende)
- Nationale Volksarmee der DDR (NVA): Truppenstärke ca. 155.000 Soldaten (zzgl. Grenztruppen)

1990
- Auflösung der NVA
- Verteidigungsetat (inkl. NVA): 57,54 Mrd. DM (29,42 Mrd. Euro) = 15,1% des Bundeshaushalts
- 2 + 4-Verträge (zur deutschen Einigung) setzen maximale Truppenstärke auf 370.000 Soldaten fest
- Erster „Out-of-area-Einsatz": u.a. Minenräumung im Persischen Golf

1992
- Beginn der Unterstützungseinsätze im Rahmen der Staatenzerfallskriege Jugoslawiens

1994
- Truppenstärke: 370.000 Soldaten (davon ca. 150.000 Wehrdienstleistende)
- Bundesverfassungsgericht urteilt, dass der Bundestag allen Auslandseinsätzen der Bundeswehr (nach Art. 24 GG) zustimmen muss (Parlamentsarmee).

1999
- Erster Kampfeinsatz der NATO und der Bundeswehr, Bombardierung der jugoslawischen Armee zum Schutz von verfolgten

1.4.3 Gibt es Auslandseinsätze auch in der Zukunft? - Die Transformation der Bundeswehr zur Parlamentsarmee „out of area"

M 7 ● Wichtige Auslandseinsätze der Bundeswehr

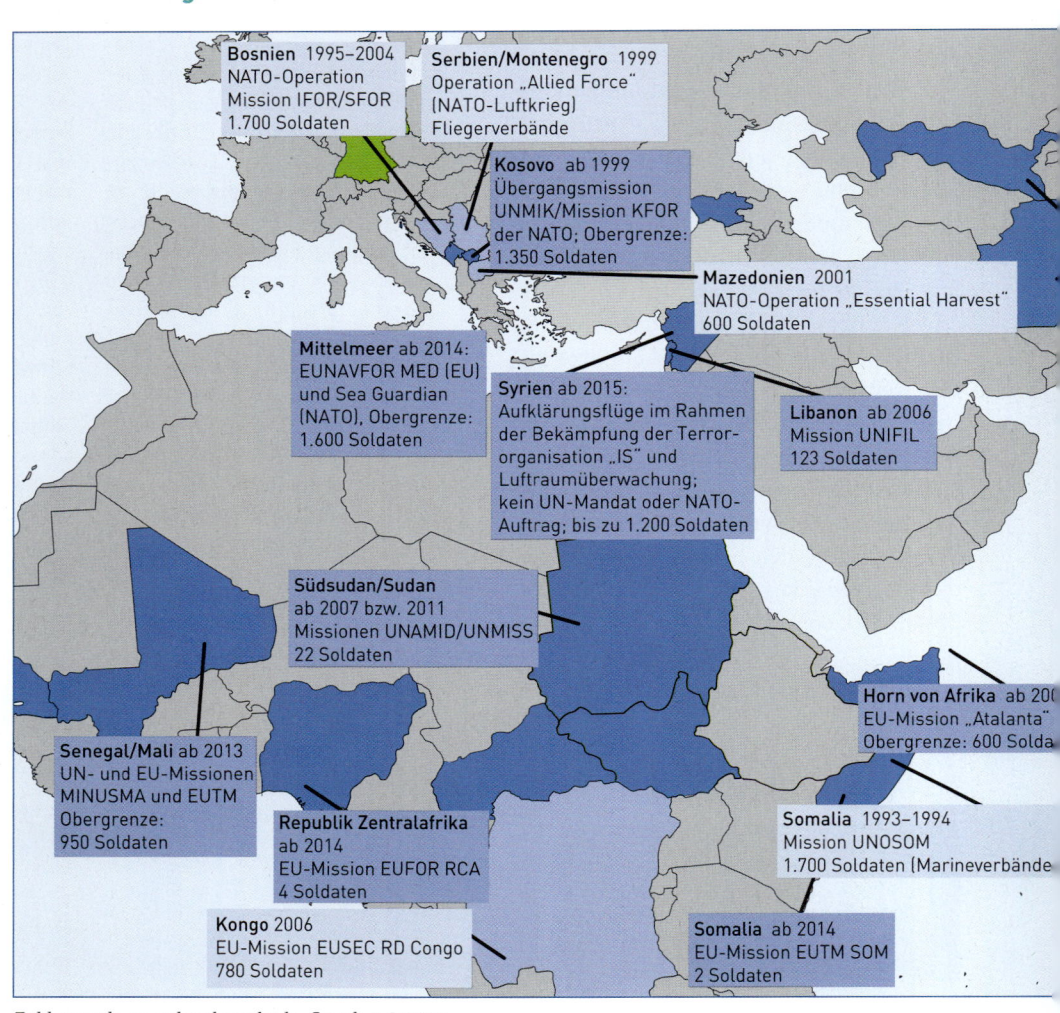

Zahlen nach: www.bundeswehr.de, Stand: 1.3.2017

M 8 ● Die Linke: Abzug aller deutscher Truppen aus dem Ausland

Ein Großteil der Abgeordneten im Bundestag ist nicht grundsätzlich gegen Auslandseinsätze der Bundeswehr. Neben einzelnen Volksvertretern anderer Parteien lehnt die 5 *Fraktion „Die Linke" aber jeglichen Einsatz deutschen Militärs im Ausland ab.*
Die Kosten für die Auslandseinsätze [der Bundeswehr] sind für das Jahr 2013 mit 1,1 Milliarden Euro veranschlagt. Davon entfallen alleine für den Afghanistaneinsatz 10 (ISAF) der Bundeswehr etwas über eine Milliarde Euro. Die realen Kosten liegen meist wesentlich höher als die veranschlagten. Laut einer Studie des Deutschen Instituts für Wirtschaftsforschung (DIW) liegen die Kos- 15 ten allein für den Afghanistan-Einsatz unter Berücksichtigung volkswirtschaftlicher Belastungen bei drei Milliarden Euro pro Jahr.

DIE LINKE lehnt die Auslandseinsätze der
20 Bundeswehr vor allem aus zwei Gründen
ab: Zum einen muss das Friedensgebot der
Charta der Vereinten Nationen strikt befolgt
und in den Mittelpunkt von Konfliktlösun-
gen gestellt werden. Zum anderen ist es eine

Afghanistan 2001–2014
ISAF-Verbände bis zu 4.900 Soldaten;
ab 2015 Resolute Support
bis zu 980 Soldaten zur Ausbildung
afghanischer Straf- und
Sicherheitskräfte

Kambodscha 1991–1993
Mission UNTAC
170 Sanitätskräfte

Operation „Enduring Freedom" 2002–2010
Anti-Terror-Operationen auf der Arabischen Halbinsel, in Nordost-Afrika und in den angrenzenden
Seegebieten sowie in Mittel- und Zentralasien
4.900 Soldaten

Abgeschlossene Missionen

Laufende Missionen (Stand: März 2017)

25 Tatsache, dass der Einsatz von Militär keine
Konflikte löst. Militärs sind oftmals Teil des

Problems. [...] [I]n militärischen Kampfhandlungen leidet zuerst und vor allem die
Zivilbevölkerung. Bestenfalls werden ober-
flächlich die unmittelbaren Kampfhand- 30
lungen eingedämmt. Militäreinsätze haben,
so zeigen es die Erfahrungen auf dem Balkan, in Afghanistan und Libyen, oftmals
zur Folge, dass den Menschen ein einseiti-
ger Lösungsversuch von außen aufgezwun- 35
gen wird. Das Resultat war und ist häufig
eine Art militärische Dauerbesatzung, um
den Ausbruch neuer Gewalthandlungen zu
verhindern („frozen conflicts"). Mit dieser
Strategie schafft man keinen Frieden. Zivi- 40
le Krisenvorsorge sowie ziviles Konfliktma-
nagement spielen im Vergleich zu den militärischen Maßnahmen nahezu keine Rolle
mehr. [...]
Hinzu kommt, Deutschland wird seine 45
„Verantwortung in der Welt" nicht durch
den Einsatz der Bundeswehr gerecht, sondern nur durch eine faire und transparente
Außen-, Sicherheits- und Wirtschaftspolitik – kurz um einer echten Friedenspolitik, 50
die ihren Namen verdient. DIE LINKE lehnt
alle Auslandseinsätze, auch mit UN-Mandat, ab und fordert den vollständigen Abzug der Bundeswehr aus allen Einsatzge-
bieten. [...] Die militärischen Potenziale 55
Deutschlands – und der EU – sollen zurück-
gebaut und der Verteidigungsetat verklei-
nert werden. DIE LINKE fordert zivile Kri-
senvorbeugung und Konfliktlösung als
Alternative zu Kriegseinsätzen, deshalb soll 60
mehr Geld in die Entwicklungszusammen-
arbeit und die zivile Krisenprävention investiert werden.

DIE LINKE, Positionspapiere, Auslandseinsätze der
Bundeswehr, www.linksfraktion.de, 20.11.2013

Kosovo-Albanern; kein
UN-Mandat
• UN-Mandat zur
Einrichtung einer
ständigen NATO-
Schutztruppe im
Kosovo (KFOR);
Gesamtstärke 2012:
6.000 Soldaten (davon
1.230 deutsche)

2001
• Terroranschläge in
den USA (11.9.); NATO
ruft ersten Bündnisfall
aus
• Zweiter Kampfeinsatz:
im Rahmen des UN-
Mandats ISAF sind
deutsche Soldaten in
Afghanistan zur Siche-
rung der Regierung
sowie als zivile
Aufbauhelfer im
Einsatz

2011
• Truppenstärke:
221.000 Soldaten
(davon ca. 9.300
Wehrdienstleistende)
• Verteidigungsetat:
31,55 Mrd. Euro =
10,3% des Bundes-
haushalts
• Aussetzung der
Wehrpflicht zum 1. Juli

2013
• Nato-Einsatz an der
syrischen Grenze des
EU-Beitrittskandida-
ten Türkei

2014
• großteiliger Abzug aus
Afghanistan

2015
• Bundestagsmandat
zur Luftaufklärung
über Syrien zur
Bekämpfung des „IS"

Aufgaben

1 Beschreiben Sie die Transformation der Bundeswehr seit der Wiedervereinigung.

2 a) Geben Sie die Argumente der Bundestagsfraktion „Die Linke" gegen (zukünftige)
Auslandseinsätze der Bundeswehr wieder. (M 8)

b) Entwickeln Sie eine Gegenposition zur Haltung der Fraktion „Die Linke". Berücksichtigen Sie dabei mindestens die Werte „Sicherheit" und „Frieden" sowie das
Kriterium „(internationales und Menschen-)Recht".

3 Nehmen Sie Stellung, ob die Bundeswehr im Ausland eingesetzt werden sollte.

H zu Aufgabe 3
Ordnen Sie die Argumen-
te für und gegen
Auslandseinsätze Ihnen
bekannten Urteils-
kategorien/-kriterien zu.

1.5 Die NATO und der Syrien-Konflikt

Basiskonzepte	Fachkategorien	Leitfragen
Akteure und deren Dispositionen	Interesse und Bedürfnisse	· Welche Interessen und Ziele verfolgen NATO-Staaten im Syrien-Konflikt mit welchen Auswirkungen auf das Bündnis?
System und Struktur	Institutionen	· Welche Aufgaben und Entscheidungsstrukturen weist die NATO auf?

1.5.1 Spannungsverhältnisse in der NATO im Syrien Konflikt

M 1 ● Die NATO-Politik in Syrien

Nato-Generalsekretär verteidigt Zurückhaltung in Syrien

Nato-Generalsekretär Jens Stoltenberg hat die Zurückhaltung des Militärbündnisses im Syrien-Konflikt verteidigt. In manchen Fällen seien „die Kosten des Einsatzes militärischer Mittel größer als der Nutzen", sagte Stoltenberg [...]. In Afghanistan sei der militärische Einsatz richtig gewesen. „Mit Blick auf Syrien sind die Nato-Partner zum Ergebnis gekommen, dass der Einsatz von Militär eine schreckliche Situation noch schrecklicher machen würde."

Die Lage in Syrien bezeichnete Stoltenberg als „furchtbare menschliche Katastrophe". Ein Militäreinsatz könnte aber zu einer weiteren Eskalation beitragen. „Wir würden riskieren, dass es ein größerer regionaler Konflikt wird oder dass noch mehr Unschuldige sterben", sagte der Norweger.

www.sueddeutsche.de, 18.12.2016

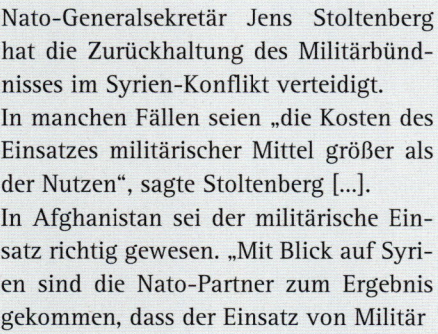

Jens Stoltenberg, ehemaliger Ministerpräsident Norwegens und seit 2014 NATO-Generalsekretär

M 2 ● Welche Interessen verfolgen NATO-Mitglieder in Syrien?

Vereinigte Staaten von Amerika
Unter der Präsidentschaft Barack Obamas (bis Januar 2017) waren die USA aktiv in der militärischen Bekämpfung der islamistischen Terrororganisationen „Islamischer Staat" und „Dschabhat Fatah asch-Scham", während sie zu Beginn des Konflikts noch den Diktator Assad absetzen wollten. Allerdings rüsteten die USA lediglich (vermeintlich) säkulare Rebellen (Freie Syrische Armee, kurdische Kämpfer) mit Waffen etc. aus und flogen Luftangriffe auf Terroristencamps. Direkte Angriffe auf das Assad-Regime unterblieben.

Türkei

Die Ziele der Türkei im Syrien-Konflikt haben sich teilweise verschoben: Geblieben ist die Bekämpfung kurdischer Unabhängigkeitsbestrebungen im Südosten der Türkei (und im Nordosten Syriens) aus Angst vor der Bildung eines Kurdenstaates. Allerdings verfolgt die Erdogan-Regierung nicht mehr das Hauptziel, den Diktator Assad abzusetzen, sondern auch die Terrororganisation „Islamischer Staat" zu bekämpfen, die sie jahrelang – bis zur Häufung islamistischer Selbstmordanschläge auf Touristenzentren in der Türkei – zumindest geduldet hatte; seit 2016 Allianz mit dem Assad-freundlichen Russland.

Polen

Trotz geringerer Bedenken gegenüber Militäreinsätzen schlechthin und einem engem Bündnis zu den USA spricht sich Polen gegen eine Militärintervention in Syrien aus, da keine unmittelbaren eigenen Interessen betroffen sind. Allerdings hat Polen – stellvertretend für alle mittelosteuropäischen NATO-Staaten – ein starkes Bedrohungsempfinden gegenüber Russland; es befürchtet einen Hegemonialanspruch Russlands im ehemaligen Warschauer-Pakt-Gebiet. Ziel: (Militärische) Eindämmung der Einflusssphäre Russlands.

Frankreich

Nach mehreren großen Anschlägen in Frankreich in den Jahren 2015 und 2016 durch IS-Terroristen erklärte der damalige französische Staatspräsident François Hollande dem sogenannten „Islamischen Staat" den Krieg. Ziel: Völlige Auslöschung der Terrororganisation – auch mit militärischen Mitteln. Zudem wird die Levante (Mittelmeeranrainer der arabischen Halbinsel) spätestens seit dem (zunächst geheimen) geheimen Sykes-Picot-Abkommen 1916 zur Aufteilung der arabischen Halbinsel zwischen Frankreich und Großbritannien als französische Einflusssphäre betrachtet.

Deutschland

Grundsätzlich ist Deutschland sehr stark an einer politischen Konfliktlösung (unter Einbeziehung Assads) interessiert – auch um die Zahl der Flüchtenden in die Europäische Union zu reduzieren, von denen Deutschland bisher den größten Teil aufgenommen hat. Gleichzeitig sieht sich Deutschland gezwungen, (militärische) Solidarität zum engen Verbündeten Frankreich zu zeigen sowie als europäisches Kernland den mittelosteuropäischen EU- und NATO-Staaten das Gefühl der Sicherheit gegenüber Russland zu vermitteln. Zudem liefert Deutschland seit 2014 Waffen an irakische Kurden, die den sogenannten „Islamischen Staat" bekämpfen.

Autorentexte

NATO

Northern Atlantic Treaty Organzation = Organisation des Nordatlantikvertrags, bei der jeder Mitgliedsstaat seine eigenen Hoheitsrechte behält.

NATO-Rat

- höchstes NATO-Organ bestehend aus den Verteidigungsministern der Mitglieder bzw. ständiger Botschafter
- Beschlüsse nach dem Einstimmigkeitsprinzip

H zu Aufgabe 2
Beachten Sie dabei das jeweilige Verhältnis zu Russland, zu den Kurden und zum Assad-Regime.

M zu Aufgabe 2
Stellen Sie Ihre Ergebnisse in einem systematischen Interessen-Schaubild dar.

M 3 ● Wer gehört der NATO an?

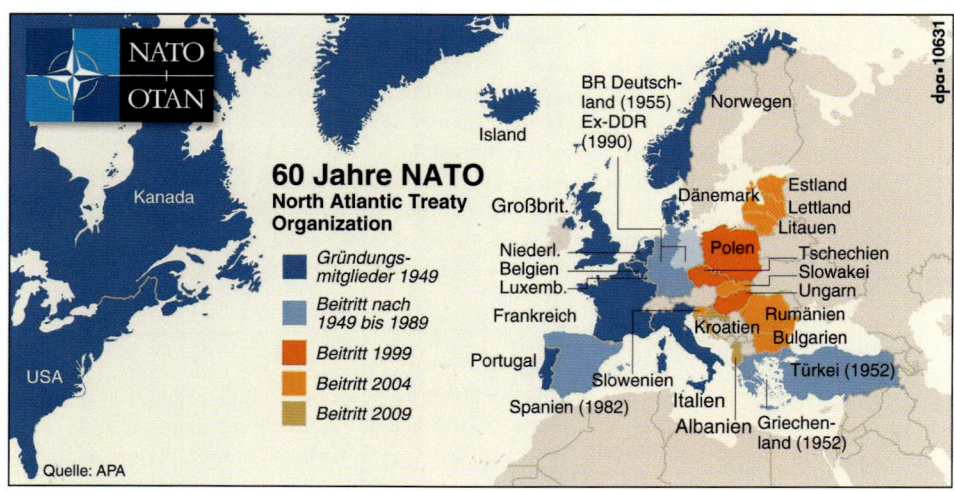

dpa-Grafik 10631, Quelle: APA

M 4 ● Politische und militärische Organisation der NATO

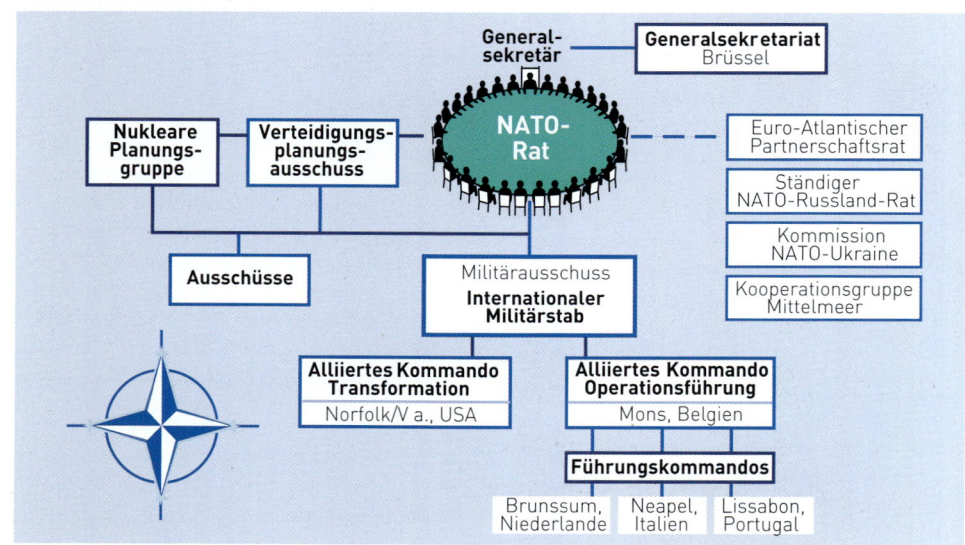

Bergmoser + Höller Verlag AG, 621101

Aufgaben

1 Nennen Sie Jens Stoltenbergs Begründung für eine militärische Zurückhaltung der NATO im Syrien-Konflikt. (M 1)

2 Arbeiten Sie Interessengegensätze und -übereinstimmungen der angeführten NATO-Staaten in Bezug auf Syrien heraus. (M 2)

3 Überprüfen Sie – vor dem Hintergrund der Interessen der NATO-Staaten sowie der Organisation und Beschlussfassungswege der NATO – die Begründung Jens Stoltenbergs zum Nichteingreifen in Syrien. (M 1 - M 4)

1.5.2 Die NATO im 21. Jahrhundert – richtige Strategie für den Frieden?

M 5 ● Was ist von der NATO zukünftig zu erwarten?

Die NATO schwindet dahin…, weil sie keine Lösungen für neue Bedrohungen anbieten kann. […] Die NATO wird überhäuft mit neuen Aufgaben, Mitgliedern und Einsätzen […]. [Sie hat] sich von einer verschworenen Allianz im Angesicht des Kalten Krieges zu einem lockeren Zusammenschluss gleichgesinnter Staaten gewandelt […].

Peter van Ham, Direktor der Global Governance-Abteilung des niederländischen Instituts für internationale Beziehungen Clingendael in Den Haag

Die NATO ist nötiger denn je…, weil nur sie den Rahmen für multilaterale Einsätze bieten kann. […] [Aus] dem Zerfall von Staaten, Bürgerkriegen und ethnischen Konflikten rühren […] [m]assive Verletzung von Menschenrechten, wie sie in ethnischen Vertreibungen und Genoziden geschieht, [erfordern] Maßnahmen der internationalen Gemeinschaft […], die von der NATO durchgeführt werden […]. Keine dieser Aufgaben kann von einem Staat allein, selbst nicht von den USA, mit Aussicht auf Erfolg in Angriff genommen werden.

Karl Kaiser, Gastprofessor am Weatherhead Center for International Affairs und der Kennedy School of Government der Harvard University

Friedensstifter oder Fachidiot? Was die NATO noch – oder nicht mehr kann, IP, März 2008, S. 16 ff., (Übersetzerin: Dinah Stratenwerth)

M 6 ● Grundsätze der NATO – der Nordatlantikvertrag von 1949

Artikel 1

Die Parteien verpflichten sich, in Übereinstimmung mit der Satzung der Vereinten Nationen, jeden internationalen Streitfall,
5 an dem sie beteiligt sind, auf friedlichem Wege so zu regeln, dass der internationale Friede, die Sicherheit und die Gerechtigkeit nicht gefährdet werden, und sich in ihren internationalen Beziehungen jeder Ge-
10 waltandrohung oder Gewaltanwendung zu enthalten, die mit den Zielen der Vereinten Nationen nicht vereinbar sind.

Artikel 5

Die Parteien vereinbaren, dass ein bewaff-
15 neter Angriff gegen eine oder mehrere von ihnen in Europa oder Nordamerika als ein Angriff gegen sie alle angesehen wird; sie vereinbaren daher, dass im Falle eines sol-
chen bewaffneten Angriffs jede von ihnen in Ausübung des in Artikel 51 der Satzung 20 der Vereinten Nationen anerkannten Rechts der individuellen oder kollektiven Selbstverteidigung der Partei oder den Parteien, die angegriffen werden, Beistand leistet, indem jede von ihnen unverzüglich für sich 25 und im Zusammenwirken mit den anderen Parteien die Maßnahmen, einschließlich der Anwendung von Waffengewalt, trifft, die sie für erforderlich erachtet, um die Sicherheit des nordatlantischen Gebiets wieder- 30 herzustellen und zu erhalten.

www.nato.int, 26.6.2014

[1]*In der anlässlich des Beitritts Griechenlands und der Türkei 1952 durch Artikel 2 des Protokolls zum Nordatlantikvertrag geänderten Fassung.*

M 7 ● Die neue NATO-Strategie von 2010

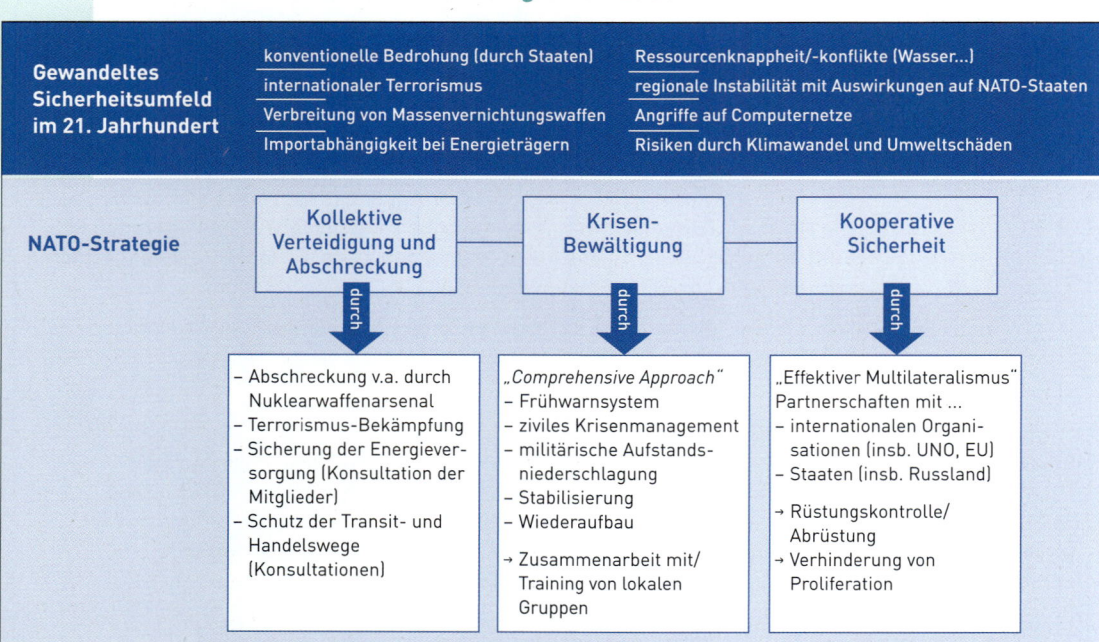

Autorengrafik

Neues strategisches NATO-Konzept

Das neue strategische Konzept der NATO wurde am 19. November 2010 in Lissabon unter dem Titel „Aktives Engagement, Moderne Verteidigung" beschlossen.

Als Kernaufgabe wird die Wahrung der Freiheit und der Sicherheit der Mitgliedstaaten mit politischen und militärischen Mitteln in den drei Bereichen kollektive
5 Verteidigung (collective defence), Krisenmanagement (crisis management) und kooperative Sicherheit (cooperative security) genannt. Unter Bezug auf Artikel fünf des NATO-Vertrages wird erklärt, dass sich die
10 NATO-Mitglieder beistehen und gegen eine Aggression oder gegen aufkommende Sicherheitsherausforderungen gemeinsam verteidigen, wenn diese die fundamentale Sicherheit einzelner Alliierter oder der Al-
15 lianz als Ganzes berühren.
Auch wenn die Gefahr eines konventionellen Angriffs auf das NATO-Gebiet als gering eingeschätzt wird, halte das Sicherheitsumfeld eine Reihe von Heraus-
20 forderungen bereit wie die Verbreitung ballistischer Raketen, von Nuklearwaffen und

anderen Massenvernichtungswaffen, Terrorismus einschließlich der Verfügungsgewalt von Terrorgruppen über nukleare, chemische, biologische oder radiologische 25 Kapazitäten, Instabilitäten an den NATO-Grenzen, Angriffen auf die Informationstechnologie einzelner Staaten oder des Bündnisses. [...]
Beim Versuch, die Aussagen aus dem Text 30 [der NATO-Strategie] in die jahrelange Debatte um die Richtung des Bündnisses einzuordnen, ist festzuhalten, dass die Allianz die klassische Bündnisverteidigung keineswegs aufgibt, sich künftig aber verstärkt 35 um neuere Bedrohungen kümmern will. [...] Man könnte diese neue NATO auch eine „Sowohl-als-auch-Allianz" nennen.

Johannes Varwick, Das neue strategische Sicherheitskonzept der NATO, in: Aus Politik und Zeitgeschichte 50/2010, S. 27 ff.

M 8 ● Welche Zukunft hat die NATO mit Donald Trump?

Um die dräuenden Gefahren [für die Nato durch die Präsidentschaft Donald Trumps] zu begreifen, sollte man mit einem Alptraum-Szenario beginnen: Nehmen wir
5 einmal an, dass Trump bald eine weitreichende Allianz mit Wladimir Putin verkünden wird. Deren Hauptziel ist es, den islamischen Extremismus auszurotten. Aus dieser Allianz folgt auch eine Deeskalation
10 der militärischen Spannungen in Osteuropa. Nach ein, zwei Jahren aber widerruft Putin seine Verpflichtungen zur Entspannung. Er nutzt die Gelegenheit, wie in der Ukraine die Machtübernahme im Baltikum
15 zu inszenieren – die russischen Minderheiten in Estland oder Lettland beteiligen sich an "spontanen" Aufständen, unterstützt durch kaum getarnte russische Truppen.
Für Trump schlägt die Stunde der Wahrheit:
20 Soll er ein entschlossenes Eingreifen der Nato unterstützen oder Putin das Feld überlassen? Im Wahlkampf hatte er darauf bestanden, dass die Europäer einen größeren Teil des Nato-Budgets übernehmen müss-
25 ten. [...] Die indes verweigern größere Zuwächse, weil sie sonst Ressourcen vom Kampf gegen wirtschaftliche Krisen abziehen müssten, die die EU plagen. Angesichts von Trumps Temperament könnte er nun
30 die aus seiner Sicht selbstsüchtigen Europäer zur Hölle wünschen und es erlauben, die baltischen Staaten zu schlucken.
Während also die Nato zerfällt, können die Russen eine wachsende Einflusssphäre in Osteuropa wiederherstellen. Die Westeuro- 35 päer werden verzweifelt aufrüsten, weil sie sich nicht länger auf die USA bei der Abwehr von Bedrohungen verlassen können. Der Zeitpunkt, solch ein Szenario abzuwenden, ist jetzt. Europas Führer sollten ihre 40 Bereitschaft zeigen, über eine neue Vereinbarung zur Kostenbeteiligung zu verhandeln. Solch ein Angebot böte dem neuen Präsidenten eine ernsthafte Alternative zum Deal mit Putin. Trotz der finanziellen 45 Belastungen könnte ein "New Deal" für die Nato auch Europa große Vorteile bringen. Es liegt in Deutschlands Interesse, die Grenze zum Osten so weit wie möglich im Osten zu belassen. Wenn die Nato zerbricht, wird 50 sich die Bundesrepublik gezwungen sehen, ihre Militärausgaben dramatisch zu erhöhen, um Putins Vorstöße nach Osteuropa zu begegnen. Diese Summen würden die Mehrausgaben, die Trump genügen dürf- 55 ten, weit übersteigen.

Bruce Ackerman, Der neue Nato-Deal, in: Süddeutsche Zeitung, 10.1.2017

Der Autor ist Professor für Jura und Politikwissenschaft an der Yale-Universität.

Aufgaben

1 Untersuchen Sie die Entwicklung der NATO hinsichtlich ihrer Mitglieder sowie ihrer strategischen Ziele. (M 3, M 6, M 7)

2 Beurteilen Sie die NATO-Strategie von 2010. (M 7)

3 Diskutieren Sie die Zitate vor dem Hintergrund der Syrien-Politik der NATO und der NATO-Strategie von 2010. (M 1, M 2, M 5, M 7)

4 Überprüfen Sie auf Grundlage einer eigenen Recherche, ob Ackermans Erwartungen in Bezug auf die NATO eingetroffen sind. (M 8)

H zu Aufgabe 2
Beschreiben Sie zunächst die zentralen Aufgabenfelder, die die NATO sich gegeben hat.

Out-of-area-
Einsätze der
Bundeswehr
Kap. 1.4, M 1 – M 8

Bei der Bundeswehr handelt es sich um eine sogenannte **Parlamentsarmee**, d. h. dass alle Auslandseinsätze vom Bundestag beschlossen bzw. turnusmäßig verlängert werden müssen. Diese Regelung wurde 2005 mit dem „Parlamentsbeteiligungsgesetz" rechtlich kodifiziert. Hieran zeigt sich besonders deutlich der Wandel der Bundeswehr nach 1990 von einem stehenden Heer zur Gebietsverteidigung gegen einen klar definierten Gegner hin zu einer Armee im Einsatz zur Verteidigung deutscher Interessen in den unterschiedlichsten Weltregionen.

Diese Interessen sind definiert in den **Verteidigungspolitischen Richtlinien**. Neben dem klassischen **Gebietsschutz** finden sich hier vor allem die **Konfliktprävention** (insofern deutsche Interessen berührt werden), **Bekenntnis zu Bündnissystemen** (NATO), **Förderung der Menschenrechte und des Völkerrechts** (UNO) sowie die **Bewahrung ungehinderten und freien Welthandels** (vgl. WTO).

Transformation
der Bundeswehr
Kap. 1.4
M 5, M 7

Die Bundeswehr war lange eine Armee, die von ihren Aufgaben, ihrem Selbstverständnis und von ihrer Ausrüstung her, ein **stehendes Heer zur Landesverteidigung** war. Nach Beendigung des sog. „Kalten Krieges" durch den Zusammenbruch des Warschauer Paktes und der Sowjetunion, in deren Folge mehrere mittelosteuropäische Staaten NATO-Mitglieder wurden, wandelte sich die Bundeswehr aufgrund fehlender unmittelbarer Bedrohung des Territoriums, wachsender internationaler Verantwortung und neuer Konfliktformen drastisch. Dies lässt sich z. B. an einer **Verringerung der Soldatenzahl**, an **veränderter Ausbildung und Ausrüstung** sowie am **Aussetzen der Wehrpflicht** ablesen.

Die NATO –
Strategie der
Zukunft
Kap. 1.5,
M 5 – M 8

Die **„Northern Atlantic Treaty Organization"** (NATO) umfasste bei ihrer Gründung 1949 zwölf Mitgliedstaaten und hatte den Zweck, ein **militärisches Gegengewicht gegen den Warschauer Pakt** in Osteuropa zu bilden. Ziel war die Verteidigung des eigenen Territoriums mit dem primären Mittel der Abschreckung. Seit 2001 ist die NATO geprägt durch den massiven Einsatz in Afghanistan, zweitens durch die Aufnahme ehemaliger Warschauer-Pakt-Staaten (z.B. Polen, Tschechische Republik, die baltischen Staaten, Kroatien) sowie durch eine **deutliche Ausweitung der Strategie** (von 2010) nicht nur auf **Terrorismus-Bekämpfung**, sondern auch etwa auf **Ressourcensicherung**, die **präventive Stabilisierung von Regionen** und **Cyber-Attacken**. Insgesamt ist also von einer Ausweitung sowohl des Bündnisraums und der Operationsgebiete sowie der inhaltlichen Aufgaben zu sprechen als auch von einer drastischen Änderung der Mittel von Abschreckung hin zur Anwendung militärischer Gewalt.

Die strategische Ausweitung der NATO begründet sich durch neue Konfliktformen und Handlungsfelder eines Bündnisses, das sonst seinen Nutzen zur Landesverteidigung bis auf wenige Ausnahmen weitgehend verloren hat. Kritiker bemängeln aber, dass die neue Strategie quasi jedes sicherheitspolitische Problem zum Problem der NATO werden lässt, wofür die Kapazitäten des Bündnisses kaum reichen dürften. Auch habe die NATO auf bestimmte Konfliktursachen schlicht keinen Einfluss (wie z. B. durch den Klimawandel verursachte Ressourcenkonflikte).

Militärische Auslandseinsätze (der Bundeswehr) bewerten

„Von deutschem Boden darf nie wieder ein Krieg ausgehen". Ein Satz, der, formuliert nach dem Zweiten Weltkrieg, nichts von seiner Gültigkeit verloren hat. Die alb-
5 traumhaften Ereignisse der Jahre 1939 bis 1945, ausgelöst durch ein extremistisch-größenwahnsinniges Regime und getragen durch eine ganze Nation, hat vor allem den Deutschen jede Form der Kriegslüsternheit
10 ausgetrieben. Bis heute. Das ist die gute Nachricht. Die schlechte: Der Pazifismus europäischen Zuschnitts ist keine weltweite Bewegung geworden. Bis heute nicht.

Und er wird es so schnell auch nicht wer-
15 den. Dutzende von bewaffneten Konflikten gab es in den vergangenen Jahren. Neben Angriffskriegen und Unabhängigkeitskriegen auch sogenannte Verteidigungskriege wie der Feldzug in Afghanistan. Es war ein
20 „guter" Krieg, damals 2001, im Angesicht des Schreckens, den al-Qaida mit den Anschlägen auf die USA verbreitet hatte. Das Land am Hindukusch war nicht nur Brut- und Ausbildungsstätte von radikal-
25 islamistischen Terroristen, sondern auch beherrscht von einem Regime, das als un- menschlich, brutal und rückständig be- trachtet wurde. Es fiel nicht wirklich schwer, diese Invasion zu rechtfertigen.
30 [...] Jede Verlängerung oder Ausweitung eines Bundeswehr-Auslandseinsatzes, sei es auf dem Balkan oder Tornado-Aufklä- rungsflüge über Afghanistan, muss dem Parlament mühsam abgerungen werden.
35 Das ist auch gut so. Ein Land wie Deutsch- land mit seiner Vergangenheit darf es sich nicht leicht machen mit dem Kriegführen. Aber es sollte auch nicht davor zurück- schrecken.

Natürlich ist es wünschenswert, für jeden 40 Konflikt eine politische Lösung zu finden. Wünschenswert, aber unrealistisch. Und wenn sich die internationale Gemeinschaft gezwungen sieht, militärisch zu intervenie- ren, dann sollte Deutschland nicht außen 45 vor bleiben. Dieses Land ist eine der größ- ten Wirtschaftsnationen, es steht auf Platz 13 der bevölkerungsreichsten Länder der Welt, es ist ein Global Player, dem zum Glück Großmannssucht und Geltungsdrang 50 in 60 Jahren Frieden und Wohlstand fremd geworden sind. Es ist zudem Nato- und EU- Mitglied und gern und angesehener Makler in der internationalen Politik.

Ein so wichtiger Teil der internationalen 55 Gemeinschaft kann und sollte sich nicht drücken, wenn es Ernst wird. Und die hä- mischen Kommentare der Alliierten nach dem von einem deutschen Offizier ange- ordneten Luftangriff in Afghanistan zei- 60 gen: Nur wer mitkämpft, bekommt Respekt. Und wer Respekt genießt, darf mitreden. Und wer mitredet, darf mitbestimmen. Dass es nicht verkehrt sein muss, wenn Deutsch- land mitbestimmt, zeigt sich bei der neuen 65 US-Strategie für den Einsatz am Hindu- kusch: Sie orientiert sich in Teilen an dem, wie die Bundeswehr ursprünglich in Afgha- nistan gekämpft hat: mit Pflugscharen statt mit Schwertern. 70

Niels Kruse, Nur wer kämpft, darf mitreden,
www.stern.de, 11.9.2009

Aufgaben

1. Geben Sie die Position und die Argumentation Kruses für Auslandseinsätze der Bundeswehr wieder.

2. Vergleichen Sie Kruses Begründungen für Auslandseinsätze mit den Verteidigungs- politischen Richtlinien sowie den Interessen der Bundesrepublik an dem Einsatz vor Somalia.

3. Nehmen Sie Stellung zu Kruses Position. Beziehen Sie hierbei auch Ihre Kenntnisse zu „neuen Kriegen" mit ein.

Was ist Globalisierung?

Vorbereitung:
(a) Jedes Gruppenmitglied bringt drei Gegenstände mit, die es mit dem Begriff „Globalisierung" verbindet.
(b) Erheben Sie in Ihrer Gruppe, aus welchen Ländern Ihre Lieblingskleidung stammt.

Durchführung:
Gestalten Sie – am besten mit einer großen Weltkarte als Grundlage – eine Ausstellung zum Begriff „Globalisierung". Ordnen Sie hierzu die von Ihnen mitgebrachten Gegenstände und Informationen in sinnvoller Weise an. Wählen Sie weitere Formen der Visualisierung, um Ihr gemeinsames Begriffsverständnis zum Ausdruck zu bringen. Präsentieren Sie Ihre Ausstellungen in Ihrem Kurs.

Auswertung:
Vergleichen Sie Ihre Ausstellungen und arbeiten Sie Ihr gemeinsames Verständnis von Globalsierung heraus. Sammeln Sie weiterführende Fragen, die sich aus Ihren Ausstellungen ergeben.

2

Chancen und Risiken der ökonomischen Globalisierung

Viele Waren, die wir heute kaufen, werden in vielen Teilen der Welt gefertigt. Rohstoffe werden zum Beispiel in Afrika abgebaut, einige Teile in Australien produziert und zusammengesetzt wird ein Produkt in China. Wir alle tragen täglich viele Produkte der Globalisierung bei uns. Dabei ist der Begriff „Globalisierung" heute nahezu schillernd. Die Globalisierung hat vielen Menschen einen großen Wohlstandsschub gebracht, gleichzeitig entstehen durch den globalen Handel jedoch Probleme und Risiken, die beherrscht werden müssen: Krisen weiten sich z.B. weltweit aus und der Druck von Standortfaktoren führt zu Problemen im Sozialstaat.

In diesem Kapitel setzen Sie sich mit grundlegenden Fragen und Theorien der Globalisierung auseinander. Sowohl die Frage des Standorts Deutschland, als auch die Architektur und Probleme der internationalen Finanzmärkte und globaler Abkommen sowie Organisationen werden thematisiert. Sie haben zudem Gelegenheit, Stellung zu aktuellen Fragen der Globalisierung zu nehmen.

KOMPETENZEN

Am Ende dieses Kapitels sollten Sie Folgendes wissen und können:

... wiedergeben, was man unter Globalisierung der Produktionsprozesse versteht.

... die Faktoren des Globalisierungsprozesses darstellen.

... Theorien der Globalisierung unterscheiden.

... die Standortfaktoren, die Deutschland (nicht) attraktiv machen, erläutern.

... Herausforderungen der internationalen Finanzmärkte in den Globalisierungsprozess einordnen.

... aktuelle Vorhaben zum Freihandel beurteilen.

Was wissen und können Sie schon?

Gestalten Sie in Kleingruppen eine kleine Ausstellung zum Begriff „Globalisierung".

2.1 Die Globalisierung von Unternehmen und Produktionsprozessen

Basiskonzepte	Fachkategorien	Leitfragen
System und Struktur	Koordination und Interdependenz politische Herrschaft und Ordnung	· Wie sehen globale Produktions- und Lieferprozesse aus? · Wie lässt sich das Phänomen der ökonomischen Globalisierung erklären und an Zahlen verdeutlichen? · Welche Auswirkungen hat die Globalisierung der Weltwirtschaft auf die Nationalstaaten im Wettbewerb und auf ihre Standortvorteile?
Akteure und deren Dispositionen	Interessen und Bedürfnisse	· Welche Ziele verfolgen „Global Player"?
Prozesse und Handeln	Konflikte Knappheit politische Gestaltung und Legitimation	· Haben ökonomische Globalisierungsprozesse Auswirkungen auf die Sozialpolitik Deutschlands?

2.1.1 Wie sehen globale Produktionsprozesse aus?

M 1 ● Lieferweg des iPhones

Der Weg des iPhone nach Deutschland   Etappen von der Bestellung bis zur Auslieferung

Deutschland
Köln
Frankfurt

Bestellung am 20.9.2013

China

6.10.2013, 22:29 Uhr
iPhone erreicht Köln und am
7.10., um 16:00 Uhr,
den Kunden in Frankfurt

5.10.2013, 22:58 Uhr.
Das soeben produzierte
iPhone verlässt
Shenzhen über
Hongkong am 6.10. um
5:22 Uhr

6.10.2013, 9:01 Uhr
iPhone erreicht Dubai und
wird um 16:53 Uhr
nach Köln geschickt

Dubai
Vereinigte
Arabische Emirate

Shenzhen
Hongkong

Als Logistikdienstleister hat Apple das amerikanische Unternehmen UPS beauftragt, und über eine „Tracking"-Nummer lässt sich auf der Website von UPS minuti-
5 ös verfolgen, in welchem Tempo die Ware die weit entfernte Produktionsstätte verlässt: produziert am Samstag, dem 5. Oktober, offenbar in oder in der Nähe der chinesischen Stadt Shenzhen, zugestellt am
10 Montagnachmittag, dem 7. Oktober, in Frankfurt. So schnell kann es gehen: Da-

zwischen war das Gerät unterwegs nach Hongkong, von dort vom Flughafen Chek Lap Kok per Luftfracht nach Dubai in den Vereinigten Arabischen Emiraten, dann 15 zum Flughafen Köln-Bonn. Es folgt der Import nach Deutschland; nach weniger als vier Stunden geht das Telefon nach Frankfurt – und dort ab 7:09 Uhr in die Zustellung. 20

Carsten Knop, www.faz.net, 9.10.2013

M 2 ● iPhone 5: Wo kommt was her?

Mit dem iPhone hat Apple von Kalifornien aus die Smartphone-Welt erobert. Vom Konzern selbst stammen nur das Design und ein paar Bauteile.

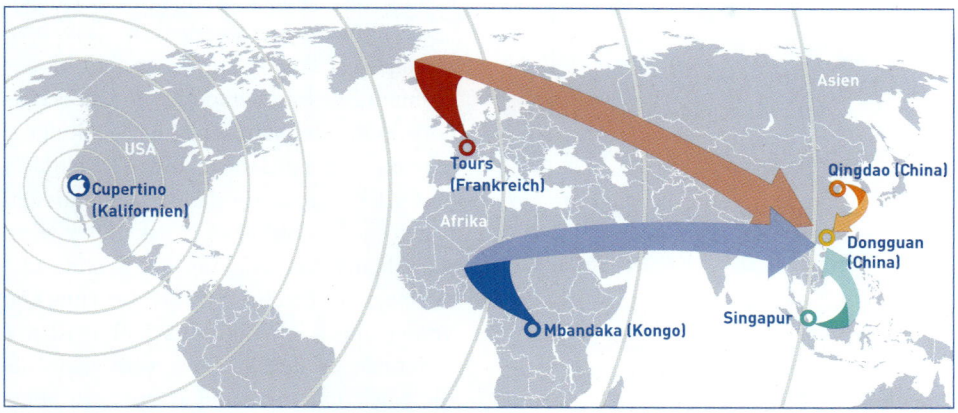

Beim iPhone und vielen anderen technischen Produkten ist die Arbeitsteilung zwischen Nord und Süd wie folgt gekennzeichnet: Die Massenproduktion findet überwiegend in Entwicklungs- und Schwellenländern statt. Forschung und Entwicklung verbleiben dagegen in den Industrieländern.

Design: Auch wenn das iPhone natürlich ein Produkt von Apple ist, wirklich produziert wird es in der Firmenzentrale im kalifornischen Ort Cupertino bei San Francisco
5 nicht. Dort sitzen immerhin die Designer, die entwerfen und entscheiden, wie das neue Super-Handy aussehen soll und was es einmal können wird. „Made in USA" steht deshalb nicht mehr auf dem Handy,
10 dafür aber wenigstens „Designed by Apple in California".

Rohstoffe: Im Grunde besteht auch ein iPhone nur aus einem Haufen unterschiedlichster Rohstoffe. Einer der besonders
15 wichtigen Rohstoffe ist Tantal. Dieses chemische Element wird beispielsweise in Erzminen in Mbandaka, Demokratische Republik Kongo, gewonnen. Von dort wird es zur Weiterverarbeitung unter anderem in die
20 Elektronikfabriken nach Asien transportiert.

Prozessor: Der A6-Chip, der das iPhone antreibt, ist von den Apple-Entwicklern entworfen worden. Produziert wird er im Falle des iPhone 5 zum Beispiel in Singapur. 25

Sensoren: Wo Norden und Süden ist und ob der Besitzer sein iPhone z. B. beim Spielen nach rechts, oder hinten neigt, das verraten dem Telefon seine Bewegungssensoren, 30 die in Tours (Frankreich) produziert werden. Von dort geht es per Flugzeug zur Montage in die Fabriken nach Asien.

Kamera: Die Linse und die Elektronik des Kameramoduls liefert das Unternehmen 35 Largan Precision aus der ostchinesischen Stadt Qingdao.

Montage: Aus allen Bauteilen viele Millionen iPhones zu produzieren, das ist der Job von zigtausend Beschäftigten der chinesi- 40 schen Unternehmen Foxconn und Pegatron. Die stecken, kleben und schrauben in den Werken bei der Stadt Dongguan zusammen, was die Zulieferer aus aller Welt vormontiert haben. 45

Nach: WirtschaftsSchule, Wirtschaftswoche 19.11.2012, S. 12 f.

Ökonomische Globalisierung

Die ökonomische Globalisierung entsteht auf der Basis globaler Produktions- und Lieferketten sowie globaler Güter-, Arbeits- und Finanzmärkten. Daraus resultiert ein globaler Wettbewerb und Handel.

M 3 ● Entwicklung der Weltwirtschaft

Indikatoren der Globalisierung	
Jahresdurchschnittliche Veränderung 1985 bis 2008 in Prozent	
Globale private Kapitalströme ins Ausland	18,7
Globale Direktinvestitionsströme ins Ausland	15,9
Globale Direktinvestitionsbestände im Ausland	14,3
Weltexporte	9,7
Welt-BIP	7,0

Nominale Größen; Private Kapitalströme: Aktien, festverzinsliche Wertpapiere, Bankgeschäfte, Handelskredite, 1985 bis 2007; Weltexporte: Waren und Dienstleistungen; Weltwirtschaftsleistung: Welt-Bruttoinlandsprodukt auf Basis laufender Wechselkurse

Ursprungsdaten: UNCTAD, IWF

Nach: Institut der deutschen Wirtschaft Köln, iw-Dossier 4, 10.8.2010

Früh morgens klingelt der Wecker - made in China. Während wir zum Frühstück Kaffee aus Südamerika trinken und ein Brötchen mit holländischem Käse essen, hören
5 wir im Radio Lieder englischer oder amerikanischer Bands. Auf dem Weg zur Arbeit begegnen uns Autos deutscher, japanischer, schwedischer oder französischer Hersteller. Im Büro schalten wir den Computer ein und
10 arbeiten mit US-amerikanischer Software und chinesischer Hardware. [...] Dieser kleine Ausschnitt eines exemplarischen Tagesablaufs verdeutlicht, dass ausländische Produkte in unserem Alltag selbstverständ-
15 lich geworden sind – die positive Folge eines intensiven Außenhandels und internationaler Wirtschaftsbeziehungen. Andere Auswirkungen enger wirtschaftlicher Verflechtungen werden als weniger positiv
20 wahrgenommen. Wenn Arbeitsplätze ins Ausland verlagert werden, die Energiepreise steigen oder Finanzkrisen drohen, löst das Besorgnis und Irritationen aus. Eins wird aus all dem deutlich: Internationale
25 Wirtschaftsbeziehungen sind kein abstrakter ökonomischer oder politischer Gegenstand, sondern haben praktische Bedeutung für das Leben jedes Einzelnen. Es ist daher nützlich zu wissen, unter welchen Bedin-

gungen sie sich vollziehen. In den letzten 30 Jahren haben sich mehrere, teils grundlegend neue globale Rahmenbedingungen bzw. Entwicklungstendenzen ergeben. Technischer Fortschritt, besonders in der Kommunikationstechnologie und im Trans- 35 portwesen, und politische Entscheidungen, wie die Liberalisierung des Welthandels durch den Abbau von Handelshemmnissen, haben zu einer bisher nicht gekannten wirtschaftlichen Verflechtung der Staaten un- 40 tereinander geführt. Diese zunehmende Vernetzung von Volkswirtschaften ist der ökonomische Kern dessen, was heute als Globalisierung verstanden wird. In ihrer Folge ist das Wirtschaftswachstum gestie- 45 gen, haben sich die Märkte vergrößert, und der globale Wettbewerb hat sich intensiviert. [...] Die Intensivierung internationaler Wirtschaftsbeziehungen bietet Chancen und Risiken. Beispielsweise kann der wach- 50 sende internationale Wettbewerb zu einer die Wohlfahrt steigernden internationalen Arbeitsteilung führen, Forschung und Innovation vorantreiben, neue Absatzmärkte erschließen und Arbeitsplätze sichern bzw. 55 schaffen. Andererseits kann die erhöhte Konkurrenz auf Märkten Arbeitsplätze gefährden und den Druck auf die Einkommen von Beschäftigten erhöhen. Im Zuge der Konkurrenz um ausländische Investitionen 60 können Staaten in Versuchung bzw. unter Druck geraten, ihre Standards, beispielsweise in der Sozial- oder Umweltpolitik, zu senken, um so ihre Attraktivität als Standort für wirtschaftliche Aktivitäten zu stei- 65 gern. [...] Die Entscheidungsträger aus Wirtschaft und Politik müssen die dynamischen wirtschaftlichen Veränderungen rund um den Globus bei ihren Entscheidungen einkalkulieren. 70

Klaus-Peter Kruber, Anna Lena Mees, Christian Meyer-Heidemann, in: Internationale Wirtschaftsbeziehungen, Informationen zur politischen Bildung Nr. 299, 2/2008, S. 4 f.

M 4 ● Welche Ziele verfolgen Global Player?

Transnationale Konzerne [TNKs] treten sowohl als Unternehmen mit Aktienstreubesitz als auch als eher privat organisierte Konzerne mit einem hohen Anteil von Fa-
5 milienbesitz in Erscheinung; etwa bei Bertelsmann oder Cargill. Zum typischen Erscheinungsbild gehört, dass TNKs in der Regel die gesamte Spannweite der Geschäftstätigkeit umfassen: Finanzierung,
10 Forschung, Entwicklung, Herstellung, Handel und Vertrieb, verteilt auf den Hauptsitz und Tochterunternehmen in mehreren Ländern. Im Unterschied zu vormals multinationalen Konzernen haben sich TNKs gerade-
15 zu par excellence an die Bedingungen der Globalisierung angepasst: Sie gliedern die Wertschöpfungskette ihrer Produktion nach rein wirtschaftlichen Kriterien räumlich neu auf [...]. Ihre Produktionsstätten in
20 mehreren Staaten nutzen unterschiedliche Preise für Roh- und Betriebsstoffe, Transportkosten sowie Arbeitskräfte. Die Konzerntöchter mit ihren Beschäftigten stehen in einem weltweiten und unmittelbaren
25 Konkurrenzverhältnis. [...] Ebenso werden Investitionsprogramme und Steuervorteile der Staaten kurzfristig abgeschöpft, Handelsbeschränkungen durch die Verlagerung der Produktion in die Abnehmerländer um-
30 gangen und solche Staaten bevorzugt, die größtmögliche Zugeständnisse und geringste gesetzliche Hemmnisse einräumen. TNKs sind auf Expansion angelegt [...]. Da-
bei werden zum einen Marktnähe und Marktkontrolle auf nationalen Märkten an- 35 gestrebt und dazu nationale Unternehmen kooptiert oder übernommen. Auf globalen Märkten steuern im Wesentlichen die Zentralen die internationale Vermarktung. In ausgewählten Branchen (Fast-Food- und 40 Hotel-Ketten, Mietwagenfirmen) sind sogenannte Franchising-Modelle entwickelt worden, um bei geringstmöglichem Risiko Gewinne zu erzielen. In einigen Bereichen und Branchen kooperieren TNKs miteinan- 45 der. Das Bemühen um Marktkontrolle schließt die Anstrengungen um internationale Investitionsschutzabkommen mit ein.

Theodor Rathgeber, Globalisierung und Transnationale Konzerne, www.fes-online-akademie.de, 15.7.2015

Karikatur: Matthias Pflügner, 2009

Aufgaben

1. Beschreiben Sie den Lieferweg eines iPhones. (M 1)
2. Arbeiten Sie aus dem Text die verschiedenen Produktionsprozesse des iPhones heraus. (M 2)
3. Stellen Sie anhand des Beispiels in M 1, M 2 die ökonomischen Dimensionen (Randspalte) der Globalisierung dar.
4. Erläutern Sie Ursachen und Folgen der Intensivierung internationaler Wirtschaftsbeziehungen. (M 3)
5. Erklären Sie, welche Ziele global operierende Unternehmen verfolgen. (M 4)
6. Beurteilen Sie, ob es mehr „Marktkontrolle" im Zusammenhang mit Transnationalen Konzernen geben soll. (M 4)

2.1.2 An welchen Zahlen lässt sich die wirtschaftliche Globalisierung messen?

M 5 ● Welthandel und Weltwirtschaftsleistung im Vergleich

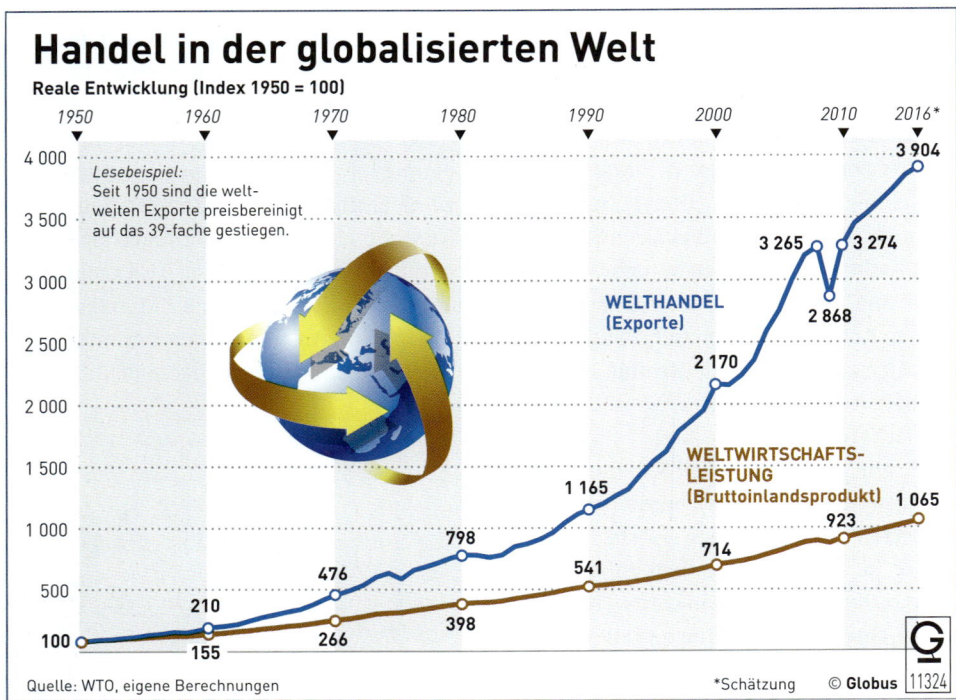

Handel in der globalisierten Welt

Reale Entwicklung (Index 1950 = 100)

Lesebeispiel:
Seit 1950 sind die weltweiten Exporte preisbereinigt auf das 39-fache gestiegen.

WELTHANDEL (Exporte)

3 904 · 3 265 · 3 274 · 2 868 · 2 170 · 1 165

WELTWIRTSCHAFTS-LEISTUNG (Bruttoinlandsprodukt)

1 065 · 923 · 714 · 541 · 798 · 476 · 398 · 266 · 210 · 155 · 100

Quelle: WTO, eigene Berechnungen

*Schätzung

© **Globus** 11324

M 6 ● Globale Handelsströme

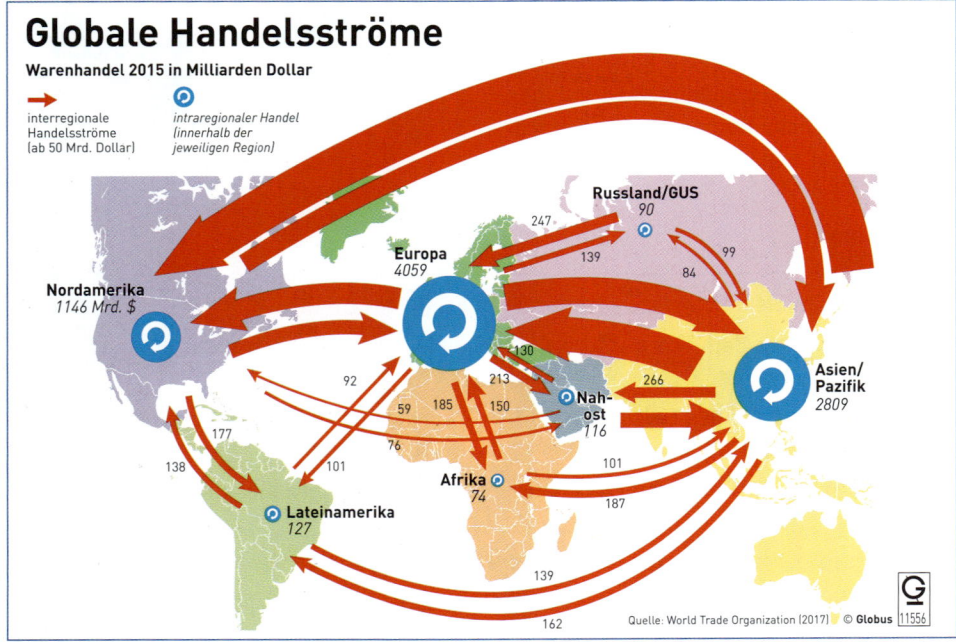

Globale Handelsströme

Warenhandel 2015 in Milliarden Dollar

→ interregionale Handelsströme (ab 50 Mrd. Dollar)

◉ intraregionaler Handel (innerhalb der jeweiligen Region)

Russland/GUS *90*

Europa *4059*

Nordamerika *1146 Mrd. $*

Asien/Pazifik *2809*

Nah-ost *116*

Afrika *74*

Lateinamerika *127*

247 · 139 · 99 · 84 · 130 · 92 · 213 · 266 · 59 · 185 · 150 · 101 · 177 · 76 · 138 · 101 · 139 · 187 · 162

Quelle: World Trade Organization (2017) © **Globus** 11556

M 7 ● Ausländische Direktinvestitionen

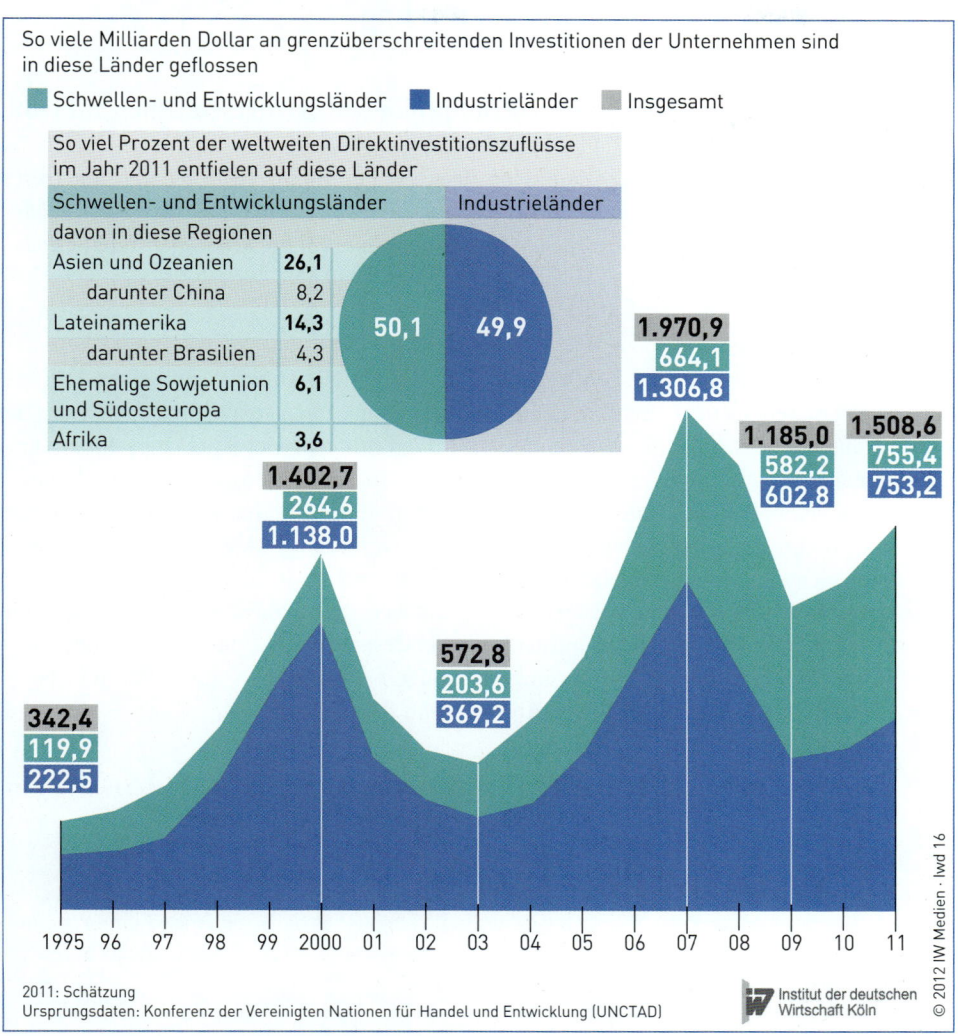

So viele Milliarden Dollar an grenzüberschreitenden Investitionen der Unternehmen sind in diese Länder geflossen

■ Schwellen- und Entwicklungsländer ■ Industrieländer ■ Insgesamt

So viel Prozent der weltweiten Direktinvestitionszuflüsse im Jahr 2011 entfielen auf diese Länder

Schwellen- und Entwicklungsländer		Industrieländer
davon in diese Regionen		
Asien und Ozeanien	26,1	
darunter China	8,2	
Lateinamerika	14,3	50,1 49,9
darunter Brasilien	4,3	
Ehemalige Sowjetunion und Südosteuropa	6,1	
Afrika	3,6	

1.970,9 / 664,1 / 1.306,8

1.402,7 / 264,6 / 1.138,0

1.185,0 / 582,2 / 602,8

1.508,6 / 755,4 / 753,2

572,8 / 203,6 / 369,2

342,4 / 119,9 / 222,5

1995 96 97 98 99 2000 01 02 03 04 05 06 07 08 09 10 11

2011: Schätzung
Ursprungsdaten: Konferenz der Vereinigten Nationen für Handel und Entwicklung (UNCTAD)

Institut der deutschen Wirtschaft Köln

© 2012 IW Medien · iwd 16

Ausländische Direktinvestitionen
sind Kapitalexporte von Wirtschaftssubjekten (vorrangig Unternehmen), die etwa dem Aufbau von Tochterunternehmen an einem ausländischen Standort oder der Betei-ligung an einem ausländischen Unternehmen dienen. Direktinvestitionen sind demnach von Investitionen an ausländischen Kapitalmärkten abzugrenzen.

Aufgaben

❶ Analysieren Sie (arbeitsteilig) die Indikatoren und Phänomene der ökonomischen Globalisierung. (M 5 – M 7)

❷ Analysieren Sie die Handelsbeziehungen innerhalb der „Triade" Europa – Nordamerika – Asien/Pazifik hinsichtlich möglicher ökonomischer und gesellschaftlicher Folgen ungleicher Austauschverhältnisse. (M 6)

❸ Der Begriff der Globalisierung ist „ebenso umstritten, wie er häufig gebraucht wird: Stellt er für die einen den Schlüsselbegriff zur Analyse der gegenwärtigen sozialen und politischen Situation dar, so erscheint er anderen weitgehend [als] ein Mythos; und wieder andere fragen nach der Berechtigung des Begriffes ‚Globalisierung' angesichts von global höchst unterschiedlich ablaufenden Entwicklungen und Veränderungen." (Andreas Busch, Politikwissenschaftler) Überprüfen Sie die Aussagekraft des Begriffes „Globalisierung" vor dem Hintergrund dieses Zitates. (M 5 – M 7)

Ⓗ zu Aufgabe 2
Differenzieren Sie dabei die Folgen für Produzenten, Konsumenten sowie Staaten unterschiedlichen Entwicklungsstandes.

✪ 2.1.3 Welchen Erklärungsansatz liefern Außenhandelstheorien für das Phänomen „Globalisierung"?

M 8 ● Ist eine Spezialisierung der Produktion (volks)wirtschaftlich sinnvoll?

Der Vorteil des internationalen Austauschs liegt auf der Hand, wenn es sich um Güter handelt, die jeweils nur in einem Land vorkommen. Man spricht hier von Nicht-Verfügbarkeiten. Die Ursache ist eine unzureichende Menge oder Qualität der benötigten Produktionsfaktoren im betreffenden Land.

Adam Smith (1723 – 1790)

Smith formulierte den Kerngedanken der klassischen Außenhandelstheorie, den Erklärungsansatz des internationalen Handels durch absolute Kostenvorteile.

a) Absolute Kostenvorteile

Aufgrund unterschiedlicher Beschaffenheit des Faktors Boden, zu dem auch Klima und Rohstoffausstattung zählen, können einige Staaten manche Güter nicht selbst herstellen oder anbieten, Beispiele sind Erdöl oder tropische Früchte. [...] Aber auch wenn zwei Länder die gleichen Güter produzieren können, beispielsweise Kohle und Weizen, liegen oft erhebliche **absolute Kostenunterschiede** bei der Herstellung vor (bedingt zum Beispiel durch unterschiedliche Abbautiefen oder Klimazonen). Dann ist es für jedes der Länder von Vorteil, sich auf das Gut zu spezialisieren, bei dem es absolute Kostenvorteile aufweist, und einen Teil seiner Produktion zu exportieren sowie das im Inland nur sehr viel teurer herstellbare andere Gut zu importieren. Beide Staaten transferieren dadurch Produktionsfaktoren aus den jeweiligen kostenmäßig unterlegenen Bereichen in diejenigen, in denen sie Kostenvorteile haben. Auf diese Weise kann die Gesamtproduktion beider Länder gesteigert werden, was einen Wohlfahrtsgewinn darstellt.

Klaus-Peter Kruber, Anna Lena Mees, Christian Meyer-Heidemann, www.bpb.de, 27.8.2008

> **Beispiel:**
> In Staat A kann eine Tonne Kohle in 10 Arbeitsstunden produziert werden. In Staat B braucht man dafür 15 Arbeitsstunden. Dafür benötigt Staat B bei der Produktion einer Tonne Weizen nur 30 Arbeitsstunden, während Staat A 50 Arbeitsstunden hierfür braucht. Beide Staaten haben demnach jeweils einen absoluten Kostenvorteil.
> Für 10 Tonnen Kohle und 10 Tonnen Weizen benötigt Staat A 600 Arbeitsstunden (100 + 500). In Staat B dagegen müssen insgesamt 450 Arbeitsstunden (150 + 300) aufgewendet werden. Zusammen bräuchten beide Länder also 1050 Arbeitsstunden. Würde sich Staat A auf Kohle spezialisieren, würde er für 20 Tonnen 300 Arbeitsstunden benötigen. Bei einer Spezialisierung auf Weizen in Staat B würden 600 Arbeitsstunden anfallen. Bei einer Arbeitsteilung ergäbe sich also ein absoluter Kostenvorteil von 250 Stunden.
>
> *Zusammenstellung des Autors*

b) Komparative Kostenvorteile

Wie aber, wenn in einer Ausgangssituation ohne Handel zwischen zwei Ländern A und B das Land B alle Güter kostengünstiger herstellen kann als A? Dann gibt es doch - jedenfalls für B - keinen Anreiz, mit A zu handeln? Dennoch beobachten wir, dass Staaten wie Deutschland und Polen intensiven Handel betreiben, obwohl die meisten Güter in Polen billiger hergestellt werden könnten. Eine Antwort auf diese Frage fand der englische Nationalökonom David Ricardo (1772-1823) mit dem Theorem der komparativen Kostenvorteile. Angenommen, Polen kann sowohl Stahl als auch Kraftfahrzeuge günstiger herstellen als Deutschland. Polens Kostenvorteil bei der Stahlproduktion ist allerdings deutlich größer als im Falle von Autos. Dann lohnt es sich für beide Län-

der, wenn sich Polen auf Stahl und Deutsch-
20 land auf Autos spezialisiert und beide Staaten das jeweils andere Gut im Nachbarland
einkaufen. Die Vorteilhaftigkeit der internationalen Arbeitsteilung beruht in diesem Fall
auf komparativen Kostenunterschieden aufgrund von unterschiedlichen Produktivitäts- 25
relationen zwischen den beiden Ländern bei
der Herstellung der beiden Produkte.

Klaus-Peter Kruber, Anna Lena Mees, Christian Meyer-
Heidemann, www.bpb.de, 27.8.2008

**David Ricardo
(1772 – 1823)**

Die Theorie des
komparativen Vorteils,
die den Ansatz Adam
Smiths zur internationa-
len Arbeitsteilung
erweitert, geht zurück
auf David Ricardo.

Beispiel:

Staat X benötigt für die Produktion von 1 Tonne Butter 100 Arbeitsstunden und für eine Tonne
Weizen 90 Arbeitsstunden. Staat Y dagegen benötigt für die Produktion von einer Tonne Butter
110 Arbeitsstunden und für Weizen 130 Arbeitsstunden. Staat X ist also effizienter bei der
Herstellung beider Bereiche. Dennoch ergibt sich ein Vorteil bei der Spezialisierung auf jeweils ein Produkt:

	Butter	Weizen	Ohne Arbeitsteilung	Mit Arbeitsteilung
Staat X	100 Stunden 100/90=1,11	90 Stunden 90/100=**0,9**	190 Stunden	180 Stunden
Staat Y	110 Stunden 110/130=**0,85**	130 Stunden 130/110= 1,18	240 Stunden	220 Stunden
			430 Stunden	400 Stunden

Indem jedes Land Arbeitsstunden spart, ergibt sich ein komparativer Kostenvorteil.

Zusammenstellung des Autors

M 9 ● Faktor-Proportionen-Theorem

Die klassischen Modelle von Smith und Ricardo sind sehr vereinfacht. Erweiterungen der
Grundmodelle berücksichtigen mehr als zwei Länder, mehr als zwei Güter, neben Arbeit
auch die Produktionsfaktoren Boden, Kapital und Know-how, sie beachten Transportkosten
und Wechselkurse.

Eine erste Erweiterung des Ricardo-Modells
bildet die Faktorproportionentheorie. Diese
erklärt internationalen Handel durch unterschiedliche Faktorpreisrelationen. Die
5 Produktionskosten eines Landes werden
bestimmt durch die Preise der Produktionsfaktoren Arbeit, Boden und Kapital. Die
Preisrelationen zwischen Arbeit, Boden und
Kapital unterscheiden sich in verschiede-
10 nen Ländern. Ob der Preis für Arbeit im
Verhältnis zu den Kapitalkosten teuer ist
oder nicht, hängt ab von den Faktorpropor-
tionen, das heißt davon, ob ein Produkti-
onsfaktor verglichen mit den anderen in
15 einem Land reichlich zur Verfügung steht
oder knapp ist. Ist beispielsweise in einem
Land E Arbeit im Verhältnis zum Kapital
reichlich vorhanden, werden die Kapitalkosten (Zinsen) vergleichsweise zu den
20 Löhnen hoch sein. Ist dagegen in einem
Land I Arbeit im Verhältnis zum Kapitalbe-
stand relativ knapp, werden die Löhne in
Relation zu den Zinsen beträchtlich sein.
Land E kann deshalb arbeitsintensive Produkte wie zum Beispiel Teppiche günstiger 25
herstellen als I und hat bei solchen Gütern
einen komparativen Kostenvorteil. In I werden die Arbeitsplätze eine relativ hohe Aus-
stattung mit Sachkapital aufweisen, und
das Land hat komparative Kostenvorteile 30
bei kapitalintensiven Gütern wie Maschi-
nen. Allerdings wird in der Realität eine
vollständige Spezialisierung auf arbeitsintensive Güter von arbeitsreichen Ländern,
zu denen oft Entwicklungsländer (E) gehö- 35
ren, kaum angestrebt. Die Differenz im
Know-how zu den kapitalreichen Ländern
(Industrieländer I) würde sich vergrößern,
weil die kapitalintensiven Güter ein höheres Wachstumspotenzial besitzen. 40

Klaus-Peter Kruber, Anna Lena Mees, Christian Meyer-
Heidemann, www.bpb.de, 27.8.2008

M 10 ● Wettbewerbsmodell nach Porter

Ausgangspunkt der Überlegungen Michael E. Porters ist die Hypothese, dass ein wachsender Wohlstand der Bevölkerung nur durch eine große Konkurrenzfähigkeit von
5 Ländern, Branchen oder Unternehmen infolge von Produktivitätssteigerungen und nicht allein durch „Erbe", d. h. durch Erfolge, die in der Vergangenheit liegen, erreicht werden kann.
10 Die internationale Wettbewerbsfähigkeit eines Landes oder einer Branche hängt seiner Meinung nach von vier Haupt- und zwei Nebenelementen der Gesamtwirtschaft eines Landes ab, die Porter zu einer
15 „Diamanten"-Theorie zusammenfasst. Die vier Hauptelemente sind:

1. **Faktorbedingungen**, d. h. die Menge und Qualität der Einsatzfaktoren, insbesondere natürliche Ressourcen, die Ausbildung und Qualifikation der Arbeitneh-
20 mer und die Lohnhöhe,

2. **Nachfragebedingungen** eines Landes, insbesondere die Marktgröße, das Anspruchsniveau der Kunden an Produkte und Dienstleistungen sowie die Darstel-
25 lungsmöglichkeiten der Produkte in den Medien,

3. **Verwandte und unterstützende Branchen** [z. B. die Qualität der Zulieferunternehmen], insbesondere die Existenz von
30 sogenannten Unternehmensclustern,

4. **Unternehmensstrategien, Struktur und Konkurrenz**, insbesondere die Anzahl von konkurrierenden Unternehmen und die Intensität des Wettbewerbs in einer
35 Branche sowie die Struktur privater oder staatlicher Unternehmen. [...]

Die Elemente der nationalen Wettbewerbsfähigkeit müssen sich nach Porter gegen-
40 seitig unterstützen, wenn Unternehmen oder Branchen und daraus abgeleitet ein Land international wettbewerbsfähig werden oder bleiben wollen. Diese Verflechtung versucht er mit einem Diamanten zu symbolisieren.
45

Nur Länder, die einen gut funktionierenden „Diamanten" haben, d. h. bei denen sich die einzelnen Elemente des „Diamanten" gegenseitig positiv verstärken, besitzen nach Porter langfristig nationale Wettbewerbs-
50 vorteile, die ihnen eine internationale Konkurrenzfähigkeit ermöglichen. Es kommt seiner Beobachtung nach kaum vor, dass ein Land von Beginn an über alle positiven Elemente des Diamanten verfügt. Deshalb
55 erreichen Länder eine internationale Wettbewerbsfähigkeit meist in drei Schritten.

· Im ersten Schritt erlangt ein Land seine Wettbewerbsvorteile aus einem einzigen Vorteil wie den Faktorbedingungen (z. B.
60 billige Arbeitskräfte) oder den Nachfragebedingungen (z. B. Marktgröße). Jedoch ist von Anfang an fast immer eine heimische Konkurrenzsituation notwendig, da sie die Unternehmen anspornt, [nach] Wettbe-
65 werbsvorteilen zu suchen. So entstehen allmählich international wettbewerbsfähige Unternehmen und Branchen. Um langfristig erfolgreich zu sein, muss sich das Land
70
· im zweiten Schritt von einer „investitionsgetriebenen" zu einer „innovationsgetriebenen" Volkswirtschaft entwickeln.
· Im dritten Schritt bilden sich „Unternehmenscluster" von Weltspitzenunterneh-
75 men, die eng miteinander verflochten sind und die durch eine extreme Inlandskonkurrenz so „gestählt" sind, dass sie die Konkurrenz auf den Weltmärkten nicht zu fürchten brauchen.
80

Kritik

[...] Porter betrachtet seine Theorie als dynamisch, während er die bisherigen Ansätze als statische Analysen ansieht. Er vertritt die Meinung, dass der „Diamant" nicht nur
85 vergangene Zustände beschreiben, sondern auch zukünftige Entwicklungen voraussagen kann. Sein Ansatz selbst ist aber eher

als Erklärungsmodell für Entwicklungen der Vergangenheit angelegt. Eine zukunftsbezogene Dynamik muss auch in seinem Modell angezweifelt werden.

Probleme ergeben sich bei der „Diamanten"-Theorie von Porter auch dadurch, dass er zwar immer wieder betont, dass sich die einzelnen Elemente gegenseitig positiv unterstützen müssen, um langfristige nationale Wettbewerbsvorteile zu erzielen, jedoch werden die Abhängigkeiten und der Zusammenhang zwischen den einzelnen Bausteinen nicht hinreichend dargestellt und analysiert.

Manfred Perlitz, Internationales Management, 5., bearbeitete Auflage, Stuttgart 2004, S. 134-136

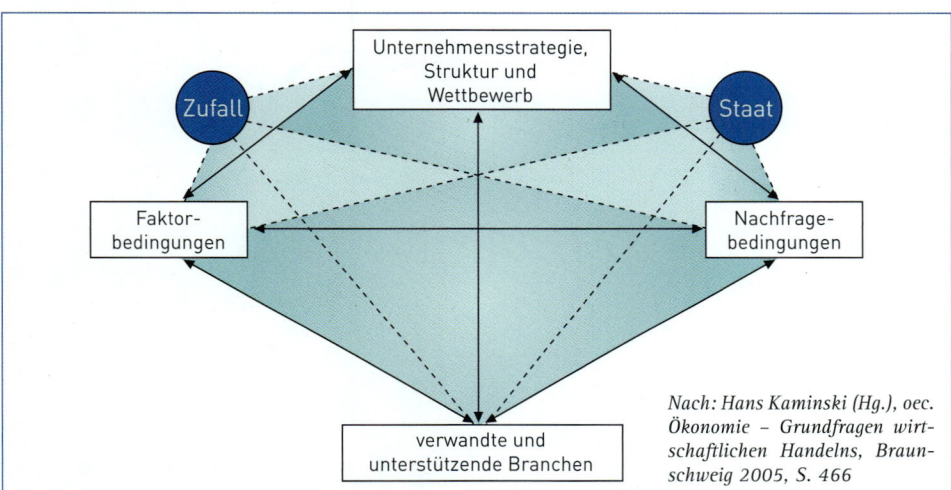

Nach: Hans Kaminski (Hg.), oec. Ökonomie – Grundfragen wirtschaftlichen Handelns, Braunschweig 2005, S. 466

Aufgaben

1. Erklären Sie, warum es sich für einige Unternehmen lohnt, ihre Produktion ins Ausland zu verlegen. (M 8)

2. Arbeiten Sie aus den Texten heraus, inwiefern die Theorie die Globalisierung erklärt. (M 8 - M 10)

3. a) Der Staat Fiktiva benötigt für die Produktion einer Tonne Nudeln 90 Arbeitsstunden und für eine Tonne Rapsöl 80 Arbeitsstunden. Der Staat Utopia dagegen benötigt für die Produktion einer Tonne Nudeln 100 Arbeitsstunden und für eine Tonne Rapsöl 120 Arbeitsstunden. Berechnen Sie, wie mit einer Arbeitsteilung ein komparativer Kostenvorteil entstehen kann. (M 8)

   b) Erläutern Sie das Faktor-Proportionen-Theorem am Beispiel der Herstellung des iPhones. (M 1, M 2, M 8)

4. Charakterisieren Sie, inwieweit die Bundesrepublik Deutschland als Wirtschaftsstandort wettbewerbsfähig im Sinne Porters ist. (M 10)

5. Diskutieren Sie mithilfe der Theorie der absoluten und komparativen Kostenvorteile, unter welchen Bedingungen sich die Verlagerung von (einzelnen) Produktionsschritten ins Ausland lohnt. (M 8)

H zu Aufgabe 4
Differenzieren Sie dazu gegebenenfalls nach Branchen.

F zu Aufgabe 4
In Deutschland gelten die Automobilbranche, der Maschinenbau und die chemische Industrie als Schlüsselbranchen für die Leistungsfähigkeit Deutschlands. Analysieren Sie für eine Branche Ihrer Wahl Zukunftsperspektiven nach dem Wettbewerbsmodell von Porter.

2.1.4 Wie wettbewerbsfähig ist der Standort Deutschland?

M 11 ● Standort D vor dem Abstieg?

Karikatur: Walter Hanel

M 12 ● Standort Deutschland wird von der Weltspitze verdrängt

Im Vorjahr hatte Deutschland beim weltweiten Standortvergleich noch den Sprung auf Platz sechs geschafft. Diesmal [2015] allerdings zogen Kanada, Luxemburg sowie
5 die drei skandinavischen Staaten Norwegen, Dänemark und Schweden an Deutschland vorbei. Unangefochtener Spitzenreiter unter den insgesamt 61 analysierten Ländern bleiben die USA. Die gemessen am
10 Bruttoinlandsprodukt größte Volkswirtschaft der Welt konnte sich zum dritten Mal in Folge auf dem ersten Rang behaupten, und das sogar mit deutlichem Abstand zu den Nächstplatzierten, Hongkong, Singa-
15 pur und der Schweiz. [...] Vor allem die wirtschaftliche Effizienz eines Landes – gemeint sind damit unter anderem die Produktivität, die Situation auf dem Arbeitsmarkt oder der rechtliche Rahmen für Unternehmen – sei entscheidend für das 20 jeweilige Abschneiden im Gesamtranking. [...] Einzige Ausnahme, bei der das Kriterium der wirtschaftlichen Effizienz also offenbar zu wünschen übrig lässt, ist ausgerechnet – Deutschland. Im Vergleich zum 25 Vorjahr büßte das Land in dieser Kategorie immerhin sieben Plätze ein und rangiert mittlerweile auf Rang 16, knapp vor Australien und den Vereinigten Arabischen Emiraten. Vor allem bei den Stundenlöhnen 30 in der Industrie, bei der Vergütung im Management von Unternehmen und bei der

Zahl der gearbeiteten Arbeitsstunden kann die Bundesrepublik global offenbar nicht
35 mehr mithalten: In allen drei Subindizes landet Deutschland im weltweiten Vergleich weit hinten. Die Verschlechterung fällt zusammen mit dem Kursverfall des Euro. [...] Der Verdacht liegt daher nahe,
40 dass die Vorteile des schwachen Euro auf den Weltmärkten viele Unternehmen womöglich träger gemacht haben, weshalb Produktivität und Effizienz seitdem tendenziell sinken. Auch die Große Koalition
45 kommt mit Blick auf die Stärke des Standorts D nicht sonderlich gut weg. In der ohnehin eher schwachen Kategorie „staatliche Effizienz" hat sich Deutschland zuletzt weiter verschlechtert. Einmal mehr erweist sich
50 besonders die Fiskalpolitik als größtes Hindernis in puncto Konkurrenzfähigkeit. Für sein kompliziertes Steuersystem und die Höhe der Steuersätze bei der Einkommens- und Unternehmensbesteuerung erntet
55 Deutschland schon seit Jahren schlechte Noten. Schwer tut sich das Land auch damit, eine wirtschaftliche Gründer-Kultur zu fördern, die jungen Unternehmen den Start erleichtert und Innovationen fördert. Beim
60 Vergleich der bürokratischen Prozeduren etwa, die ein Start-up durchlaufen muss, bevor es seine Arbeit tatsächlich aufnehmen kann, landet Deutschland auf Platz 53. Auch beim weltweiten Infrastrukturver-
65 gleich steht Deutschland diesmal überraschend weit hinten. Das liegt allerdings weniger am Zustand von Straßen, Flughäfen oder Stromnetzen. Vielmehr bemängeln

die IMD-Experten vor allem zu geringe In-70 vestitionen in die Telekommunikation und zu hohe Stromkosten für Unternehmen. Auch beim Vergleich der Bildungsausgaben, die im Ranking ebenfalls der Kategorie Infrastruktur zugerechnet werden, bleibt Deutschland mit Rang 38 hinter dem 75 Durchschnitt zurück.
Ausnehmend gute Noten erntet Deutschland hingegen für seine bekannten Stärken: Beim Vergleich der Mittelstandsstrukturen liegt das Land weltweit auf Rang eins, 80 ebenso bei der Analyse der Exportwirtschaft. Auch in Sachen geringe Jugendarbeitslosigkeit (Rang 5) und Widerstandskraft der Wirtschaft gegen externe Schocks (Rang 2) zählt die größte Volkswirtschaft 85 der Euro-Zone weiterhin zu den Besten der Welt.

Anja Ettel, www.welt.de, 27.5.2015

Umfrage: So attraktiv ist Deutschland für Firmen

Angaben in Prozent, bis zu drei Nennungen möglich

Land	Wert
China	44 (43)
USA	28 (25)
Russland	19 (20)
Deutschland	18 (14)
Indien	17 (19)
Braslilien	13 (26)
Großbritannien	10 (6)
Polen	9 (10)
Frankreich	5 (6)
Japan	5 (5)
Tschechien	3 (4)
Kanada	2 (4)
Chile	2 (-)

Ernst & Young, Standort Deutschland 2014

M 13 ● Warum zieht es viele Unternehmen zurück nach Deutschland?

Warum eigentlich kommen viele deutsche Unternehmen aus dem Ausland wieder nach Hause?
Die deutsche Belegschaft des Kettensägen-5 herstellers Stihl darf sich über ein besonderes Weihnachtsgeschenk freuen: Pünktlich zum Fest kündigte das schwäbische Familienunternehmen an, bald große Teile der Produktion seiner weltbekannten Motorsä-

gen zu verlegen – und zwar nicht ins Aus- 10 land, sondern zurück nach Deutschland, an den Stammsitz in Waiblingen bei Stuttgart. Bereits im vergangenen Jahr hatte der Weltmarktführer die Produktion von Säge-motoren aus Nord- und Südamerika nach 15 Deutschland abgezogen. Jetzt will Stihl weitere Kapazitäten von Brasilien zurück nach Hause holen. Dadurch stabilisiert das

Unternehmen die Auslastung des heimischen Personals. Doch es gibt noch weitere Gründe: Brasiliens Währung Real hat im vergangenen Jahr deutlich an Wert gewonnen, sodass die dort gebauten Sägen für internationale Kunden teurer werden – und die Löhne brasilianischer Arbeiter, in Euro gerechnet, mehr kosten. Außerdem entfallen mit der Rückverlagerung Transportgebühren und Zölle.

Stihl ist nicht der einzige Hersteller, der einen solchen Sinneswandel durchlebt. Auch andere bekannte deutsche Namen wie Solarworld oder die Stofftiermarke Steiff kommen heim.

Verabschiedet sich die deutsche Industrie etwa nun vom Paradigma der Neunzigerjahre, durch Globalisierung der Wertschöpfungskette Produktionskosten zu sparen? Zwar ziehen immer noch große Konzerne mit ihren Fabriken ins Ausland. Wer etwa die Autobauer Daimler, VW oder BMW vor einem starken Euro nach Amerika fliehen sieht, könnte fast meinen, deutsche Produzenten kehrten immer noch in Scharen der Heimat den Rücken. Doch so ist es nicht. Tatsächlich haben Verlagerungen ins Ausland deutlich abgenommen und sind auf den tiefsten Stand seit 15 Jahren gesunken. [...] Die mit Abstand meisten Rückverlagerer nennen die bessere Qualität als Grund für die Wiederansiedlung ihrer Produktion in Deutschland. Wegen Qualitätsproblemen kehrt zum Beispiel die Kuschelmarke Steiff dem Ausland den Rücken.

Mark Fehr, Wirtschaftswoche online, 15.1.2010

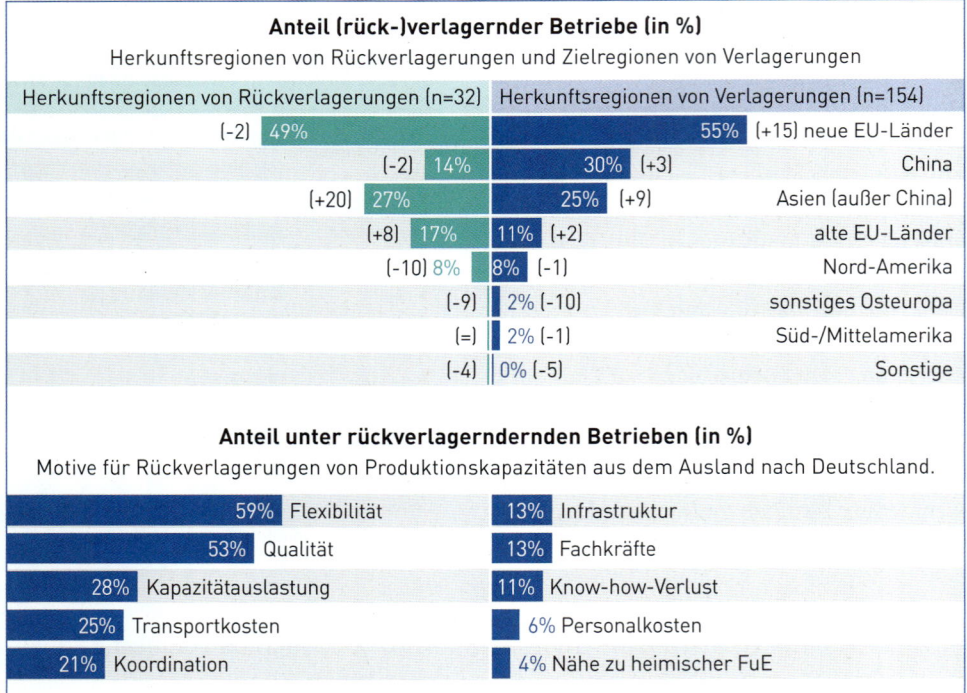

Nach: Fraunhofer-Institut für System- und Innovationsforschung ISI, Mitteilungen aus ISI-Erhebung, März 2013, S. 8, 10

Aufgaben

1. Analysieren Sie die Karikatur. (M 11)
2. Erstellen Sie eine Liste, anhand derer Sie die im Text M 12 genannten Standortfaktoren und deren Bewertung eintragen.
3. Erläutern Sie, warum Unternehmen nach Deutschland zurückkehren. (M 13)

2.1.5 Welchen Einfluss hat die Globalisierung auf die deutsche Sozialpolitik?

M 14 ● Die Globalisierung und ihre Auswirkung auf die Sozialpolitik in Deutschland

[D]ie Globalisierung hat in Deutschland Auswirkungen auf die Wirtschaft, das Sozialsystem und unser Privatleben. [...] Positive Folgen sind beispielsweise ein weiteres Wirtschaftswachstum auf Basis der gestiegenen Exporte, neue Arbeitsplätze und damit verbunden ein steigender Lebensstandard. Aber auch Wirtschaftskrisen machen nicht mehr vor den Landesgrenzen halt. Im ersten Jahrzehnt des 21. Jahrhunderts bleibt die wichtigste Aufgabe im Sozialstaat Deutschland, das Sozialsystem den wirtschaftlichen und gesellschaftlichen Veränderungen anzupassen. [...]

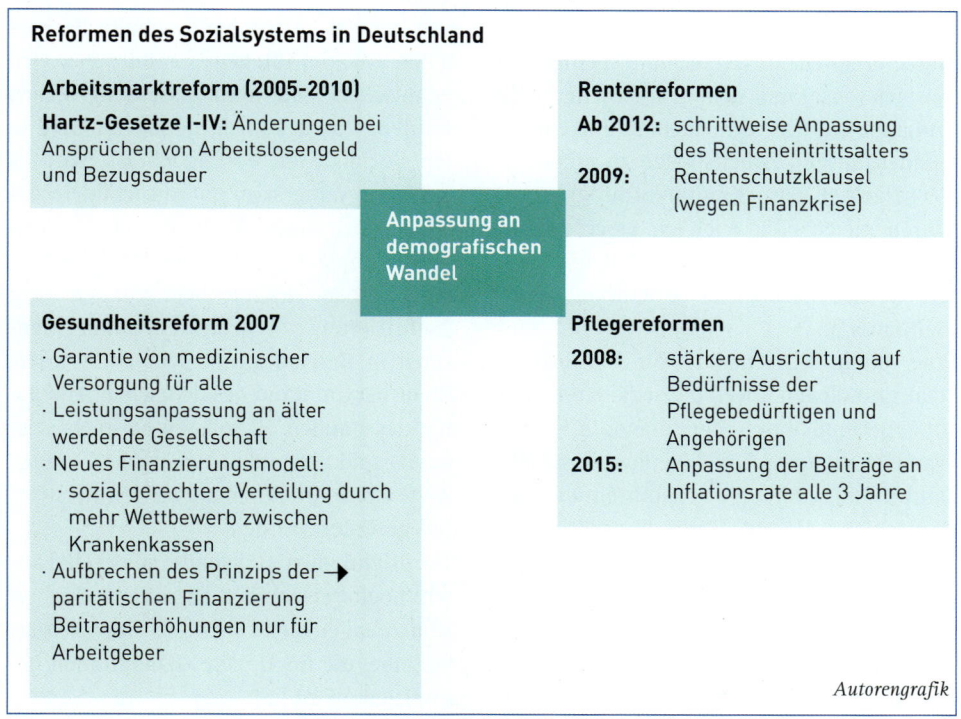

Reformen des Sozialsystems in Deutschland

Arbeitsmarktreform (2005-2010)
Hartz-Gesetze I-IV: Änderungen bei Ansprüchen von Arbeitslosengeld und Bezugsdauer

Anpassung an demografischen Wandel

Rentenreformen
Ab 2012: schrittweise Anpassung des Renteneintrittsalters
2009: Rentenschutzklausel (wegen Finanzkrise)

Gesundheitsreform 2007
· Garantie von medizinischer Versorgung für alle
· Leistungsanpassung an älter werdende Gesellschaft
· Neues Finanzierungsmodell:
  · sozial gerechtere Verteilung durch mehr Wettbewerb zwischen Krankenkassen
· Aufbrechen des Prinzips der → paritätischen Finanzierung Beitragserhöhungen nur für Arbeitgeber

Pflegereformen
2008: stärkere Ausrichtung auf Bedürfnisse der Pflegebedürftigen und Angehörigen
2015: Anpassung der Beiträge an Inflationsrate alle 3 Jahre

Autorengrafik

Der Aufschwung der Wirtschaft und die Erholung auf dem Arbeitsmarkt werden [2009] durch die globale Finanzkrise und Wirtschaftskrise, die alle Volkswirtschaften
5 betrifft, unvermittelt gestoppt. Sowohl auf nationaler wie auch internationaler Ebene ist zügiges staatliches Handeln gefordert, damit die Wirtschaft gestärkt wird und der Sozialstaat handlungsfähig bleibt. Die Bun-
10 desregierung gibt frühzeitig eine Garantie für Sparguthaben und spannt einen umfassenden Schutzschirm für die Banken.

Das Exportland Deutschland betrifft die weltweite Finanzkrise und Wirtschaftskrise seit dem Jahr 2008 in besonderem Ausmaß, 15 denn ohne Aufträge aus dem Ausland sind heimische Arbeitsplätze in Gefahr. In der Automobilindustrie sind die Auswirkungen besonders deutlich zu spüren, deswegen setzt die Bundesregierung im Jahr 2009 die 20 Abwrackprämie in Kraft, um die Automobilindustrie zu stützen. Viele Beschäftigte bangen um ihren Job. Betroffen sind neben den Herstellerbetrieben und Zulieferern

25 aber auch weitere Branchen, von der Textil-
industrie bis hin zu Dienstleistern im Bereich der Informationstechnologie.

Im November 2008 und Februar 2009 legt
die Bundesregierung zwei Konjunkturpake-
30 te auf, um Bürger und Unternehmen gezielt
zu entlasten sowie Arbeitsplätze zu sichern.
Ziel dieser Konjunkturpakete ist es, die
wirtschaftliche Entwicklung positiv zu beeinflussen, indem zeitlich befristet mehr
35 finanzielle Mittel investiert werden, beispielsweise in Bildung, Infrastruktur und
andere Bereiche. Dies soll zu einer gestei-
gerten Nachfrage bei privaten Haushalten
und Unternehmen führen und somit die
40 Produktion wieder ankurbeln und Arbeitsplätze erhalten. In Deutschland gelingt es
beispielsweise mit dem Kurzarbeitergeld,
Entlassungen zu vermeiden und mehrere
Hunderttausend Arbeitsplätze zu erhalten.
45 Der Nachteil ist: Konjunkturprogramme
führen gleichzeitig auch zu einer drastischen Erhöhung der Staatsschulden – Lasten, welche die nächste Generation stem-
men muss. [...]
50 Eine stabile Wirtschaft ist für den Sozialstaat grundlegend, weil die sozialen Sicherungssysteme durch den demografischen
Wandel stark unter Druck geraten sind. Seit
Jahrzehnten ist die Geburtenrate in
55 Deutschland niedrig. Durch Fortschritte in
Wissenschaft, Medizin und Hygiene werden die Menschen gleichzeitig immer älter.
Somit zahlen immer weniger Erwerbstätige
Beiträge in die Renten- und Sozialsysteme
60 ein, aus denen in Zukunft immer mehr
Menschen versorgt werden müssen. Außerdem steigen die Kosten für Gesundheit und

Pflege im Alter. Problematisch bleibt die
Situation für Menschen ohne Schulabschluss, für Geringqualifizierte und für 65
Langzeitarbeitslose. Sie sind nur sehr
schwer in den Arbeitsmarkt zu vermitteln.
Mehr Geld für Bildung, finanzielle Unter-
stützungen für Geringverdiener, Hilfen für
Kinder aus armen und bildungsfernen Fa- 70
milien sowie Weiterbildungsangebote für
Menschen ohne Schulabschluss und Ar-
beitsuchende sollen helfen, dem sozialen
Gefälle zwischen Arm und Reich entgegen-
zuwirken. [...]. 75
In vielen Berufszweigen, die für den Wirtschaftsstandort Deutschland bedeutend
sind, gibt es zu wenige geschulte Fachar-
beiter, etwa im Pflegewesen oder in vielen
technischen und naturwissenschaftlichen 80
Berufen. Damit künftig genügend Geld in
den Sozialkassen vorhanden ist, wird es
außerdem nötig sein, gut ausgebildete Arbeitskräfte aus dem Ausland nach Deutschland zu holen. Die Politik steht vor der Auf- 85
gabe, neue Rahmenbedingungen zur
Qualifizierung zu schaffen, damit Menschen in Beschäftigung gebracht werden,
die bisher am Rand des deutschen Arbeitsmarktes standen. So müssen beispielsweise 90
Schul- und Ausbildungsabbrecher, Frauen
sowie ältere Arbeitnehmer mehr unterstützt
und gefördert werden.

Die öffentlichen Haushalte sind seit Langem hoch verschuldet. Diese Schuldenber- 95
ge abzubauen bleibt ebenfalls eine wichtige
Aufgabe, die noch viele Generationen beschäftigen wird [...].

www.sozialpolitik.com, Abruf am 27.4.2017

M 15 ● Gefährdet die Globalisierung den Sozialstaat?

Die Globalisierung ist weder Naturereignis
noch allein Folge des technischen Fortschritts. Sie wird seit Jahrhunderten ange-
trieben vom friedlichen Handel und Wan-
5 del. Sie ist politisch gewollt und bewusst
beschleunigt worden durch die Öffnung der
Märkte und die Schaffung internationaler

Institutionen. Sie hat dann einen zusätzlichen Schub erhalten durch den Fall des
Eisernen Vorhangs und den Eintritt Chinas 10
und Indiens in die Weltwirtschaft. Milliarden Menschen tragen mit ihrer Arbeit und
ihren Wünschen dazu bei. Ihr Streben nach
Glück durchdringt und verändert die Welt.

15 Diese Veränderungen machen in den westlichen Industrienationen vielen Menschen Sorgen. Sie fragen: Können unsere Staaten auch weiterhin die Voraussetzungen für Freiheit, Arbeit, Wohlstand und sozialen 20 Ausgleich bieten? Haben sie die Kraft, der Entwicklung der Weltwirtschaft Regeln zu setzen und Probleme wie die grenzüberschreitende Umweltverschmutzung und das organisierte Verbrechen wirksam zu 25 bekämpfen? Gefährdet die Globalisierung am Ende unser ganzes Sozialmodell?

Solche Fragen sind berechtigt, denn in der Tat: Der weltweite Wettbewerbsdruck stellt vieles auf die Probe, die Wirtschaftsunter- 30 nehmen genauso wie die Umsicht und Wirksamkeit allen staatlichen Handelns. Kein Zweifel: Es gibt soziale Härten. Doch der Sozialstaat hat Bestand. [...]

Wahr ist allerdings auch: Die Ungleichheit 35 der Einkommensverteilung in Deutschland hat zugenommen – nicht zuletzt, weil die Einkünfte aus Kapitalerträgen viel stärker gestiegen sind als die Arbeitslöhne. Die Erwerbsbiographien sind unsicherer gewor- 40 den und verlaufen weniger stetig. Viele westliche Industrienationen erleben eine ähnliche Entwicklung. Die Arbeitslöhne sind unter Druck geraten, weil der weltweite Wettbewerb schärfer geworden ist und 45 weil der technische Fortschritt immer mehr einfache Arbeiten ersetzt. Es geht der breiten Mittelschicht in Deutschland zwar unverändert recht gut, aber es greifen Abstiegsängste um sich, und viele Menschen 50 aus einkommensschwachen und bildungsferneren Schichten kommen aus eigener Kraft nicht voran. [...]

Wir haben in der Vergangenheit eine wachsende Ungleichheit der Einkommen nur hingenommen, weil die Kurve für alle nach 55 oben wies. Das muss so bleiben. Der Aufstieg der einen darf nicht der Abstieg der anderen sein! [...]

Wahr ist ferner: Der weltweite Wettbewerb beschleunigt den wirtschaftlichen Struk- 60 turwandel und trägt dazu bei, dass vor allem Menschen arbeitslos werden, die keine gute Ausbildung haben.

Zugleich beobachten wir, dass Branchen wie der Maschinenbau oder die Medizintechnik 65 von der Nachfrage in den aufstrebenden Ländern profitieren und deshalb wachsende Schwierigkeiten haben, ihren Bedarf an qualifizierten Arbeitskräften zu decken.

Kluge Beobachter sagen deshalb: Der wirk- 70 liche Konflikt über die Globalisierung spielt sich nicht zwischen den ärmeren und den reicheren Ländern ab, denn alle Länder können von fairem Handel und internationaler Arbeitsteilung profitieren. Der eigent- 75 liche Konflikt entsteht innerhalb der Länder, zwischen den Gewinnern und den Verlierern des Strukturwandels.

Auszug aus der zweiten Berliner Rede des damaligen Bundespräsidenten Horst Köhler vom 1.10.2007, www.welt.de, 2.10.2007

Karikatur: Götz Wiedenroth, 2012

Aufgaben

❶ Arbeiten Sie aus dem Text heraus, welchen Druck die Globalisierung auf die deutsche Sozialpolitik ausübt. (M 14)

❷ „Eine stabile Wirtschaft ist für den Sozialstaat grundlegend". Erläutern Sie diese Aussage. (M 14)

❸ Beurteilen Sie die Aussage „Der eigentliche Konflikt entsteht innerhalb der Länder, zwischen den Gewinnern und Verlieren des Strukturwandels". (M 15)

Ⓕ zu Aufgabe 1
Überprüfen Sie, inwiefern die Reformen im Zusammenhang mit dem globalen Standortwettbewerb stehen könnten. (M 14, eigene Recherche)

2.2 Finanzmärkte und Währungsräume in der Globalisierung

Basiskonzepte	Fachkategorien	Leitfragen
System und Struktur	Koordination und Interdependenz politische Herrschaft und Ordnung	· Wie lassen sich globale Finanzmärkte und Währungsräume beschreiben?
Akteure und deren Dispositionen	Interessen und Bedürfnisse	· Wie gehen Staaten gegen Steuerflucht vor?
Prozesse und Handeln	Konflikte Knappheit politische Gestaltung und Legitimation	· Sollen globale Finanzmärkte stärker reguliert werden?

2.2.1 Währungsraum Euro

M 1 ● Lösung der Euro-Krise erschwert?

Karikatur: Oliver Schopf, 2011

M 2 ● Der Euro – Fluch und Segen?

Die Spannungen in der Währungsunion rühren vor allem daher, dass sich die Euro-Länder wirtschaftlich völlig unterschiedlich entwickelt haben – und der Euro dieses
5 Auseinanderdriften noch verstärkt.

In Griechenland, Spanien, Italien und Portugal sind die Preise für Exportgüter seit den ersten Tagen der Währungsunion stark gestiegen [...]. Das bedeutet: Die Südeuropäer konnten ihre Erzeugnisse in der Euro- 10

Zone immer schwerer verkaufen, während Länder wie Deutschland, Österreich und Finnland glänzende Auslandsgeschäfte machten.

15 Dass die einen so gut dastehen, während die anderen so ausfuhrschwach sind, liegt nicht zuletzt an den sogenannten Lohnstückkosten. [...] Deutsche Produkte blieben auf den internationalen Märkten wettbe-
20 werbsfähig, südeuropäische Waren wurden teurer.

Die sich verschlechternde preisliche Wettbewerbsfähigkeit ging mit Defiziten in der Leistungsbilanz einher, die vornehmlich
25 daher rührten, dass Länder wie Griechenland und Spanien mehr Güter aus dem Ausland einführten, als sie selber wegen ihrer hohen Preise verkaufen und ausführen konnten. [...] Dass die Südeuropäer solche
30 immensen Importüberschüsse haben [...] hat auch damit zu tun, dass Produkte aus den anderen Euro-Ländern in Südeuropa sehr gefragt sind. Der Boom, den der Euro Südeuropa gebracht hat, erklärt sich vor
35 allem über bestimmte Zinseffekte. Zunächst führte die einheitliche Geldpolitik der Europäischen Zentralbank zu relativ niedrigen Leitzinsen [...]. Außerdem entfällt bei einer einheitlichen Währung das Risiko
40 einer Abwertung der nationalen Währung wie früher der Drachme. Sowohl der Staat – der griechische wie der spanische oder der italienische – als auch die Unternehmen konnten also zu günstigeren Konditionen
45 Kredite aufnehmen. [...]

Die unterschiedlichen Vorzeichen in den Leistungsbilanzsalden der Euro-Länder sind vor allem deshalb so bedrohlich für die gemeinsame Währung, weil ein Land, das
50 mehr importiert als exportiert, also mehr ausgibt als einnimmt, sich in aller Regel im Ausland verschuldet [...]. Auf Dauer kann das zu einer kaum noch tragfähigen Gesamtverschuldung führen. Innerhalb der Währungsunion ist das Problem für die be- 55 troffenen Länder nur schwer zu lösen. Denn: Es gibt keinen Ausgleich über den Wechselkurs. Normalerweise würde die Währung eines Landes mit wirtschaftlichen Problemen und Exportschwäche gegenüber 60 der Währung einer boomenden Exportnation abwerten. [...] Unter den Euro-Ländern gibt es jedoch keine Wechselkurse mehr – also auch keine Ab- und Aufwertung. [...] In der Europäischen Währungsunion 65 gibt es jedoch eine einheitliche Geldpolitik, sprich den gleichen Leitzins für alle 17 Euro-Länder. Konjunkturadäquat wäre diese Politik nur, wenn sich die Wirtschaft in allen Mitgliedsländern ähnlich entwickeln 70 würde. Genau das war – und ist – in der Euro-Zone aber nicht der Fall. Für die boomenden südeuropäischen Länder waren die Zinsen lange Zeit zu niedrig. Weil Euro-Länder in der Krise weder die Möglichkeit 75 haben, durch eine Währungsabwertung ihre Exporte und damit die Wirtschaft zu beleben, noch die Geldpolitik zum Aufschwung beiträgt, bleibt ihnen nur eins: Ihre Erzeugnisse müssen über günstigere 80 Preise international konkurrenzfähiger werden. Um das zu erreichen, dürfen die Löhne nicht zu stark steigen oder müssen tendenziell sogar sinken. Das jedoch ist innenpolitisch oft nur sehr schwer durchzu- 85 setzen, wie die vehementen Proteste in Griechenland und anderen Ländern gezeigt haben.

www.wirtschaftundschule.de, Abruf am 13.4.2017

Lohnstückkosten

Das Verhältnis von Arbeitskosten und Produktivität, d.h. die Arbeitskosten, die für die Produktion eines Guts anfallender Arbeitskosten. Sie sind ein Indikator für die Wettbewerbsfähigkeit eines Landes.

Leistungsbilanz

Das Verhältnis von Importen und Exporten eines Landes in einem Jahr.

Aufgaben

1. Analysieren Sie die Karikatur. (M 1)
2. Erläutern Sie, welche Vor- und Nachteile der Euro seinen Mitgliedsstaaten gebracht hat. (M 2)
3. Der Euro – Vorbild für eine globale Währung? Erörtern Sie diese Frage. (M 3)

F zu Aufgabe 1
Erläuterns Sie, welche Probleme sich durch den Euro als Währung mehrerer Staaten ergeben?

2.2.2 Weltfinanzsystem – Lässt sich das Problem der Steuerflucht politisch lösen?

M 4 ● Legale Steuertricks – Ein Problem?

Wer auf amazon.de ein Buch, eine DVD oder etwas anderes bestellt, schließt einen Vertrag mit einer Firma in Luxemburg. Der Name: Amazon EU Sarl. So steht es dann
5 auch auf der Rechnung (wobei Sarl das französische Kürzel für eine GmbH ist).
Warum Luxemburg? Es sind nicht die unterschiedlichen Mehrwertsteuersätze in Deutschland (19 Prozent) und in Luxem-
10 burg (15 Prozent), die Amazon vor Jahren bewogen haben, seine Europazentrale in dem Großherzogtum anzusiedeln. Deutsche Kunden zahlen bei dem amerikanischen Onlinehandelshaus in aller Regel deutsche
15 Mehrwertsteuern. Die Steuer fällt da an, wo der Konsument wohnt.
Es sind aber auch nicht die Steuersätze für Unternehmensgewinne, die Amazon nach Luxemburg lockten. Sie liegen dort effektiv
20 bei 25 Prozent und bei etwas über 28 Prozent in Deutschland – kein allzu großer Unterschied. Die eigentliche Attraktion für Amazon ist die besondere Luxemburger Art, Gewinne aus der Nutzung von geisti-
25 gem Eigentum zu besteuern. Solche Profite, die aus dem Einsatz von Patenten, Marken, Design und einigen Urheberrechten entstehen, werden dort mit effektiv nur 5,7 Prozent besteuert. [...]
30 Die entscheidende Rolle beim Steuersparen spielt die Amazon Europe Holding Technologies. In diese Firma hat der Konzern 2005 Markenrechte, Patente und anderes geldwertes Know-how eingebracht. Diese im-
35 materiellen Vermögenswerte hatten zuvor einer Amazon-Firma im US-Bundesstaat Nevada gehört. Sie bekam im Gegenzug erhebliche Summen aus Luxemburg überwiesen. Diese fielen aber wohl geringer aus als
40 die Beträge, die die Luxemburger Firma ihrerseits von anderen Amazon-Gesellschaften kassierte. Im Ergebnis ist es dem amerikanischen Multi nach einer Recherche

von Reuters gelungen, in Luxemburg rund zwei Milliarden US-Dollar weitgehend 45 steuerfrei zu bunkern – Kapital für die weitere Expansion des Handelsriesen.
Das Nachsehen hatten dabei nicht nur viele europäische Staaten, in denen Amazon hohe Umsätze macht, sondern auch die 50 Steuerbehörden der Vereinigten Staaten. [...]
Amazon ist bei Weitem nicht der einzige Multi, der mit einer gezielten Strategie der Steuerminimierung in die Kritik geraten ist. 55 Apple, Google, Microsoft und viele andere Unternehmen aus der Digitalwirtschaft gelten ebenfalls als aggressive Steuervermeider.
[...] In Großbritannien hat der Fall Star- 60 bucks für Empörung gesorgt. Die in Amerika beheimatete Kaffeehauskette hat in Großbritannien in den vergangenen 14 Jahren keine neun Millionen Pfund Steuern gezahlt, obwohl sie in diesem Zeitraum 65 mehr als drei Milliarden Pfund eingenommen hat.
Großbritanniens Premierminister David Cameron erklärte im Januar der in Davos versammelten Wirtschaftselite, Unternehmen hätten eine „moralische Verpflich- 70 tung", Steuern zu zahlen. Diejenigen, die sich um ihren gerechten Anteil drückten, müssten „aufwachen und den Kaffee riechen". Im Fall Starbucks hat der Weckruf gewirkt, das Unternehmen will in Großbri- 75 tannien 20 Millionen Pfund zusätzlich abführen. Bundeskanzlerin Angela Merkel wetterte [bereits] gegen „riesige Unternehmen", die „riesige Umsätze bei uns" machten, sie dann aber „in einem Steuerpara- 80 dies" versteuerten.
Die Fachleute sind schon länger alarmiert. Michael Sell, Chef der Steuerabteilung im Bundesfinanzministerium, beklagt eine „zunehmend aggressive Steuergestaltung 85

bei multinationalen Konzernen". [...] Die beliebteste Methode der Steuervermeidung ist seit Langem: Man verkauft Güter und Dienstleistungen zwischen Gesellschaften eines Konzerns in verschiedenen Ländern so, dass am Ende die Gewinne in dem Land mit den niedrigsten Steuern landen. Kosten werden möglichst dort verbucht, wo die Steuern hoch sind. Das Ziel der Übung: dort keinen Gewinn auszuweisen, wo er mit dem Finanzamt geteilt werden muss. Das Ganze funktioniert besonders gut in der Technologiebranche und in der Pharmaindustrie, denn in diesen Unternehmen besteht das Vermögen zu großen Teilen aus Wissen und Können. Solche immateriellen Werte in Zahlen zu fassen ist nicht einfach und unterlag immer schon einer gewissen Willkür. Zwar wird international vorgeschrieben, dass die Preise im Handel zwischen Firmen eines Konzerns denen entsprechen müssen, die zwischen unabhängigen Firmen berechnet werden, aber das durchzusetzen ist in der Praxis extrem schwierig. Wie soll ein Finanzbeamter einer Softwarefirma und ihren Steueranwälten beweisen, dass der Wert eines Patents bei einem Verkauf im Konzern viel zu hoch angesetzt worden ist?

Eine andere bewährte Methode von weltweit operierenden Unternehmen, die Steuerlast zu minimieren, besteht darin, innerhalb des Konzerns Kredite über die Grenzen hinweg zu vergeben. Tochterfirmen, die in Ländern mit hohen Steuern arbeiten, erhalten Geld von Tochterfirmen, die in Ländern mit niedrigen Steuersätzen arbeiten. Die gezahlten Zinsen werden im Hochsteuerland von den zu versteuernden Gewinnen abgezogen, sodass von diesen möglichst wenig übrig bleibt. Im Niedrigsteuerland führen die Zinseinnahmen umgekehrt zwar zu ansehnlichen Gewinnen, aber eben nicht zu hohen Abgaben. [...] Der amerikanische Softwarekonzern Microsoft zum Beispiel hat 2011 mehr als die Hälfte seines weltweiten Gewinns über drei Tochterfirmen in Puerto Rico, Irland und Singapur verbucht, wie Stephen Shay, ein Steuerprofessor von der Universität Harvard, vorgerechnet hat. Dass es dabei nicht mit rechten Dingen zugegangen sein könne, liege auf der Hand. Der effektive Steuersatz betrug vier Prozent.

Rüdiger Jungbluth, www.zeit.de, 2.3.2013

Reiche horten Billionen in Steueroasen

Bis zu 32.000.000.000.000 US-Dollar verstecken die Wohlhabenden dieser Welt einer Studie zufolge vor dem Fiskus. Den Staaten entgehen dadurch Einkommensteuern in Milliardenhöhe.
Reuters/jobr/Oliver Klasen, www.sueddeutsche.de, 22.7.2012

OECD
(engl.: Organisation for Economic Cooperation and Development) Die Organisation für wirtschaftliche Zusammenarbeit und Entwicklung (OECD) ist eine internationale Organisation mit 34 Mitgliedstaaten, die sich der Demokratie und Marktwirtschaft verpflichtet fühlt. Die Ziele der Organisation sind zu einer optimalen Wirtschaftsentwicklung, hoher Beschäftigung und einem steigenden Lebensstandard in ihren Mitgliedstaaten beizutragen, das Wirtschaftswachstum zu fördern und zu einer Ausweitung des Welthandels auf multilateraler Basis beizutragen.

M 5 ● Staaten gegen Steuerdumping vor

Mehr als drei Dutzend Industrie- und Schwellenländer wollen gegen den aggressiven Steuerwettbewerb von Großkonzernen vorgehen. Die Staaten haben die Organisation für wirtschaftliche Zusammenarbeit und Entwicklung (OECD) in Paris beauftragt, konkrete Maßnahmen gegen Gewinnverlagerungen in Niedrigsteuerländer auszuarbeiten. Die OECD stellte am Dienstag den ersten Teil eines Aktionsplans vor, der zweite Teil soll 2015 folgen. Die 20 großen Industrie- und Schwellenländer (G20) sind sich im Grundsatz einig, dass internationale Konzerne einen größeren Beitrag zum Steueraufkommen in ihren Absatzmärkten leisten müssen. Die Stoß-

richtung umschreibt der OECD-Steuerabteilungsleiter Achim Pross so: „Wir wollen erreichen, dass Einkünfte weniger auf Steueroasen versteuert werden, sondern dort, wo die wirtschaftlichen Aktivitäten stattfinden." Das Ziel sei, dass internationale Großkonzerne – wie der Normalverbraucher auch – angemessene Steuern entrichteten, so Pross. Im Kampf gegen die Steuerhinterziehung von Privatleuten erwarb sich die Pariser Organisation Verdienste. Steueroasen wie die Schweiz und Liechtenstein mussten ihr Bankgeheimnis aufgeben, weil sie Gefahr liefen, auf „schwarze Listen" der OECD gesetzt zu werden. Die G20 will für Konzerne Mindeststandards festsetzen. Ob die Maßnahmen überall umgesetzt werden, ist aber fraglich. 35 Länder wie Großbritannien, die Niederlande und Luxemburg sträuben sich beispielsweise nach wie vor dagegen, ihre Vorzugsbesteuerung für Patent- und Lizenzgebühren aufzugeben. In der Vergangenheit versuch- 40 ten mehrere Staaten, mit steuerlichen Anreizen die Forschungsaktivitäten von Konzernen anzuziehen. Was in Fachkreisen als „Patentbox" bekannt ist, umschreibt den Umstand, dass Lizenz- und Patenteinnah- 45 men in einigen Ländern mit einem niedrigeren Firmensteuersatz belegt werden. Diese Privilegierung ist problematisch: In vielen Fällen finden in dem entsprechenden Land kaum Forschungsaktivitäten statt. 50 Europäische Konzerne verlagern ihre Pa-

tent- und Lizenzeinnahmen etwa in die Niederlande, obwohl ihre Forschungs- und Entwicklungsabteilungen anderswo angesiedelt sind. Einziger Grund: die Niederlande sehen dafür einen günstigen Steuersatz 55 vor. Konkret geht es der Mehrheit der G20-Länder darum, die Sonderbesteuerung für Patent- und Lizenzeinnahmen stärker an die wirtschaftlichen Aktivitäten eines Unternehmens zu knüpfen. Konkret heißt das: 60 je mehr Forschungseinrichtungen ein Konzern in einem Staat besitzt, desto größer dürfen die Steuervergünstigungen sein. Dies würde aber bedeuten, dass Steueroasen einen Teil ihres Geschäftsmodells ver- 65 lieren würden. Es ist daher unsicher, ob alle Staaten die Mindestregeln mittragen.

Roland Pichler, Stuttgarter Zeitung, 17.9.2014

M 6 ● Ist das Weltfinanzsystem politisch beherrschbar?

Global Governance ist im Bereich der internationalen Finanzbeziehungen weitaus weniger ausgebildet als in vielen anderen Bereichen. Oft wird argumentiert, erfolgrei- 5 che Global Governance gehe mit der Globalisierung einher. Demgegenüber könnte man die Global Governance der Finanzmärkte als Verlierer der Globalisierung bezeichnen. Die aktuelle Finanzkrise könnte 10 bei allen zerstörerischen Effekten dazu beitragen, einen Konsens darüber zu erzielen, dass die internationalen Finanzbeziehungen weiterhin im Zentrum der globalen Politik stehen und keine abstrakt gebildete 15 Resultate zahlloser Marktvektoren sein können. Es stellt sich allerdings die Frage, ob die finanzielle Globalisierung, die der Welt im Durchschnitt mehr Wohlstand und Wachstum ermöglicht hat, zumindest zeit- 20 weilig Opfer ihres eigenen Erfolgs geworden ist. Die Industrienationen sehen sich

mit der Frage konfrontiert, ob ihre gemeinsame Regierungs-, Regulierungs- und Kooperationskapazität noch ausreicht, um temporären Exzessen des von ihnen ge- 25 schaffenen Phänomens freier Kapitalflüsse einigermaßen Herr werden zu können. Um Steuerbetrügern Grenzen zu setzen, unterzeichneten bei einer Konferenz in Berlin 51 Länder ein Abkommen über den Aus- 30 tausch von Finanzdaten. Diese Vereinbarung soll in den meisten Staaten ab 2017 gelten. In dem Regelwerk verpflichten sich die Länder von Curaçao bis San Marino zur gegenseitigen Information über die Konto- 35 daten von Privatpersonen. Durch den automatischen Informationsaustausch soll es für Steuerbehörden einfacher werden, Geldströme ins Ausland zu kontrollieren und so Steuerflucht weiter einzudämmen. 40

Nach Z. 1 – 27: Bearbeiter/Z. 28 – 40: dab/dpa, Spiegel Online, 29.10.2014

F Entwerfen Sie einen Katalog mit weiteren Maßnahmen zur Kontrolle des Weltfinanzsystems.

Aufgaben

1 Erläutern Sie aktuelle Probleme der Weltfinanzordnung. (M 4)

2 Diskutieren Sie in Ihrem Kurs, ob die Maßnahmen gegen Steuerdumping Ihrer Meinung nach ausreichend sind. Begründen Sie Ihre Meinung. (M 5, M 6)

2.2.3 Brauchen die globalen Finanzmärkte mehr Regulierung?

M 7 ● Welche Größenordnung hat der Devisenhandel?

Volumen der täglichen Devisentrans-
aktionen in Milliarden US-Dollar

Wert der täglich weltweit exportierten
Güter in Milliarden US-Dollar

52 Mrd.

(Balkendiagramm: y-Achse 0 bis 6000, x-Achse 2001, 2004, 2007, 2010, 2013)

*Bank of international
Settlements (Hg.),
Triennial Central
Bank Survey 2013,
Basel 2013, S. 9;
eigene Berechnung
nach http://stat.wtp.
org (12.5.2014)*

Devisenmarkt

der Markt für den
Handel mit ausländi-
schen Währungen
(Devisen)

M 8 ● Architektur der Finanzmärkte

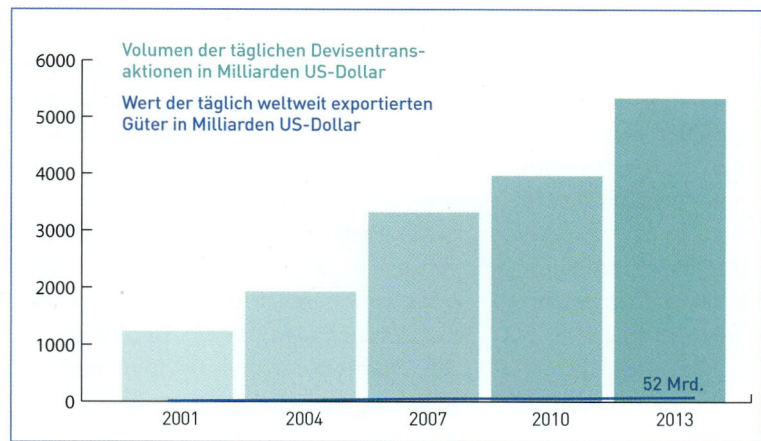

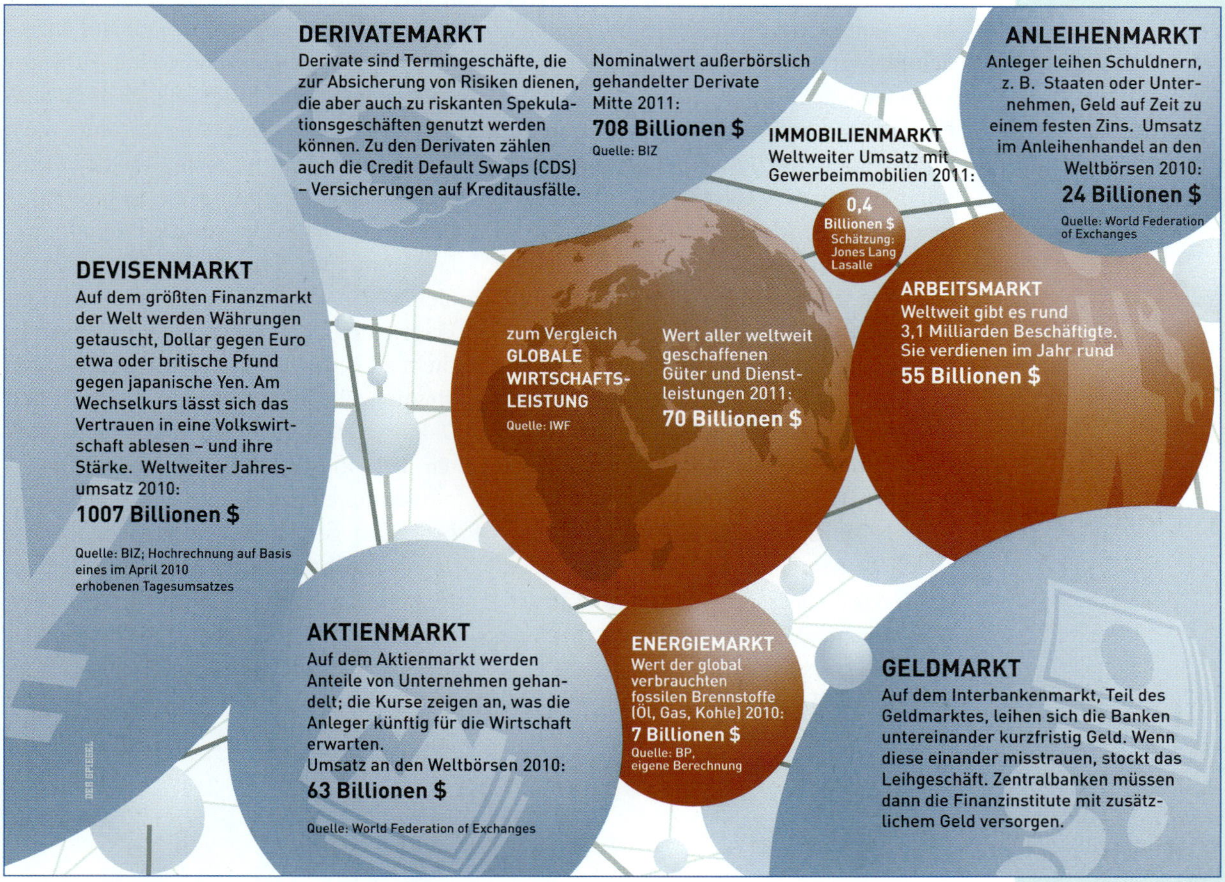

DERIVATEMARKT
Derivate sind Termingeschäfte, die
zur Absicherung von Risiken dienen,
die aber auch zu riskanten Spekula-
tionsgeschäften genutzt werden
können. Zu den Derivaten zählen
auch die Credit Default Swaps (CDS)
– Versicherungen auf Kreditausfälle.

Nominalwert außerbörslich
gehandelter Derivate
Mitte 2011:
708 Billionen $
Quelle: BIZ

IMMOBILIENMARKT
Weltweiter Umsatz mit
Gewerbeimmobilien 2011:
**0,4
Billionen $**
Schätzung:
Jones Lang
Lasalle

ANLEIHENMARKT
Anleger leihen Schuldnern,
z. B. Staaten oder Unter-
nehmen, Geld auf Zeit zu
einem festen Zins. Umsatz
im Anleihenhandel an den
Weltbörsen 2010:
24 Billionen $
Quelle: World Federation
of Exchanges

DEVISENMARKT
Auf dem größten Finanzmarkt
der Welt werden Währungen
getauscht, Dollar gegen Euro
etwa oder britische Pfund
gegen japanische Yen. Am
Wechselkurs lässt sich das
Vertrauen in eine Volkswirtschaft ablesen – und ihre
Stärke. Weltweiter Jahres-
umsatz 2010:
1007 Billionen $

Quelle: BIZ; Hochrechnung auf Basis
eines im April 2010
erhobenen Tagesumsatzes

zum Vergleich
**GLOBALE
WIRTSCHAFTS-
LEISTUNG**
Quelle: IWF

Wert aller weltweit
geschaffenen
Güter und Dienst-
leistungen 2011:
70 Billionen $

ARBEITSMARKT
Weltweit gibt es rund
3,1 Milliarden Beschäftigte.
Sie verdienen im Jahr rund
55 Billionen $

AKTIENMARKT
Auf dem Aktienmarkt werden
Anteile von Unternehmen gehan-
delt; die Kurse zeigen an, was die
Anleger künftig für die Wirtschaft
erwarten.
Umsatz an den Weltbörsen 2010:
63 Billionen $

Quelle: World Federation of Exchanges

ENERGIEMARKT
Wert der global
verbrauchten
fossilen Brennstoffe
(Öl, Gas, Kohle) 2010:
7 Billionen $
Quelle: BP,
eigene Berechnung

GELDMARKT
Auf dem Interbankenmarkt, Teil des
Geldmarktes, leihen sich die Banken
untereinander kurzfristig Geld. Wenn
diese einander misstrauen, stockt das
Leihgeschäft. Zentralbanken müssen
dann die Finanzinstitute mit zusätz-
lichem Geld versorgen.

Der Spiegel, 12.12.2011, S. 42 f.

Hedgefonds

Investmentfonds, die mithilfe von Fremdkapital bzw. Kreditfinanzierung ein Vielfaches ihres Eigenkapitals z. B. in Devisen, festverzinslichen Wertpapieren, Aktien, Rohstoffen oder Derivaten anlegen, eine hochspekulative Anlagepolitik betreiben, auch Leerverkäufe betreiben und Verlustrisiken durch verschiedenartige Hedginginstrumente zu begrenzen suchen. So werden z. B. Gelder in bestimmte Hochzinswährungen investiert und durch Kreditaufnahmen in Niedrigzinswährungen finanziert.

Duden Wirtschaft von A bis Z: Grundlagenwissen für Schule und Studium, Beruf und Alltag. 6. Aufl. Mannheim: Bibliographisches Institut 2016. Lizenzausgabe Bonn: Bundeszentrale für politische Bildung 2016.

M 9 ● Ursachen für die Globalisierung der Finanzmärkte

Die Globalisierung der Finanzmärkte bildet ein wesentliches Element der sich verstärkenden weltweiten ökonomischen Verflechtung. Zum einen wird sie als Folge des
5 wachsenden internationalen Wirtschaftsverkehrs gesehen, zum anderen haben gerade die Finanzmärkte in den vergangenen Jahren als Beschleuniger der weltwirtschaftlichen Verflechtung gewirkt. Ursache
10 und Wirkung sind nicht immer eindeutig voneinander zu trennen, auf jeden Fall bestehen bei der Globalisierung der Finanzmärkte erhebliche Interdependenzen zu anderen Globalisierungsfeldern.
15 Eine deutlich zunehmende weltweite Integration der Finanzmärkte ist etwa seit Beginn der 1980er Jahre zu beobachten. Sie zeigt sich u.a. im besonders ausgeprägten Wachstum des internationalen Wertpapier-
20 handels oder der Devisenumsätze. Neue Marktakteure wie Hedgefonds oder Private Equity-Unternehmen, die international investieren, beeinflussen dabei neben traditionellen Marktteilnehmern – beispielsweise
25 Kreditinstituten oder Investmentgesellschaften – inzwischen stark das Marktgeschehen. [...]
Langfristig deutlich sinkende Transportkosten, unterschiedliche ökonomische-po-
30 litische Rahmenbedingungen, Produktionskosten und Standortfaktoren haben zu einer Verlagerung von Industriestandorten weg von den Absatzmärkten in Länder mit günstigeren Kostenstrukturen und zu einer
35 erheblichen Zunahme des internationalen Warenaustauschs geführt.
Verstärkt wurde diese Entwicklung noch durch das Ende des Kommunismus und den Übergang zur Marktwirtschaft im ehemali-
40 gen Ostblock sowie die wirtschaftliche Öffnung der Volksrepublik China. Die internationalen Kapitalströme wurden hierdurch in ihrem Volumen und ihrer Ausrichtung

erheblich beeinflusst. In den ehemaligen Ostblockstaaten und in China entstanden 45 neue, heute auch international bedeutende Finanzplätze.
Die Entwicklung und breite Anwendung der modernen Computertechnologie und neue elektronische Kommunikationsfor- 50 men haben es ermöglicht, komplexe und große Informationsmengen in kurzer Zeit zu verarbeiten, zu verbreiten und Kapitaltransfers in fast beliebiger Höhe auch über große Entfernungen fast zeitgleich zu ver- 55 anlassen und auszuführen. Der internationale Wertpapier- und Devisenhandel ist ohne elektronische Handelssysteme heute praktisch undenkbar.
Nicht zuletzt, um die Wettbewerbsfähigkeit 60 der einzelnen nationalen Finanzmärkte zu fördern, wurden von vielen Regierungen Kapitalkontrollen, Handels- und Marktzugangsbeschränkungen im Zeitablauf aufgehoben oder abgebaut, gleichzeitig wurde der 65 Spielraum für die Einführung neuer Finanzinstrumente erweitert. Dieser unter dem Schlagwort „Deregulierung" stattfindende Prozess hat zu einer Fülle von Finanzinnovationen geführt und die internationa- 70 le Übertragung von Kapital erleichtert. In diesem Zusammenhang ist ein Trend zur Verbriefung von Forderungen und Finanztiteln zu beobachten, der eine wichtige Bedingung für deren Handelbarkeit darstellt. 75 Damit wurden viele neuartige Möglichkeiten zur Risikoabsicherung von Finanztransaktionen, aber auch für spekulative Geschäfte geschaffen. Die Liberalisierung ist ein wesentlicher Ursachenfaktor bei der 80 Ausweitung des Handelsvolumens von Finanzinstrumenten über traditionelle und neue Marktakteure.

Manuel Fuchs, www.globalisierung-fakten.de, Abruf am 12.4.2016

M 10 ● Kontrovers diskutiert: Finanzmärkte noch stärker regulieren?

a) Uwe Foullong: Mehr Regulation

[Nach der Finanzkrise 2008 wurde] vieles reguliert, aber nur halbherzig und konzeptionslos. [...] Das Ziel, zukünftig solche massiven Krisen zu vermeiden, kann nur erreicht werden, wenn die Kapitalmärkte dem Primat der Politik untergeordnet und die Banken auf die Unterstützung der Realwirtschaft ausgerichtet werden. [...] Die neue Finanzmarktarchitektur sollte aus folgenden Stützpfeilern bestehen: Als Erstes ein Verbot spekulativer Produkte, weil sie der Realwirtschaft schaden. Ein echter „Finanz-TÜV" sollte deshalb Finanzprodukte auf ihre nützliche Wirkung für die Realwirtschaft prüfen, um sie gegebenenfalls abzulehnen. Die Einführung einer Finanztransaktionssteuer begrenzt kurzfristige Spekulationsgeschäfte, ohne die Realwirtschaft zu belasten, und erbringt gleichzeitig das nötige Geld für die Finanzierung der Krisenkosten. Bei systemrelevanten Banken muss zudem das speku-lative Investmentbanking vom realen Bankgeschäft getrennt werden. Auch die Schattenbanken müssen dringend einbezogen werden: Hedge-Fonds, Private-Equity-Fonds und Zweckgesellschaften sind entsprechend streng zu regulieren. Außerbörsliche Geschäfte sind zu unterbinden, indem alle Wertpapiergeschäfte über Börsen beziehungsweise Clearinghäuser laufen, um so die notwendige Transparenz zu schaffen. [...] Die Macht der Ratingagenturen mit ihren Interessenkonflikten wiederum muss deutlich begrenzt werden. Die Einrichtung einer unabhängigen, europäischen Agentur ist dazu nützlich. [...] Die Eigenkapitalregeln sollten in einer differenzierten Weise über die geplanten Basel-III-Regeln hinausgehen, indem für spekulative Geschäfte die erforderliche Eigenkapitalunterlegung deutlich angehoben wird.

Uwe Foullong, Wie Finanzmärkte zu regulieren sind, in: Financial Times Deutschland, 16.4.2012

b) Kaspar Villinger: Mehr Schaden als Nutzen durch Regulation

Regulierung schränkt immer Freiräume ein. Freiräume aber sind wichtig, damit Unternehmen Kreativität entwickeln und zum Wachstum beitragen können. Natürlich geht es auch in einer Marktwirtschaft nicht ohne Regulierung, und sei es nur, um den Marktzugang aller Teilnehmer und den Wettbewerb zu sichern. Gerade im Finanzsektor vermag Regulierung auch vertrauensbildend und damit wachstumsfördernd zu wirken. [...] Wenn aber jeder vermeintliche Missstand zu einer neuen Regulierung führt, werden die wirtschaftlichen Freiräume zunehmend eingeschränkt [...]; und die Compliance wird so aufwendig, dass sie mehr und mehr der schöpferischen Kräfte des Managements beansprucht. [...] Zudem verhindern Detailvorschriften oder gar Verbote gewisser komplexer Produkte neue Krisen nicht, weil immer neue regulatorische Lücken ausnutzende Produkte entwickelt werden und weil erfahrungsgemäß Geschäfte in unregulierte Bereiche abgedrängt werden.

Kaspar Villinger, Mit regulatorischer Hektik ist der Subprime-Krise nicht beizukommen, in: Neue Zürcher Zeitung, 1.4.2008

Aufgaben

1 Analysieren Sie die Grafik. (M 7)

2 Beschreiben Sie die Dimensionen der Devisenmärkte. (M 7, M 8)

3 Stellen Sie die Ursachen für die Globalisierung der Finanzmärkte in einem Schaubild dar. (M 8, M 9)

4 a) Stellen Sie die Argumentationen Foullongs und Villingers gegenüber. (M 10)

   b) Nehmen Sie Stellung zu den von Uwe Foullong geforderten zusätzlichen Regulierungsmaßnahmen für Finanzmarktteilnehmer. (M 10)

Equity-Unternehmen

Von privaten und/oder institutionellen Anlegern bereitgestelltes Eigenkapital, mit dem Beteiligungsgesellschaften (Private-Equity-Gesellschaften) Unternehmensanteile für einen begrenzten Zeitraum erwerben, um eine finanzielle Rendite zu erwirtschaften. Der Begriff Private-Equity-Investitionen im weiteren Sinne umfasst Finanzierungen in etablierte Unternehmen, die sich in fortgeschrittenen Lebenszyklusstadien befinden (Private-Equity-Investitionen im engeren Sinne), und Finanzierungen in junge Unternehmen (Venture-Capital-Investitionen). Letztere sind durch ein höheres Risiko-Rendite-Profil gekennzeichnet.

Prof. Dr. Dr. Ann-Kristin Achleitner, www.wirtschaftslexikon.gabler.de, Abruf am 7.6.2017

2.3 Freihandel – Chancen und Risiken

Basiskonzepte	Fachkategorien	Leitfragen
System und Struktur	Koordination und Interdependenz politische Herrschaft und Ordnung	· Was versteht man unter Freihandel? · Welche Vor- und Nachteile hat der Freihandel?
Akteure und deren Dispositionen	Interessen und Bedürfnisse	· Inwiefern löst die WTO Konflikte im internationalen Handel? · Welche Probleme bestehen für das Handeln der WTO durch die Souveränität der Nationalstaaten?

2.3.1 Welche Vor- und Nachteile hat der Freihandel?

M 1 ● Werden Smartphones unbezahlbar?

a) China treibt Preise für Seltene Erden in die Höhe

Weil im vergangenen Jahr durch die weltweite Konjunktureintrübung die Preise für Seltene Erden kräftig gefallen sind, hat das chinesische Handelsministerium in Peking angekündigt, die Exporte im ersten Halbjahr 2012 bei 10.546 Tonnen zu deckeln – das sind 27 Prozent weniger als im Vorjahr. [...] Zudem will das chinesische Handelsministerium die Zahl der ausfuhrberechtigten Unternehmen von 26 auf nur noch elf beschränken.

Nicolai Kwasniewski/dapd, auf:
www.spiegel.de, 27.12.2011

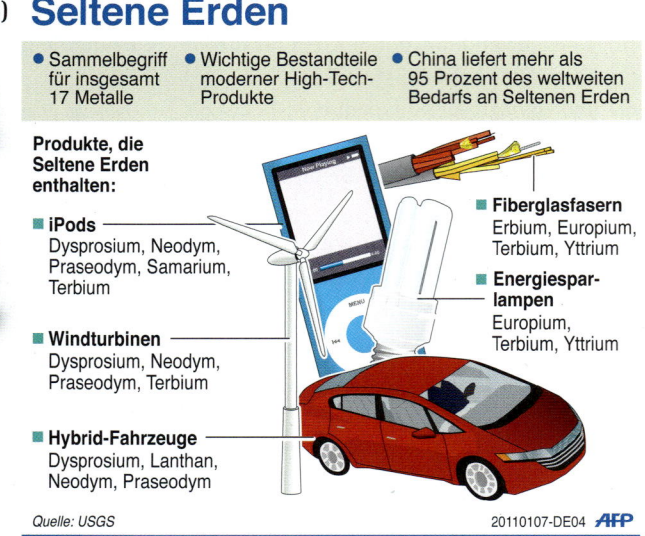

b) Seltene Erden

● Sammelbegriff für insgesamt 17 Metalle ● Wichtige Bestandteile moderner High-Tech-Produkte ● China liefert mehr als 95 Prozent des weltweiten Bedarfs an Seltenen Erden

Produkte, die Seltene Erden enthalten:

■ iPods
Dysprosium, Neodym, Praseodym, Samarium, Terbium

■ Windturbinen
Dysprosium, Neodym, Praseodym, Terbium

■ Hybrid-Fahrzeuge
Dysprosium, Lanthan, Neodym, Praseodym

■ Fiberglasfasern
Erbium, Europium, Terbium, Yttrium

■ Energiespar-lampen
Europium, Terbium, Yttrium

Quelle: USGS   20110107-DE04 **AFP**

M 2 ● „Seltene Erden": Bedeutung eines Rohstoffes

Seltene Erden sind ein besonders heikles Thema für die USA [und weitere westliche Industrienationen]. Aufgrund ihrer Eigenschaften sind sie für die Herstellung von
5 Hochtechnologieprodukten und bei Grünen Technologien wie der Photovoltaik, Windkraftanlagen oder auch der Elektromobilität heute so gut wie unersetzbar – Industrien, in denen China droht, die USA abzuhängen. Auch für die moderne Kriegs- 10 führung ist die Metallgruppe kritisch. So ist sie Bestandteil beispielsweise von Radargeräten, Lasern und Zielautomatiken, die in präzisionsgelenkter Munition, Marschflugkörpern, Kampfflugzeugen, Raketenab- 15 wehrsystemen und Nachtsichtgeräten ein-

gesetzt werden. Auch für den Bau von Drohnen werden Seltene Erden benötigt. Insofern fürchten die USA eine gefährliche

20 Abhängigkeit von dem ohnehin nicht einfachen Handelspartner. Dass China nicht davor zurückschreckt, seine Muskeln spielen zu lassen, zeigte es 2010, als das Land – wenn auch nicht offiziell – ein temporä-

25 res Embargo auf den Export Seltener Erden nach Japan verhängte. Der viel zitierte Ausspruch „der Nahe Osten besitzt Öl, China besitzt Seltene Erden" des ehemaligen Staatspräsidenten Chinas, Deng Xiaoping,

30 bestärkt die Sorge der Amerikanerinnen und Amerikaner.

Zwar kommen, anders als ihr Name suggeriert, die Seltenen Erden in der Erdkruste sehr häufig vor. Große, abbauwürdige La-

35 gerstätten finden sich beispielsweise in Russland, Kanada, Australien oder auch den USA. Bei der Produktion allerdings verfügt China nahezu über ein Monopol: Auf das Land entfallen etwa 95 Prozent der globalen Produktion und fast die Hälfte der 40 geschätzten globalen Reserven. Die USA sind fast vollständig auf Importe der Metalle angewiesen. Im Jahr 2011 importierten sie Seltene Erden im Wert von 696 Millionen US-Dollar, was einen Anstieg von 45 161 Millionen US-Dollar im Vorjahresvergleich bedeutet. Dabei stammten 79 Prozent aus China. Umso gravierender ist es, dass die aus China exportierten Seltenen Erden aufgrund von Quoten, Exportzöllen 50 und Mindestexportpreisen derzeit deutlich teurer sind als auf dem chinesischen Markt.

Stormy-Annika Mildner, Seltene Erden, in: Stiftung Wissenschaft und Politik (Hg.), Kurz gesagt, 15.3.2012

M 3 ● Freihandel und Protektionismus – außenhandelspolitische Leitbilder

Freihandel und Protektionismus bilden zwei gegensätzliche Pole, zwischen denen die Außenhandelspolitik von Staaten bzw. Staatengruppen ausgestaltet werden kann:

	Freihandel	Protektionismus
Grundannahme	Ein ungeregelter Handel („Weltmarkt") führe zur optimalen Allokation (Verteilung bzw. Zuweisung von Ressourcen) aller auf der Welt verfügbaren Güter (Tausch, Arbeitsteilung) und somit zum Wohlstand für alle Beteiligten.	Die einheimische Produktion von Gütern und deren Handel bei gleichzeitig möglichst geringen Importquoten führe zu einer florierenden Wirtschaft, in der die Bevölkerung Arbeit finde und der Staat angemessene Steuereinnahmen generiere, mit denen die Wirtschaft weiter belebt werden könne.
Konkrete Maßnahmen	• Vollständiger Abbau/Vermeidung tarifärer und nicht-tarifärer Handelsbeschränkungen • Instrumente zur Kontrolle und Durchsetzung des Freihandels • Etablierung von Freihandelszonen und integrierten Wirtschaftsräumen	Tarifäre Handelsbeschränkungen: • Zölle als indirekte Steuer auf Import- bzw. Exportgüter **Nicht-tarifäre Handelsbeschränkungen:** • Mengenbeschränkungen (Kontingente) • Beschränkungen anhand von Produkteigenschaften (z. B. technische Normen, Verbraucherschutz) • Subventionen an einheimische Produzenten • Öffentliche Auftragsvergabe an inländische Firmen
Gründe für wirtschaftspolitische Umsetzung	• Erschließung neuer Märkte unter… • Ausschöpfung absoluter oder komparativer Kostenvorteile • Versorgung mit Gütern, über die das Land nicht selbst verfügt	• Schutz von im globalen Wettbewerb unterlegenen Industriezweigen, auch… • bei staatlich angeregtem Aufbau neuer Industriezweige („nachholende Entwicklung") • Sicherung von Arbeitsplätzen

Zusammenstellung des Autors

M 4 ● Das Problem des Freihandels

Weitere Freihandelsabkommen

In den letzten Jahren wurden weitere Freihandelsabkommen verhandelt und diskutiert. Die prominentesten in Europa sind CETA und TTIP.

Es gibt zahlreiche Belege dafür, dass Freihandel – Handel ohne künstliche Barrieren wie Zölle oder Kontingente – wirkliche Vorteile bieten kann. Er ermöglicht es, dass die
5 Produktion dort stattfindet, wo sie am billigsten ist, und der Konsum dort, wo die Nachfrage am größten ist. Gleichzeitig sind viele Menschen gegen eine Liberalisierung des Handels und verweisen auf die negativen
10 Auswirkungen, die diese auf die Produktion und Beschäftigungssituation im Heimatland hat. [...] Daraus erwächst für die politischen Entscheidungsträger ein Dilemma, das man das Handelsdilemma nennen
15 nen kann. Sie alle wissen, dass der Freihandel für ihre Länder vorteilhaft ist, doch gleichzeitig wissen sie, dass die einheimischen Hersteller unter einer Öffnung der Märkte für den Import leiden und dass
20 manche Menschen in der Folge ihren Arbeitsplatz verlieren. [...] Um dieses Dilemma zu lösen, fördern die meisten Staaten die Liberalisierung des Handels in den Branchen, in denen ihre Hersteller sehr wettbe-
25 werbsfähig sind, versuchen aber gleichzeitig, für Branchen, in denen die nationale Produktion weniger konkurrenzfähig ist, Schutzmechanismen und Handelsbeschränkungen von Fremdwaren aufrecht-
30 zuerhalten. So sind zum Beispiel viele Entwicklungsländer für die Liberalisierung des Handels mit Agrarprodukten, weil sie diese dank der niedrigen Lohnkosten zu sehr konkurrenzfähigen Preisen erzeugen kön-
35 nen. Gleichzeitig bevorzugen sie aber die Beibehaltung höherer Schutzzölle in Hightech-Branchen, da ihre eigene Industrie nicht in der Lage wäre, mit der in den EU-Staaten, in Japan oder in Nordamerika mit-
40 zuhalten. Umgekehrt bemühen sich die reicheren Länder sehr darum, den Schutz für ihre hoch subventionierten Agrarsektoren beizubehalten, streben aber nach der Liberalisierung des Handels mit Industriepro-
45 dukten wie Luxusautos, wo sie stark und wettbewerbsfähig sind. Die Staaten wissen also, dass Freihandel grundsätzlich vorteilhaft ist, aber ihre Politik spiegelt dies oft nicht wider. Deshalb gibt es in der Weltwirt-
50 schaft weiterhin viele Handelsschranken. Durch die protektionistischen Maßnahmen schaden die Staaten nicht nur ihren eigenen Konsumenten (die nicht die günstigeren Importprodukte kaufen können), sondern
55 auch der Wirtschaft ihrer Handelspartner. Besonders ausgeprägt ist dieses Verhalten in Wirtschaftskrisen, wenn im Inland der politische Druck wächst, Schutzmaßnahmen zu ergreifen.

Michael Parizek, www.bpb.de, 15.4.2015 (Übersetzung: Britt Maaß)

Aufgaben

① Arbeiten Sie die Positionen und dahinter liegenden Interessen der Akteure im Handelskonflikt um die „Seltenen Erden" heraus. (M 1, M 2)

F zu Aufgabe 2
Recherchieren Sie, worum es in der Diskussion um CETA und TTIP ging und wie der aktuelle Stand der Verhandlungen ist.

② a) Die Volkswirtschaft Palumbiens ist durch große Vorkommen agrarischer Rohstoffe sowie eine wenig effiziente Industrie zur Weiterverarbeitung dieser Güter (z.B. Kaffeeröstung) geprägt. Fossile Rohstoffe sowie industrielle Konsumgüter kann Palumbien demgegenüber kaum oder gar nicht im eigenen Land gewinnen bzw. herstellen.
Beschreiben Sie die konkrete Ausgestaltung der palumbischen Außenhandelspolitik und ihrer Auswirkungen (Preise, Versorgungssituation) unter Bedingungen des (a) Freihandels und des (b) Protektionismus. (M 3)

b) Ordnen Sie die Positionen der am Handelskonflikt um die Seltenen Erden beteiligten Akteure in die außenhandelspolitischen Leitbilder ein. (M 2, M 3)

③ Erörtern Sie, ob Freihandel grundsätzlich sinnvoll ist. (M 4)

2.3.2   Wie reguliert die WTO den Welthandel?

M 5 ● Konflikt um Seltene Erden – Ein Handelskonflikt kommt vor die WTO

Der Handelsstreit mit China um Exportbeschränkungen für sogenannte Seltene Erden wird zu einem Fall für die Welthandelsorganisation (WTO) in Genf. Wie der Handelskommissar der Europäischen Union, Karel De Gucht, mitteilte, wurde gemeinsam mit den USA und Japan Beschwerde eingereicht. Ziel sei die Aufnahme eines offiziellen Schlichtungsverfahrens, erklärte er.

Mit Exportquoten, Zöllen und Mindestpreisen benachteilige China die globalen Abnehmer und verstoße damit gegen den Beitrittsvertrag zur WTO. „Diese Maßnahmen schaden Produzenten und Verbrauchern in der EU und in der ganzen Welt", sagte De Gucht. [...]

In China stieß das Vorgehen auf Kritik. Industrieminister Miao Wei sagte der staatlichen Nachrichtenagentur Xinhua, man bedaure die Entscheidung. China werde sich nun aktiv verteidigen und seine Position darlegen. Ein Sprecher des Außenministeriums betonte, die Exportbeschränkungen stünden im Einklang mit den WTO-Regeln. Sie seien zum Schutz der Umwelt verhängt worden und sollten darüber hinaus eine nachhaltige Entwicklung im Land gewährleisten. China werde den internationalen Markt weiter mit Seltenen Erden versorgen.

Christoph Prössl, www.tagesschau.de, 13.3.2012

M 6 ● Die Welthandelsorganisation: Grundprinzipien und institutionelle Ordnung

Seit 1995 legt die Welthandelsorganisation WTO (World Trade Organization) als einzige international anerkannte Vertragsinstitution Regeln des Welthandels fest. Die um wichtige Bereiche wie Dienstleistungen und geistiges Eigentum erweiterte WTO ist die Nachfolgeorganisation des GATT (General Agreement on Tariffs and Trade). Ihre Mitglieder wickeln über 90 % des Welthandels ab.

Das Hauptziel der WTO, die Erleichterung des weltweiten Handels im Sinne der Grundannahmen der liberalen Handelstheorie, soll durch Vereinbarungen zum wechselseitigen Abbau von Handelshemmnissen unter den Mitgliedstaaten sowie durch die Etablierung von Verfahren zur Beilegung von Streitigkeiten erreicht werden. Durch die ständige Überprüfung der nationalen Handelspolitik sollen Konflikte mit den bestehenden multilateralen Verpflichtungen möglichst frühzeitig erkannt und ausgeräumt werden. Scheitert die informelle Streitbeilegung, so besitzt die WTO ein formelles Streitschlichtungsverfahren. Kommt es hier zu keiner Einigung oder befolgt eine Partei den Schiedsspruch nicht, so können die Staaten Gegenmaßnahmen in Form von Strafzöllen oder der Rücknahme von Handelserleichterungen ergreifen.

Nach: Wichard Woyke, WTO/GATT, in: Wichard Woyke (Hg.), Handwörterbuch internationale Politik, 9. Aufl., Opladen 2004, S. 591 ff. (aktualisiert)

Logo der WTO

M 7 ● Organisatorischer Aufbau der WTO

164 Mitgliedstaaten (Stand: 2016)

Hauptorgan: Ministerkonferenz:- **Prinzip der Konsensentscheidungen:** eine Entscheidung gilt als angenommen, wenn ihr kein Mitgliedsstaat formell widerspricht
- **Prinzip der formalen Gleichheit:** one state, one vote

Güter- und Zollabkommen (GATT)	Dienstleistungsabkommen (GATS)	Abkommen über geistiges Eigentum (TRIPs)
regelt den Warenverkehr in den Bereichen Industriegüter: Zollsenkungen bis zu 100%, Landwirtschaft: Abbau von Exportbeschränkungen	regelt den Handel mit Dienstleistungen, Abbau von Handelshemmnissen in den Bereichen: Telekommunikation, Banken und Versicherungen, Transport, Tourismus	regelt den Schutz des geistigen Eigentums in den Bereichen: Patente, Marken, Urheberrecht, Industriedesign, Computerprogramme
30.10.1947 seit 1.1.1995 unter dem Dach der WTO	1.1.1995	1995/2001 (Review)

Dispute Settlement Body (DSB) / Streitschlichtung
Regelung bei Handelskonflikten

Prinzip der Meistbegünstigung: Handelsvorteile müssen allen Mitgliedsstaaten in gleicher Weise gewährt werden
Prinzip der Nichtdiskriminierung: Keine Benachteiligung eines einzelnen Mitgliedsstaates gegenüber anderen
Prinzip der Inländerbehandlung: Keine Begünstigung inländischer Produkte gegenüber ausländischen
Prinzip der Transparenz: Keine geheimen Abkommen, gegenseitige Information über Handelsvorschriften

Grafik nach: Politik und Unterricht 4/2003, Globalisierung, Landeszentrale für politische Bildung Baden-Württemberg, S. 28

M 8 ● Das Schlichtungsverfahren der WTO in der Diskussion

Die bekanntesten WTO-Streitfälle sind zwar zumeist diejenigen, in denen sich unterlegene Streitparteien zunächst einer Umsetzung des Berichts verweigerten [...]. In
5 den allermeisten Streitfällen findet jedoch entweder eine Umsetzung von Empfehlungen statt oder es kommt zu einer bilateralen Einigung zwischen den Streitparteien vor der Verabschiedung eines Berichts durch
10 den DSB im „Schatten des Rechts" [...].
Jedoch [...] [wird] hinsichtlich des Streitverfahrens [...] argumentiert, dass dieses von Entwicklungsländern deutlich weniger angerufen wird als von den industrialisierten
15 Ländern, da ärmere Länder finanziell und logistisch nicht in der Lage seien, die notwendigen Verwaltungsstäbe aufzubauen und zu unterhalten, um in dem komplexen Streitverfahren erfolgreich argumentieren zu können [...]. Dies habe dazu geführt, dass
20 zwar in der WTO absolut die Wahrscheinlichkeit zugenommen habe, dass kleine Länder Beschwerden einreichen. Relativ gesehen habe aber die Wahrscheinlichkeit, dass große Länder eine Beschwerde einrei-
25 chen, deutlich stärker zugenommen [...].
Dennoch sollte nicht unerwähnt bleiben, dass das Streitverfahren offensichtlich einen Beitrag dazu leisten kann, Machtasymmetrien zu verkleinern.
30

Achim Helmedach, Regieren im Welthandel, in: Helmut Breitmeier u.a.(Hg.), Sektorale Weltordnungspolitik, Baden-Baden 2009, S. 101f.

Schlichtungsverfahren in der WTO

Eine wesentliche Neuerung bei der Gründung der Welthandelsorganisation gegenüber ihrem Vorgänger der GATT-Verträge ist in der Institutionalisierung eines wirksamen, weil durchsetzungsfähigen Schlichtungs- bzw. Gerichtsverfahrens für Handelsstreitigkeiten zu sehen.
Hierbei kann ein Mitglied der WTO ein anderes wegen des Verstoßes gegen die Prinzipien der Welthandelsorganisation vor dem Dispute Settlement Body (DSB) anklagen, wobei der Eröffnung eines Streitbeilegungsverfahrens vergleichsweise geringe Hürden gesetzt sind. Ein hierfür zuständiges „Panel" (internationale Handelsexperten) überprüft den Fall, sofern die Streitparteien sich nicht einigen können, und nimmt eine Bewertung dessen vor. Diese Stellungnahme kann nur einstimmig vom DSB abgelehnt werden, was auch für den Fall eines Berufungsverfahrens gilt. Eine unterlegene Streitpartei kann daher das Streitbeilegungsverfahren nicht durch ein eigenes Veto unterlaufen, sondern muss sich der Entscheidung der Mehrheit der WTO-Mitgliedsstaaten fügen.

Autorentext

M 9 ● Die Entscheidung der WTO zum Handelskonflikt „Seltene Erden"

Der internationale Handelsstreit um begehrte Industriemetalle (Seltene Erden) aus China geht in die nächste Runde. Die Volksrepublik kündigte [...] an, einen
5 Schiedsspruch der Welthandelsorganisation (WTO) nicht hinnehmen zu wollen. Die WTO hatte die von der Volksrepublik verfügten Exportbeschränkungen für Seltene Erden für unzulässig erklärt.
10 Das im März gefällte Urteil bedeutete einen Sieg für die Kläger – die Vereinigten Staaten, die Europäische Union und Japan. Sie werfen China vor, mit den im Jahr 2010 eingeführten Ausfuhrquoten
15 heimischen (chinesischen) Firmen unfaire Wettbewerbsvorteile zu verschaffen.

Die Beschränkungen hatten die Weltmarkt-Preise für die stark gefragten Rohstoffe drastisch in die Höhe getrieben. [...]
20 Ein WTO-Schiedsgericht hatte befunden, dass die Exportquoten gegen internationale Handelsregeln verstoßen. Ein Sprecher des chinesischen Handelsministeriums sagt nun, sein Land werde
25 sich im Berufungsverfahren energisch dagegen wehren. Die chinesische Regierung begründet die eingeführten Quoten offiziell damit, dass diese für einen besseren Schutz von Umwelt und Ressour-
30 cen sorgten.

FAZ.net/Reuters, 17.4.2014

Folgen

Im Januar 2015 gab die chinesische Regierung bekannt, die Ausfuhrbeschränkungen für seltene Erden aufzuheben, und folgte somit den Vorgaben des WTO-Schiedsgerichtsurteils (vgl. M 8)

M 10 ● Die WTO in der Kritik

Das Legitimationsdefizit der WTO ist in erster Linie ein Demokratiedefizit (Input-Legitimität). Die umfangreichen Regelungen der WTO-Verträge greifen tief in nationales
5 Recht ein und berühren zahlreiche gesellschaftliche Sphären [...], ohne dass die Betroffenen und entsprechende Bürgergruppen an den Entscheidungen beteiligt würden.
10 Die Entscheidungsfindung in der WTO ist von geringen Partizipationsmöglichkeiten vor allem für Vertreter aus Entwicklungsländern gekennzeichnet.

Die Entscheidungsfindung in der WTO lei-
15 det unter einem Transparenzdefizit. Dies zeigt sich besonders an dem viel gerühmten Streitschlichtungsverfahren, das anders als bei einem echten Gerichtsverfahren nicht öffentlich durchgeführt wird.
20 Darüber hinaus führt die Verengung des Welthandels auf die Freihandelsdoktrin zu sozialen und ökologischen Folgeproblemen vor allem in bereits benachteiligten Gesellschaften des globalen Südens (Output-Le-
25 gitimität).

Nach: Landeszentrale für politische Bildung, Politik und Unterricht, Globalisierung, Stuttgart 4/2003, S. 29 (ergänzt)

Aufgaben

① a) Fassen Sie zusammen, worum es um den Streit um „Seltene Erden geht". (M 3, M 4)

b) Erstellen Sie eine Meinungslinie zu der Frage, ob China die Exportbeschränkungen zurücknehmen soll.

② a) Erläutern Sie den Zweck des Bestehens der WTO. (M 5)

b) „Die ökonomische Steuerung über den Nationalstaat hinaus wird für uns wichtiger sein als je zuvor." Erläutern Sie diese Aussage auf der Basis des Textes. (M 5)

③ Fassen Sie den organisatorischen Aufbau und das Instrumentarium des Schlichtungsverfahrens der WTO zusammen. (M 6)

④ Die WTO – Ein sinnvolles Instrument zur Regulierung des Welthandels? Beurteilen Sie diese Frage. (M 8 – M 10)

Globalisierung der Produktions- prozesse
Kap. 2.1,
M 1 – M 7

Viele Produkte werden heutzutage weltweit an **verschiedenen Standorten** produziert bzw. die Rohstoffe für die Produktion werden aus unterschiedlichen Ländern und Regionen bezogen. Ursachen hierfür sind u.a. die in den letzten Jahrzenten stark **gesunken Transportkosten** sowie der **technische Fortschritt**. Unternehmen haben ihre Wertschöpfungskette nach ökonomischen Kriterien an diese Bedingungen ausgerichtet und nutzen international u.a. **verschiedene Arbeitsbedingungen** und **-kosten, Steuervorteile** und **Handelsbedingungen** zugunsten der Maximierung ihres Gewinns.

Theorien der Globalisierung
Kap. 2.1,
M 8 – M 10

Die T**heorien der absoluten Kostenvorteile** von Smith und deren Weiterentwicklung zu **komparativen Kostenvorteilen** von Ricardo erklären, dass es von Vorteil ist, wenn sich eine Volkswirtschaft auf die Produktion von Produkten **spezialisiert**, da auf diese Weise die **Gesamtproduktion gesteigert** wird und somit ein **Wohlfahrtsgewinn** erreicht wird. Das **Faktor- Proportionen-Theorem** hingegen stellt die Qualität und Quantität von Produktionsfaktoren in unterschiedlichen Ländern als wesentlichen Grund der internationalen Arbeitsteilung dar. Das **Wettbewerbsmodell von Porter** wiederum sieht in fünf Faktoren, die entscheidend für die Wahl eines spezifischen Standortes sind, Gründe für die internationale Arbeitsteilung.

Standort Deutschland
Kap. 2.1,
M 11 – M 15

Der Standort Deutschland hat weltweit viele Vorteile. In den letzten Rankings wird der Standort jedoch auch negativ bewertet. Der Standortdruck führte dabei bereits zu **Anpassungen des Sozialstaats** in vielen Bereichen. Davon ausgehend werden Globalisierungsprozesse als Ursache für sozialen Abstieg angesehen.

Finanzmärkte und Währungsraum Euro
Kap. 2.2,
M 1 – M 10

Auch Finanzmärkte haben sich internationalisiert. Die Wahl von mehreren Standorten durch Unternehmen führt jedoch zu **Problemen bei der Besteuerung** dieser. Obwohl in einem Land viele Waren verkauft werden, werden die Gewinne in einem anderen Land mit niedrigeren Steuern versteuert. Der Euroraum als regionaler Währungsraum hat in seiner Architektur Schwächen, u.a. durch die **verschiedenen wirtschaftlichen Voraussetzungen** der Mitgliedsstaaten und dass **wirtschaftlich schwächere Staaten keine eigene Währung** gegenüber den anderen Staaten **abwerten können**.

Chancen und Risiken des Freihandels
Kap. 2.3,
M 1 – M 3

Dem Freihandel werden weitestgehend positive Eigenschaften zugeschrieben, da er **künstliche Barrieren wie Zölle oder Kontingente abbaut** und damit die Produktion dort stattfindet, wo sie am billigsten ist. Viele Menschen sind jedoch gegen eine Liberalisierung des Handels, da sie den **Abbau von Standards und Arbeitsplätzen** in den Heimatstaaten befürchten.

Handelspolitik der WTO
Kap. 2.3,
M 5 – M 9

Die WTO wurde als **Instrument zur Regelung und Erleichterung des Welthandels** und zur **Schlichtung von Handelsstreitigkeiten** gegründet. In ihr sind die größten Handelsnationen Mitglied. Die WTO wird wegen ihres **Demokratie- und Transparenzdefizits** kritisiert, da u.a. die Bevölkerungen der Mitgliedsstaaten an Entscheidungen nicht direkt beteiligt werden.

Handelsliberalisierung:
Weiterbildung hilft Globalisierungsverlierern

Eigentlich sind die langfristigen Wohlfahrtsgewinne einer Handelsliberalisierung unstrittig: Die Handelspartner konzentrieren sich auf ihre komparativen Vorteile, die
5 Produktion wird effizienter und mehr Konsum wird möglich. Aber nach einem Abbau von Handelsschranken werden in einer Übergangsphase von Arbeitnehmern und Unternehmen, die nun mit ausländischer
10 Konkurrenz konfrontiert sind, eine hohe Flexibilität und die Inkaufnahme von Anpassungskosten verlangt.

Die Kieler Forscher berücksichtigen in ihrem dynamischen Modell im Gegensatz zur
15 traditionellen Handelsliteratur auch diese Anpassungsphase. Danach steigen mit der Liberalisierung des Welthandels die Lohnungleichheiten tatsächlich. Und: rund ein Drittel der empirisch beobachtbaren Ver-
20 stärkung der Lohnungleichheit in wichtigen Industriestaaten ist vermutlich auf den Abbau von Handelsschranken zurückzuführen. Kurzfristig erhöht die Liberalisierung die Lohnunterschiede zwischen den
25 Sektoren. Das gilt vor allem für gut ausgebildete Arbeitnehmer, die aufgrund ihrer spezifischen Ausbildung bei einem Wechsel des Industriesektors mehr zu verlieren haben. Sie passen sich daher langsamer an als
30 mobilere geringer qualifizierte Kräfte. Langfristig steigt der Lohnaufschlag für Hochqualifizierte, weil die Liberalisierung zu einer höheren Nachfrage nach gut ausgebildeten Kräften führt. Folge: die Lohn-
35 ungleichheit nimmt zu.

Unter diesen Umständen [dass weniger qualifizierte Kräfte Anreize haben sich weiterzubilden] stellen sich gänzlich andere Ergebnisse ein. Anfänglich nimmt die Lohnungleichheit hier zwar auch zu, baut 40 sich aber durch den Wechsel von nun besser ausgebildeten Arbeitnehmern in den Exportsektor bald wieder ab. „Wirtschaftspolitische Maßnahmen, die Aus- und Weiterbildung unterstützen, erhöhen daher nicht 45 nur das Humankapital einer Volkswirtschaft, sondern helfen auch mit, die Lohnungleichheit zu mildern", so IfW-Forscher Wolfgang Lechthaler.

Die Autoren der Studie räumen in ihrer 50 Analyse zugleich mit der These auf, dass eine lediglich partielle Liberalisierung mögliche Globalisierungsverlierer schützen würde. Eine nur teilweise Liberalisierung – etwa nur für den eigenen Exportsektor, 55 nicht aber für den Importsektor – bringt weniger Effizienzgewinne in der globalen Produktion mit sich. Der positive Einkommenseffekt der Liberalisierung, der allen Arbeitnehmern zugute kommt, fällt dann 60 geringer aus. Lohnsenkungen sind höher und Lohnzuwächse geringer als bei vollständiger Liberalisierung. Ohne Weiterbildungsoption sind weniger qualifizierte Arbeitnehmer die Leidtragenden, mit 65 Weiterbildungsmöglichkeiten trifft es vorwiegend höher qualifizierte Kräfte im Importsektor. Der Verzicht auf Liberalisierung hilft Globalisierungsverlierern also nicht.

Sebastian Braun, Wolfgang Lechthaler, Mariya Mileva, Institut für Weltwirtschaft an der Universität Kiel (IfW), www.pressrelations.de, 25.3.2014

Aufgabe

Erörtern Sie, ausgehend vom Text, Chancen und Risiken des Prozesses der zunehmenden Globalisierung für die Akteursgruppen Haushalte und Unternehmen in Deutschland.

Wohnen

Leben

Arbeiten

Integration von Schwellen- und Entwicklungsländern in der Weltwirtschaft und -gesellschaft

3

Armut und Reichtum sind auf der Welt sehr ungleich verteilt. Die Armut ist vor allem in den Ländern des globalen Südens weit verbreitet. Die ökonomische Globalisierung und die zunehmenden internationalen Verflechtungen der zurückliegenden Jahrzehnte konnten zwar dazu beitragen, den Wohlstand weltweit insgesamt zu steigern, nicht aber die Armut in den Ländern des Südens dauerhaft zu bekämpfen. Einige Experten behaupten sogar, die Globalisierung habe das Wohlstandsgefälle noch verschärft und der weltweite Wettbewerb habe zu sozialen Verwerfungen und Krisen in manchen Regionen der Welt geführt. Dabei sind viele Länder des globalen Südens reich an wertvollen Rohstoffen, die sie auf den Weltmarkt exportieren. Vom Erlös profitieren in diesen Ländern aber längst nicht alle Menschen.

Sie werden sich in diesem Kapitel am Beispiel Nigerias mit einem Land des globalen Südens beschäftigen, um Merkmale eines Entwicklungslandes, wie es in der gängigen Bezeichnung heißt, kennenzulernen und die Ursachen für die sogenannte Unterentwicklung diskutieren. (Kap. 3.1)

Brasilien lernen Sie als Beispiel für ein Land kennen, das eine rasante wirtschaftliche und soziale Entwicklung durchlaufen hat und sich auf dem Weltmarkt eine führende Position erobern konnte. Diese dynamische Entwicklung blieb allerdings nicht ohne Auswirkungen auf die Umwelt. Die sozialen und politischen Konflikte in dem Land wurden dadurch zum Teil noch verschärft. Am Beispiel Brasiliens lässt sich diskutieren, wie nachhaltig wirtschaftliche Entwicklung sein kann. (Kap. 3.2)

KOMPETENZEN

Am Ende dieses Kapitels sollten Sie Folgendes wissen und können:

... die sozialen, wirtschaftlichen und politischen Merkmale von Entwicklungsländern erläutern.

... den Begriff Entwicklungsländer erklären und bewerten.

... an einem ausgewählten Beispiel die wirtschaftliche Entwicklung eines sogenannten Schwellenlandes erläutern und Zielkonflikte zwischen wirtschaftlicher und nachhaltiger Entwicklung diskutieren.

Was wissen und können Sie schon?

Betrachten Sie die Bilder und führen Sie im Anschluss ein „Blitzlicht" durch:
- Was bedeutet für Sie der Begriff „Entwicklung"?
- Was heißt „Entwicklung" im Zusammenhang der Weltwirtschaft?

3.1 Was sind Entwicklungsländer?

Basiskonzept	Kategorie	Leitfragen
Wandel	Gewordenheit Knappheit	· Was zeichnet ein Land als Entwicklungsland aus? · Was sind Schwellenländer? · Wie lässt sich Unterentwicklung erklären?

3.1.1 Nigeria – Ein Entwicklungsland?

M 1 ● Nigeria – ein Staat der Gegensätze?

Im Lager Muna Garage in Maiduguri, Bundesstaat Borno, im Nordosten Nigerias. Im Nordosten Nigerias sind laut UN-Angaben mehr als zwei Millionen Menschen auf der Flucht vor den Gewalttaten der islamistischen Terrorgruppe Boko Haram. Der Konflikt mit Boko Haram hat sich auch auf Staaten Niger, Tschad und Kamerun ausgeweitet, sodass in diesem Teil Afrikas mehr als neun Millionen Menschen dringend Nahrungsmittelhilfe benötigen. Zu Beginn des Jahres 2017 warnten die UN vor einer der größten Hungerkatastrophen, die Afrika je heimgesucht hatten.

Party nach der Lagos-Fashion-Week (2013), die jährlich der nigerianischen Metropole, der mit ca. 15 Mio. Einwohnern größten Stadt Afrikas, stattfindet.

Infofilm Afrika

Mediencode: 72025-06

Boko Haram

islamistische terroristische Gruppierung im Norden Nigerias, die sich für die Einführung der Scharia in ganz Nigeria und das Verbot westlicher Bildung einsetzt.

M 2 ● Nigeria – ein Staat der Superlative?

Chike sagt, ihm sei im Traum ein Beat erschienen. Als wir vorhin zurückkamen, mitten in der Nacht, da saßen er und seine Leute noch auf der Straße, soffen und hörten
5 Musik. Also haben wir uns zu ihnen gesetzt, auf verkohlte Holzbalken und kaputte Plastikstühle. Irgendwann verschwand auch der Typ, der uns mit seiner Kalaschnikow bedroht hatte. Er war betrunken und brüllte, die anderen wimmelten ihn ab. War nur ein 10 Soldat, der seine Knarre ins Wochenende mitgenommen hat, sagten sie hinterher. Wollte nur den dicken Max machen.
Nun sitzen wir bei Doctor, der älteren Frau,

15 die neben ihrer Kühlkiste tanzt. Sie verkauft daraus Bier und Kräuterschnaps, der schmeckt wie Jägermeister mit Benzin. Da ist General, der behauptet, er habe schon in mehreren Bürgerkriegen gekämpft. Obwohl
20 es doch nur einen gab in diesem Land. Daneben Leo, ein alternder Riese, immer betrunken, aber zum Sterben herzlich. Und natürlich der vierschrötige Chike, Kopf der Truppe, der sagt, ihm sei letzte Nacht ein
25 Beat erschienen. Den hatte er daraufhin tagsüber in seinem kleinen Studio aufgenommen, und der läuft jetzt hier, nachts auf der Straße, in voller Lautstärke. Obwohl gegenüber ein Krankenhaus ist.
30 Rings um unser kleines Straßenlager gehen, stehen, sitzen, tanzen, essen, schlafen gerade zwischen 15 und 20 Millionen Menschen, so genau weiß das keiner. Auf jeden Fall ist Lagos im westafrikanischen Nigeria
35 die größte menschliche Ansiedlung Subsahara-Afrikas. Eine Superlativstadt in einem Superlativstaat: Nigeria ist das bevölkerungsreichste Land des Kontinents, es ist der wichtigste Ölproduzent Afrikas, und
40 trotz gesunkener Ölpreise generiert es immer noch unglaubliche Geldströme. Nigeria

hat bald so viele Internetnutzer, wie Deutschland Einwohner hat.
Vor allem junge Menschen sind über die sozialen Medien mit der ganzen Welt ver- 45 bunden und darum bestens informiert über neue Mode oder Musik. Aber nicht nur das. Politische Blogger wie der 1984 geborene Internetstar Japheth Omojuwa erreichen über das Netz viele Winkel des riesigen 50 Landes und stoßen dort virale Debatten gegen Korruption an oder organisieren friedliche Proteste, die jüngst sogar mitverantwortlich waren für einen Machtwechsel an der Regierungsspitze. 55
Nigeria ist also hochdynamisch – aber auch extrem labil. Zerrissen von schnellem Bevölkerungswachstum, sozialer Ungerechtigkeit und ethnischen Konflikten. Mehr als 250 Völker leben hier miteinander, und mit 60 den Islamisten von Boko Haram sowie der Guerillatruppe MEND aus dem undurchdringlichen Delta des Nigerflusses zerren gleich zwei Terrorgruppen am Staatsgefüge. Das Land ist ein Hexenkessel – und La- 65 gos liegt an seinem Siedepunkt.

Florian Siever: In Afro-Metropolis, in: fluter Nr. 59/2016, S. 16ff

MEND
(Movement for the Emancipation of the Niger Delta) Rebellengruppe, die seit 2006 gegen die nigerianische Regierung und internationale Ölfirmen, welche im Nigerdelta Öl fördern, um die Kontrolle in der Ölregion kämpft. Die Aktivitäten der MEND stehen vor dem Hintergrund der massiven Umweltschäden, welche durch die Erdölförderung im Nigerdelta verursacht werden, und der damit einhergehenden Beeinträchtigung der Lebensgrundlagen der Bevölkerung.

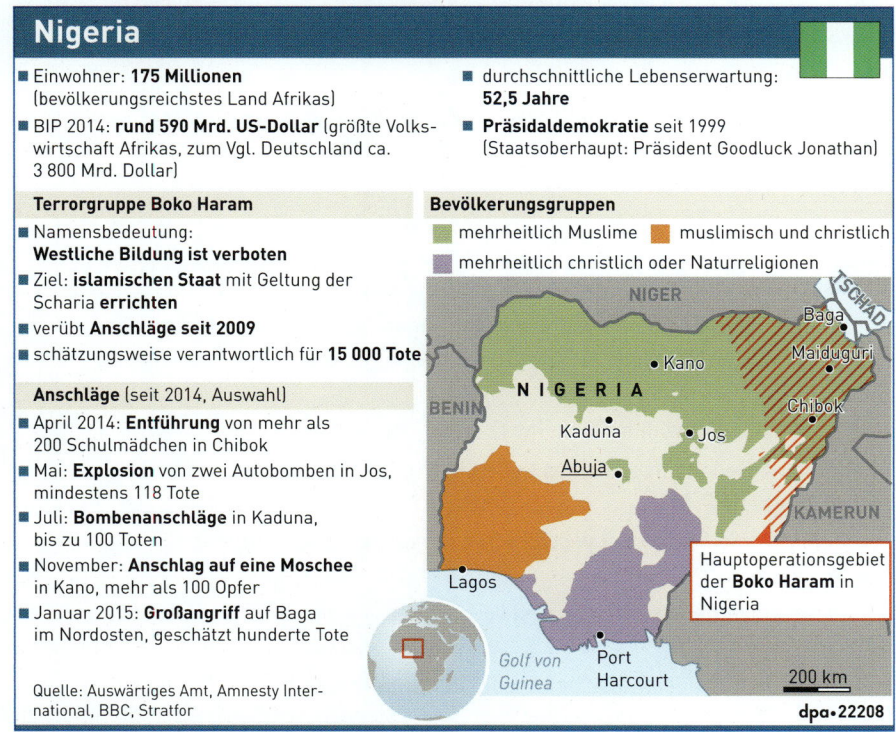

Nigeria

- Einwohner: **175 Millionen** (bevölkerungsreichstes Land Afrikas)
- BIP 2014: **rund 590 Mrd. US-Dollar** (größte Volkswirtschaft Afrikas, zum Vgl. Deutschland ca. 3 800 Mrd. Dollar)
- durchschnittliche Lebenserwartung: **52,5 Jahre**
- **Präsidaldemokratie** seit 1999 (Staatsoberhaupt: Präsident Goodluck Jonathan)

Terrorgruppe Boko Haram
- Namensbedeutung: **Westliche Bildung ist verboten**
- Ziel: **islamischer Staat** mit Geltung der Scharia **errichten**
- verübt **Anschläge seit 2009**
- schätzungsweise verantwortlich für **15 000 Tote**

Anschläge (seit 2014, Auswahl)
- April 2014: **Entführung** von mehr als 200 Schulmädchen in Chibok
- Mai: **Explosion** von zwei Autobomben in Jos, mindestens 118 Tote
- Juli: **Bombenanschläge** in Kaduna, bis zu 100 Toten
- November: **Anschlag auf eine Moschee** in Kano, mehr als 100 Opfer
- Januar 2015: **Großangriff** auf Baga im Nordosten, geschätzt hunderte Tote

Quelle: Auswärtiges Amt, Amnesty International, BBC, Stratfor

Bevölkerungsgruppen
- mehrheitlich Muslime
- muslimisch und christlich
- mehrheitlich christlich oder Naturreligionen

NIGER
TSCHAD
Baga
Maiduguri
Kano
NIGERIA
BENIN
Chibok
Kaduna
Jos
Abuja
KAMERUN
Hauptoperationsgebiet der **Boko Haram** in Nigeria
Lagos
Golf von Guinea
Port Harcourt
200 km

dpa·22208

M 3 ● Nigeria – ein Entwicklungsland?

Länderinformation

Nigeria gehört zu den zehn größten erdöl-exportierenden Ländern der Welt und hat die stärkste Volkswirtschaft auf dem afrika-

5 nischen Kontinent. Rohöl gilt als „Dreh- und Angelpunkt" der nigerianischen Wirtschaft, denn seit dem Beginn der Ölförderung in den 1960er Jahren dominierten die Öleinnahmen die Wirtschaftsstruktur.

10 Weitere wichtige Exportprodukte sind Kakao und Gummi.

Mehr als die Hälfte der Bevölkerung lebt in absoluter Armut, weil sie über weniger als 1,25 US-Dollar pro Tag verfügt.

15 Terrorakte der islamistischen Gruppierung „Boko Haram" im Nordosten Nigerias sind ein dauerhaftes Sicherheitsproblem.

Die Arbeitslosigkeit, vor allem in der jungen Bevölkerung, ist hoch.

20 Die politische Lage im Nigerdelta ist derzeit nicht stabil; die Bedrohung der dort angesiedelten Öl- und Gasförderung durch militante Gruppen und Piraten ist ein dauerndes Risiko.

25 Die ökologischen Grundlagen der erdölfördernden Region im Nigerdelta verschlechtern sich permanent.

Die Infrastruktur, vor allem im Bereich Stromversorgung und Transport, gilt als

30 sehr schlecht.

Korruption und schleppende Verwaltung sind trotz großer Reformanstrengungen der Regierung ein Dauerproblem.

Die Landwirtschaft, in der 60% der Bevölkerung beschäftigt sind, ist nicht in der 35 Lage, den inländischen Nahrungsmittelbedarf zu decken. Über 95 Prozent der landwirtschaftlichen Produktion kommt von kleinen Anbauflächen – in der Regel in Subsistenzwirtschaft – mit Größen von ei- 40 nem bis 5 Hektar.

Die Analphabetenquote beträgt bei Männern 30 Prozent, bei Frauen rund 50 Prozent.

43 % der Nigerianer sind jünger als 15 Jah- 45 re.

Zusammenstellung der Autorin nach: www.auswaertiges-amt.de, 20.1.2017

🅗 zu Aufgabe 3
Nutzen Sie dazu z.B. den „Weltalmanach": http://www. weltalmanach.de/ laendervergleich/

🅗 zu Aufgabe 4
Unterscheiden Sie zwischen wirtschaftlich-sozialen, gesellschaftlichen und politischen Merkmalen.

Aufgaben

❶ Was verbinden Sie mit Afrika? Welche Vorstellungen haben Sie vom Leben der Menschen auf diesem Kontinent? Tauschen Sie sich mit Ihrem Nachbarn / Ihrer Nachbarin darüber aus.

❷ a) Beschreiben Sie die beiden Fotos. (M 1)

   b) Benennen Sie Gegensätze, die das Leben in Nigeria bzw. der Metropole Lagos kennzeichnen. (M 1, M 2)

❸ a) Erarbeiten Sie die Fakten zur wirtschaftlichen und gesellschaftlichen Situation Nigerias. (M 3)

   b) Wählen Sie einzelne Aspekte aus und vergleichen Sie diese mit der Situation in Deutschland.

❹ Entwickeln Sie einen Merkmalskatalog zur Charakterisierung eines Entwicklungslandes.

3.1.2 Was sind „Entwicklungsländer"?

M 4 ● Ungleiche Lebensbedingungen

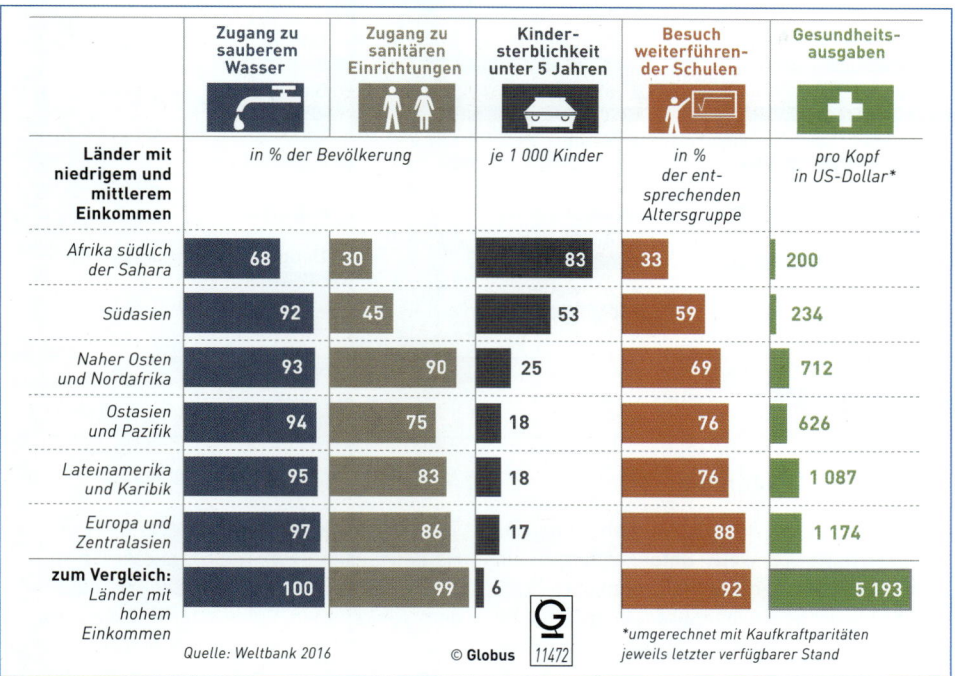

Länder mit niedrigem und mittlerem Einkommen	Zugang zu sauberem Wasser	Zugang zu sanitären Einrichtungen	Kindersterblichkeit unter 5 Jahren	Besuch weiterführender Schulen	Gesundheitsausgaben
	in % der Bevölkerung		je 1 000 Kinder	in % der entsprechenden Altersgruppe	pro Kopf in US-Dollar*
Afrika südlich der Sahara	68	30	83	33	200
Südasien	92	45	53	59	234
Naher Osten und Nordafrika	93	90	25	69	712
Ostasien und Pazifik	94	75	18	76	626
Lateinamerika und Karibik	95	83	18	76	1 087
Europa und Zentralasien	97	86	17	88	1 174
zum Vergleich: Länder mit hohem Einkommen	100	99	6	92	5 193

Quelle: Weltbank 2016 © Globus 11472 *umgerechnet mit Kaufkraftparitäten jeweils letzter verfügbarer Stand

M 5 ● Was arme Länder exportieren

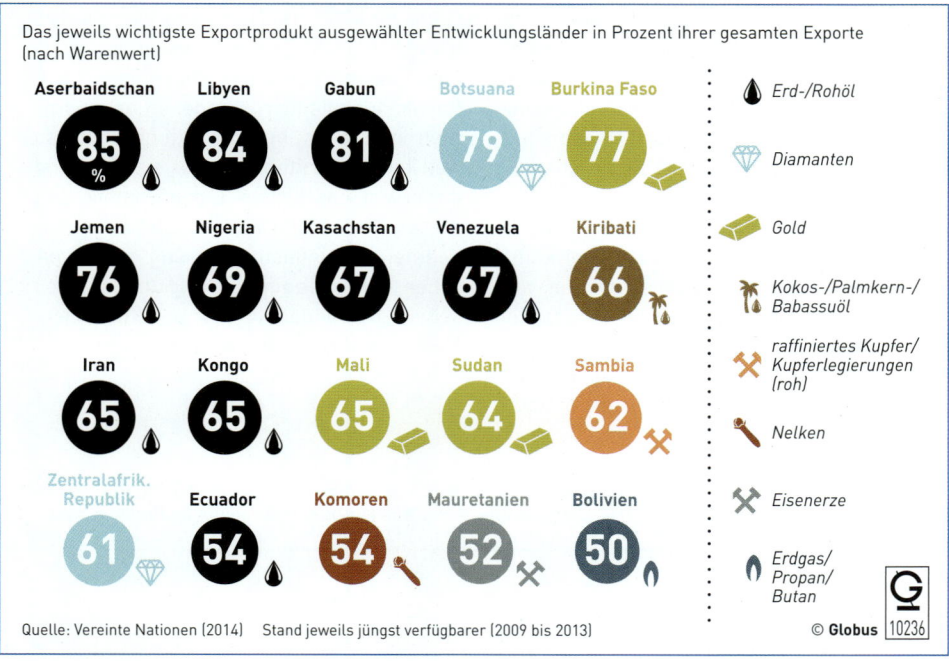

Das jeweils wichtigste Exportprodukt ausgewählter Entwicklungsländer in Prozent ihrer gesamten Exporte (nach Warenwert)

Aserbaidschan 85 %	Libyen 84	Gabun 81	Botsuana 79	Burkina Faso 77
Jemen 76	Nigeria 69	Kasachstan 67	Venezuela 67	Kiribati 66
Iran 65	Kongo 65	Mali 65	Sudan 64	Sambia 62
Zentralafrik. Republik 61	Ecuador 54	Komoren 54	Mauretanien 52	Bolivien 50

Legende:
- ● Erd-/Rohöl
- ◆ Diamanten
- ● Gold
- ● Kokos-/Palmkern-/Babassuöl
- ⚒ raffiniertes Kupfer/Kupferlegierungen (roh)
- ⚒ Nelken
- ⚒ Eisenerze
- ● Erdgas/Propan/Butan

Quelle: Vereinte Nationen (2014) Stand jeweils jüngst verfügbarer (2009 bis 2013) © Globus 10236

M 6 ● Arme und reiche Länder

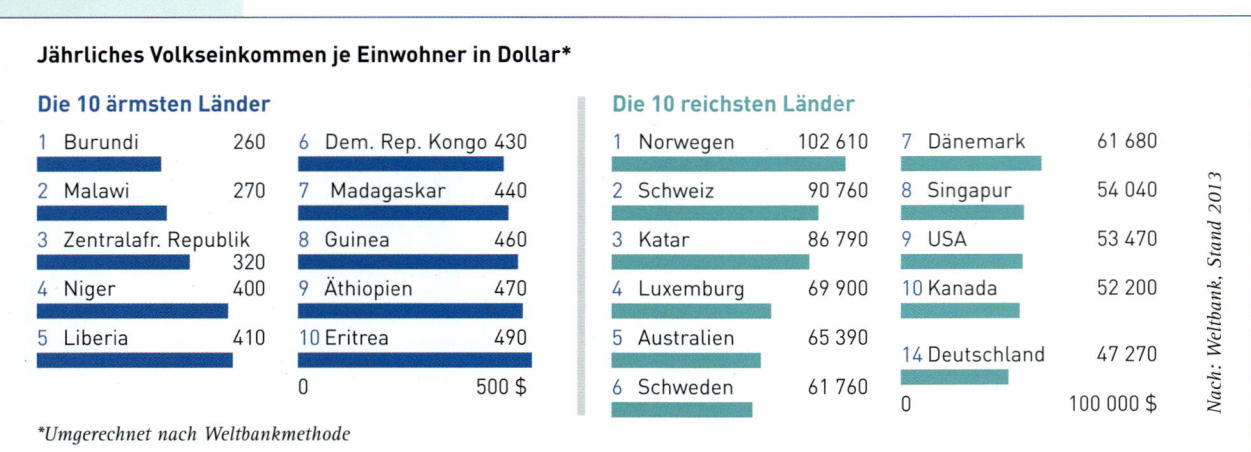

Jährliches Volkseinkommen je Einwohner in Dollar*

Die 10 ärmsten Länder

1	Burundi	260		
2	Malawi	270		
3	Zentralafr. Republik	320		
4	Niger	400		
5	Liberia	410		

6	Dem. Rep. Kongo	430
7	Madagaskar	440
8	Guinea	460
9	Äthiopien	470
10	Eritrea	490

0   500 $

Die 10 reichsten Länder

1	Norwegen	102 610
2	Schweiz	90 760
3	Katar	86 790
4	Luxemburg	69 900
5	Australien	65 390
6	Schweden	61 760

7	Dänemark	61 680
8	Singapur	54 040
9	USA	53 470
10	Kanada	52 200
14	Deutschland	47 270

0   100 000 $

Nach: Weltbank, Stand 2013

*Umgerechnet nach Weltbankmethode

Info

Entwicklungsländer

Staaten, die im Vergleich zu den Industrieländern (Erste Welt) unter anderem ein deutlich geringeres Sozialprodukt pro Kopf, eine geringe Arbeitsproduktivität, eine hohe Analphabetenquote und einen hohen Anteil landwirtschaftlicher Erwerbstätigkeit aufweisen. Das Ende des Ost-West-Konflikts hat die Dreiteilung der Welt in Erste, Zweite und Dritte Welt brüchig werden lassen. Die Zweite Welt, der ehemalige sozialistische Staatenblock, existiert nicht mehr und die Dritte Welt hat als Einheit allenfalls in der Endphase der Kolonialzeit bestanden, als alle Kolonialländer einig waren in ihrem Streben nach Unabhängigkeit. Die Zweite Welt wird heute eher als Gruppe der Transformationsländer bezeichnet. Die Länder der Dritten Welt, die Entwicklungsländer, sind nach ihrer kulturellen Herkunft, ihren politischen und wirtschaftlichen Strukturen und ihrer sozialen Schichtung untereinander sehr verschieden, und diese Unterschiede haben in den vergangenen Jahrzehnten zugenommen. [...]

Die Weltbank unterscheidet nach dem Hauptkriterium Pro-Kopf-Einkommen folgende Ländergruppen: Länder mit niedrigem Einkommen (Low Income Countries, LIC, bis 1 045 US-$ Bruttonationaleinkommen), Länder mit mittlerem Einkommen (Middle Income Countries, MIC), Entwicklungsländer mit hohem Einkommen sowie marktwirtschaftliche Industrieländer (über 12 736 US-$). Bei den MIC wird eine untere (1 046 bis 4 125 US-$) und eine obere (4 126 bis 12 735 US-$) Einkommenskategorie unterschieden. Schwellenländer sind jene Entwicklungsländer, von denen angenommen wird, dass ihr Entwicklungsstand so weit fortgeschritten ist, dass sie aufgrund ihrer wirtschaftlichen Eigendynamik und des exportorientierten Wachstums bei zunehmender Industrialisierung die typischen Merkmale eines Entwicklungslandes selbst überwinden können (z. B. Brasilien, Mexiko, Malaysia, Singapur, Südkorea).

Duden Wirtschaft von A bis Z: Grundlagenwissen für Schule und Studium, Beruf und Alltag. 6. Aufl. Mannheim: Bibliographisches Institut 2016. Lizenzausgabe Bonn: Bundeszentrale für politische Bildung 2016.

M 7 ● Wie lassen sich Entwicklungsdefizite erklären?

Natürliche Gegebenheiten

Rohstoffmangel: Unbestreitbar beeinflusst das Vorhandensein von natürlichen Rohstoffen die Entwicklungsmöglichkeiten,
5 wie das Beispiel der finanzstarken arabischen Ölexportländer zeigt. Doch schon die Tatsache, dass sich rohstoffarme (zum Beispiel Taiwan, Schweiz) wie -reiche Länder ([Nigeria], Kanada) sowohl unter den Ent-
10 wicklungs- als auch unter den Industrieländern befinden, macht deutlich, dass mangelnde Rohstoffausstattung schwerlich als Hauptursache der Unterentwicklung angesehen werden kann.
15 *Ungünstiges Klima:* Auch das Klima ist ein entwicklungspolitischer Einflussfaktor, indem es zum Beispiel die landwirtschaftlichen Produktionsmöglichkeiten mitbestimmt. [...] Dennoch zeigt sich im
20 systematischen Vergleich, dass ähnliche klimatische Bedingungen keineswegs automatisch den gleichen Entwicklungsstand zur Folge haben.

Innere (endogene) Ursachen

25 *Bevölkerungswachstum:* Starker Bevölkerungszuwachs belastet viele Entwicklungsländer, weil er unter anderem auch deren Wohlstandsgewinne aufzehrt. [...] Da es in der Dritten Welt aber auch Staaten ge-
30 schafft haben, einen hohen Bevölkerungszuwachs mit wirtschaftlichen Verbesserungen zu verbinden, ist festzuhalten: Der Bevölkerungsanstieg verhindert Entwicklung nicht, muss aber als eher belastender
35 Faktor gewertet werden. [...]
Kapitalmangel: Häufig sind in der Dritten Welt Kapitalmangel und damit verbundene unzureichende Sachinvestitionen anzutreffen und als zentrale Ursachen des wirt-
40 schaftlichen Entwicklungsrückstandes [...] angegeben worden. Anreize für eine höhere Sparbereitschaft und die Kapitalanlage im Inland (Verhinderung von Kapitalflucht, Anlocken von Auslandskapital) können die
45 Situation jedoch verbessern. Andererseits belegen die einkommensstarken Ölexport-

länder, dass Verfügung über Kapital nicht unbedingt eine breit angelegte gesellschaftliche Entwicklung garantiert. [...]
50 *Traditionsorientierte Kultur und Wertordnung:* Für die wirtschaftlichen Entwicklungsdefizite, etwa das Fehlen einer schöpferischen, änderungswilligen Unternehmerschicht, werden häufig die traditions-
55 orientierten gesellschaftlichen Verhältnisse, insbesondere die religiösen Traditionen, verantwortlich gemacht. Sie als entscheidendes Entwicklungshemmnis zu benennen, ist jedoch nicht haltbar. Vielmehr gilt
60 es, die Anpassungsfähigkeit und das Entwicklungspotenzial der einzelnen Religionen im Zusammenhang mit den jeweils besonderen gesellschaftlichen Verhältnissen zu untersuchen und den Einfluss der
65 jeweiligen Macht- und Herrschaftsverhältnisse zu berücksichtigen. [...]

Äußere (exogene) Ursachen

Kolonialismus: Von wenigen Ausnahmen [...] abgesehen wurden die Länder der Drit-
70 ten Welt im Zeitalter des Kolonialismus durch die Kolonialmächte ihrer politischen, ökonomischen und soziokulturellen Selbstständigkeit beraubt. Die „Mutterländer" richteten ihre Kolonien auf ihre [politischen
75 und ökonomischen] Interessen aus und zwangen sie in eine ungleiche internationale Arbeitsteilung hinein. [...] Fraglos wirken Strukturen der kolonialen Vergangenheit in vielen, längst unabhängig
80 gewordenen Entwicklungsländern bis heute nach – zum Beispiel Monokulturen und willkürliche Grenzziehungen. [...] Ein Argument gegen diese Sichtweise ist unter anderem die sehr unterschiedliche Entwick-
85 lung sowohl der früheren Kolonien – zum Beispiel der ehemaligen britischen Kolonien Australien, Singapur, Indien und Uganda [...].
Außenwirtschaftliche Ausbeutung: [...]
90 [Hier] wird die auf Rohstoffe konzentrierte Exportstruktur der Entwicklungsländer als nachteilig hervorgehoben, weil bei den

überwiegend von den Industrieländern hergestellten und exportierten Fertigwaren die
95 größeren Lerneffekte, technologischen Fortschritte und Verdienstspannen anfielen. Es handele sich also um ein ungleiches Warenaustauschverhältnis [Terms of Trade] zu Lasten der Dritten Welt. [...]

100 *Strukturelle Abhängigkeit:* Umfassender als die These der außenwirtschaftlichen Benachteiligung oder gar Ausbeutung ist die der strukturellen Abhängigkeit. Die Dependenztheorien (von span.: Dependencia, Ab-
105 hängigkeit) sind ursprünglich in Südamerika entwickelt worden. Sie besagen, auch nach der formalen politischen Unabhängigkeit der ehemaligen Kolonien seien die Entwicklungsländer in ein internationales Sys-
110 tem eingebunden, dessen Struktur weiterhin durch eine „strukturelle Abhängigkeit" der Dritten Welt* (auch als Peripherie bezeichnet) von den industriellen Zentren (auch Metropolen genannt) gekennzeichnet
115 sei. Die Dritte Welt werde mit Hilfe dieser Strukturen weiter „unterentwickelt gehalten". Das gelte nicht nur für den ökonomischen, sondern auch für den kulturellen Bereich. So seien die politischen Eliten der
120 Entwicklungsländer nach [am politischen Norden orientierten] Ausbildung, Lebens-

führung und Interessenlage „Brückenköpfe" der Metropolen. Die teilweise spektakulären Erfolge von Entwicklungsländern mit starker Exportorientierung – das am inten-
125 sivsten diskutierte Beispiel sind die vier „kleinen Tiger" in Südostasien – hat wichtige Verfechter dieser These zu einer veränderten Einschätzung veranlasst in den 1980er und 1990er Jahren. Die behandelten
130 Ursachenannahmen können zweifellos zur Analyse möglicher Entwicklungshemmnisse beitragen. Aber in der Regel wird eine Mischung verschiedener Ursachen anzunehmen sein, wobei die Bestimmung des
135 Mischungsverhältnisses für jedes Entwicklungsland individuell ausfällt und schwerlich für die Dritte Welt als Ganzes gelten kann.

Uwe Andersen, Entwicklungsdefizite und mögliche Ursachen, in: Entwicklung und Entwicklungspolitik. Informationen zur politischen Bildung (286), Bonn: Bundeszentrale für politische Bildung 2005, S. 19–21

*Anmerkung: Der Autor verwendet den aus der Zeit des Kalten Krieges stammenden Begriff der „Dritten Welt" synonym für Entwicklungsländer. Dieser alltags- und mediensprachlich noch gebräuchliche Begriff wird im wissenschaftlichen Diskurs jedoch durch differenziertere Bezeichnungen von Schwellen- und Entwicklungsländern sowie der Least Developed Countries (LDCs) oder Länder mit niedrigem Einkommen (Low Income Countries, LIC) abgelöst.

Aufgaben

1 a) Erarbeiten Sie die Kriterien, nach denen ein Land ein „Entwicklungsland" ist? (M 4 - M 5)

b) Vergleichen Sie diese mit Ihrem eigenen Kriterienkatalog. (vgl. Kap. 3.1.1., Aufgabe 4)

2 Erörtern Sie, inwiefern das Pro-Kopf-Einkommen ein sinnvoller Indikator für die Lebensqualität eines Landes ist.

3 Erläutern und beurteilen Sie die Problematik, die sich aus der Exportstruktur vieler „armer Länder" ergibt. (M 5)

4 Erläutern Sie, weshalb man heutzutage nicht mehr von „Entwicklungsländern" spricht. (Info)

5 Erstellen Sie (in Gruppen) Kurzporträts anderer „Entwicklungsländer" und präsentieren Sie diese im Kurs.

6 a) Erarbeiten Sie Ursachen sozioökonomischer Ungleichheiten. (M 6)

b) Recherchieren Sie, welche dieser Ursachen auf Nigeria zutreffen könnten.

3.2 Welche Entwicklungsperspektiven haben Entwicklungsländer?

Basiskonzept	Kategorien	Leitfragen
Prozesse und Handeln	Politische Gestaltung	· Wie lassen sich die wirtschaftliche Entwicklung eines Landes und die Integration in die Weltwirtschaft gestalten?
Akteure und deren Dispositionen	Interessen und Bedürfnisse Wertebezug	· Wie sollen sich Entwicklungsländer entwickeln? · Wer legt Entwicklungsziele fest? · Kann Entwicklung nachhaltig sein?

3.2.1 Können die Schwellenländer Vorbilder sein?

M 1 ● Brasilien: Vom stillen Aufstieg zum schnellen Niedergang?

Der stille Aufstieg der Südamerikaner:
Brasilien – die unterschätzte Macht

Alexander Busch, www.handelsblatt.de, 21.05.2008

Brasiliens Aufstieg zur Handelsnation

Philipp Lichterbeck, www.tagesspiegel.de, 21.01.2007

Brasiliens unaufhaltsamer Niedergang

Gunnar Heinsohn, www.nzz.ch, 11.08.2016

Krise in Brasilien –
Außen Karneval,
innen Horrorshow

*Philipp Lichterbeck, www.cicero.de,
20.02.2017*

Die brasilianische Totalkrise

Thomas Fischermann, www.zeit.de, 20.08.2015

Info

Schwellenländer

Bezeichnung für eine Gruppe relativ fortgeschrittener Entwicklungsländer, die aufgrund ihrer hohen wirtschaftlichen Eigendynamik (hohe Wachstumsraten, besonders in der Industrie) beachtliche Industrialisierungsfortschritte erzielen konnten und in ihrem Entwicklungsstand gegenüber den Industriestaaten deutlich aufgeholt haben. Vielfach entsprechen soziale Indikatoren (z. B. Alphabetisierungsgrad und Lebenserwartung) und politische Entwicklung (demokratische Strukturen) nicht dem wirtschaftlichen Entwicklungsstand. Als Schwellenländer gelten je nach Abgren-zung mehr als 40 Staaten, z. B. Israel, Südafrika, einige Erdöl exportierende Staaten wie Saudi-Arabien und Kuwait, lateinamerikanische Länder wie Argentinien, Mexiko, Chile und Venezuela sowie einige auch als Tigerstaaten bezeichnete asiatische Länder wie Südkorea und Singapur sowie die BRICS-Staaten.

Duden Wirtschaft von A bis Z: Grundlagenwissen für Schule und Studium, Beruf und Alltag. 6. Aufl. Mannheim: Bibliographisches Institut 2016. Lizenzausgabe Bonn: Bundeszentrale für politische Bildung 2016.

BRICS-Staaten

Abkürzung für die Schwellenländer Brasilien, Russland, Indien, China und Südafrika, die sich seit der Jahrtausendwende durch hohes Wirtschaftswachstum ausgezeichnet und zunehmend international Einfluss gewonnen haben. Die Abkürzung BRIC (zunächst ohne S) wurde 2001 von Jim O'Neill, dem Chefvolkswirt der Investmentbank Goldman Sachs, geprägt, um die wirtschaftliche Machtverschiebung von den westlichen Industrieländern (sog. G-7-Staaten) hin zu den wirtschaftlich boomenden Schwellenländern (v. a. China) zu beschreiben. Die Gründe für das Wirtschaftswachstum in diesen Ländern sind zum Teil sehr unterschiedlich.

M 2 ● Brasilien – ein Erfolgsmodell?

Brasilien steht heute für Wirtschaftswachstum, Armutsreduzierung und sozialen Fortschritt. [...] Brasilien steht außerdem für einen Entwicklungsweg, in dem der Staat eine
5 starke Rolle einnimmt und entsprechend aus wirtschaftsliberaler Sicht in der Kritik steht. [...] Und schließlich steht Brasilien seit Juni 2013 überraschend auch für Massenproteste, die scheinbar nicht mit den gängi-
10 gen positiven Interpretationen der sozioökonomischen Entwicklung Brasiliens in Übereinstimmung zu bringen sind. [...] Das Bruttoinlandsprodukt (BIP) pro Kopf lag 2012 – trotz des Wachstumseinbruchs seit
15 2011 – real 28 Prozent über dem von 2002. Ursächlich hierfür war die Dynamik des Binnenmarktes. Eine aktive Politik der Einkommenssteigerung integrierte breite Massen in den Konsumentenmarkt. Die Min-
20 destlöhne wurden um 71 Prozent erhöht, und die Gewerkschaften konnten in praktisch allen Sektoren Lohnerhöhungen durchsetzen. Auch Sozialstaat und Sozialhilfeprogramme hatten ihren Anteil. [...]
25 Die Nachfrage wirkte sich positiv auf Wirtschaftswachstum und Arbeitsmarkt aus. Seit 2003 wurden 19 Millionen sozialversicherungspflichtige Arbeitsplätze geschaf-

fen, die Arbeitslosigkeit wurde halbiert und der informelle Sektor deutlich reduziert. 30 Über 60 Prozent der Beschäftigten zahlten 2012 Sozialversicherungsbeiträge. Zehn Jahre zuvor waren es nur 45 Prozent. Auch die öffentlichen und privaten Investitionen stiegen, zudem in besonders starkem Maß 35 die ausländischen Direktinvestitionen.
Hinzu kamen vorteilhafte externe Rahmenbedingungen. Nachfrage und Preise für brasilianische Rohstoffe wuchsen stetig. Die Exporte haben sich seit 2002 vervier- 40 facht, die Importe sogar verfünffacht. Etwa die Hälfte der brasilianischen Exporte bestehen weiterhin aus verarbeiteten Gütern, allerdings mit sinkendem Trend. Parallel hat der Export von Erzen und Agrargütern 45 stark zugenommen. Seit 2000 haben sich die Exporte des Agrarsektors auf fast 100 Milliarden US-Dollar verfünffacht. In zahlreichen Produktionsbereichen ist Brasilien Weltmarktführer* [...]. Innerhalb eines Jahr- 50 zehnts ist Brasilien zu einer Exportmacht von Agrarrohstoffen geworden. Trotz des Wachstums ist der Außenhandel, der etwa 20 Prozent des BIP beträgt, weit weniger relevant als die heimische Nachfrage, wel- 55 che die Dynamik des Arbeitsmarktes antrieb, der seinerseits zum Motor der sozialen Mobilität wurde. Eines der grundlegenden Versprechen [der Regierung] Lulas war der Kampf gegen Unterernährung. Mit ver- 60 schiedenen Sozialprogrammen [...] wurden rasch Fortschritte erzielt. Kurz nach ihrem Amtsantritt 2011 erklärte Lulas Nachfolgerin Dilma Rousseff die Ausrottung der extremen Armut zum Regierungsziel. Tatsäch- 65 lich gibt es positive Entwicklungen zu verzeichnen: Der Anteil der Armen an der Gesamtbevölkerung ist in den vergangenen Jahren gesunken, zudem weisen die Einkommen der ärmeren Brasilianer stärkere 70 Wachstumsquoten auf als die der reichsten.

Yesko Quiroga Stöllger: Brasilien: Sozialer Fortschritt, demokratische Unruhe und internationaler Gestaltungsanspruch, in : Aus Politik und Zeitgeschichte (APuZ 50-51/2013)

*Brasiliens Agrarrohsoffe

Brasilien nimmt einen Spitzenplatz bei der weltweiten Produktion von Zucker, Kaffee, Rind- und Hühnerfleisch, Früchte, Tabak und Zellulose ein.

Brasilien: Zahlen und Fakten

Staatsform: **Präsidiale föderative Republik**

Staatsoberhaupt und Regierungschefin: **seit 2011 Dilma Rousseff**

Fläche: **8,5 Mio. km²** (etwa 24 Mal so groß wie Deutschland)

Einwohner: **204,5 Mio.** (fünftgrößtes Land der Erde)

Landessprache: **Portugiesisch** (brasilianische Variante)

BIP pro Kopf: **11 604,5 US-Dollar** (siebtgrößte Volkswirtschaft der Welt)

GUYANA
SURINAME
FRANZ.-GUAYANA
VENEZUELA
KOLUM-BIEN
ECUADOR
Atlantik
BRASILIEN
PERU
Brasília
BOLIVIEN
Pazifik
São Paulo
PARA-GUAY
Rio de Janeiro
CHILE
ARGEN-TINIEN
URUGUAY
1 000 km

Stand Februar 2016 (BIP 2014)
Quelle: Auswärtiges Amt
dpa•23973

M 3 ● Der wirtschaftliche Aufstieg der Schwellenländer

**Wachstum des realen Bruttoinhaltsprodukts (BIP) in den wichtigsten Industrie-
und Schwellenländern in den Jahren 2015 und 2016 und Prognose für 2017 bis 2019
(gegenüber dem Vorjahr)**

Quelle: OECD
© Statista 2017

2015   2016   2017   2018   2019

Nach: www.statista.com, 2017

M 4 ● Vom steilen Aufstieg zum abrupten Abstieg?

In Brasilien, wo Präsidenten nur ein Mal wiedergewählt werden dürfen, regiert die PT (Partido dos Trabalhadores, das bedeutet Arbeiterpartei) seit dem Jahr 2003 in einer
5 breiten Parteienkoalition. Somit stellt die Arbeiterpartei das Staatsoberhaupt zum vierten Mal in der Folge: Inácio Lula da Silva (an der Macht von 2003-2007 und 2007-2011) und Dilma Rousseff (regierte
10 von 2011-2015 und seit 2015). Zu den innenpolitischen Leistungen der Regierungen der PT gehört es, die Bekämpfung der Armut und die Reduzierung der sozialen Ungleichheit auf die Spitze der politischen
15 Agenda gesetzt und dabei spürbare Erfolge erzielt zu haben.
Sie haben zudem ein pluralistisches und inklusives Politik- und Gesellschaftsverständnis gepflegt, das der großen Vielfalt der
20 brasilianischen Bevölkerung im Sinne von Meinungen, Genderfragen oder kultureller Identität Rechnung trägt. Diese „progressive" Priorisierung erfolgte in einem relativ „konservativen" wirtschaftspolitischen wie
25 politisch-institutionellen Rahmen. Im Unterschied zu anderen Ländern der Region widerstand Brasilien der populistischen Versuchung, die Verfassung neu zu schreiben, die Pressefreiheit einzuschränken oder

Unternehmen zu verstaatlichen. Es fehlte 30 jedoch an den notwendigen strukturellen, politischen wie ökonomischen Reformen, um die sozialen Errungenschaften und das Wirtschaftswachstum nachhaltig zu sichern, den Staat zu modernisieren sowie die 35 Demokratie und den Rechtsstaat zu stärken. Vielmehr blieben Politik und Wirtschaft in ihrer ungerechten herkömmlichen Funktionslogik unverändert.
Darüber hinaus trägt das Zusammenspiel 40 weiterer Aspekte zur aktuellen krisenhaften Konjunktur bei:
Die Rohstoffpreise sinken, die Wirtschaft schrumpft, Inflation und Staatsdefizit steigen an. In dieser ökonomisch prekären Lage 45 nimmt die Unzufriedenheit der Bevölkerung zu.
Abnutzungs- und Ermüdungserscheinungen in der vierten aufeinanderfolgenden Amtszeit derselben Parteienkoalition unter 50 PT-Anführung machen sich bemerkbar.
Leichter zugängliche Informationen (aufgrund neuer technischer Möglichkeiten), zivilgesellschaftlicher Druck, eine aktivere Justiz sowie verletzte Loyalitäten (Geständ- 55 nisse bzw. Verrat von Beschuldigten) fördern zahlreiche Korruptionsfälle ans Tageslicht.

In diesem Kontext sinkt die Toleranz der
60 Bürger und Bürgerinnen gegenüber Korrup-
tionsskandalen. Mächtige Wirtschaftsak-
teure zeigen eine abnehmende Bereitschaft,
sich gegenüber der Regierung kooperativ zu
verhalten. Dabei schwindet die Kohäsion
65 zwischen den größten Koalitionspartnern.
Zugleich fungieren die Mainstream-Medien
des Landes als Resonanzkörper, der die
„Schluss damit!"-Stimmung massiv verstärkt.
70 Schließlich verschärfte die Ungeschicklich-
keit der Präsidentin Dilma Rousseff, mit
den ersten Anzeichen und später deutlichen
Symptomen der Krise umzugehen, diese
Konjunktur. Eine solche schädliche Wirkung hatte beispielsweise die Ernennung 75
ihres Vorgängers Luiz Inácio Lula da Silva
als Kabinettsmitglied. Die juristische Im-
munität, die das Amt verleiht, sollte ihn vor
den Ermittlungen im Kontext von Korrup-
tionsaffären schützen. 80

*Claudia Zilla: Brasilien in der Krise, www.bpb.de,
2.8.2016*

M 5 ● Mit sportlichen Großereignissen zum wirtschaftlichen Aufschwung?

Graffito des brasilianischen Streetart-Künstlers Paolo Ito an einer Schule in São Paulo und Logo der
Fußballweltmeisterschaft 2014. Brasilien war Ausrichter der FIFA-Fußball-WM 2014, 2016 fanden die
Olympischen Spiele in Rio de Janeiro statt. Die Austragung beider Großveranstaltungen stieß nicht nur in
Brasilien auf viel Kritik und wurde von Massenprotesten begleitet.

Aufgaben

❶ Nennen Sie erste Vermutungen über die wirtschaftliche und gesellschaftliche Entwicklung Brasiliens in den vergangenen zehn Jahren. (M 1)

❷ Analysieren Sie die wirtschaftliche und soziale Entwicklung Brasiliens seit der
Jahrtausendwende. (M 2)

❸ Werten Sie das Schaubild aus und vergleichen Sie die Entwicklung Brasiliens mit der
eines klassischen Industrielandes. (M 3)

❹ Untersuchen Sie die Ursachen der politischen und wirtschaftlichen Krise, die das Land
seit 2013 erschüttert. (M 4)

❺ Überprüfen Sie an einzelnen Maßnahmen bzw. politischen Entscheidungen, inwiefern
die brasilianische Entwicklung Vorbildcharakter für den wirtschaftlichen Aufstieg
anderer Länder haben könnte.

❻ Erörtern Sie die Chancen und Risiken, die sich durch die Ausrichtung von sportlichen
Großereignissen für ein Schwellenland ergeben können. (M 5)

Ⓗ zu Aufgabe 5
Recherchieren Sie
dazu im Brasilien-
Dossier der
Bundeszentrale für
politische Bildung:
*http://www.bpb.de/
internationales/
amerika/brasilien/*

3.2.2 Wachstum - auf wessen Kosten?

M 6 ● Brasilien – Mit Rohstoffen an die Weltmarktspitze

Das Ausgangsmaterial von Aluminium ist Bauxit. Dieses Erz wird meist großflächig im Tagebau gewonnen. Die Herstellung von Aluminium ist sehr energieintensiv, als Ne-
5 benprodukt fällt hochgiftiger Rotschlamm an. Die größten heute bekannten Bauxit-reserven lagern im Tropengürtel. Brasilien ist nach Australien und China weltweit der drittgrößte Förderer von Bauxit. Die größte
10 Bauxitmine, Porto Trombetas, liefert 70 Prozent der brasilianischen Gesamtproduk-tion und liegt mitten in unberührtem Ama-zonas Regenwald. Jährlich werden hier ca. 100 Hektar Wald für die seit 1979 existie-
15 rende Mine gerodet. Die Regenwaldabhol-zung hat weitere Gründe: Neben staatlich genehmigten Infrastrukturmaßnahmen wie Schneisen für Straßen, Stromtrassen oder Staudämme wird auf Privatbesitz oder in

Schutzzonen der Urwald sowohl für die 20 Holzgewinnung als auch zur Vergrößerung bestehender Weideflächen oder zur An-pflanzung von Monokulturen wie Soja, Zu-ckerrohr oder Baumwolle gerodet.

Autorentext

Bauxitmine in Porto Trombetas, Brasilien

M 7 ● Exporte aus Lateinamerika und ihre Abnehmer

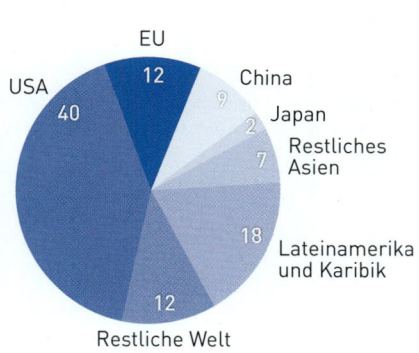

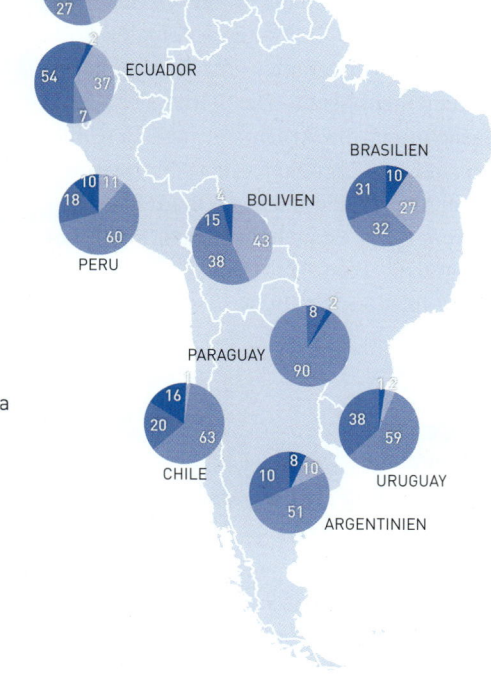

Nach: Atlas der Globalisierung, Berlin 2015, S. 36

Indigene Bevölkerungen

(von indigena „eingebo-ren") oder autochthone Bevölkerungen („ursprüngliche") sind diejenigen Bevölke-rungsgruppen, die Nachkommen einer Bevölkerung sind, die vor der Eroberung, Kolonisierung oder der Gründung eines Staates durch andere Völker in einem Gebiet lebten, und die sich bis heute als eigenständig verstehen. Sie haben zumeist eigene soziale, wirtschaftliche oder politische Einrichtungen und kulturelle Traditio-nen beibehalten.

Autorentext

M 8 ● Wachstum zu hohen Kosten

Extraktivismus

(lateinisch: extrahere – herausziehen); Eine Entwicklungsstrategie, die auf die Ausbeutung von Rohstoffen und Agrarland (Bergbau, Rohölförderung, extensive Land- und Forstwirtschaft) für den Export ausgerichtet ist. Als Neo-Extraktivismus wird das extraktive Wirtschaftsmodell einiger lateinamerikanischer Staaten (Brasilien, Bolivien, Ecuador, Venezuela) bezeichnet, das einen Teil der zusätzlichen Einnahmen in soziale Programme investiert.

Autorentext

Lateinamerikas Ökonomien boomen. Zwischen 2000 und 2010 wuchs das Bruttoinlandsprodukt (BIP) in Süd- und Mittelamerika durchschnittlich um jährlich 5 Prozent.
5 Da sich dieser Trend offenbar fortsetzt, bezeichnen Ökonomen das zweite Jahrzehnt des 21. Jahrhunderts bereits als „lateinamerikanische Dekade" der Weltwirtschaft. [...] Erklären lässt sich das robuste Wirtschaftswachstum mit dem allgemeinen Rohstoff-
10 boom, einer zunehmenden Integration der Region in den Weltmarkt sowie einem Anstieg des Binnenkonsums. [...]
Dieses Wachstumsmodell wird oft mit
15 Schlagworten wie „Rohstoffbonanza" beschrieben oder nüchterner als „(Neo-) Extraktivismus" bezeichnet, ein Wirtschaftsmodell, das von der Förderung mineralischer, energetischer, forstlicher und
20 agrarischer Rohstoffe lebt und über die erzielten Exporteinnahmen die Lebensbedingungen der breiten Bevölkerung zu verbessern sucht. [...]
Doch die Kopplung von Wirtschaftswachs-
25 tum und Rohstoffausbeutung erzeugt widersprüchliche Effekte und damit auch Konflikte – denn so kommen die Extraktionsökonomien aus ihrer alten kolonialen Rolle als Rohstofflieferanten für den globalen
30 Norden nicht heraus. Die Stätten der Naturausbeutung, die Arbeiter in den Bergwerken, auf den Plantagen und Ölfeldern sowie in den angeschlossenen Dienstleistungssektoren geraten mehr und mehr in die Ab-
35 hängigkeit vom Weltmarkt. [...] Die Armutszahlen sanken in der gesamten Region

bis 2011 auf den niedrigsten Stand seit 20 Jahren; im Durchschnitt leben heute ein Drittel der Bevölkerung [...] in Armut [...]. Gleichzeitig ist die soziale Ungleichheit ge- 40 messen an der Einkommensverteilung in der Mehrzahl der lateinamerikanischen Länder zwischen 2000 und 2011 zurückgegangen. Die Widersprüchlichkeit des rohstoffbasierten Wachstumsmodells besteht 45 darin, dass insbesondere die Regierungen trotz sozialpolitischer Erfolge durch den Ausverkauf der Naturreichtümer gegen die Interessen eines Teils ihrer eigenen politischen Basis handeln. Der gesellschaftliche 50 Widerstand wächst: In Bolivien oder Ecuador kommt es [...] vermehrt zu Protesten gegen den Abbau von Öl und Gas oder den Bau von Straßen in geschützten Gebieten. In den Andenländern, in Mittelamerika und 55 in dem sogenannten Cono Sur (Brasilien, Argentinien, Chile, Uruguay, Paraguay) wenden sich unterschiedliche indigene Organisationen und Kleinbauern gegen die wachsende Zerstörung ihrer ökologischen 60 Lebensgrundlage und verweisen darauf, dass die Regierungen ihre politischen und sozialen Rechte ignorieren. Dabei zeigen sich Tendenzen zur Aushöhlung der Demokratie [...]. Wenn es um die Nutzung von 65 Land, Wald und Bodenschätzen geht, werden politische Beteiligungsrechte indigener Bevölkerungsgruppen [...] missachtet.

Kristina Dietz: Lateinamerika: Wachstum und Naturausbeutung, in: Atlas der Globalisierung, Berlin 2015, S. 36f

Aufgaben

❶ Analysieren Sie die Exportstruktur der Länder Lateinamerikas und leiten Sie daraus mögliche Chancen und Risiken für die Volkswirtschaften der einzelnen Länder ab. (M 5, M 6)

❷ Erläutern Sie das Wachstumsmodell des „Neo-Extraktivismus", das neuerdings für die Erklärung des Wirtschaftswachstums in Lateinamerika gebraucht wird. (M 7)

❸ Diskutieren Sie die Vor- und Nachteile dieses Entwicklungsmodells. (M 7)

3.2.3 Die UNO als Akteur für Entwicklung

M 8 ● Armut beseitigt?

Karikatur: Gerhard Mester, Baaske Cartoons, Müllheim, 2015

Info

Millenniumsentwicklungsziele (MDG)

Im September 2000 kamen Staats- und Regierungschefs aus 189 Ländern zu dem bis dahin größten Gipfeltreffen der Vereinten Nationen in New York zusammen. Als Ergebnis des Treffens verabschiedeten sie die sogenannte Millenniums-erklärung. Diese Erklärung diente einer Arbeits-gruppe aus Vertretern der UNO, der Weltbank, der OECD und mehrerer Nichtregierungsorgani-sationen als Grundlage zur Entwicklung der acht Millenniumsentwicklungsziele (Millennium De-velopment Goals, MDGs). Die MDGs stellen einen bis dahin einmaligen weltweiten Konsens über globale Entwicklungsziele dar. Die internationale Gemeinschaft hatte sich zum Ziel gesetzt, die MDGs bis zum Jahr 2015 zu erreichen.

www.bmz.de (21.11.2017)

M 9 ● Wurden die Millenniumsziele erreicht?

Beispiellose Anstrengungen haben zu großen Erfolgen geführt

ZIEL 1: BESEITIGUNG DER EXTREMEN ARMUT UND DES HUNGERS

Rate der extremen Armut in den Entwicklungsländern

1990 47 %

2015 14 %

Weltweite Zahl der in extremer Armut lebenden Menschen

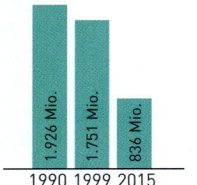

1.926 Mio. 1.751 Mio. 836 Mio.

1990 1999 2015

· Die extreme Armut ist in den letzten 20 Jahren deutlich zurückgegangen. 1990 lebte fast die Hälfte der Bevölkerung der Entwicklungsländer von weniger als 1,25 US-Dollar pro Tag. Dieser Anteil ist 2015 auf 14 Prozent gesunken.

· Weltweit fiel die Zahl der in extremer Armut lebenden Menschen zwischen 1990 und 2015 um mehr als die Hälfte von 1,9 Milliarden auf 836 Millionen. Die größten Fortschritte stellten sich seit 2000 ein.

· Die Zahl der Erwerbstätigen, die der Mittelschicht angehören - d.h. die von mehr als 4 Dollar pro Tag leben -, hat sich von 1991 bis 2015 fast verdreifacht. Diese Gruppe macht heute in den Entwicklungsregionen fast die Hälfte der Erwerbsbevölkerung aus, gegenüber 18 Prozent im Jahr 1991.

· Der Anteil unterernährter Menschen in den Entwicklungsregionen ist seit 1990 um beinahe die Hälfte zurückgegangen, von 23,3 Prozent in den Jahren 1990-1992 auf 12,9 Prozent in den Jahren 2014-2016.

Nach: Vereinte Nationen, Millenniums-Entwicklungsziele, Bericht 2015, S. 4

Ein Gespräch mit dem Philosophen und Yale-Professor Thomas Pogge.

SZ: [...] Wurden die [Milleniumsziele] Ziele erreicht?

5 **Thomas Pogge:** Die Formulierung der Ziele hat gebracht, dass man in der Öffentlichkeit über extreme Armut in Afrika oder die Dringlichkeit von Malarianetzen gesprochen hat. Insofern sind sie ein Erfolg. [...]

10 Dass wir dann aber alle beruhigt werden mit falschen Zahlen, ist ein Skandal.

Falsche Zahlen? Nehmen wir die Statistiken über hungerleidende Menschen.

Gutes Beispiel. Die Zahl der Hungernden
15 stieg seit 1996 kontinuierlich an, bis die Milliardengrenze erreicht wurde: 2009 galten eine Milliarde Menschen als chronisch unterernährt. Kurz darauf hat die Ernährungs- und Landwirtschaftsorganisation
20 der UNO (FAO) ihre Methodologie verändert und verkündet, die Zahl habe schon 1990 über der Milliardengrenze gelegen und sei seitdem ständig gesunken, aktuell auf 870 Millionen. Natürlich gibt es verschiedene
25 Methoden, wie man Hunger messen kann, aber man sollte sie in einem Erhebungszeitraum nicht rückwirkend verändern. Zudem hat man eine neue Definition formuliert. Als hungerleidend galt nur, wer ein Jahr

30 lang nicht über eine gewisse Kalorienmenge kommt, die für den Lebensstil eines sitzenden Menschen berechnet wurde, was Unsinn ist. Viele Menschen haben vielleicht genügend Kalorien, aber nicht genug Vita-
35 mine oder Mineralstoffe. Und wieso ein Jahr? Bei Kleinkindern richtet Unterernährung schon nach wenigen Wochen bleibende Hirnschäden an. [...]

Dann ist die Zahl der Armen nicht gesunken, obwohl das alle behaupten? 40
Doch. Aber die Frage ist, um wieviel, und ob diese Zahl ohne Millenniumsziele nicht ähnlich gesunken wäre - durch das globale Wirtschaftswachstum, von dem auch die Armen profitieren. Sie würden allerdings 45
noch mehr profitieren, wenn sie an diesem Wachstum proportional beteiligt wären, was nicht der Fall ist. Es gibt also nichts zu feiern, im Gegenteil. [...]

Wie lautet die Definition von Armut? 50
Laut Weltbank lebt ein Mensch in extremer Armut, wenn er im Monat über weniger als 38 - oder pro Tag 1,25 - Dollar verfügt. Doch diese Festlegung wird dem komplexen Thema nicht gerecht und hat verhee- 55
rende Folgen. [...]

Wenn eine Regierung sich damit brüsten möchte, etwas gegen die Armut zu tun, dann konzentriert sie sich auf die Menschen, die knapp unter diesen 1,25 Dollar 60
liegen, weil es weniger braucht, sie aus der Armen-Statistik zu tilgen. Die Ärmsten der Armen, die gar nichts haben, lässt sie links liegen. Zweitens: Der Betrag von 1,25 Dollar wird für jedes Land per Kaufkraftparität 65
berechnet, ein Faktor, der ausgleichen soll, dass man in Entwicklungsländern für dasselbe Geld mehr kaufen kann als in den USA. Aber auch da läuft einiges schief, weil bei der Berechnung dieses Faktors die Prei- 70
se aller möglichen Waren und Dienstleistungen berücksichtigt werden, die für Arme völlig irrelevant sind. [...]

Wie müsste man Armut Ihrer Meinung nach messen? 75
[...] haben [...] 15 Dimensionen abgeleitet:

Fehlender Zugang zu Nahrung etwa, zu Gesundheitsvorsorge, Kleidung, Wasser, sanitären Anlagen und auch fehlender Schutz
80 vor Gewalt. Der differenziertere Blick ermöglicht effektivere Maßnahmen, [...] . Eine Zahl wie diese 1,25 Dollar sagt wenig aus. Dazu kommt: Die Weltbank wirft die Mitglieder jedes Haushalts in einen Topf -
85 entweder gelten sie alle als arm oder keiner.

Dabei gibt es innerhalb von Familien Unterschiede. Denken Sie an muslimische Gemeinschaften, in denen die Jungen die Schule besuchen und am Abend bekocht werden, während Mädchen zu Hause blei- 90 ben und sich von Resten ernähren.

Interview: Sacha Batthyany, www.sueddeutsche.de, 27.9.2015

M 10 ● Von den Millenniums-Zielen zur nachhaltigen Entwicklungspolitik

Die Agenda [2030 für nachhaltige Entwicklung] schafft die Grundlage dafür, weltweiten wirtschaftlichen Fortschritt im Einklang mit sozialer Gerechtigkeit und im Rahmen
5 der ökologischen Grenzen der Erde zu gestalten. Die Agenda 2030 wurde im September 2015 auf einem Gipfel der Vereinten Nationen von allen Mitgliedsstaaten verabschiedet. [...] Die Agenda 2030 gilt für alle
10 Staaten dieser Welt. Entwicklungsländer, Schwellenländer und Industriestaaten: Alle müssen ihren Beitrag leisten. Das Kernstück der Agenda bildet ein ehrgeiziger Katalog mit 17 Zielen für nachhaltige Entwicklung
15 (Sustainable Development Goals, SDGs). Die 17 SDGs berücksichtigen erstmals alle drei Dimensionen der Nachhaltigkeit – Soziales, Umwelt, Wirtschaft – gleichermaßen. Die 17 Ziele sind unteilbar und bedingen
20 einander. Ihnen sind fünf Kernbotschaften als handlungsleitende Prinzipien vorangestellt: Mensch, Planet, Wohlstand, Frieden und Partnerschaft. Im Englischen spricht man von den „5 Ps": People, Planet, Prosperity, Peace, Partnership. 25

Bundesministerium für wirtschaftliche Zusammenarbeit und Entwicklung (BMZ): Die Agenda 2030 für Nachhaltige Entwicklung, www.bmz.de, Abruf am 21.4.2017

M 11 ● Auf ein Neues?

Karikatur: Timo Essner, 2015

🄷 zu Aufgabe 3
Wo ergeben sich Zielkonflikte?

🄷 zu Aufgabe 3
Recherchieren Sie dazu die Positionen der staatlichen bzw. überstaatlichen Organisationen (z.B. UNO, BMZ) und die Positionen der Nichtregierungsorganisationen (z.B. SOS Kinderdörfer weltweit, Brot für die Welt usw.)

Aufgaben

1 Interpretieren Sie die Karikatur. (M 8)

2 a) Analysieren Sie, wie die Vereinten Nationen und Prof. Pogge das Erreichen der Millenniumsziele bewerten. (M 9)

  b) Recherchieren Sie arbeitsteilig, ob die übrigen sieben Ziele erreicht wurden. Präsentieren Sie Ihre Ergebnisse.

3 Setzen Sie die neuen „SDGs" in Beziehung zum Wachstumsmodel des Neo-Extraktivismus in Lateinamerika und erläutern Sie die Chance, diese Ziele zu erreichen. (M 10)

4 Diskutieren Sie unter Einbezug der Karikatur M 11, ob es überhaupt sinnvoll ist, Entwicklungsziele zu formulieren.

ORIENTIERUNGSWISSEN

Was ist Entwicklung?

Diese Frage lässt sich nicht universell beantworten, da in den Begriff individuelle, aber auch gesellschaftliche Wertvorstellungen einfließen. Der Begriff kann, je nach politischer Grundhaltung, sehr **unterschiedlich interpretiert** werden.

Entwicklungs-länder
Kap. 3.1,
M 1 – M 7

Lange Zeit hat man die Welt in **Entwicklungsländer** und Industrieländer unterteilt. Entwicklungsländer galten als „unterentwickelt", Maßstab waren der Lebensstandard bzw. das Wirtschafts- und Konsummodell in Westeuropa und Nordamerika, die als erstrebenswert für alle Gesellschaften weltweit angesehen wurden. Heutzutage sieht man dieses Entwicklungskonzept deutlich kritischer, weil es andere Gesellschaften als rückständig definiert. Trotz aller definitorischer Schwierigkeiten fasst man unter dem Begriff Länder zusammen, deren Bevölkerung **mehrheitlich in absoluter und z.T. auch relativer Armut lebt**. Die Gesundheitsversorgung ist in der Regel nicht ausreichend, was zu **hoher Kindersterblichkeit** und **geringer Lebenserwartung** führt. Darüber hinaus weisen diese Länder **hohe Analphabeten- und Arbeitslosenquoten** auf. Dennoch sind viele der Länder reich an wertvollen Rohstoffe, von deren Export aber nur eine kleine Minderheit profitiert. Über die Ursachen der Entwicklungsdefizite gibt es viele Theorien.

Schwellenländer
Kap. 3.2, M 1 – M 7

Ob die wirtschaftliche Entwicklung der großen **Schwellenländer (BRICS)** ein Vorbild für die Entwicklungsländer sein kann, ist umstritten, da das wirtschaftliche Wachstum vielfach auf Kosten der Umwelt ging. Ein Beispiel dafür ist Brasilien, wo nach einem rasanten wirtschaftlichen Aufschwung Mangel- und Unterernährung praktisch zwar nicht mehr vorkommen, aber an den Regenwäldern des Amazonas ständiger Raubbau betrieben wird.

Nachhaltige Entwicklung
Kap. 3.2,
M 8 – M 11

Seit der Jahrtausendwende gelten eigentlich **alle UN-Mitgliedsstaaten als „Entwicklungsländer"**, weil sie sich mit den zunächst **acht „Millenniumszielen"** und seit 2015 mit den **17 „Substainable Development Goals" (SDGs) (Agenda 2030)** verpflichtet haben, die Armut weltweit drastisch zu reduzieren und Ziele wie die Achtung der menschlichen Würde, Gleichberechtigung, Demokratie, ökologische Nachhaltigkeit und Frieden zu verwirklichen. Während die Regierungen die Verabschiedung der gemeinsamen Ziele als großen Fortschritt bezeichnen, kritisieren viele Nichtregierungsorganisationen, dass die SDGs freiwillige Vereinbarungen und völkerrechtlich nicht bindend seien und es nach wie vor an der Bereitschaft vieler Länder des Nordens mangele, das vereinbarte Ziel, 0,7% vom Bruttonationaleinkommen in die Entwicklungshilfe zu investieren, umzusetzen. Sie fordern deshalb eine globale Umverteilung und die Transformation des Weltwirtschaftssystems.

Ein Marshallplan für Afrika?

Eine nachhaltigere Lösung [ist] eine Art Marshallplan, wie ihn EU-Parlamentspräsident Antonio Tajani und Bundesentwicklungsminister Gerd Müller wieder ins Ge-
5 spräch bringen.
Es reicht allerdings nicht, einige Milliarden Euro in gutgemeinte Projekte zu investieren. Für einen Marshallplan, von dem Afrika wirklich profitieren kann, muss unsere
10 eigene Politik gegenüber den afrikanischen Staaten grundlegend überdacht werden.
Die Geschichte der Entwicklungshilfe hat gelehrt, dass allein mit Geld oder anderen Geschenken keine nachhaltige Entwicklung
15 zu erreichen ist. Deshalb ist es richtig, wenn Parlamentspräsident Tajani von einer Ausbildungsoffensive spricht. Wenn er fordert, die Landwirtschaft in Afrika zu modernisieren und Joint-Ventures mit europäischen
20 Unternehmen anregt. Hilfe zur Selbsthilfe braucht es – und diese Erkenntnis ist keine Neue.
Auch Bundesentwicklungsminister Gerd Müller, der gerade in Afrika unterwegs ist,
25 hat das erkannt. Er spricht nicht nur von Ausbildung, sondern auch von einer Wertschöpfungskette in Afrika. Was nützen gut ausgebildete Fachkräfte, die am Ende abwandern, weil es in ihrer Heimat gar keine
30 entsprechende Industrie gibt? Rohstoffe, seien es landwirtschaftliche Produkte oder Bodenschätze, sollten vor Ort weiterverarbeitet werden. Nur so kann ein größerer Teil der Gewinne, die mit dem Export erzielt
35 werden, auch in den Ländern selbst verbleiben.
Dafür muss aber die gesamte EU ihre Wirtschaftspolitik gegenüber Afrika ändern. Denn was mit viel Mühe und Entwicklungs-
40 hilfe gerade aufgebaut wird, reißt die EU andernorts durch ihre Handelsabkommen wieder ein. Die sogenannten Economic Partnership Agreements, die die EU versucht den Ländern Afrikas aufzuzwingen, sehen vor, dass europäische Unternehmen 45 leichten Zugang zu afrikanischen Rohstoffe erhalten. Die werden billig exportiert und bei uns zu teuren Produkten veredelt.
Die gleichen Abkommen sehen vor, dass afrikanische Staaten ihre Märkte für euro- 50 päische Produkte öffnen sollen. Damit überschwemmt die hochsubventionierte EU-Landwirtschaft den nicht konkurrenzfähigen afrikanischen Markt mit ihren Billigprodukten und zerstört wirtschaftliche 55 Existenzen.
Es braucht mehr Wertschöpfung in Afrika. Das hieße aber auch: Weniger Wertschöpfung bei uns. Fertig gerösteter und gemahlener Kaffee aus Afrika kostet bei uns 60 Arbeitsplätze. Ein Maschinenbau-Unternehmen in Afrika mehr gleich weniger Aufträge für deutsche Firmen. Diesen unpopulären Schluss öffentlich zu ziehen, haben Müller und Tajani aber vermieden. 65
Denn am Ende bleibt die Frage: Wie viel sind wir Europäer bereit, von dem bei uns angesammelten Wohlstand abzugeben?

Thomas Otto: Wie viel sind wir bereit abzugeben? www. deutschlandfunk.de, 27.2.2017

MARSHALLPLAN
MIT AFRIKA

Aufgaben

1 Arbeiten Sie aus dem Text heraus, wie der Marshallplan für Afrika aussehen soll.

2 Erläutern Sie seine mögliche Wirkung vor dem Hintergrund der jetzigen Exportstrukturen der meisten Länder Afrikas.

3 Diskutieren Sie die Frage, die der Autor am Ende seines Textes stellt.

Herausforderung: transnationale Demokratie

Heute kann sich regieren nicht mehr nur auf den eigenen Staat beschränken, denn in mindestens drei großen Regelungsbereichen finden „Entgrenzungen" statt: Auf welchem Weg sollte erstens eine globale Waren-, Dienstleistungs- und Finanzwirtschaft geregelt werden? Ein Staat alleine kann aufgrund der internationalen Arbeitsteilung keinesfalls z. B. internationale Arbeits- oder Produktstandards festlegen. Auf welchem Weg sollte allein national den grenzüberschreitenden Sicherheitsproblemen wie Cyberkriminalität, Terrorismus, aber auch der Verbreitung von Massenkrankheiten wirksam entgegengetreten werden? Und auf welche Weise könnte ein Staat alleine die globalen Umweltprobleme wie die Erderhitzung oder den drastischen Rückgang der Artenvielfalt effektiv bekämpfen? Zunächst rekapitulieren Sie die weltweiten Problembereiche, bevor sie sich am Beispiel den Kampfes gegen HIV/AIDS eine erste Struktur von Global Governance („Regieren ohne Regierung") erschließen. Überdies können Sie diskutieren, ob nicht informelle „Globale Clubs" wie die G20 besser geeignet wären, effektive Maßnahmen zur Problemlösung zu vereinbaren (Kap. 4.1).

Ob die bisherige globale „Problembearbeitungsarchitektur" als demokratisch zu bezeichnen ist, beurteilen Sie in Kapitel 4.2. Dazu können Sie auch vergleichend auf einen Zukunftsentwurf für ein weltweites Institutionensystem blicken. Darüber hinaus können Sie sich mit der Frage auseinandersetzen, ob die Menschenrechte (in einem solchen globalen Gefüge) allgemeingültigen Charakter haben oder ob sie ein Konzept rein westlicher Denktradition sind, das vor dem Hintergrund unterschiedlicher Kulturen zu relativieren ist.

KOMPETENZEN

Am Ende dieses Kapitels sollten Sie Folgendes wissen und können:

... nur global zu bearbeitende politische Probleme und grundlegende (institutionelle) Problemlösestrategien (insbesondere Global Governance) beschreiben.

... die Rolle transnational agierender Akteure (z. B. Staaten, internationale Organisationen, informelle Staatenbünde, Nichtregierungsorganisationen) erläutern.

... den Grad der Demokratisierung bestehender und vorgeschlagener transnationaler Regierungsformen überprüfen.

... die Effektivität der Problemlösung solcher Regierungsformen beurteilen.

Was wissen und können Sie schon?

1 Beschreiben Sie die Abbildung.

2 Leiten Sie aus der Beschreibung politische Probleme ab, die nur staatenübergreifend bzw. global bearbeitet werden können.

4.1   Wer regiert die heutige Welt?

Basiskonzepte	Kategorien	Leitfragen
System und Struktur	Politische Herrschaft und Ordnung	· Welche Bedeutung haben Nationalstaaten, internationale Organisationen und Global Governance-Elemente bei der Bearbeitung transnationaler Probleme?
Prozesse und Handeln	Politische Gestaltung und Legitimation	· Wie demokratisch und effektiv ist weltweites „Regieren ohne Regierung"?

4.1.1   (Warum) Reichen nationale Demokratien nicht mehr aus?

M 1 ● Entgrenzungen als Phänomene der postnationalen Konstellation

postnationale Konstellation

Entkoppelung der Bereiche Politik, Wirtschaft und Gesellschaft unter den Bedingungen von Globalisierung, die zu einer (deutlichen) Verringerung der (national)staatlichen Steuerungsfähigkeit führt; Begriff geprägt von dem deutschen Philosophen Jürgen Habermas

Entgrenzung der Wirtschaft

· extreme Ausweitung des internationalen Handels und der Kapitalströme
· extreme Ausweitung der internationalen Arbeitsteilung: Verlagerung von Produktionsstätten und Anbietern von Dienstleistungen
· Entwicklung zu Wettbewerbsstaaten: Volkswirtschaften im Wettbewerb als Wirtschaftsstandorte (z. B. Wettbewerb um Senkung von Unternehmenssteuern, Fachkräfte...)

Entgrenzung der Sicherheitsprobleme

· Verbreitung von Massenvernichtungswaffen
· Bedrohung durch transnationalen Terrorismus
· Gefahr grenzüberschreitender Krankheiten
· Cyberkriminalität
· Fluchtbewegungen aufgrund von (Bürger-)Kriegen und (klimabedingten) Versorgungsproblemen

Entgrenzung der Umweltprobleme

· Klimaerhitzung durch Schadstoffausstoß v. a. der Industriestaaten
· Bedrohung der Ozonschicht
· Ausdünnung der biologischen Vielfalt (Biodiversität) aufgrund der Vernichtung von Lebensräumen

Nach: Jürgen Neyer, Globale Demokratie. Eine zeitgemäße Einführung in die internationalen Beziehungen. Baden-Baden 2013, S. 68f

M 2 ● Wirtschaftliche Liberalisierung und politische Partizipation – ein Spannungsverhältnis?!

Es ist [...] der nationalen Demokratie abträglich, wenn die sozialen Unterschiede in einer Gesellschaft zu groß werden. Demokratie lebt nicht nur von gesellschaftlicher
5 Teilhabe an der Politik, sondern auch von einer gemeinsam erfahrenen Lebenswirklichkeit und einem geteilten öffentlichen Raum. Es hat zwar schon immer Reiche und Arme gegeben. Eines der wichtigsten Ver-
10 sprechen der Nachkriegszeit hat aber gerade darin bestanden, dass die Unterschiede zwischen Reich und Arm nicht zu groß werden. Unter dem Druck globaler Marktkräfte steigen heute die Löhne hochqualifizierter Arbeitnehmer und sinken diejenigen nied- 15 rig qualifizierter. Es gibt damit eine Vergrößerung der Einkommensunterschiede zwischen den Hoch- und den Niedrigqualifizierten. Gleichzeitig geht die Fähigkeit des Staates, sozialen Zusammenhalt durch Um- 20 verteilung zu gestalten, eher zurück. [...] Aus einer demokratieanalytischen Perspek-

tive lassen sich diese Defizite gut nachvollziehen. In der globalen Handelspolitik besteht mit der WTO zwar eine potentiell handlungsmächtige Institution, doch ist diese auf die Beförderung von Liberalisierung festgelegt und kennt keine Instrumente und Normen für eine vergleichbare globale Sozialpolitik. [...] [N]och sehr viel unbefriedigender ist die politische Verfasstheit des globalen Kapitalmarktes. Diese basiert auf einer strikt dezentralen Regelungslogik, bei der jeder Nationalstaat souverän in der Bestimmung des jeweiligen Liberalisierungsgrades ist. [...]. Weder gibt es eine globale Koordinierungsinstanz für die nationalen Kapitalmarktpolitiken noch gar eine Institution, die darauf abzielte, ein optimales Regulierungsniveau für die Weltwirtschaft insgesamt zu bestimmen. [...]
Auch aus partizipationsanalytischer Sicht kann die weltwirtschaftliche Ordnung nicht befriedigen. Weder der Übergang vom GATT zur WTO noch die Liberalisierung der nationalen Kapitalmärkte waren das Ergebnis inklusiver Beratungen sowohl zwischen Nord und Süd als auch zwischen Regierungen und Gesellschaften. Die Gründung der WTO stellt einen geradezu idealtypischen Fall für internationale Machtpolitik und die Vernachlässigung der Anliegen eines weiten Teiles der Menschheit dar. [...] Die wesentlichen Entscheidungen, die letztlich zur Liberalisierung des globalen Finanzmarktes geführt haben, wurden in den USA und Großbritannien und damit unter Missachtung der Interessen des Restes der Welt getroffen. Es handelte sich hier um einen hochgradig exklusiven Prozess, der die Entscheidungen weniger zum Maßstab für das Verhalten Vieler machte. [...]

In Bezug auf die Entscheidung zur Liberalisierung des globalen Kapitalmarktes lässt sich aus nahe liegenden Gründen noch nicht einmal von einer (schwachen) parlamentarischen Kontrolle sprechen. Zwar waren die Entscheidungen der US- und der britischen Regierung direkt an den nationalen demokratischen Diskurs angebunden und damit direkter Ausdruck der demokratischen Selbstbestimmung sowie der jeweiligen innerstaatlichen Kontrollverfahren. Gleichzeitig aber lässt der Umstand, dass der Rest der Welt keinerlei Mitsprache- und Kontrollrechte hatte, diese innerstaatliche demokratische Einbettung sehr schnell ihre legitimatorische Relevanz verlieren. Eine globale Struktur der institutionalisierten „checks and balances" oder der rechtsstaatlichen Kontrollmechanismen findet sich daher in der globalen Kapitalmarktpolitik nicht einmal in Ansätzen.
Die weltwirtschaftliche Ordnung ist zudem auf Strukturen aufgebaut, die eine qualitative Weiterentwicklung im Hinblick auf mehr sozialen Ausgleich eher unwahrscheinlich machen. Jede derartige Fortentwicklung der WTO und des globalen Kapitalmarktregimes erfordern die explizite Zustimmung aller Vertragsparteien der WTO und – im Fall des globalen Kapitalregimes – aller weltwirtschaftlich relevanten Staaten. Grundlegende institutionelle Innovationen sind daher oftmals ein außerordentlich mühseliger Prozess, dessen Länge in direktem Bezug zu ihrer Relevanz und zur Anzahl der involvierten Parteien steht.

Jürgen Neyer, Globale Demokratie. Eine zeitgemäße Einführung in die internationalen Beziehungen. Baden-Baden 2013, S. 91–93

→ zur WTO vgl. Kap. 2.3.2

Ⓗ **zu Aufgabe 1 b**
Bedenken Sie, auf welchen Ebenen zurzeit verbindliches Recht beschlossen und effektiv durchgesetzt wird.

Ⓕ **zu Aufgabe 2**
Entwerfen Sie einen Grundgedanken, wie eines der grenzüberschreitenden Probleme effektiv und partizipationsorientiert bearbeitet werden könnte.

Aufgaben

❶ a) Erläutern Sie die „Entgrenzungen", die Ihnen bereits in den Nachrichten etc. begegnet sind, an selbst gewählten Beispielen. (M 1)

🖵 b) Setzen Sie die Charakteristik dieser „Entgrenzungen" in Beziehung zu den Ihnen bekannten politischen Entscheidungsebenen und –verfahren. (M 1)

❷ Skizzieren Sie die von Neyer dargelegte Problematik von globaler wirtschaftlicher Liberalisierung und politischer Partizipation. (M 2)

4.1.2 Global Health Governance – Lösung weltweiter Gesundheitsprobleme?

M 3 ● AIDS als weltweites Problem

a)

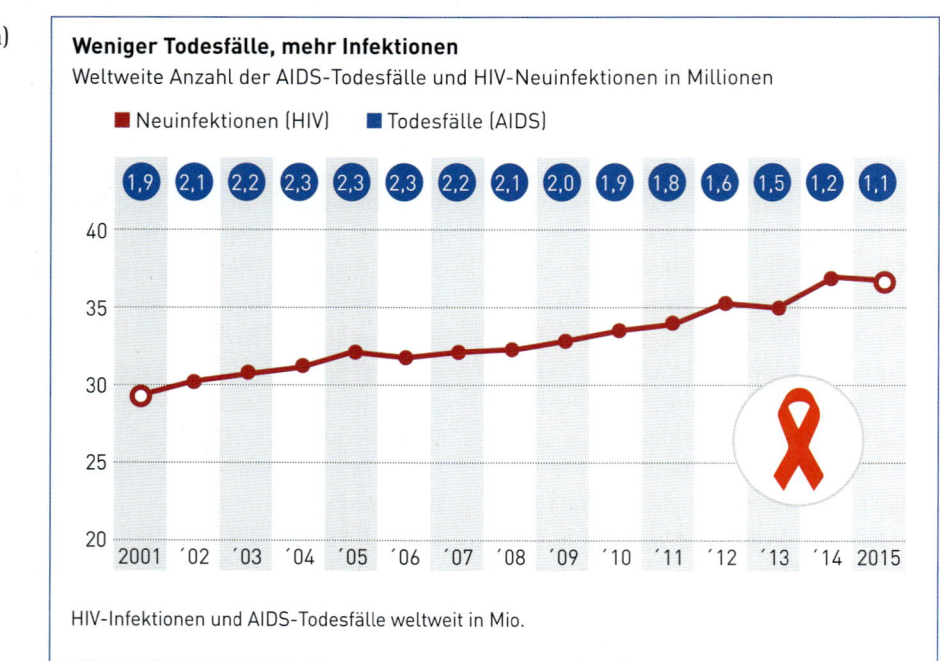

Weniger Todesfälle, mehr Infektionen

Weltweite Anzahl der AIDS-Todesfälle und HIV-Neuinfektionen in Millionen

■ Neuinfektionen (HIV)   ■ Todesfälle (AIDS)

HIV-Infektionen und AIDS-Todesfälle weltweit in Mio.

Zahlen nach: www.statista.com

Info

HIV/AIDS

Unbehandelt verläuft die Infektion ziemlich charakteristisch. Zunächst kann es zwischen einer und sechs Wochen nach Übertragung des Virus zu grippeähnlichen Beschwerden mit Fieber, Hals- und Gliederschmerzen sowie Lymphknotenschwellungen kommen. Dies betrifft zwischen 40 und 90 Prozent der Infizierten und wird als akute HIV-Krankheit bezeichnet. Anschließend folgt eine Phase von mehreren Jahren, in der sich das Virus im Körper vermehrt und nach und nach Immunzellen zerstört. In dieser Periode haben die Patienten außer eventuellen Lymphknotenschwellungen keine Beschwerden, deswegen spricht man hier von einer [...] Latenzphase. Die Dauer dieser Phase ist von Mensch zu Mensch sehr unterschiedlich, beträgt aber im Mittel um die zehn Jahre. Schreitet die Zerstörung der Immunzellen weiter fort, tritt die Erkrankung in ihr letztes Stadium ein und schreitet zum Vollbild AIDS fort, das durch bestimmte Infektionskrankheiten und bösartige Tumoren charakterisiert ist. Unbehandelt führt dies unweigerlich nach einer individuell unterschiedlichen Zeitspanne zum Tod.

Übertragen wird die Infektion von Mensch zu Mensch durch Blut und andere Körperflüssigkeiten wie Sperma, Scheidenflüssigkeit, die Schleimschicht der Darmschleimhaut oder Muttermilch. An erster Stelle steht hierbei der ungeschützte Sexualverkehr mit einem infizierten Partner.

Nach: Prof. Dr. J. Rockstich, www.docmed.tv.vitanet. de, 11.12.2016

b) Neuinfektionen und Todesfälle nach Regionen ● HIV-Neuinfektionen ● Aids-Todesfälle

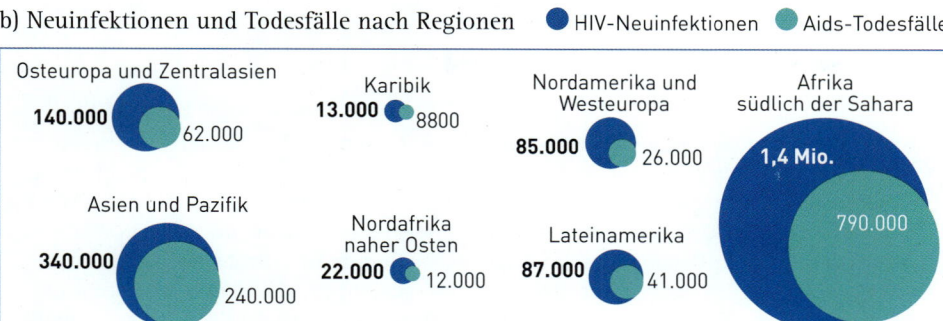

Osteuropa und Zentralasien
140.000 62.000

Karibik
13.000 8800

Nordamerika und Westeuropa
85.000 26.000

Afrika südlich der Sahara
1,4 Mio.
790.000

Asien und Pazifik
340.000 240.000

Nordafrika naher Osten
22.000 12.000

Lateinamerika
87.000 41.000

Nach: www.welt.de, 11.12.2016

c) HIV-Infektionsquote nach Weltregionen

Region	Anteil der Bevölkerung mit HIV-Infektion in %
Westpazifik	0,1
Östliches Mittelmeer	0,1
Süd-Ost-Asien	0,3
Europa	0,4
Amerika	0,5
Afrika	4,5

Personen zwischen 15 und 49 Jahren (Stand: 2013)

Zahlen nach: Prof. Dr. J. Rockstich, www.docmed. tv.vitanet.de, 11.12.2016

⑤ The Global Fund

Logo des Global Fund

M 4 ● Wie hilft der „Global Fund"?

Der „Global Fund to Fight AIDS, Tuberculosis and Malaria" (Global Fund) wurde 2002 gegründet, um in Staaten, deren Gesundheitssysteme mit der Vorsorge (Prä-
5 vention) und der Behandlung der drei genannten Krankheiten überfordert sind, finanziell, technologisch und administrativ zu unterstützen. Die Lösung des „Global Fund" von der Weltgesundheitsorganisati-
10 on ist begründet durch seine größere Flexibilität als Stiftung. Es wurden bisher Programme in ca. 140 Staaten durchgeführt bzw. unterstützt – meist Entwicklungsländer, aber auch Staaten wie Mexiko
15 oder Russland. Mit der Projektplanung und -durchführung werden sogenannte Lan-

deskoordinierungsgremien (Country Coordinating Mechanism, CCM) beauftragt, in der alle beteiligten Gruppen vor Ort zusammen arbeiten. 20
Insgesamt stelle der „Global Fund" ein Viertel aller weltweiten Mittel zur Bekämpfung von AIDS zur Verfügung, zwei Drittel aller Mittel zur Bekämpfung von Tuberkulose und sogar drei Viertel aller Mittel zum 25 Zurückdrängen von Malaria (Stand 2014). Die Gesamtinvestitionen in die Krankheitsbekämpfung beliefen sich bis Ende 2016 auf ca. 32,3 Milliarden US-Dollar, davon ca. 16,9 Milliarden für HIV/AIDS. 30

Autorentext

Problem, politisches

Ein politisches Problem weist vier Definitionselemente auf:
· Mindestmaß **gesellschaftlicher Relevanz** im Gegensatz zum privaten oder betrieblichen Problem
· Mindestmaß **existenzieller Betroffenheit** (nicht unbedingt Existenzbedrohung) einer Bevölkerungsgruppe
· **Dringlichkeit** der Problemlösung
· **Problemlösungsvorschläge divergieren** je nach politischer Einstellung (im Unterschied z. B. zu einem technischen Problem)

M 5 ● Erfolge in der AIDS-Bekämpfung?

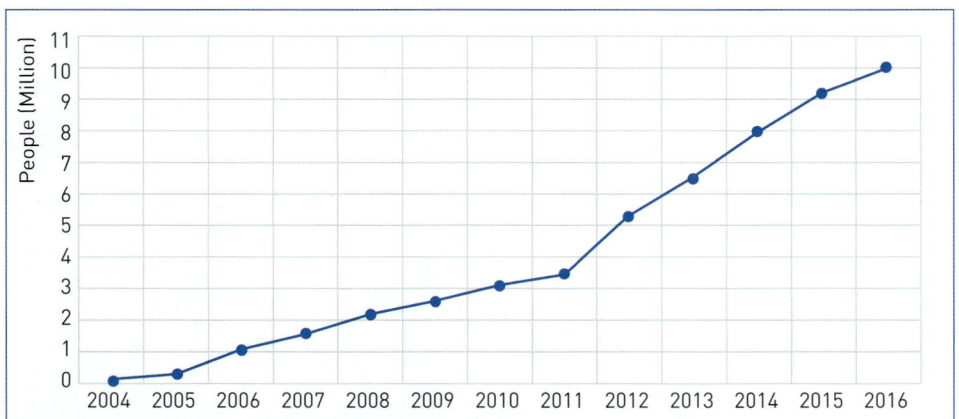

Zahl der Personen, die eine Therapie gegen die Entstehung von HI-Retroviren erhalten

Nach: www.theglobalfund.org, 16.12.2016

Info

Weltgesundheitsorganisation (WHO)

Die Weltgesundheitsorganisation (World Health Organization, WHO) mit Sitz in Genf wurde 1948 gegründet und ist eine Sonderorganisation der UNO mit der Aufgabe, das weltweite öffentliche Gesundheitswesen zu koordinieren. Das Ziel der WHO ist es dabei, allen Völkern die bestmöglichen Gesundheitschancen zu verschaffen. Dabei soll die WHO vor allem gegen übertragbare Krankheiten wie AIDS oder Malaria vorgehen, aber genauso Prävention gegen Gesund-

heitsrisiken wie Rauchen oder Übergewicht betreiben und weltweite Impfprogramme initiieren. Zurzeit (Stand 2017) hat die WHO 194 Mitgliedsstaaten, die durch ihre jährlichen Beiträge ihre Arbeit finanzieren. Kritiker bemängeln allerdings eine chronische Unterfinanzierung der WHO, die die Organisation dazu zwinge, Spenden u. a. aus der Pharmaindustrie anzunehmen und dadurch ihre Neutralität zu gefährden.
Autorentext

M 6 ● Wie ist der „Global Fund" organisiert?

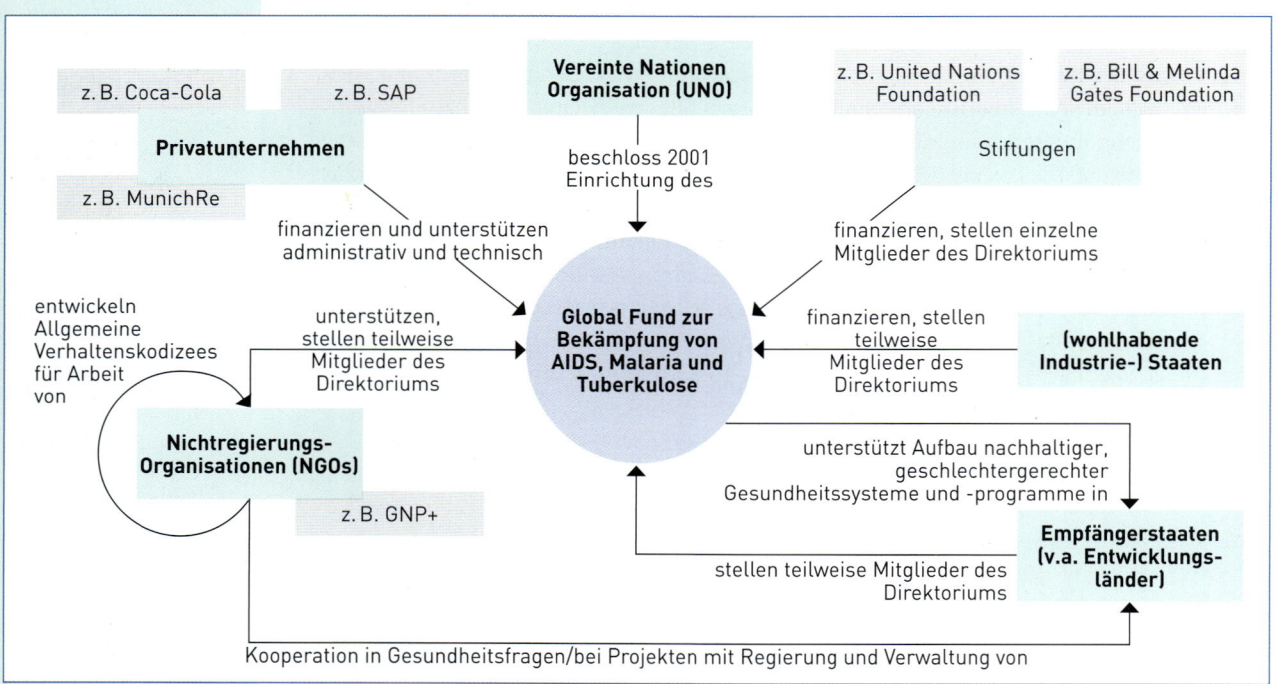

Autorengrafik

Aufgaben

„Krankheiten sind schon immer ein Phänomen gewesen, das an territorialen Grenzen nicht halt macht."
(Wolfgang Hein)

1 a) Analysieren Sie die Statistiken zu HIV-Infektionen. (M 3)
   b) Erläutern Sie – ausgehend von der Aussage W. Heins –, warum es sich bei HIV/AIDS um ein weltweites politisches Problem handelt. (M 3, M 4, Info, Rand)
2 Beurteilen Sie die Erfolge des „Global Fund" im weltweiten Kampf gegen HIV/AIDS. (M 5, M 6)
3 Charakterisieren Sie die (organisatorischen) Besonderheiten des „Global Fund" bei der HIV/AIDS-Bekämpfung – auch in Abgrenzung zur Weltgesundheitsorganisation. (M 6, Info)

4.1.3 Global Governance – notwendige Lösungschance für globale Probleme?

M 7 ● Was ist Global Governance?

Das analytische Konzept der Governance verweist zum einen darauf, dass die autoritative Regelung gesellschaftlicher Problemlagen nicht zwingend an Staaten gebunden ist. Neben der governance by government kann es auch governance without government (Selbstauferlegung von Normen und Regeln durch gesellschaftliche Akteure) und governance with governments (Verpflichtung von Staaten im Umgang miteinander auf bestimmte Normen und Regeln, ohne dass diese von einem übergeordneten Akteur beschlossen und durchgesetzt werden können) geben. [...] Entscheidend [für das Begriffsverständnis] ist nun, dass sich mit diesen neuen Governance-Inhalten eine **Supranationalisierung** und **Transnationalisierung** ihrer institutionellen Form vollzog. Supranationalisierung bezeichnet einen Prozess, in dem internationale Institutionen Verfahren ausbilden, die sich von dem zwischenstaatlichen Konsensprinzip lösen. Dadurch können für nationale Regierungen Verpflichtungen entstehen, Maßnahmen auch dann zu ergreifen, wenn sie selbst nicht zustimmen. Infolge der Supranationalisierung verschiebt sich ein Teil der politischen Autorität von einzelnen Staaten zu internationalen Institutionen. Insofern bezeichnet Supranationalisierung einen Prozess, der politische Autorität [...] jenseits des Nationalstaates erwachsen lässt. [...] Transnationalisierung bezeichnet einen Prozess, bei dem nichtstaatliche Akteure die Träger internationaler politischer Regelungen und Aktivitäten sind, ohne dass Staaten die Aufgabe an diese formal delegiert haben. Solche Regelungen beruhen auf dem Prinzip der Selbstorganisation und erzeugen private authority. Darunter fallen dann beispielsweise sogenannte codes of conduct (Verhaltenskodizes), die zwischen Unternehmen vereinbart werden und möglicherweise Verpflichtungen beinhalten, denen die nationale Regierung des Landes, in dem sich der Stammsitz eines Unternehmens befindet, nicht zugestimmt hätte. Gleichermaßen bringt die Übernahme von Funktionen durch transnationale NRO im Rahmen internationaler Institutionen eine solche Transnationalisierung zum Ausdruck. [...] [Daneben] zeigt sich die Dynamik von Supranationalisierung und Transnationalisierung der Governance qualitativ, [indem] institutionelle Komponenten an Bedeutung gewinnen, die das zwischenstaatliche Konsensprinzip unterlaufen. [...] Mit Blick auf die Verhandlungs- bzw. Entscheidungsphase [internationaler Politik] lässt sich zunächst eine relative Zunahme von Mehrheitsentscheidungen [...] beobachten. Mehrheitsentscheidungen erhöhen die Handlungsfähigkeit internationaler Institutionen, indem sie das Veto einzelner Staaten aushebeln, Blockaden überwinden und auf Vetospieler einen Druck zur Kompromissbereitschaft ausüben. Der Blick auf strittige Fälle der Regelinterpretation zeigt eine Bedeutungszunahme unabhängiger Schiedsgerichtsverfahren und internationaler Gerichtshöfe. Gerichtsförmige Verfahren dienen dazu, Lösungen für Kollisionen zwischen verschiedenen Regelungen zu finden und die Regelinterpretation von komplexeren Regelungsgegenständen zu erleichtern; sie entziehen diese jedoch weitgehend dem Zugriff der Staaten. Von derartigen quasi-gerichtlichen Einrichtungen gab es im Jahre 1960 nur 27; 2004 betrug ihre Anzahl bereits 97. Die Überwachung (monitoring) [...] und Verifikation internationaler Regelungen insbesondere von Aktivitäten innerhalb von Staatsgebieten erfolgt gleichfalls zunehmend von Vertragsorganisationen, internationalen Se-

Global Governance

Governance allgemein bezeichnet die Gesamtheit der kollektiven Regelungen, die auf eine bestimmte Problemlage oder einen bestimmten gesellschaftlichen Sachverhalt zielen [...]. Der Begriff bezieht sich [...] nicht auf einzelne Regelungen wie die Festlegung eines Zollsatzes, sondern auf die Summe der Regelungen, die eine Problemlage betreffen. [...] Zu regelnde Problemlagen und Sachverhalte können beispielsweise den Klimawandel, die Handelsbeziehungen, die Finanzbeziehungen, die Menschenrechte und anderes mehr betreffen.

Michael Zürn, Internationale Institutionen und nichtstaatliche Akteure in der Global Governance, in: APuZ 34-35/2010, S. 16 ff.

Westfälisches System

Im Westfälischen Frieden (1648), der den Dreißigjährigen Krieg beendete, wurden Staaten in einem heutigen Verständnis erstmals geschaffen (v. a. als rechtlicher und faktischer Inhaber des Gewaltmonopols). Unter dem Westfälischen System wird allgemein das System von nach innen und außen souveränen (National-) Staaten verstanden.

kretariaten aber auch transnationalen NRO, die nicht direkt der staatlichen Kontrolle unterliegen. So ist beispielsweise die Überwachung von international genormten Menschenrechten informell längst Menschenrechtsorganisationen wie Human Rights Watch und Amnesty International übertragen worden. Hinsichtlich der Regeldurchsetzung kann eine gestiegene Bereitschaft beobachtet werden, gegen Regelverletzer materielle Sanktionen zu verhängen. [...]

Im Ergebnis haben sich internationale Institutionen entwickelt, die Autorität und Herrschaft ausüben und tief in nationale Gesellschaften hineinwirken. Es handelt sich dabei [mehrheitlich] nicht mehr um governance by government, sondern um governance with governments. Hinzu kommt, dass sich in den vergangenen zwei Jahrzehnten auch transnationale Institutionen herausgebildet haben, die sich der Kontrolle der Nationalstaaten gleichfalls partiell entziehen (governance without government). Beispiele für private Formen transnationaler Governance sind etwa die Internationale Handelskammer (International Chamber of Commerce) oder die zahllosen Verhaltenskodizes und Zertifizierungssysteme (z.B. Forest Stewardship Council, Rugmark).

Michael Zürn, Internationale Institutionen und nichtstaatliche Akteure in der Global Governance, in: APuZ 34-35/2010, S. 16 ff.

Michael Zürn ist Direktor der Abteilung „Global Governance" am Wissenschaftszentrum Berlin und Professor für Internationale Beziehungen an der FU Berlin.

Info

Akteure in internationalen Beziehungen

(1) **Regierungen souveräner Staaten** gelten noch immer (seit dem Westfälischen Frieden 1648) als die am besten legitimierten Vertreter ihrer Gesellschaften. In Demokratien erhalten die Regierungen ihre Input-Legitimität über freie, gleiche und allgemeine Wahlen. Das Regierungshandeln in internationalen Beziehungen wird begrenzt durch die jeweiligen Verfassungen, die Einstellung der Bevölkerung und die Eingebundenheit in IGOs und Bündnissysteme.

(2) **Internationale Organisationen (International Gouvernmental Organizations, IGOs)**, die von nationalen Regierungen ins Leben gerufen wurden und über diese Anerkennung und ihre Ziele ihre Input- bzw. Output-Legitimität beziehen, sind bereits lange Zeit anerkannte Akteure internationaler Beziehungen. Es kann sich um Organisationen mit tendenziell umfassendem Charakter handeln (UNO, EU) oder um solche mit einem eng eingegrenzten Aufgabengebiet (z. B. Internationaler Strafgerichtshof).

(3) **Nichtregierungsorganisationen (Non Gouvernmental Organizations, NGOs)** sind Zusammenschlüsse von Individuen, um ein gruppen- bzw. themenspezifisches Interesse politisch durchzusetzen (z. B. Gewerkschaften, Arbeitgeberverbände, Umwelt- oder Menschenrechtsorganisationen...). Dabei kann unterschieden werden zwischen national und international arbeitenden. Wenn von zivilgesellschaftlichen Organisationen gesprochen wird (Civil Society Organizations, CSOs), sind damit die klassischen NGOs, aber auch größere Selbsthilfegruppen gemeint.

(4) **Transnationale Unternehmen (Transnational Companies, TNCs)** sind Wirtschaftsunternehmen, die Entwicklungs- und Produktionsstätten in mehreren Ländern bzw. Kontinenten betreiben und ihre Waren bzw. Dienstleistungen prinzipiell auf der ganzen Welt absetzen (möchten). Damit haben sie ein großes Interesse an für sie günstigen Produktionsbedingungen und Infrastrukturen. TNCs unterscheiden sich von den anderen Akteursgruppen durch ihre rein privatwirtschaftlichen, nicht (zwingend) gemeinschaftsorientierten Ziele.

Autorentext in Anlehnung an: Bernhard Zangl, Michael Zürn, Frieden und Krieg. Sicherheit in der nationalen und postnationalen Konstellation. Frankfurt a. M. 2008. S. 60f

M 8 ● Nationalstaaten – Auslaufmodelle im globalen Entscheidungsgefüge?

Angesichts des Fehlens eines globalen Souveräns bleiben [...] souveräne Staaten im Zentrum der Entwicklung verbindlicher und legitimer gesellschaftlicher Regeln. Der
5 Nationalstaat wird auch jetzt noch als die zentrale öffentliche Instanz angesehen, die die Interessen der nationalen Gemeinschaft repräsentieren sollte – so fiktiv das in der Realität auch sein mag. Dies bedeutet, dass
10 international verbindliche Entscheidungen weiterhin auf zwischenstaatlichen Verträgen beruhen, meist verhandelt im Rahmen intergouvernementaler Organisationen. Postwestfälische globale Politik ist also
15 durch eine Hybridisierung von Herrschaftsformen gekennzeichnet: Die sich auflösende Kongruenz [= Übereinstimmung] zwischen [nationalen] gesellschaftlichen und [globalen] politischen Räumen bedeutet, dass der Globalisierung privaten Handelns 20 ein Mangel an staatlicher Regelung auf der globalen Ebene gegenübersteht, während die Souveränität nationalstaatlichen Handelns durch einen Mangel an Kontrolle über private Akteure unterlaufen wird. 25

Wolfgang Hein, Formen der Normbildung in Global Health Governance: Zwischen Multilateralismus und informellen Normbildungsprozessen, in: Andrea Schapper et al. (Hg.), Globale Normen zwischen Anspruch und Wirklichkeit. Baden-Baden 2013, S. 166

M 9 ● Ist das Konzept von Global Governance überholt?

Staaten spielen [...] nicht [...] nur bei der Regelformulierung eine wichtige Rolle, sondern auch bei der Themensetzung und der Implementierung [politischer Entscheidungen].
5 Dafür entscheidende Faktoren wie die Rolle materieller Macht [...] werden von der Governance-Forschung systematisch unterschätzt. Zudem bleibt eine erwartete quasi-automatische Sozialisierung der Akteure
10 innerhalb globaler Institutionen zumindest partiell aus, wie bspw. der Fall China zeigt: Es ist durchaus möglich, Mitglied zahlreicher internationaler Organisationen zu sein, ohne deren Normen durchweg
15 zu verinnerlichen [...].
[Durch Entwicklungen hin zu Global Governance] schienen sich Fragen von Führungskraft und -willen weitgehend zu erübrigen [...]. Gleichzeitig belegen aber die heute offenkundigen Effektivitätsdefizite 20 globaler Institutionen, dass es genau solcher Führung mangelt bzw. diese durch transnationale Akteure [...] nicht in ausreichendem Maße gewährleistet werden kann. [...] Erst durch special responsibilities [= 25 besondere Verantwortlichkeiten] privilegierte Großmächte können die anderen Akteure bewegen, sich für die „gemeinsame Sache" zu engagieren bzw. Spielregeln einzuhalten. Nicht nur Staaten überhaupt, 30 sondern insbesondere Großmächten kommt damit nach wie vor eine aktive Rolle in der Steuerung globaler Probleme [...] und vor allem der faktischen Umsetzung einmal etablierter Normen [...] zu. 35

Maximilian Terhalle, Global Governance: Die kosmopolitische Illusion am Ende, in: Politikum 2 (2016) H. 4, S. 59-61

Großmacht
Staat mit wesentlichem geopolitischen Einfluss (durch Militär, Wirtschaftskraft, Diplomatie u.ä.)

Aufgaben

1. Arbeiten Sie die wesentlichen Elemente von Global Governance heraus. (M 7)
2. Ordnen Sie den „Global Fund" in das Konzept von Global Governance ein. (M 6, M 7, Info)
3. Setzen Sie sich mit der Kritik am Global Governance-Konzept auseinander. (M 8, M 9)

H zu Aufgabe 1
Beachten Sie dabei v. a. die Begriffe Supranationalisierung und Transnationalisierung sowie die drei unterschiedlichen Governance-Formen.

4.1.4 Werden wir durch „globale Clubs" (legitim) regiert?

M 10 ● Die G20 karikiert

Zeichner: Kostas Koufogiorgos, 2009

Info

Globale Clubs (G7, G8, G20)

Als Globale Clubs werden informelle Zusammenschlüsse von Staaten bezeichnet, die sich bilden, um ökonomische, ökologische, sicherheitspolitische oder andere staatenübergreifende Probleme im Interesse der Mitgliedsstaaten zu bearbeiten. Nichtstaatliche Akteure sind bei den jährlichen Verhandlungen der Clubs nicht zugelassen. Aufgrund der Begrenzung der Mitglieder, des bewusst niedrigen Institutionalisierungsgrads und der Auswahl von Themen nach den Mitgliederinteressen spricht man hier von selektivem Multilateralismus – abgegrenzt vom inklusiven Multilateralismus z. B. der Vereinten Nationen (alle Staaten potenzieller Mitglieder, thematische Breite, hoher Institutionalisierungsgrad).

G8 nennt sich der Club der zu seiner Gründung 1975 sieben wichtigsten Industrienationen (G7) sowie seit 1998 auch Russland, das aber aufgrund der Krim-Annexion seit 2014 vorläufig wieder ausgeschlossen wurde. Gegründet zwecks Diskussion von Finanz- und Währungsfragen hat sich das Aufgabenfeld auf mehrere Bereiche internationaler Politik ausgeweitet.
Als G20 wird der Club der 19 größten Industrie- und Schwellenländer sowie der EU bezeichnet. Die Mitgliedsstaaten vereinen auf sich ca. zwei Drittel der Weltbevölkerung, 80% des Welthandels sowie 90% des Weltbruttoinlandsprodukts. G20 wurde 1999 eigentlich gegründet, um im Bereich des Weltfinanzsystems zu kooperieren. Die

G7	G8	G8+5	G20
Canada, France, Germany, Italy, Japan, United Kingdom, USA	Russia	Brazil, China, India, Mexico, South Africa	Argentinia, Australia, EU, Indonesia, Saudi Arabia South Korea, Turkey

Nach: Bernhard Rinke, Ulrich Schneckener, Informalisation of World Politics? Global Governance by Clubs, in: Tobias Debiel et al. (Hg.), Globale Trends 2013. Bonn 2013, S. 21

Aufgabenbereiche haben sich aber erheblich erweitert.

Autorentext

M 11 ● G20 – entscheidungsfähig?

Der Gipfel der wichtigen Wirtschaftsmächte im ostchinesischen Hangzhou ist mit Willensbekundungen und wenig konkreten Statements zu Ende gegangen. In der Ab-
5 schlusserklärung setzen sich die Staats- und Regierungschefs der 20 größten Industrieländer mit einem Aktionspaket für die Ankurbelung der schwachen Weltwirtschaft ein. Zudem warben die Politiker für
10 mehr Solidarität in der Flüchtlingskrise und verstärkte Anstrengungen im Klimaschutz. Zur Lösung der großen Konflikte in Syrien oder der Ukraine ging es keinen Schritt vorwärts.
15 An den mageren Ergebnissen haben Klimaschützer und Entwicklungsorganisationen scharfe Kritik geübt. „Das einzige, was wir nach der Lektüre des Kommuniqué sagen können ist, dass wir weiter mit hoher Ar-
20 beitslosigkeit rechnen können und die Risiken hoch bleiben", sagte Tris Sainsbury, Direktor des G20-Zentrums am australischen Lowy-Institut. „Die Gruppe der 20 [...] gibt keinen klaren Weg für Aktionen."
25 Die wichtigsten Punkte des Kommuniqué - und die Kritik dazu:
Terrorismus: Der Kampf gegen den Terrorismus und seine Finanzströme wird weiter verschärft. Die Länder wollen verstärkt In-
30 formationen austauschen. [...]
Klima: Nach China und den USA wollen auch die anderen Länder das Pariser Klimaabkommen annehmen, damit es noch 2016 in Kraft tritt. Die Entwicklungsorganisation
35 Oxfam zeigte sich enttäuscht, dass die Gruppe keine neuen Zusagen zur Verringerung der Treibhausgase gegeben habe. Die nationalen Pläne reichten nicht aus, um das festgelegte Ziel zu erreichen, die globale

Erwärmung auf deutlich unter zwei Grad zu 40 begrenzen.
Wirtschaft: Mit allen Werkzeugen der Geld- und Haushaltspolitik sowie Strukturreformen soll die Weltkonjunktur angekurbelt werden. [...] 45
Überkapazitäten: China und andere G20-Staaten wollen Überkapazitäten im Stahlsektor und anderen Industriezweigen verringern.
Strittig waren bis zuletzt Formulierungen 50 zu Überkapazitäten, da Gastgeber China Stahl zu Billigpreisen exportiert und dafür in der Kritik steht. In der Erklärung wurde Überproduktion auch nur als „globales Problem" beschrieben, wie es Peking häufig 55 tut. China schließt sich aber auch den anderen G20-Staaten bei der Forderung an, „wirksame Maßnahmen zu ergreifen, um die Herausforderungen zu bewältigen".
Steuer: Nicht kooperationswillige Steuer- 60 oasen sollen ins Visier genommen werden. Ihnen soll mit Sanktionen gedroht werden. [...]
Oxfam geht das vor einem Jahr beschlossene Programm gegen Steuertricks und Ge- 65 winnverlagerung nicht weit genug, weil arme Länder nicht einbezogen werden. „Entwicklungsländer verlieren mindestens 100 Milliarden Dollar (90 Milliarden Euro) jedes Jahr durch Steuerumgehung großer 70 Konzerne – das Geld könnte viele Schulen und Krankenhäuser bezahlen", sagte Oxfam-Direktor Steve Price-Thomas. [...]
Entwicklung: Die Staaten stellen sich hinter die Entwicklungsziele der Vereinten Na- 75 tionen zum Kampf gegen Armut und Ungleichheit.
kig/msc/dpa/Reuters/AP, www.spiegel.de, 5.9.2016

IMF – International Monetary Fund

(Internationaler Währungsfonds); Sonderorganisation der UN zur Kreditvergabe an Länder mit Zahlungsschwierigkeiten; Kritiker geißeln die Reformauflagen an die Empfängerstaaten

BRIC

Abkürzung für die vier großen, wirtschaftlich bedeutsamen Schwellenländer Brasilien, Russland, Indien, China

---

Aufgaben

1 a) Analysieren Sie die Karikatur. (M 10)

  b) Stellen Sie dazu Deutungshypothesen auf. (M 10, Info)

2 Geben Sie die Ergebnisse des G20-Gipfels 2016 wieder. (M 11)

4.2 Ist transnationale Demokratie denkbar?

Basiskonzepte	Kategorien	Leitfragen
System und Struktur	Institutionen	· Welche alternativen Modelle eines globalen Institutionensystems sind denkbar und wünschenswert?
Akteure und deren Dispositionen	Wertebezug, Ideologien	· Können Menschenrechte als allgemein (universal) angesehen werden oder sind sie kulturspezifisch auslegbar?

4.2.1 Ist ein Weltparlament wünschenswert und möglich?

M 1 ● Jürgen Habermas zur „postnationalen Legitimiät"

Auf regionaler, internationaler und globaler Ebene sind „Regime" entstanden, die ein „Regieren ohne Regierung" (Michael Zürn) ermöglichen und den Verlust an nationaler Handlungsfähigkeit in einigen Funktionsbereichen wenigstens teilweise kompensieren [= ausgleichen]. [...] Die Kompetenzverschiebungen von der nationalen zur übernationalen Ebene reißen freilich Legitimitätslücken auf. Denn die neuen Formen der internationalen Zusammenarbeit entbehren einer Legitimation, die auch nur entfernt den Anforderungen der nationalstaatlich institutionalisierten Verfahren genügen würde. [...] Wir werden den Herausforderungen der Globalisierung nur vernünftig begegnen können, wenn es gelingt, in der postnationalen Konstellation neue Formen einer demokratischen Selbststeuerung der [globalen] Gesellschaft zu entwickeln.

Regime

System von Regeln, Normen, Entscheidungsverfahren und Prinzipien für einen bestimmten Aufgabenbereich

Jürgen Habermas, Die postnationale Konstellation und die Demokratie, in: www.library.fes.de, Abruf am 1.1.2017

M 2 ● Welche Elemente transnationaler Demokratie existieren bereits?

Um die Frage beantworten zu können, [...] muss man zunächst den genutzten Demokratiebegriff klären. Grob vereinfachend kann man zu diesem Zweck einen engeren
5 oder strengen von einem weiteren Demokratiebegriff unterscheiden:
Im strengen Sinn handelt es sich bei einem System erst dann um ein demokratisches, wenn die Bürger (als Souverän) in einem
10 transparenten und fairen Verfahren ihre Repräsentanten bestimmen konnten (freie Wahlen) und/oder durch direktdemokratische Verfahren an der Beschlussfassung beteiligt wurden. Rechte dieser Art sichert
15 in einem transnationalen Verbund zurzeit lediglich die Europäische Union den Unionsbürgern zu. Diese **europäischen transnationalen Bürgerrechte** sind in Kapitel V

der Europäischen Charta der Menschenrechte juristisch verankert.
20
Auf globaler Ebene existiert seit 1966 der Internationale Pakt über bürgerliche und politische Rechte („UN-Zivilpakt"), den ein Großteil der Staaten der Welt ratifiziert hat. Er sichert den Bürgern der jeweiligen Staa-
25 ten neben grundlegenden Menschenrechten auch die Teilnahme an allgemeinen, gleichen und geheimen Wahlen zu.
Während im strengen Verständnis von Demokratie die notwendige Partizipation über
30 den Rechtsstatus als Bürger abgesichert wird, kann in einem weiteren, auf Global Governance anwendbaren Demokratieverständnis Beteiligung ermöglicht werden über den Status des **„Stakeholders"**. Das
35 heißt, dass derjenige, der sich von einem

Transatlantische EU-Bürgerrechte

· das Recht, sich im Hoheitsgebiet der Mitgliedstaaten der EU frei zu bewegen und aufzuhalten;
· das aktive und passive Wahlrecht bei den Wahlen zum Europäischen Parlament und bei den Kommunalwahlen im Wohnort (unabhängig von der eigenen Nationalität);
· das Recht auf Schutz durch konsularische und diplomatische Behörden eines jeden EU-Mitgliedstaates im Hoheitsgebiet eines Drittlandes;

Problem betroffen fühlt, auch ohne formale Beteiligungsrechte über den Einsatz in Internationalen Nichtregierungsorganisationen oder z. B. über Internetkampagnen Einfluss ausüben kann. Im Rahmen von Global Governance lässt sich also durchaus von Ansätzen **informeller transnationaler**

Demokratisierungsprozesse sprechen. Diese setzen aber auch immer voraus, dass eine Person über genügend materielle und immaterielle Ressourcen (z. B. Zeit, Informationszugang) verfügt, um partizipieren zu können.

Autorentext

· das Recht, Petitionen an das Europäische Parlament zu richten und sich an den Europäischen Bürgerbeauftragten zu wenden;
· das Recht, sich in einer der EU-Amtssprachen an die Organe und beratenden Einrichtungen der Union zu wenden und eine Antwort in derselben Sprache zu erhalten.

→ zum Status und zu Chancen und Grenzen einer internationalen Strafgerichtsbarkeit (Judikative) vgl. Kap. 1.3

M 3 ● Jürgen Habermas' „kosmopolitisches Mehrebenensystem"

Jürgen Habermas verfolgt mit seinem Entwurf für ein globales Regierungssystem den Versuch, „Frieden und Menschenrechte [zu] sichern sowie auf transnationaler Ebene Probleme einer Weltinnenpolitik [zu] bearbeiten" (Habermas, Kommunikative Rationalität und grenzüberschreitende Politik, S. 401). Dabei nimmt er die Ansätze bestehender Institutionen (UNO, EU) sowie von Global Governance-Elementen auf. Habermas Ansatz lässt sich in den moderaten Kosmopolitismus oder auch kosmopolitischen Föderalismus einordnen. Wesentliche An-

nahme des Kosmopolitismus ist die Überzeugung, dass „alle Menschen zu einer weltweiten politischen Gemeinschaft gehören und einer gemeinsamen Moral anhängen" (Neyer, Globale Demokratie, S. 137). Föderalisten treten für einen (Welt-)Bundesstaat ein, der gemäß dem Subsidiaritätsprinzip nur diejenigen Aufgaben übernimmt, die auf regionaler oder nationaler Ebene nicht zufriedenstellend bearbeitet werden (können).

Autorentext

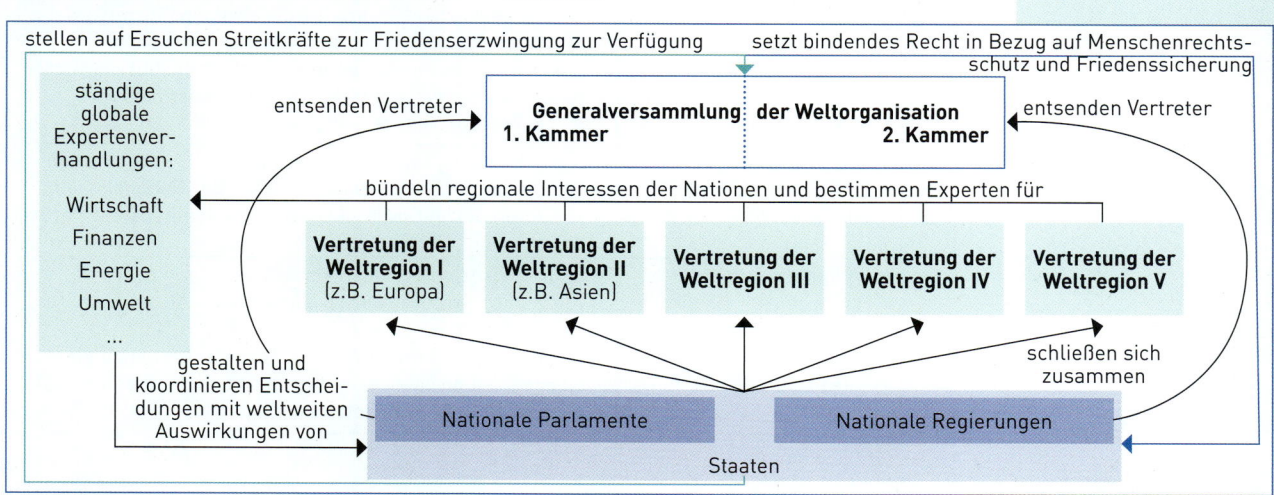

Autorengrafik

Aufgaben

① Erklären Sie die Aussage von Jürgen Habermas. (M 1)

② Erläutern Sie den Unterschied zwischen formalen transnationalen Bürgerrechten und informellen transnationalen Partizipationsformen. (M 2)

③ Arbeiten Sie heraus, welche Schwierigkeiten sich bei der Schaffung und Etablierung transnationaler Bürgerrechte ergeben. (M 2)

④ Beurteilen Sie Habermas Vorschlag einer kosmopolitisch-föderalen Institutionenstruktur. (M 3)

H zu Aufgabe 4
Vergleichen Sie die vorgeschlagene Struktur mit vorhandenen Elementen (UNO, Nationalstaaten, Global Governance).

Institutionen kriteriengeleitet beurteilen (Urteilskompetenz)

A) Aufgabenstellung

Thema	Zukunft der transnationalen Institutionen
Aufgabe	Beurteilen Sie Habermas Vorschlag einer kosmopolitisch-föderalen Institutionenstruktur.
	Vergleichen Sie [dazu] die vorgeschlagene Struktur mit vorhandenen Elementen (UNO, Nationalstaaten, Global Governance).
Operator	zu einem Sachverhalt oder einer Aussage unter Verwendung von Fachwissen und Fachmethoden eine begründete Aussage abgeben

B) Hinweise zum Verständnis der Aufgabe

Wesentlich für die erfolgreiche Bearbeitung einer Aufgabe ist das Verständnis der Aufgabenstellung. Daher sollten Sie sich zunächst verdeutlichen, was genau die Aufgabenstellung verlangt.

	Beurteilen Sie Habermas Vorschlag einer kosmopolitisch-föderalen Institutionenstruktur. Vergleichen Sie [dazu] die vorgeschlagene Struktur mit vorhandenen Elementen (UNO, Nationalstaaten, Global Governance).	
Leitfragen	a. Welche Schlüsselbegriffe enthält die Aufgabe?	→ Es soll Habermas Vorschlag einer neuen weltweiten Institutionenstruktur beurteilt werden. → Die Grundlage der Struktur ist der Kosmopolitismus, also die Annahme des Weltbürgertums aller Menschen. → Die Struktur ist föderal, gehorche also dem Subsidiaritätsprinzip, wonach alle Entscheidungen auf der niedrigst möglichen Ebene angesiedelt werden sollen.
	b. Gibt die Aufgabe Erarbeitungsschwerpunkte vor?	→ Die Beurteilung soll vergleichend erfolgen, wobei Bezüge zur Legitimität und Effizienz der UNO, der Nationalstaaten sowie von Global Governance-Strukturen hergestellt werden sollen.
	c. Enthält die Aufgabe Hinweise zum möglichen Aufbau der Bearbeitung?	→ Beurteilen erfordert einen klare und eindeutige eigene Positionierung sowie eine argumentativ schlüssige Begründung dieser Position.
	d. Was genau verlangt der Operator?	→ Das Nennen und Entkräften von Argumenten gegen die eigene Position ist nicht zwingend, kann aber die Überzeugungskraft der Argumentation erhöhen.

C) Mithilfe von Kriterien Argumente entwickeln und eine Argumentation strukturieren

Je nach Urteilsfrage müssen Argumente entwickelt und gewichtet werden. Zum „Auffinden" überzeugender Argumente können Kriterienraster dienen. Allerdings darf sich das Schema keinesfalls verselbständigen – es müssen also nicht zwangsweise zu jedem Kriterium noch so entlegene Argumente konstruiert werden. Vielmehr überzeugt eine Argumentation eher durch gut begründete, schlüssig durchdachte Gesichtspunkte.

Für die Bewertung (der Arbeit) politischer Institutionen aber auch informeller politischer Entscheidungsorgane können folgende Kriterien dienen:

Effizienz	Legitimität
→ **Effektivität der Zielerreichung:** Erreicht die Institution ihre selbst gesetzten Ziele?	→ **Input-Legitimität**: Herrscht ein angemessenes Maß an **Partizipation** des Souveräns beim Zustandekommen/bei der Bildung der Institution?
→ **Effektivität der Problemlösung:** Zielen die Lösungen wirklich auf relevante (weltweite) politische Probleme?	→ **Throughput-Legitimität**: Herrscht bei Herbeiführung von Entscheidungen innerhalb der Institution **Fairness** und **Transparenz**?
→ **Ressourcen-Effektivität**: Stehen die eingesetzten **Mittel** bzw. **Kosten** und das Politikergebnis in einem angemessen Verhältnis?	→ **Output-Legitimität**: Erzielen die Politik-Ergebnisse der Institution bei den Adressaten einen höchstmöglichen Grad an **Akzeptanz**?
→ **Regelbefolgung (compliance)**: In welchem Maße gelingt es der Institution, ihre Entscheidung gegenüber dem Adressaten durchzusetzen?	

Zusammenstellung des Autors

Herausarbeiten bzw. Entwickeln und Gewichten von Argumenten (mithilfe spezifischer Urteilskriterien)

PRO	KONTRA
→ Der Grad an **Input-Legitimität** ist relativ hoch, obwohl die Legitimationskette zwischen souveränen Völkern und Repräsentanten relativ lang ist. Denn sowohl auf nationaler als auch auf internationalen Ebenen werden Vertreter (indirekt) gewählt.	→ Die **Effektivität der Zielerreichung** steht deutlich infrage, da vor allem die Weltorganisation kein eigenes faktisches Gewaltmonopol (Armee...) zur Durchsetzung ihrer Beschlüsse besäße.
→ Der Grad an **Output-Legitimität** dürfte in manchen Bereichen höher sein als heute. Gerade bei der Friedenssicherung könnte keine Blockade der Institutionen durch Partikularinteressen von Großmächten stattfinden.	→ Aufgrund teilweise fehlender Mittel zur Politikdurchsetzung könnte im Bereich der **Output-Legitimität** auch die Akzeptanz der Weltbevölkerung für die Beschlüsse sinken.
→ Die **Effektivität der Problemlösung** sollte gegeben sein, da untereinander koordinierte Experten-Verhandlungssysteme zu den globalen Problemen geschaffen würden.	→ Bei der **Throughput-Legitimität** bestehen zumindest begründete Zweifel, da sich die einzelnen Staaten in Vertretungen großer Weltregionen zusammenschließen sollen. Es bestünde die Gefahr, dass diese Vertretungen von den regionalen Großmächten dominiert werden.
→ Ein gewisses Maß an **Regelbefolgung** sollte gegeben sein, da sowohl in der Weltorganisation als auch in den Vertretungen der Weltregionen über eigene Delegierte Einfluss ausgeübt werden kann.	→ Die **Regelbefolgung** dürfte eingeschränkt sein, da die Weltorganisation nicht über eigene Sanktionsmittel verfügt.

Nach der Auswahl der notwendigen Kriterien und der Formulierung der entsprechenden Argumente ist es für die abschließende Urteilsbildung hilfreich, diese zu gewichten. Sie sollten auch immer die (je nach Urteilsfrage variierenden) **Gesichtspunkte darlegen**, nach denen Sie Ihr **Hauptargument** ausgewählt haben.

KOMPETENZEN AUSBILDEN

Aufbau einer kriteriengeleiteten Beurteilung (von Institutionen)

Gliederungsaspekt der Aufgabenbearbeitung	inhaltliche Anforderungen (inkl. Beispielen)	
Einleitung	→ Nennung (und ggf. Einordnung) des Themas („Sachverhalt/Aussage") und der folgenden Operation („Bewertung") → Bereits hier kann die eigene Position genannt/angedeutet werden. → Mögliche Überleitung zum Argumentationsteil: *„Im Folgenden werde ich meine kritische/zustimmende Haltung zu Habermas globalem Institutionensystem begründen."*	
Argumentationsteil	→ Der Argumentationsteil kann, muss aber nicht zwingend Argumente für die eigene Position enthalten. → Der Argumentationsteil sollte mit dem überzeugendsten Argument enden. → Zudem sollten die Argumente <u>sprachlich miteinander verbunden</u> werden. Dabei sollte das Hauptargument sprachlich hervorgehoben werden. → Wenn Gegenargumente zur eigenen Position entkräftet werden sollen, kann der Aufbau alternativ den bekannten Anforderungen an einen Erörterungsaufsatz folgen – entweder im Sanduhrmodell (Pro- und Kontra-Argumente jeweils in zusammenhängenden Blöcken) oder als dialektische Erörterung (jeweils aufeinander bezogene Pro- und Kontra-Argumente abwechselnd).	
	Überleitung zwischen zwei Pro- bzw. zwei Kontra-Argumenten	*„Dazu kommt noch…" / „Von noch größerer Bedeutung ist…" / „Noch wichtiger scheint…" / „Ergänzend kann gesagt werden…" / „Hinzuzufügen ist…" / „In die gleiche Richtung geht der Gesichtspunkt, dass…" / „Ähnlich Argumentieren lässt sich aus der Perspektive von …, indem…"*
	Überleitung von einem Pro- zu einem Kontra-Argument bzw. umgekehrt	*„Demgegenüber argumentieren/behaupten/führen aus/ziehen in Zweifel die Gegner/Befürworter einer solchen Maßnahme…" / „Einwenden lässt sich gegen dieses Argument…" / „Entkräftet/relativiert wird diese Begründung durch…"*
	Sprachliche Markierung des Hauptarguments für die eigene Position	*„Meines Erachtens/meiner Ansicht nach ist trotz der formal beim Bundestag verbleibenden Entscheidungsgewalt die Repräsentativität durch informelles Entscheiden zu sehr eingeschränkt, da nur wenige Politiker miteinander verhandeln und die Ergebnisse dieses Aushandelns faktisch im Parlament beschlossen werden müssen, um nicht handlungsunfähig zu erscheinen."*
	→ Die <u>Kategorien/Kriterien</u>, in die sich die Argumente einordnen lassen, sollten <u>sprachlich kenntlich gemacht</u> werden. → Die Argumentation sollte durchgehend sachlich formuliert sein und keine Befindlichkeitsäußerungen enthalten *(„Ich finde/fühle/glaube…", „leider/zum Glück…")*	
Fazit	→ Hier findet sich Ihre klare Positionierung, die sich eindeutig aus dem vorher Gesagten ergibt. → Es kann auch eine eigene Idee entwickelt werden, die sich aus der geforderten Position zum Sachverhalt/zur Aussage ergibt.	

D) Die kriteriengeleitete Erörterung überarbeiten

Überprüfen Sie Ihre eigene Darstellung hinsichtlich folgender Kriterien:

Kriterien	+	0	–
Ich nehme durchgängig zu dem Sachverhalt/der Aussage Stellung, der/die in der Aufgabe angegeben ist – zu keinem anderen.			
Meine Stellungnahme enthält einen Einleitungsteil, aus dem der Sachverhalt/die Aussage exakt deutlich wird.			
Im Argumentationsteil strukturiere ich Argumente sinnvoll (inkl. Nennung von strukturierenden Urteilskriterien, Verdeutlichung des Hauptarguments). Ggf. entkräfte ich auf sinnvolle Weise Argumente, die gegen meine eigene Position sprechen.			
Alle angeführten Argumente habe ich belegt bzw. durch logische Schlussfolgerungen plausibel gemacht.			
Ich habe keine „Argumente" allein aus Einzelbeispielen abgeleitet oder Autoritätsargumente genutzt.			
Die Argumente habe ich sprachlich sinnvoll und abwechslungsreich miteinander verbunden. Dabei habe ich das Hauptargument sprachlich hervorgehoben.			
Im Fazit nenne ich meine Position zu dem Sachverhalt/der Aussage deutlich. Diese Position ergibt sich erkennbar aus meiner Argumentation.			

Überarbeiten Sie Ihre Darstellung ausgehend von den Erkenntnissen, die Sie durch die Überprüfung gewonnen haben.

KOMPETENZEN AUSBILDEN

✪ 4.2.2   Gelten Menschenrechte für alle?

M 4 ● Agenturmeldung zu einem Gespräch über Menschenrechte

BEIJING, 25. September (Xinhuanet) – Der chinesische Staatspräsident Xi Jinping hat am 25. September [2015] gemeinsam mit dem amerikanischen Präsidenten Barack Obama in Washington Journalisten getroffen. Beim Gespräch über Bürger- und Menschenrechtsfragen wies Xi
5 Jinping darauf hin, dass Bürger- und Menschenrechte das gemeinsame Bestreben der Menschheit seien. Gleichzeitig müsse man aber das Recht der Menschen aller Länder respektieren, eigenhändig über ihren Entwicklungsweg zu bestimmen.
Dass das chinesische Volk die große Renaissance des chinesischen
10 Traums verwirklicht, bedeutet im Kern die Verwirklichung von sozialer Gleichheit und Gerechtigkeit sowie die kontinuierliche Förderung der Entwicklung von Menschenrechten.

www.german.xinhuanet.com, 27.9.2015

Xinhua

Größte und einflussreichste Nachrichtenagentur der Volksrepublik China; unmittelbar der chinesischen Regierung unterstellt. Der Präsident der Agentur ist Mitglied im Zentralkomitee der Kommunistischen Partei Chinas.

Generationen von Menschenrechten

Menschenrechte werden häufig nach ihrer Etablierung in drei „Generationen" eingeteilt.
1. Abwehrrechte gegen den Staat (z. B. Menschenwürde, rechtsstaatliche Behandlung) und bürgerliche Teilhabe (z. B. Meinungs- und Versammlungsfreiheit)
2. Rechte auf ökonomische, soziale und kulturelle Teilhabe (z. B. Recht auf Bildung, Recht auf Nahrung und soziale Sicherheit, Recht auf Freizeit)
3. kollektive Rechte der Völker (z. B. auf Selbstbestimmung, Frieden, unzerstörte Umwelt), auf deren Grundlage die Menschenrechte der ersten und zweiten Generation effektiv umgesetzt werden sollen

Erklärfilm Wissens-Werte Menschenrechte

Mediencode: 72025-07

Info

Universell gültige Menschenrechte

Menschenrechte sind besondere Rechte. Sie unterscheiden sich zunächst von einfachen Bürgerrechten durch ihr Gewicht: Sie beziehen sich auf besonders wichtige und fundamentale Sachverhalte menschlichen Lebens. Sie sind aber auch durch eine Reihe formaler, für alle Menschenrechte gültige Eigenschaften ausgezeichnet.
Menschenrechte sind ihrem Begriff nach universelle Rechte, da sie für alle Menschen gelten, und sie sind egalitäre Rechte, da sie für alle Menschen in der gleichen Weise gelten.
Sie sind ferner kategorische oder unbedingte Rechte, da man keine Vorleistungen zu erbringen hat, sondern nur ein Mensch zu sein braucht, um Träger von Menschenrechten zu sein. Und sie sind schließlich individuelle und subjektive Rechte, da nur der jeweils einzelne Mensch Träger von Menschenrechten ist.

Menschenrechte sind ihrer Idee nach aber nicht nur moralisch begründete Ansprüche, sie sind auch von einem dafür legitimierten politischen Gesetzgeber in Kraft gesetzte juristische Rechte, die man in einem entsprechenden Rechtssystem einklagen kann. Wir nennen Menschenrechte, die in eine Staatsverfassung aufgenommen worden sind, Grundrechte, und wir kennen auf völkerrechtlicher Ebene eine Reihe von Menschenrechtspakten und Konventionen, in denen die beteiligten Staaten sich zur Einhaltung und Beachtung bestimmter Menschenrechte verpflichtet haben. [Damit sind Menschenrechte als Grundrechte auch individuelle Abwehrrechte gegen staatliche Willkür. Allerdings ist die „Allgemeine Erklärung der Menschenrechte" der UNO von 1948 nicht bindend für die Mitglieder der internationalen Gemeinschaft.]

Georg Lohmann, Universelle Menschenrechte und kulturelle Besonderheiten, www.bpb.de, 12.10.2009

M 5 ● Interkulturellen Menschenrechtsdialog stärken?

Zu den Relativisten in der Menschenrechtsfrage gehört […] China, jedoch vertritt es explizit keinen kulturrelativistischen, sondern einen historisch-relativistischen
5 Standpunkt, denn es betont, dass Menschenrechte nicht losgelöst von historischen, sozialen und wirtschaftlichen Umständen diskutiert werden können und verweist – angesichts einer langen Vorge-
10 schichte von Kolonialismus und Imperialismus – auf die relativ junge Verwirklichung der Menschenrechte im Westen. […]
Brauchen wir in einem Zeitalter der „Globalisierung" auch eine globale oder univer-
15 sale Ethik? Sind zentrale westliche Werte, post-christliche Werte, die säkularen Werte der Französischen Revolution oder der amerikanischen Verfassung Modellwerte und sind westliche Gesellschaften folglich
20 Modellgesellschaften für den Rest der Welt? Oder sind die universalistischen Anstrengungen für eine universale Ethik nicht eher ein – passender – Versuch, die eurozentristische Prägung der Welt durch einen ent-
25 sprechenden ethischen Universalismus zu krönen? […]
Universalität und Partikularität, die globale und lokale Bedeutung von Ethik, [müssen sich] nicht gegenseitig ausschließen, son-
30 dern können einander ergänzen. Und somit gäbe es in der Tat nicht nur in der westlichen […], sondern auch in der konfuzianischen Tradition wichtige universale Botschaften, ganz zu schweigen von den
35 Beiträgen anderer Kulturen. Besonders im Hinblick auf die globale Dominanz der westlichen säkularen Werte erfüllen sie, zu-
mindest lokal, eine wertvolle ausgleichende oder ergänzende Funktion. Sowohl die sozialen Probleme in den westlichen Ländern 40 als auch die ökologische Krise, der wir uns aufgrund der Dominanz des eurozentrischen Entwicklungsmodells gegenüber sehen, sollten uns bewusst machen, dass die ganze Welt beträchtlich von alternativen 45 Konzepten profitieren könnte […].
Was den Menschenrechtsdiskurs betrifft, so wären womöglich Begründungen weniger bedeutend als das Miteinander-Sprechen. Ethische Werte sind intrakulturell über Dis- 50 kurse entstanden. Deshalb hieße es, die Diskursgemeinschaft interkulturell auszudehnen, so z.B. […], um mit Wolf Lepenies zu reden, mit China eine „interkulturelle Lerngemeinschaft" zu bilden. Dabei könnte man 55 versuchen, gemeinsame Ziele abzustecken und zu vereinbaren, d.h. zu „ausgehandelten Universalien" (negotiated universals) zu gelangen.
Für die Idee der Menschenrechte hieße das, 60 dass man ihnen keinen zeitlosen und quasitranszendenten, sondern einen historisch-evolutionären Charakter zuschriebe und dass China und andere ostasiatische Staaten zu der weiteren Ausformung dieser Idee 65 – in einer erweiterten Diskursgemeinschaft – auch einen Beitrag leisten könnten. So könnten z.B. westliche Staaten den Gedanken kollektiver Menschenrechte (auf Ernährung, Entwicklung etc.) ernster neh- 70 men, als sie dies bisher getan haben.

Karl-Heinz Pohl, Zur Universalität und Relativität von Ethik und Menschenrechten im Dialog mit China, in: www.uni-trier.de, Abruf am 17.1.2017

Universalismus (ethischer)

Auffassung, nach der ethische Grundannahmen (insbesondere Menschenrechte) als kulturübergreifend sowie vor- und überstaatlich zu verstehen sind

Relativismus (kultureller, historischer)

Auffassung, wonach Gesellschaften (und z. B. deren Verständnis von und Umgang mit Menschenrechten) nur vor dem Hintergrund kulturspezifischer Verhaltensformen, Traditionen und Gesetzen zu verstehen sind

Partikularismus

Vorstellung, wonach sich kleinere Einheiten gegenüber den größeren behaupten und durchsetzen sollten (z. B. Einzelstaaten gegenüber der internationalen Gemeinschaft)

Konfuzianismus

glaubensähnliche, ostasiatische Lehre; im K. wird der einzelne Mensch verstanden als Mittelpunkt sozialer Konstellationen (Familie, Freunde, Arbeitskollegen, Gesellschaft…) und damit stärker als „Beziehungswesen" als im tendenziell individualistischen Menschenbild der europäischen Aufklärung. Soziale Harmonie stellt einen hohen Wert dar.

★ Aufgaben

1 Formulieren Sie Ihr eigenes Verständnis von Menschenrechten und vergleichen es mit dem aus der Agenturmeldung sowie dem westlichen. (M 4, Info)

2 Geben Sie Pohls zentrale Aussagen zu Menschenrechten und deren Verständnis in China wieder. (M 5)

3 Bewerten Sie Pohls Vorschlag einer „erweiterten interkulturellen Diskursgemeinschaft" über Menschenrechte mit dem Ziel „ausgehandelter Universalien". (M 5)

Entgrenzung politischer Probleme und Gewalten
Kap. 4.1
M1, M 2

Viele politische Probleme in den Feldern Wirtschaft, Sicherheit und Umwelt sind übernationaler oder sogar globaler Natur (z. B. Klimawandel, Ausbeutung, Terrorismus). Diesen entgrenzten Problemen und einer schon tendenziell globalisierten Wirtschaft stehen nur sehr bedingt weltweit organisierte politische Entscheidungsstrukturen gegenüber. Der einzige Staatenbund mit nennenswerten (aber keineswegs umfassenden) supranationalen Rechten ist die Europäische Union, eine globale Exekutive und Judikative (Internationaler Strafgerichtshof) existieren erst andeutungsweise.

Global Governance
Kap. 4.1
M 6, M 7, M 9

Vertreter des Global-Governance-Ansatzes erweitern den nationalstaatlichen Regierungsbegriff (**Regieren durch Regierung**) auf der globalen Ebene um die Komponenten **Regieren mit Regierungen** und **Regieren ohne Regierungen**. Mit anderen Worten sollen Organisationsgebilde (inkl. **NGOs**) exekutive Aufgaben übernehmen, da sich in nächster Zeit keine transnationalen Regierungen herausbilden werden. In „weichen" Politikfeldern (z. B. Gesundheits- und Entwicklungspolitik) gibt es dafür funktionierende Strukturen bestehend aus Akteuren, Regeln und Strukturen; in „harten" Policies (z. B. Sicherheitspolitik) aufgrund starker nationaler Interessen kaum. Außerdem wird die Input-Legitimität von Global Governance oft angezweifelt, da die Akteure oft nicht gewählt sind.

Transnationales Regieren durch „globale Clubs"?
Kap. 4.1
M 11

Zeitweise wurden Hoffnungen in informelle Treffen der wirtschaftlich und politisch mächtigsten Staaten gelegt, weltweite Probleme zu lösen. Die 20 ökonomisch führenden Nationen (**G20**), die 70% der Weltbevölkerung und 80% der Wirtschaftsleistung auf sich vereinen, sind in zentralen Punkten (Umwelt-, Sicherheits-, Handelspolitik) allerdings zerstritten, sodass zurzeit kaum weiterführende Regelungen zu erwarten sind.

Chancen transnationalen demokratischen Regierens
Kap. 4.2
M 2, M 3

Es existieren in der politischen Theorie viele Vorschläge eines transnational-demokratischen Institutionengefüges. Diese weisen aber trotz ihres höheren Legitimitätspotenzials als die derzeitige weltweite Entscheidungsarchitektur stets drei Probleme in unterschiedlichem Maße auf: Erstens bedürften sie eigentlich einer (solidarischen) **Weltgesellschaft**, die in weiter Ferne liegt. Zweitens setzen sie eine Interessenbündelung der Staaten (in Regionen o. ä.) voraus, um nicht durch zu viele Interessenkonflikte gelähmt zu werden. Und drittens erscheint ihre Durchsetzung utopisch, da Staaten ihre Regelungskompetenz stark einschränken müssten. Gleichwohl könnte die Orientierung an solchen Modellen die Reform und den sukzessiven Ausbau der internationalen Gemeinschaft voranbringen.

Menschenrechte – universell oder kulturspezifisch?
Kap. 4.2
M 5

In der okzidental-aufklärerischen Tradition gelten **Menschenrechte** (MR) als **universell**. Sie haben Eingang gefunden in die „Allgemeine Erklärung der MR", die 1948 von der UN-Generalversammlung angenommen wurde. Allerdings sind die UN-Mitglieder nicht zwingend an die Erklärung gebunden. Die Idee der MR wird von Ländern wie China **historisch** und einigen islamischen Staaten **kulturell relativiert**. Weltweite Geltung der Menschenrechte wird sich daher nur im **interkulturellen Diskurs** und durch eine Erweiterung des MR-Gedankens um kollektive Rechte erreichen lassen.

KOMPETENZEN ANWENDEN

Wer kann die Welt tragen?

Zeichner: Victor Bogorad

20 Mächte sind 15 zu viel

Lässt sich die Welt überhaupt regieren? Kann es so etwas wie eine internationale Ordnung heute noch geben?

Wie die Dinge liegen, ist die beste Hoff-
5 nung, dass sich so etwas wie ein globales Konzert der großen Mächte herausbildet, ähnlich wie im Europa des 19. Jahrhunderts, als die Regierungen in London, Paris, Berlin, Wien und Moskau die Dinge mitei-
10 nander regelten und damit eine lange Phase der Stabilität ermöglichten. Analog dazu müssten im 21. Jahrhundert Washington,

Peking, Delhi, Moskau und Brüssel gemeinsam die Geschicke der Welt lenken.

Das heißt aber auch: Damit wir nicht alle 15 miteinander unter die Räder kommen, müsste sich die EU [...] zu einem schlagkräftigen Bundesstaat umformen. All die Streitigkeiten, die die EU-Staaten derzeit entzweien und die dazu geführt haben, dass sie 20 sich inzwischen grüppchenweise auseinanderdividieren [...], verschleiern nur, dass jedes Land allein kaum etwas ausrichten kann.

Henrik Müller, www.spiegel.de, 11.9.2016

Aufgaben

❶ Analysieren Sie die Karikatur.

❷ Überprüfen Sie die Aussage der Karikatur vor dem Hintergrund Ihres Wissens.

❸ Der Rücken der betrachtenden Figur trägt die Aufschrift „G?". Setzen Sie für das Fragezeichen eine Zahl ein und begründen Sie Ihre Entscheidung.

❹ Nehmen Sie Stellung zu Henrik Müllers Vorschlag einer G5.

Risikofaktor Klima

Der Klima-Risiko-Index spiegelt die Schäden durch Wetterkatastrophen (Todesopfer und wirtschaftliche Schäden) wider. Die am stärksten geschädigten Länder stehen in der Rangliste oben.

Position im Klima-Risiko-Ranking
(Auswertung für 1995 – 2014)

1–10   11–20   21–50   51–100   >100   k. A.

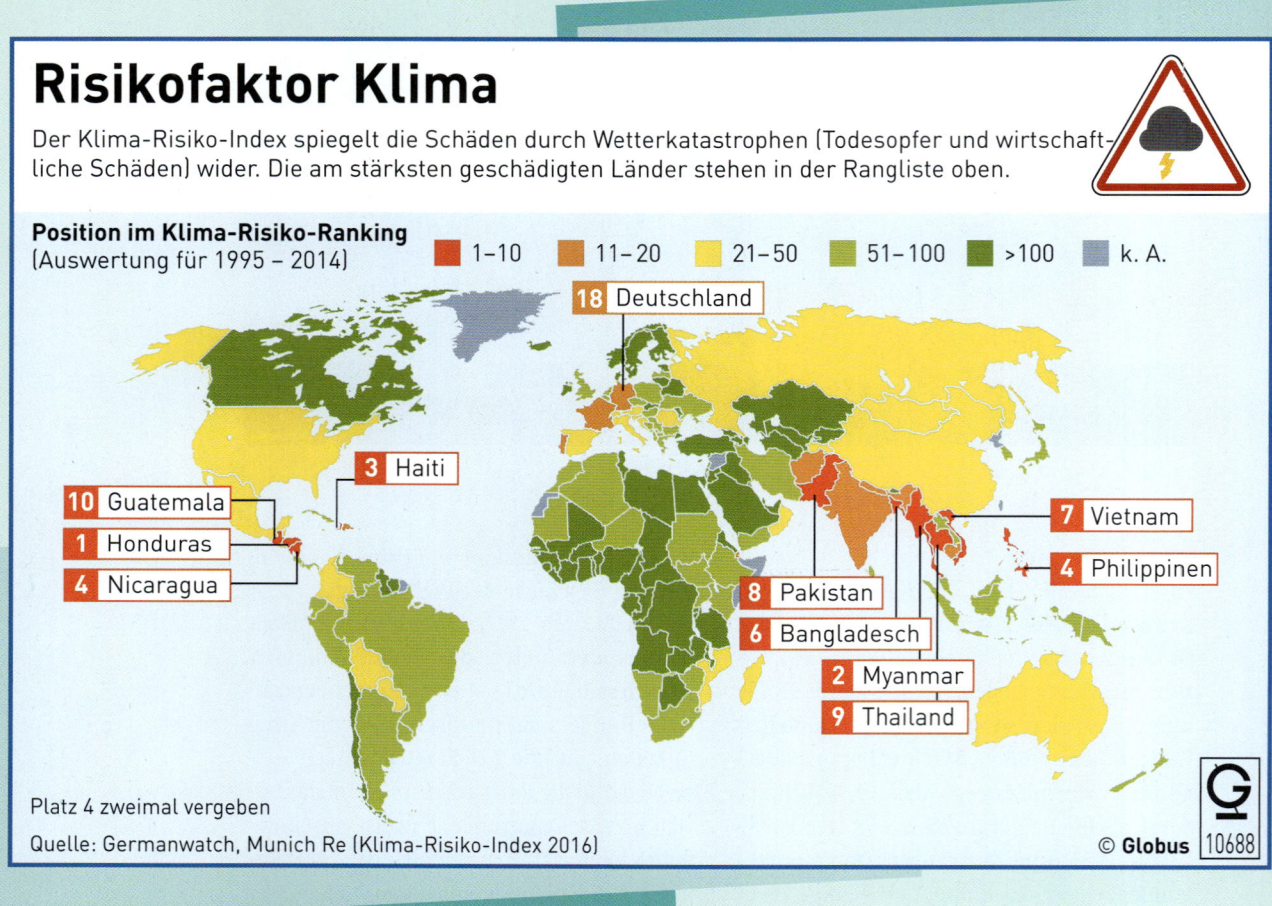

18 Deutschland

3 Haiti

10 Guatemala

1 Honduras

4 Nicaragua

7 Vietnam

4 Philippinen

8 Pakistan

6 Bangladesch

2 Myanmar

9 Thailand

Platz 4 zweimal vergeben

Quelle: Germanwatch, Munich Re (Klima-Risiko-Index 2016)

© Globus

10688

5

Weltumweltpolitik

Der globale Klimawandel ist eines der drängendsten Menschheitsprobleme. Angesichts der in einigen Weltregionen schon heute dramatischen Folgen – insbesondere des Verlustes des Lebensraums für Mensch und Tier durch Überschwemmungen oder Desertifikation (Wüstenbildung) – ist eine rasche Reduktion der weltweiten CO_2-Emissionen dringend geboten, um den Klimawandel auch als zunehmende Ursache zwischen- und innerstaatlicher Gewaltkonflikte einzudämmen.

Es stellt sich jedoch die Frage, wie diese mit wirtschaftlichen Interessen in Konflikt stehende Forderung global gerecht und effizient umgesetzt werden kann. In diesem Zusammenhang untersuchen Sie zunächst in Kapitel 5.1 die Konfliktlinien, die die internationalen Klimaverhandlungen prägen, und analysieren und bewerten die damit verbundenen Verteilungsprobleme. In Kapitel 5.2 analysieren Sie die institutionelle Architektur der Weltklimapolitik im Kontext von Global Governance (vgl. auch Kap. 4) und beurteilen unterschiedliche Zukunftsentwürfe, die die Suche nach einer effizienten und legitimen Institutionenordnung bestimmen.

KOMPETENZEN

Am Ende dieses Kapitels sollten Sie Folgendes wissen und können:

... Ziele, Interessen und Strategien staatlicher und nicht-staatlicher Akteure in der globalen Klimapolitik darstellen und analysieren.

... Kooperationsbedarf und Kooperationshindernisse in der globalen Klimapolitik – auch unter Berücksichtigung spieltheoretischer Annahmen – erläutern.

... die Institutionenordnung der Weltklimapolitik analysieren und beurteilen.

Was wissen und können Sie schon?

1 Tragen Sie im Kurs Ihre Vorkenntnisse zu den Ursachen und Folgen des (anthropogenen) Klimawandels zusammen. Nutzen Sie hierfür auch die Karte.

1 Erläutern Sie ausgehend von den Informationen der Karte

a) die Notwendigkeit, globaler Kooperation im Bereich der globalen Umwelt- und Klimapolitik sowie

b) die strukturellen Hindernisse, die einer solchen Kooperation im Wege stehen.

5.1 Konflikt oder Kooperation? Die Rettung des Klimas im Widerstreit der Interessen

Basiskonzepte	Fachkategorien	Leitfragen
Akteure und deren Dispositionen	Interessen und Bedürfnisse Ziele und Zielkonflikte	· Welche Interessen und Strategien verfolgen staatliche Akteure in klimapolitischen Verhandlungen?
	Nutzen/Kosten	· Wie können klimapolitische Maßnahmen zum Wohle der Weltgemeinschaft implementiert werden?

5.1.1 Interessen und Konflikte in der Weltklimapolitik

M 1 ● Interessen und Positionen von Staaten in der Weltklimapolitik

Die internationale Klimapolitik hat in den vergangenen zwanzig Jahren rasant an Bedeutung gewonnen. [...] Und das zu Recht: Der
5 Klimawandel hat weitreichende Folgen, die jeden betreffen. Ebenso weitreichende Wirkungen haben die notwendigerweise zu ergreifenden Maßnahmen zur Vermeidung
10 oder Anpassung an den anthropogenen Klimawandel. [...]
So verwundert es nicht, dass die jährlich stattfindenden Klimakonferenzen (Conference of the Parties,
15 COP) immer mehr Teilnehmer und Beobachter anziehen und eine immer größere Medienaufmerksamkeit erzielen. Was aus politischen Kontroversen auf nationalstaatli-
20 cher Ebene bekannt ist, setzt sich auf der internationalen Bühne fort: Ein interessengeleitetes oftmals zähes Ringen um die Ausgestaltung der (internationalen) Klima-
25 architektur. Die internationale Klimapolitik wird dabei geprägt von einer überschaubaren Anzahl von langfristigen Grundpositionen und Ländergruppen, die sie vertreten.
30 [...]

Die Europäische Union

Die Europäische Union (EU) [...] spricht in der internationalen Klimapolitik mit einer Stimme. Trotz äußerst unterschiedlicher nationaler Voraussetzungen in der Energiegewinnung (z.B. vorwiegend Strom aus Kernenergie in Frankreich vs. fossile Energieträger in Polen), im Industriebereich sowie in den privaten Haushalten tritt die EU als Vorreiter in den internationalen Klimaverhandlungen auf. Sie hat sich im Rahmen des Kyoto-Protokolls auf eine gemeinsame Reduktionsverpflichtung geeinigt [...]. EU-Grundposition ist, Ziele und Verpflichtungen für eine zweite Verpflichtungsperiode nach 2012 voran zu treiben. Dabei steht die Einbindung großer Emittenten, zu denen neben den USA auch große Schwellenländer wie China und Indien gehören, im Mittelpunkt [...].
Auch außerhalb des UNFCCC-Prozesses bzw. im Vorgriff auf eine Post-2012-Verpflichtungsperiode bekennt sich die EU zur Klimapolitik: Im Dezember 2008 wurde[n] [...] die 20-20-20-Ziele festgeschrieben [...]. Demnach verpflichteten sich die Mitgliedstaaten, bis zum Jahre 2020 ihre Treibhausgasemissionen gegenüber 1990 um 20 Prozent zu reduzieren, den Anteil der erneuerbaren Energien am Gesamtverbrauch auf 20 Prozent bis 2020 zu erhöhen und eine Reduktion um 20 Prozent des EU-Energieverbrauchs (gemessen an den Prognosen für 2020) zu realisieren. Eine Senkung der Treibhausgasemissionen um 30 Prozent ist vorgesehen, für den Fall, dass andere Industrienationen außerhalb der EU ebenfalls vergleichbare Ziele anvisieren. [...]

Senken

Als Senken werden Ökosysteme bezeichnet, die geeignet sind, CO_2-Emissionen zu speichern. Diese Eigenschaft haben insbesondere Wälder, weshalb deren Aufforstung als Klimaschutzmaßnahme im Sinne des Kyoto-Protokolls definiert ist.

Flexibler Mechanismus

Vereinbarung des Kyoto-Protokolls, die es Industrieländern erlaubt, ihre Verpflichtung zur Emissionsreduktion auch im Ausland zu erbringen. So werden beispielsweise Investitionen, die ein Industrieland in einem Entwicklungsland tätigt, um dort die CO_2-Emissionen zu reduzieren (z.B. Einbau innovativer Filteranlagen) bzw. die Aufnahme von CO_2-Emissionen in Senken zu erhöhen (Aufforstungsmaßnahmen), auf die Reduktionsverpflichtungen des Industrielandes angerechnet.

Die USA und die JUSSCANNZ-Gruppe

Die stärkste Opposition gegenüber den internationalen Klimaverhandlungen kommt von den USA. Als bislang weltweit größter Emittent von Treibhausgasen und mit starken ökonomischen Interessen agierten die USA in den Verhandlungen um das Kyoto-Protokoll, aber auch in anderen Klimafragen kontinuierlich als „Bremser".

Zusammen mit den USA hat die Gruppe JUSSCANNZ lange Zeit die Klimaverhandlungen blockiert bzw. behindert. Der Begriff JUSSCANNZ steht als Akronym für die Staaten Japan, die USA, Schweiz, Kanada, Australien, Norwegen und Neuseeland. Diese OECD-Staaten haben sich im Rahmen der Klimaverhandlungen in Kyoto durch eine ablehnende bzw. blockierende Verhandlungshaltung hervorgetan. Dies erklärt sich vor allem durch ihre starke Affinität zu fossilen Energieträgern (durch Rohstoffvorkommen und einer vorwiegend auf fossilen Energien basierenden Wirtschaft), wodurch sie bindende Verpflichtungen zu Klimaschutzzielen ablehnen. [...]

Die Einbindung der „Bremser" [in den COP-Prozess] war mit einer Reihe von Zugeständnissen verbunden. Hier sind zum einen die Anrechnung der so genannten Senken zu nennen, worauf vor allem Russland und die USA gedrängt haben. Das Protokoll enthält keine Festschreibung strenger internationaler Sanktionen im Falle des Nicht-Einhaltens der Reduktionsverpflichtungen, wie es von einigen Staaten gefordert wurde. Wesentlicher Bestandteil der Forderungen der Gruppe war darüber hinaus die unlimitierte Anrechenbarkeit der flexiblen Mechanismen auf die nationalen Reduktionsziele [, denen später entsprochen wurde]. [...]

Die Schwellenländer

sind Staaten wie China, Indien oder Brasilien, die durch einen langjährigen wirtschaftlichen Aufschwung und damit verbundene hohe wirtschaftliche Wachstumsraten geprägt sind. Diese Entwicklung schlägt sich aber ebenfalls in steigenden Treibhausgasemissionen nieder; so steht China neben den USA an der Spitze der Treibhausgas-Emittenten [...]. So ist es nicht verwunderlich, dass für die Zeit nach 2012 die Einbindung dieser Schwellenländer ein Streitpunkt in den internationalen Klimaverhandlungen ist. Viele Länder fordern für die Schwellenländer ebenfalls verbindliche Reduktionsverpflichtungen, die diese mit dem Verweis auf die Klimarahmenkonvention [...] und den Anspruch auf eine aufholende wirtschaftliche Entwicklung bislang ablehnen [...].

Bei den Schwellenländern spielt die Sorge um die Gefährdung des Weiteren wirtschaftlichen Aufschwungs durch verpflichtende Reduktionsziele eine bedeutende Rolle. Vor diesem Hintergrund sind auch die beiden zentralen Forderungen zu sehen, auf die man sich [2007] in Bali verständigt hat. Zum einen handelt es sich um einen Technologietransfer, der die Reduktionsanstrengungen der Schwellenländer unterstützen soll und zum anderen um die Einrichtung eines Adaptionsfonds, der nach jahrelangen Verhandlungen beschlossen wurde. Durch den Grünen Klimafonds, der auf der COP in Cancun beschlossen wurde, sollen ab 2013 bis 2020 jährlich 100 Milliarden Dollar für die Entwicklungsländer bereitgestellt werden. [...]

Dagmar Kiyar, Internationale Klimapolitik. Ein komplexes Feld mit vielschichtigen Akteuren, www.bpb.de, 23.5.2013

Die „Entwicklungsländer" – keine homogene Gruppe

Die so genannten Entwicklungsländer sind keine homogene Gruppe. Bei internationalen Verhandlungen treten sie häufig als „Gruppe der 77 und China" (G77 und China) auf, um ihre Interessen zu vertreten. Staaten mit sehr unterschiedlicher wirtschaftlicher Entwicklung und unterschiedlichen Rohstoffvorkommen werden gemeinhin unter diesem Begriff zusammengefasst. Bei den internationalen Klimaverhandlungen unterteilt sich die G77 und China oftmals in vier Gruppen von Entwicklungsländern [...]:

Die erdölexportierenden Staaten (OPEC)

haben ein vitales Interesse an einer weiteren Ölförderung – und sie weisen auf Grund eines sorglosen Umgangs mit fossilen Brennstoffen für Entwicklungsländer hohe Treibhausgasemissionen auf. Bei den Klimaverhandlungen zeichnen sie sich durch ihre ablehnende Haltung aus. Grundposition ist die generelle Ablehnung des Klimaregimes aus wirtschaftlichen (Export) Interessen heraus. Die Teilnahme an den Klimaverhandlungen sichert die Möglichkeit der Einflussnahme ab. Katar, das Land mit dem höchsten CO2-Ausstoss pro Kopf weltweit, richtete 2012 den Klimagipfel aus.

Die Alliance of Small Island States (AOSIS)

ist ein Zusammenschluss von kleinen Insel-Staaten und niedrig liegenden Küstenstaaten. Durch ihre geographische Lage zählen sie zu den ersten Verlierern des Klimawandels: Durch den Meeresspiegelanstieg und zunehmende Unwetter sind sie unmittelbar in ihrer Existenz bedroht. Bedingt durch diese Lage, haben sie sich bereits 1994 [...] für eine Unterstützung bei Adaptions-Maßnahmen ausgesprochen. Grundposition dieser Staaten ist die Forderung nach einer wirksamen Klimaschutzpolitik mit deutlichen Reduktionszielen. AOSIS agiert damit quasi als „Gewissen" der Klimaverhandlungen und spielt eine wichtige Rolle dabei, den Ehrgeiz der Abkommen möglichst hoch zu halten. Ähnlich wie die AOSIS-Staaten gehören auch die Least Developed Countries (LDCs) zu den unmittelbaren Betroffenen des Klimawandels und setzen sich deshalb ebenfalls für merkliche Reduktionsziele ein.

M 2 ● Was bisher geschah: Meilensteine der Weltklimapolitik

2-Grad-Ziel der globalen Klimapolitik

bezeichnet das – seit dem Klimagipfel von Cancún (vgl. M 2) auch vertraglich verbindliche – Ziel, die maximale Erwärmung der Atmosphäre gegenüber den Durchschnittstemperaturen vor Beginn der Industrialisierung von 2° C nicht zu überschreiten, da damit nach Expertenmeinung ein unkontrollierter Klimawandel vermieden werden könne.

Wichtige Stationen internationaler Klimapolitik	Vereinbarungen
1992 Rio de Janeiro (Brasilien): Verabschiedung der UN-Klimarahmenkonvention	Die Klimarahmenkonvention erkennt als erster internationaler Vertrag den Klimawandel als ernstes Problem an und verpflichtet die Staatengemeinschaft zum Handeln.
1997 Kyoto-Protokoll (Japan)	Das Kyoto-Protokoll legt als wichtigstes Klimaabkommen die verbindliche Emissionsreduktion für die Industrieländer von mindestens 5,2 % bis 2010 im Vergleich zu 1990 fest.
2005 Montreal (Kanada) Inkrafttreten des Kyoto-Protokolls	Das Kyoto-Protokoll wird über 2012 hinaus festgeschrieben, neue Grenzwerte für Treibhausgasemissionen werden festgelegt. Die USA akzeptieren zwar das Ergebnis der Konferenz, ratifizieren das Kyoto-Protokoll aber nicht.
2009 Kopenhagen (Dänemark)	Ein Folgeabkommen für das Kyoto-Protokoll konnte mangels Einigkeit nicht verabschiedet werden. Im rechtlich nicht verbindlichen Copenhagen Accord wird als „Minimalkonsens" vereinbart, dass die Erderwärmung auf maximal 2°C im Vergleich zum vorindustriellen Zustand begrenzt werden soll.
2010 Cancún (Mexiko)	Der in Kopenhagen gescheiterte Versuch, ein rechtlich verbindliches Nachfolgeabkommen für das Kyoto-Protokoll zu beschließen, gelingt erneut nicht.
2011 Durban (Südafrika)	Das Kyoto-Protokoll wird verlängert. Reduktionsziele und Dauer dezweiten Verpflichtungsperiode zum Kyoto-Protokoll sollen 2012 in Katar festgelegt werden.
2012 Doha (Katar)	Kurz vor dem Scheitern konnte noch die Verlängerung des Kyoto-Protokolls bis 2020 durchgesetzt werden. Bis 2015 soll ein neues Abkommen vorbereitet werden, welches ab 2020 auch Entwicklungsländer verpflichtet, ihre Treibhausgasemissionen zu reduzieren.
2013 Warschau (Polen)	2015 soll in Paris ein Welt-Klimavertrag beschlossen werden, der Ziele für den CO_2-Ausstoß festschreibt, um die globale Erwärmung auf zwei Grad zu begrenzen. Zu diesem Zweck wurde in Warschau ein „Fahrplan" festgelegt.
2014 Lima (Peru)	Die UN-Klimakonferenz hat sich in einem Minimalkonsens auf erste Grundlagen für einen Weltklimavertrag verständigt. Die 195 Staaten verabschiedeten in Lima einen Beschlusstext, der aber nur sehr vage Kriterien für die nationalen Klimaschutzzusagen definiert, die im Frühjahr 2015 vorgelegt werden sollen.
2015 Paris: Weltklimavertrag/Paris-Abkommen	194 Staaten haben sich auf einen neuen Weltklimavertrag mit verbindlichen Klimazielen geeinigt. Erstmals vereinbarten Industrie- und Schwellenländer, dass alle gemeinsam gegen den Klimawandel vorgehen. Fast 190 Staaten haben ihre Klimaschutzpläne schon vorgelegt. Das Ziel: Die Erderwärmung auf weniger als zwei Grad Celsius zu begrenzen, womöglich sogar auf 1,5 Grad.
2016 Marrakesch (Marokko)	Am Rande der Weltklimakonferenz kündigen 45 vor allem kleinere und von Klimaschäden betroffene Staaten den Ausstieg aus Kohle, Öl und Gas bis 2050 an. Auch Deutschland gehört zu den Unterzeichnern der Erklärung. Auch wenn die Konferenz darüber hinaus keine weiterführenden offiziellen Vereinbarungen erzielt hat, wird diese Erklärung als Erfolg in der Klimapolitik gewertet.
Juni 2017	US-Präsident Donald Trump kündigt den Ausstieg der USA aus dem Weltklimavertrag von Paris an.

Autorentext

✪ M 3 ● Die Unwahrscheinlichkeit der Kooperation – Die Perspektive der Spieltheorie

Die globale Erwärmung nennt Kanzlerin Angela Merkel eine der „größten Menschheitsherausforderungen", laut US-Präsident Barack Obama ist sie sogar „die größ-
5 te Gefahr für die Menschheit". Große Worte. Doch sie haben alle denselben Haken: Das angesprochene Subjekt ist nicht real, nur ausgedacht. An den Verhandlungstischen der Klimakonferenzen sitzt nicht „die
10 Menschheit", sondern Regierungen einzelner Staaten. Und die streiten um Anteile am globalen Reichtum und an den Naturressourcen. Die Rettung des Klimas scheitert bislang, weil jeder Spieler für seine In-
15 teressen kämpft. Kein Wunder, dass eine bestimmte Disziplin sich herausgefordert sieht, dieses Dilemma zu lösen: die Spieltheorie, ein Zweig der Betriebswirtschaftslehre (BWL).
20 Der Aufbau des Spiels „Klimaschutz" ist kompliziert, aber klassisch: [Denn] das Klima [ist] kein privates Gut [, das durch staatliche Maßnahme geschützt werden kann] – es ist ein öffentliches, ein globales zumal.
25 Das bedeutet: Alle brauchen es, keiner kann von seiner Nutzung ausgeschlossen werden. [...] Der freie Zugang hat das Gut „Klima" überstrapaziert. Alle Staaten nutzen die Luft als kostengünstige Deponie der
30 CO_2-Abfälle der Produktion. Damit muss Schluss sein, die Belastung der Atmosphäre soll etwas kosten – so weit sind sich die staatlichen Teilnehmer am Spiel „Klimarettung" einig. Alle müssen kooperieren, da
35 kein Staat allein das Klima retten kann. Und alle brauchen ein intaktes Klima.
Doch keiner will dafür zahlen. Denn selbst wenn nur ein Staat Mittel für den Klimaschutz aufwendet, dann profitieren auch alle anderen davon. Nicht-Ausschließbar-
40 keit, nennen dies die Spieltheoretiker: Anders als beim Privateigentum kann man bei öffentlichen Gütern die anderen nicht von den Erträgen der eigenen Anstrengung ausschließen. Für jeden Spieler herrscht damit
45 ein Anreiz zum Trittbrettfahren. [...]
Damit ist die Welt in einem Zustand, den die Spieltheoretiker „Gefangenendilemma" nennen. Handelt jeder Spieler individuell rational, verzichtet er auf Klimaschutz. Da-
50 mit aber fehlt am Ende allen das begehrte öffentliche Gut: das intakte Klima. [...] „Nationalstaatliche Schläue führt zu globaler Blindheit", so der Potsdamer Klimaökonom Ottmar Edenhofer.
55
[...] Der Gipfel in Paris ist laut Ökonomen zum Scheitern verurteilt. Denn die Politik habe im Vorfeld alle Erkenntnisse der Spieltheorie missachtet, schreibt eine Gruppe internationaler Wissenschaftler [...].
60 Nach dem Verfahren des Pariser Gipfels muss jedes Land eigenständig seinen geplanten Beitrag zum Klimaschutz unterbreiten. Dieses Verfahren sei eine perfekte Einladung zum Trittbrettfahren, rügen die
65 Wissenschaftler. Jeder Staat habe einen Anreiz, möglichst wenig anzubieten, um die Kosten auf die anderen zu verlagern. Die Spieltheorie behält recht: Laut UN reichen die vorgelegten Zusagen der Länder
70 bei weitem nicht aus, um die globale Erwärmung auf die angepeilten zwei Grad Celsius zu beschränken.

Stephan Kaufmann, Gefangen in der Konkurrenz, Frankfurter Rundschau, 28.11.2015 (Beilage Klima-Spezial)

Aufgaben

1 Beschreiben Sie Verlauf und Ergebnisse der internationalen Klimapolitik seit 1992. (M 2)

2 Analysieren Sie die Klimaverhandlungen hinsichtlich der zentralen Konfliktgegenstände sowie der beteiligten Akteure und ihrer Interessen. (M 1 – M 2)

3 Erläutern Sie ausgehend von Ihren Ergebnissen Möglichkeiten und Grenzen der Kooperation in der internationalen Klimapolitik.

🄷 zu Aufgabe 1
Beachten Sie dabei insbesondere Unterschiede hinsichtlich der Vertragsinhalte sowie ihrer Reichweite (1992 – 1997 – 2015).

🄷 zu Aufgabe 2
Visualisieren Sie die Konfliktsituation (Akteure und Interessen) in einem Venn-Diagramm oder einem Strukturbild.

🄵 zu Aufgabe 3
Beziehen Sie die Annahmen der Spieltheorie (M 3) in Ihre Überlegungen ein.

5.1.2 Auf der Suche nach globaler Gerechtigkeit – Weltklima(politik) als Verteilungskonflikt

M 4 ● Welche Kriterien zur Verteilung klimapolitischer Lasten sind fair?

a) Wer soll Verantwortung für die Bewältigung des Klimawandels tragen?

Verur-sacherprinzip:
Für die Bewältigung von Klimaschäden – insbesondere also die Finanzierung von Anpassungsmaßnahmen etwa im Küstenschutz oder Sicherung landwirtschaftlicher Nutzflächen – sind vor allem deren Verursacher in die Pflicht zu nehmen. Staaten, die nicht als Verursacher des Klimawandels angesehen werden, wird damit möglicherweise das „Recht auf nachholende Entwicklung" zugestanden.

Kooperations- und Solidaritätsprinzip:
Der Schutz des Klimas als „Gemeinsames Erbe der Menschheit" ist – ähnlich der Bearbeitung anderer grenzüberschreitender Probleme – Aufgabe aller Staaten, die daher auf diesem Feld *kooperieren* sollen. Alle Staaten sollten in ihrem Handeln die Interessen anderer Staaten berücksichtigen (Solidarität). Eine Variante dieses Prinzips stellt die *gemeinsame, aber unterschiedliche Verantwortung* aller Staaten dar (vgl. „Verursacherprinzip").

b) Nach welchen Kriterien sollen klimapolitische Maßnahmen ausgestaltet werden?

Grandfathering:
Staaten und Unternehmen werden verpflichtet, die in einem Jahr x erzielten Umweltschutzmaßnahmen (bzw. emittierten Schadstoffe) in die Zukunft fortzuschreiben und diese nicht zu unterschreiben (bzw. zu überschreiten).

Benchmarking:
Staaten und Unternehmen werden verpflichtet, unabhängig von ihrem bisherigen Emissionsverhalten Zielmargen innerhalb eines vorgegebenen Zeitraums zu erreichen. Diese können beispielsweise auf wissenschaftlicher Grundlage (2-Grad-Ziel) festgesetzt werden.

Staaten als Eigentümer globaler öffentlicher Güter:
„Rechte" zur „Nutzung" (Verschmutzung, Emission) bzw. Reinhaltung globaler öffentlicher Güter wie intakter Ökosysteme (z. B. Ozeane) werden Staaten zugeteilt.

Individuen als Eigentümer globaler öffentlicher Güter:
„Rechte" zur „Nutzung" (Verschmutzung, Emission) bzw. Reinhaltung globaler öffentlicher Güter wie der sauberen Atmosphäre (Klima) werden Menschen zugeteilt. Aus dieser Vorstellung globaler Gerechtigkeit leitet sich u. a. der Budgetansatz (vgl. M 5) ab.

M 5 ● Der Budgetansatz – Grundlage für einen neuen Weltklimavertrag?

Um gefährlichen Klimawandel zu verhindern, muss die internationale Staatengemeinschaft den Ausstoß von CO2 aus fossilen Quellen durch Festlegung eines globalen Budgets begrenzen. [...] Der Wissenschaftliche Beirat der Bundesregierung Globale Umweltveränderungen (WBGU) schlägt für den Zeitraum 2010 - 2050 ein Globalbudget von 750 Mrd. t CO2 vor. Damit ließe sich die Klimaerwärmung mit einer Wahrscheinlichkeit von zwei Dritteln auf 2°C begrenzen. [...] Ist das Globalbudget bestimmt, muss es auf alle Staaten verteilt werden. Als Verfahren eignet sich eine gleiche Pro-Kopf-Verteilung. Aus den nationalen Emissionsbudgets lassen sich Minderungsziele ableiten, die an die laufenden Klimaverhandlungen anschlussfähig sind. Für eine gerechte Verteilung des globalen Budgets eignet sich das Gleichheitsprinzip. Aus diesem kann zwar kein individuell durchsetzbares Recht auf gleiche Pro-Kopf-Emissionen abgeleitet werden, es legt aber eine Orientierung an den Pro-Kopf-Emissionen nahe. Die Pro-Kopf-Emissionen errechnen sich aus dem globalen Budget und der Weltbevölkerung in einem politisch festzulegenden Referenzjahr. Eine Weltbevölkerung von 6,9 Mrd. Menschen im Jahr 2010 und ein Globalbudget von 750 Mrd. t CO2 ergeben bis 2050 durchschnittlich erlaubte jährliche Pro-Kopf-Emissionen von rund 2,7 t CO2 [aktuell etwa 4,5 t]. [...] Nationale Emissionsbudgets leiten sich aus der Größe der nationalen Bevölkerung ab. Deutschland hätte bei einer für das Jahr 2010 geschätzten Bevölkerung von 82,2 Mio. ein nationales CO2-Budget von 9 Mrd. t. Wie schnell ein Staat das nationale Budget verbraucht, bestimmen seine Emissionen und somit maßgeblich seine Anstrengungen im Klimaschutz. Blieben die momentanen jährlichen CO2-Emissionen von etwa 0,9 Mrd. t in Deutschland unverändert, wäre das Budget [...] in zehn Jahren verbraucht (siehe Tabelle).

Wissenschaftlicher Beirat der Bundesregierung Globale Umweltveränderungen, Sondergutachten 2009, Factsheet 3/2009, S. 2

	Anteil an Weltbevölkerung im Jahr 2010 (Schätzung) [%]	Budget 2010-2050 [Mrd. t CO_2]	Emission im Jahr 2008 (Schätzung) [Mrd. t CO_2]	Reichweite des Budgets bei jährlichen Emissionen wie 2008 [Jahre]
Deutschland	1,2	9,0	0,91	10
USA	4,6	35	6,1	6
China	20	148	6,2	24
Indien	18	133	1,5	88
Burkina Faso	0,24	1,8	0,00062	2.892
Welt	100	750	30	25

Aufgaben

❶ Welche Kriterien zur Verteilung klimapolitischer Lasten sind fair (und effizient)?

a) Wählen Sie diejenigen Kriterien aus, die Sie der zukünftigen globalen Klimapolitik zugrunde legen möchten. Diskutieren Sie Ihre Auswahl im Kurs. (M 4)

b) Ordnen Sie diese Kriterien den klimapolitischen Akteuren zu. (M 1)

❷ Erläutern Sie – vor dem Hintergrund der Interessenkonflikte in der internationalen Klimapolitik – die (intendierte) Funktionsweise des Budgetansatzes. (M 1, M 2, M 5)

❸ Erörtern Sie – auch aus gerechtigkeitstheoretischer Perspektive – den Budgetansatz als eine Strategie zur Bewältigung bzw. Eindämmung des Klimawandels und seiner Folgen. (M 4, M 5)

5.2 Effizient und demokratisch? Die Institutionalisierung der Weltklimapolitik

Basiskonzepte	Fachkategorien	Leitfragen
System und Struktur	Institutionen	· Welche Institutionenordnung ist für ein effizientes und demokratisches Regieren in der Weltklimapolitik geeignet?

5.2.1 Fragmentiert und ineffizient? Strukturen des Weltregierens im Umweltsektor

M 1 ● Die Governance-Architektur der Weltklimapolitik

Zum Verständnis der Global-Governance vgl. Kap. 4.1.3.

Seit der „Entdeckung" des Umweltproblems wurden in unterschiedlichen institutionellen Kontexten Organisationen und Vertragswerke etabliert, die auf internationaler Ebene einen nachhaltigen Umwelt- und Klimaschutz sicherstellen sollen:

Weltklimapolitik in und abseits der UN

Programme und Organisationen der UN — Ozonregime — **Multilaterale Verträge und Regime** — Biodiversitätsregime (CBD)

Umweltprogramm der Vereinten Nationen (UNEP)	Hochrangiges Politisches Forum für Nachhaltige Entwicklung (HLPF)	Klimaregime, bestehend aus ...	
		Zwischenstaatliches Panel über den Klimawandel (IPCC/ „Weltklimarat")	Klimarahmenkonvention (UNFCCC)
· 1972 von der Generalversammlung eingesetzt · Sitz in Nairobi · als Programm dem Wirtschafts- und Sozialrat (ECOSOC) zugeordnet · kein eigener Haushalt, Finanzierung vor allem aus freiwilligen Beiträgen der UN-Mitgliedstaaten · 58-köpfiger Verwaltungsrat, nach regionalem Schlüssel von Generalversammlung gewählt, Stimmenmehrheit für Entwicklungs- und Schwellenländer · Aufgaben vor allem im Bereich der Umweltmonitorings/der Berichterstattung, aber keine Zuständigkeit für Verträge o.ä.; dennoch Relevanz als umweltpolitischer Agenda-Setter	· Seit 2013 Nachfolgeorgan Kommission für Nachhaltige Entwicklung (CSD) · Als Kommission dem Wirtschafts- und Sozialrat zugeordnet (ECOSOC) · Bis 2013: 53 nach regionalem Schlüssel gewählte Mitglieder · Ab 2013: Alle UN-Mitgliedstaaten nehmen an Verhandlungen teil (alle vier Jahre auf der Ebene der Staats- und Regierungschefs, jährlich auf Ministerebene) · Führungsrolle für Nachhaltigkeitspolitik, v.a. Evaluierung der Verpflichtungen im Zusammenhang der Agenda-Politiken (Agenda 21, Agenda 2030).	· 1989 u.a. auf Betreiben des UNEP eingesetzt · Wissenschaftliche Expertise zu Fragen des (anthropogenen) Klimawandels (Ursachen, aktuelle Entwicklungen, Prognosen/Folgenabschätzung)	· In der Nachfolge des Erdgipfels von Rio (1992) von 193 Staaten sowie der EU ratifiziert · Gemeinsame Verpflichtung auf das Ziel der „Stabilisierung der Treibhausgaskonzentration in der Atmosphäre auf ein [...] Niveau [...], auf dem eine gefährliche Störung des Klimasystems verhindert wird" (Art. 2) · Jährliche Vertragsstaatenkonferenzen (COPs, z.B. Klimagipfel von Paris 2015) unter Einbeziehung substaatlicher (Kommunen) und nicht-staatlicher Gruppen (NGOs) · Entscheidungsfindung auf dem Verhandlungswege unter Wahrung des Konsensprinzips

Autorengrafik

M 2 ● Wer ist dabei? Die Rolle zivilgesellschaftlicher Akteure in der Weltklimapolitik

[Bei den Weltklimagipfeln agieren] drei Hauptgruppen [der Zivilgesellschaft]: die Umwelt/Naturschutz/Entwicklungshilfe-NGOs, die Jugend-Gruppen (wie das Arab Youth Movement) und Wirtschaftsverbände wie zum Beispiel die Internationale Handelskammer. In den Sitzungen treten alle NGOs immer als Teil einer dieser drei Gruppen auf. [...]

Wenn im Rahmen der Klimaverhandlungen Sprechzeit an die NGOs gegeben wird, hat je nach Session entweder nur eine dieser drei Hauptgruppen Rederecht oder je ein Vertreter jeder Gruppe. Innerhalb der Gruppen wird vorab festgelegt, wer in der jeweiligen Sitzung das Rederecht wahrnimmt und natürlich wird möglichst versucht, vielen eine Chance zu geben. Der größte Teil der Lobby-Arbeit findet aber daher außerhalb der Verhandlungsräume statt.

In sogenannten „Bilaterals" diskutieren NGO-Vertreter mit Länderdelegierten in Einzelgesprächen ihre Positionen. Bei welchem Thema darf man vielleicht nachsichtiger sein, um sich bei etwas anderem durchzusetzen. Welche Länder vertreten ähnliche Ziele, mit denen man gemeinsam arbeiten kann? Manche Länder laden auch zum Großtreffen mit allen NGOs ihres Landes ein, um dort Argumente und Strategien auszutauschen. Natürlich laufen sich Delegierte und NGO-Teilnehmer auch immer wieder spontan im Konferenzcenter über den Weg – an der Kaffeebar, im arabischen Zelt-Restaurant, beim Rauchen.

www.wwf.de, 30.11.2012

M 3 ● Basisdemokratie vs. professioneller Politikstrategie: NGOs als klimapolitische Akteure

Der Politikwissenschaftler Sören Köpke (TU Braunschweig) berichtet über die Arbeit der NGOs während des UN-Klimagipfels von Warschau (2013):

Eine riesige Lunge aus Plastik schwebt über den Köpfen der Demonstrierenden: Eines der Bilder, die rund um den UN-Klimagipfel 2013 in Warschau entstanden sind. Am ersten Tag [...] protestieren etwa 120 NGO-Aktivisten vor den Türen des polnischen Wirtschaftsministeriums. Das Aktionstheater [...] die Konfliktparteien: Böse Lobbyisten werfen mit dreckigem Geld und Versprechen von „sauberer" Kohle um sich. Umweltschützer, Mediziner, Normalbürger solidarisieren sich – am Ende ist die Lunge Symbol für die Befreiung von den Lobbyisten.

Die anwesende Presse honoriert das Spektakel. Diese Bilder sind interessanter als Aufnahmen von übermüdeten Delegierten, die auf dem Gipfel im Nationalstadion um Formulierungen ringen. NGOs wie Friends of the Earth oder WWF wiederum sehen in der Produktion von kraftvollen Bildern für die Medien ihre hauptsächliche Chance, die Weltöffentlichkeit auf ihre Anliegen aufmerksam zu machen. Eine verhältnismäßig kleine Szene von Aktivisten ist daher in diesen Tagen unermüdlich mit der Planung und Durchführung von Aktionen beschäftigt. [...] Adressaten sind nationale Delegationen, aber vor allem eben: Die Medien. Diese berichten nur konjukturell über Klimapolitik. Darum wird anlässlich von UN-Gipfeln jede Möglichkeit genutzt, Öffentlichkeit herzustellen.

Die NGOs ziehen [aber] nicht immer an einem Strang: An diesem Montag steht einige Meter weiter eine Greenpeace-Gruppe mit einem Banner vor dem Ministerium, während die Feuerwehr Kletterer der Organisation vom Dach holt. Die eigene Marke zu platzieren, hat also auch eine gewisse Priorität in der Kommunikationsstrategie. [Ebenfalls] fand in Warschau [eine] Groß-

demonstration der Zivilgesellschaft statt. Nur: Von Großdemonstration kann eigentlich nicht die Rede sein. Etwa 3.000 Men-
50 schen hatten sich versammelt, um zu verdeutlichen, dass es so nicht weitergeht; dass die bisherigen Ergebnisse aller Klimagipfel niemals reichen werden, die Welt auch nur auf das Minimalziel einer 2°-Erwärmung
55 hinzusteuern. [...] Die Schwäche der Demonstration verdeutlicht auch die Schwäche der Umweltbewegung im Gastgeberland Polen; ein Land, dessen Energiepolitiker voll und ganz auf den
60 schmutzigen Kohlestrom setzen. [...] Doch [...]: Die meisten NGO-Vertreter, die nach Warschau gereist sind, sind keine Polen.
An diese Erkenntnis schließt sich eine Frage an: Wie stark ist die Bewegung für mehr,
65 für gerechteren Klimaschutz? Gibt es diese Bewegung überhaupt? [...] Wenn es eine Bewegung gibt, so ist sie [...] nicht unwesentlich dominiert von den institutionell etablierten, legalistisch [im vorgegebenen
70 rechtlichen Rahmen] operierenden großen Umwelt-NGOs [...]. Offene, netzwerkartige [...] Organisationsstrukturen existieren [...] in Warschau noch weniger als 2009 in Kopenhagen, als die antiautoritäre linke Szene

in Deutschland und Dänemark das Thema 75 „Klimapolitik" für sich entdeckt hatte. Genaugenommen gibt es eine Art informeller Arbeitsteilung zwischen den NGOs: Während die Mitglieder der einen eher als Aktivisten auftreten und dem Protest Na- 80 men und Gesicht geben, agieren die anderen als Lobbyisten und Berater für ehrgeizige klimapolitische Ziele. Insbesondere in der Gruppe der Inselstaaten, die vom steigenden Meeresspiegel besonders betroffen 85 sind (AOSIS), und in den am wenigsten entwickelten Ländern (LDCs) haben sie hier dankbare Partner gefunden. Die entwicklungspolitischen NGOs haben also eine wichtige Funktion als Politikberater für die 90 personell besonders schwach aufgestellten Staaten des Globalen Südens. Kritisch muss man allerdings anmerken: Es sind auch hier meistens Vertreter des Nordens, die diese Lobbyarbeit betreiben. Süd-NGOs sind ten- 95 denziell marginalisiert, da sie oft nicht über die Mittel verfügen, Aktivisten nach Europa zu senden.

Sören Köpke, Walk Out, Stay In, Come back? Ohnmacht und Kampfgeist der Zivilgesellschaft, AG Junge Forschung in der Deutschen Gesellschaft für die Vereinten Nationen e.V. (DGVN), https://jungeforschung.wordpress.com, 20.12.2013

M 4 ● Die Macht der Lobbyisten? Wirtschaftsverbände als klimapolitische Akteure

Vor einigen Luxushotels in Paris hängen in diesen Tagen ungewöhnliche Fahndungsplakate. Gesucht wird ausnahmsweise nicht nach Terroristen, sondern nach den sieben
5 größten „Klimakriminellen". So jedenfalls nennt die Umweltorganisation Avaaz die aus ihrer Sicht gefährlichsten Wirtschaftslobbyisten, die auf der Klimakonferenz in Paris aktiv sind. [...]
10 Mit einer ähnlichen Aktion hatte Greenpeace bereits vor vier Jahren bei der Klimakonferenz in Durban auf das „Dreckige Dutzend" der bedeutendsten Wirtschaftslobbyisten aufmerksam gemacht. Diese sie-
15 ben beziehungsweise zwölf Personen sind aber nur die Spitze des Eisbergs. Schätzun-

gen gehen von mehreren Hundert Lobbyisten aus. Dass man nicht einmal die genaue Zahl kennt, ist nach Ansicht von Martin Kaiser, Leiter Internationale Klimapolitik 20 bei Greenpeace, ein Teil des Problems:
„Das wäre natürlich sehr schön, wenn man die Lobbyisten in einer Liste verzeichnet hätte, und man könnte dann gleich überprüfen, wer für wen arbeitet. Sie sind aber leider 25 sehr aufgeteilt, einmal in der Gruppe der Beobachter, und einmal versteckt in den Regierungsdelegationen. Wir wissen von Saudi-Arabien, von Venezuela, von Polen, auch von europäischen Ländern, dass da Lobby- 30 isten mit drin sitzen. Und das spiegelt sich dann auch in den Verhandlungen wider."

Das heißt: Die Wirtschaftsvertreter versuchen nicht nur, auf den Gängen und in Hin-
35 terzimmern die Delegationen zu beeinflussen. Sie sitzen zum Teil auch direkt mit am Verhandlungstisch. Aber können sie tatsächlich eine Klimakonferenz von 195 Staaten zum Scheitern bringen? Christoph
40 Schott von Avaaz bejaht das:

„Wir wissen ja bei so einer Entscheidung, dass wenn nur ein Land sein Veto einlegt und nicht dabei ist, das vielleicht schon reicht. Das heißt, wenn die Lobbyisten sich
45 auf die richtigen Länder konzentrieren, dann kann es sein, dass sie damit auch so viel Einfluss haben, dass es am Ende zu keiner Entscheidung kommt."

Auch Umweltverbände und andere Nichtre-
50 gierungsorganisationen sind in Paris vertreten, betreiben in gewisser Weise Lobbyarbeit. Aber sie tun das nicht für einzelne Unternehmen, nicht für Wirtschaftsinteressen, sondern im Sinne der Allgemeinheit,
55 sagen sie. Und vor allem sei ihre Arbeit öffentlich und transparent, während die Lobbyisten der Öl-, Gas- und Kohleindustrie weitgehend im Verborgenen arbeiteten. Greenpeace-Klimachef Kaiser fordert des-
60 halb harte Maßnahmen gegen die Wirtschaftslobbyisten – bis hin zum Ausschluss von der Klimakonferenz.

„Es müsste einen ‚Code of Conduct‘ aller Regierungen geben, der verhindert, dass Wirtschaftsvertreter mit in der Delegation 65 sitzen und damit den direkten Einfluss auf die Positionen verhindern. Es müsste zum zweiten ein öffentliches Verzeichnis darüber geben, welche Lobby-Gespräche von Regierungsvertretern stattfinden, um so 70 Transparenz zu schaffen. Und drittens sollte man aus unserer Sicht die Vertreter der fossilen Energien und Industrien einfach ausschließen."

Jürgen Döschner, Lobbyisten entscheiden mit beim Klima, www.tagesschau.de, 8.12.2015

Fahndungsplakate der Umweltorganisation Avaaz mit den 7 größten „Klimakriminellen", Paris, 2015

Aufgaben

1 Insgesamt „ist ein Trend zu einer institutionell fragmentierten Weltklimapolitik erkennbar, in dem Chancen zu einer konstruktiven Problembearbeitung ebenso erkennbar werden wie erhebliche Risiken [in Folge struktureller Blockaden]." (Steffen Bauer, Globale Trends 2013)

   a) Charakterisieren Sie ausgehend von diesem Zitat die gegenwärtige „Architektur" der Weltklimapolitik. (M 1)

   b) Erläutern Sie vor diesem Hintergrund die bisherigen Erfolge und Misserfolge der Weltklimapolitik. (vgl. Kap. 5.1, M 2)

2 a) Analysieren Sie die Ziele und Strategien zivilgesellschaftlicher Akteure, die an Weltklimagipfeln gemäß Klimarahmenkonvention teilnehmen. (M 2 – M 4)

   b) Erörtern Sie die Zulassung zivilgesellschaftlicher Akteure bei Weltklimakonferenzen.

F zu Aufgabe 1 a und 2 b
Nutzen Sie hierfür auch Ihre Kenntnisse zur „Global Governance"-Debatte. (vgl. Kap. 4.1.3)

5.2.2 Weltorganisation oder Club der Vorreiter? Zukunftsentwürfe für Institutionen der Weltklimapolitik in der Diskussion

M 5 ● Institutionelle Reformen der Klimapolitik: Gründung einer Weltklimaorganisation

*Im Zusammenhang des geplanten Weltklima-
vertrages werden auch Modelle einer institutionellen Reform der Klimapolitik diskutiert. Im Folgenden wird die Gründung einer*
5 *Weltklimaorganisation (OCE) als Sonderorganisation der UN vorgestellt:*
Der institutionelle Aufbau der OCE [Orga-
nization for Climate and Environment] besteht aus vier Säulen:
10 Die erste Säule soll die fachliche Kompetenz
der Organisation gewährleisten und wissenschaftliche Beratung und Bewertung
ermöglichen. Hierzu wird die Einrichtung
einer Klima- und Umweltkommission [...]
15 vorgesehen [...].
Im Zentrum der OCE steht die Klimaorganisation [...]. Sie repräsentiert die politische
Säule und setzt sich aus dem OCE-Sekreta-
riat [...], einem [...] Generaldirektor [...] und
20 der Koordinationsstelle [...] zusammen. Des
Weiteren ist ein Forum für Nichtregierungsorganisationen und [...] vorgesehen.
Kern der Klimaorganisation bildet der Kli-
ma- und Umweltrat [...] und die jährlich
25 stattfindenden UN-Klimakonferenzen.
Die Klimabank (Climate Bank) repräsentiert
die ökonomische Säule der OCE und soll die
Etablierung eines globalen Emissionshan-
dels koordinieren. [...]
30 Die Klimaorganisation bildet den organisatorischen Kern der OCE [...]. [...]
Auf der Klimakonferenz informiert der Kli-
ma- und Umweltrat die Mitglieder über Erfolge [...] der [...] internationalen Klimapo-
35 litik. Umgekehrt können die Mitglieder der
Konferenz den Klima- und Umweltrat be-
auftragen, ergänzende Klimaabkommen
oder Klimaschutzgesetze vorzubereiten. Die
Mitglieder der COP stimmen darüber nicht
40 nach dem gängigen one state-one vote-
Prinzip ab. Stattdessen soll das Stimmenge-

wicht der Staaten proportional zur Bevölkerung festgelegt werden, wobei vermieden
werden muss, dass kleine Staaten ein zu
geringes Stimmgewicht erhalten. [...] Des 45
Weiteren sollte in den Abstimmungen vom
Konsensprinzip Abstand genommen werden. Abkommen sollten durch Mehrheits-
entscheide zustande kommen, um die Ent-
scheidungsfähigkeit des Gremiums zu 50
stärken. [...]
Auf der Conference of the Parties werden
alle sechs Jahre die Mitglieder des Klima-
und Umweltrates [...] gewählt. Um die Unabhängigkeit des Gremiums zu gewährleis- 55
ten ist eine Wiederwahl nicht möglich. Der
Rat soll die partikularen Interessen der Mitgliedstaaten ausgleichen und zu einem unabhängigen Entscheidungsgremium der
OCE werden. Aus seiner Stellung geht ein- 60
deutig hervor, dass er [...] wesentlich an der
Rechtsentwicklung beteiligt ist. Der Rat ist
dazu befähigt, den Mitgliedstaaten aus eigener Initiative internationale Klimaschutzgesetze vorzuschlagen[...]. [...] Er ist 65
mit wesentlichen Kompetenzen hinsichtlich der Ausgestaltung von Klimaschutz-
maßnahmen betraut und kann [...] lokale,
regionale und internationale Klimaschutz-
maßnahmen veranlassen, wofür er die Ho- 70
heit über die Verteilung der Mittel aus den
Fonds erhält. Alle Verpflichtungen, die über
die Reduzierung der nationalen Treibhaus-
gasbudgets hinausgehen, sind vom Rat zu
definieren [...]. So soll vermieden werden, 75
dass Klimapolitik zu einem Abbild nationaler Interessen verkümmert und auf den
kleinsten gemeinsamen Nenner reduziert
wird.

*Janine Bentz-Hölzl, Der Weltklimavertrag. Verantwor-
tung der internationalen Gemeinschaft im Kampf gegen
den Klimawandel, Wiesbaden 2014, S. 193–198*

M 6 ● Klimaclubs – eine realpolitische Alternative?

Der Sozialwissenschaftler Thorsten Hippe geht davon aus, dass angesichts der Konflikt-konstellation der Weltklimapolitik (vgl. 5.2.1) „große Würfe" derzeit nicht möglich sind,
5 *und stellt die alternative Gründung von „Klimaclubs" zur Diskussion:*

Der [...] Gedanke, dass ein Club von Klima-pionierstaaten durch Einsatz konditionaler ökonomischer „carrots" und handelspoliti-
10 scher „sticks" Klimazauderer-Staaten unter Druck setzt, könnte in der Tat die einzige viel versprechende Vorgehensweise sein, [das Klima nachhaltig] zu schützen.
Klimaclubs haben verhandlungsprozedural
15 gegenüber dem bisherigen Prozess im Rah-men der UNFCCC den Vorteil, dass sie nicht auf den Konsens aller Staaten der Welt an-gewiesen sind, sodass klimaschutzfreund-liche(re) Staaten im Verhandlungsprozess
20 keine Rücksicht auf das Veto obstruktiver [bremsender, sicher verweigernder] Staaten nehmen müssen. Die Wahrscheinlichkeit, sich auf mehr als den „kleinsten gemeinsa-men Nenner" zu einigen, nähme so zu [...].
25 Daraus entspringende „narrow-but-deep"-Verträge mit einer zunächst begrenzten Mitgliederzahl können dann – ausgehend von bei der Gründung festgeschriebenen, [...] Mindeststandards – im Laufe der Zeit
30 um weitere Mitglieder wachsen, wie es auch beim GATT und der EU der Fall war [...]. Prominente Ansätze zur Gründung von Klimaclubs fokussieren sich jedoch oft al-lein auf „sticks" [...] als Anreizinstrument,
35 ohne dass klar wird, worin das positive „Club-Gut" [...] bestehen soll, das der Club

allen Mitgliedern (aber nur diesen exklusiv) gewährt. [...] Bloße „side-payments" für Entwicklungsländer sind kein Club-Gut,
40 sondern ein Umverteilungsinstrument, das die Attraktivität des Club-Beitritts für rei-che Länder schmälert, [...]. Ein denkbares, echtes Club-Gut könnte dagegen eine soli-darische „Klimakatastrophen-Versicherung"
45 darstellen. Die Mitgliedstaaten des Klima-Clubs würden dazu Mitgliedsbeiträge in einen gemeinsamen Versicherungsfonds einzahlen, der [...] bei Eintritt eines klima-bedingten Katastrophenschadens in einem
50 Mitgliedsstaat finanzielle Hilfen zu dessen Bewältigung zahlt. Diese potentiell sehr fi-nanzgewaltige, Abdeckung dieses einzel-staatlichen Risikos („risk sharing"), wäre grundsätzlich für jeden Staat ein genuiner
55 „benefit", der einen klaren positiven Anreiz zur Partizipation an substantiellen Klima-schutzverträgen bietet, [...]. Die genauen Versicherungskonditionen [...] wären ge-meinsam festzulegen. Von zentraler Bedeu-
60 tung wäre der strikt konditionale, d.h. ex-klusive Zugang zu den Versicherungsleis-tungen: Auszahlungsberechtigt sind nur Mitglieds-Staaten, und die Höhe der Aus-zahlung richtet sich proportional zur Länge
65 der bisherigen Mitgliedschaft. Nicht-Mit-gliedsstaaten müssen sich im Katastro-phenfall selbst helfen bzw. auf die heute existenten, begrenzten Hilfskanäle vertrau-en.

Thorsten Hippe, Herausforderung Klimaschutzpolitik. Probleme, Lösungsstrategien und Kontroversen, Opla-den 2016, S. 244–246.

Aufgaben

1. a) Beschreiben Sie das vorliegende Modell einer institutionellen Reform in der Weltklimapolitik. (M 5)
   b) Erläutern Sie (mögliche) Vor- und Nachteile des Organisationsmodells hinsichtlich ihrer politischen Gestaltungs- und Durchsetzungsfähigkeit sowie globalen Anerken-nung bzw. Legitimität.
3. Beurteilen den Vorschlag zur Gründung einer Weltklimaorganisation vor dem Hinter-grund der bisherigen Leistungen sowie der Herausforderungen globaler Umweltpolitik.
⭐ 4. Erörtern Sie Thorsten Hippes Alternativvorschlag der Etablierung eines Klima-Clubs. (M 6)

F zu Aufgabe 1 b
Berücksichtigen Sie dabei auch spiel-theoretische Überlegun-gen und/oder Aspekte zur Beurteilung (internationaler) politischer Institutionen (vgl. Kap. 4.2.1).

**Klimawandel –
Ausmaß,
Ursachen, Folgen**
Kap. 5.1, M 1

Der gegenwärtige globale **Klimawandel**, der im Kern in einer langfristigen Erwärmung der Erdatmosphäre besteht, wird nachweisbar zum größten Teil durch menschliche Aktivitäten verursacht, die in eine erhöhte Zunahme sog. Treibhausgase (vor allem CO_2) in der Atmosphäre münden. Aufgrund des nur langsamen Abbaus dieser Gase ist kurzfristiges Handeln zur Bekämpfung des Klimawandels gefordert. Dies gilt umso mehr, als der Klimawandel nicht allein eine ökologische Herausforderung, sondern gleichermaßen eine Gefahr für den Weltfrieden darstellt. In Folge des Ansteigens des Meeresspiegels sowie Dürre und Ausweitung von Wüsten kann es zukünftig Verteilungskonflikte um die knapper werdenden Ressourcen wie Wasser und fruchtbares Land geben. Zudem ist eine Zunahme der (klima- und/oder armutsbedingten) Migration zu erwarten.

**Globale
Klimapolitik**
Kap. 5.1, M 2, M 4
Kap. 5.2, M 1 – M 4

Um ein Fortschreiten des Klimawandels aufzuhalten, werden **Weltklimakonferenzen** im Rahmen der Vereinten Nationen abgehalten. Die Klimarahmenkonvention der Konferenz von Rio de Janeiro 1992 gilt als historisch bedeutsamer Grundstein der internationalen Klimapolitik. Das 1997 verabschiedete und 2005 in Kraft getretene **Kyoto-Protokoll** führt als erstes Abkommen verbindliche Ziel- und Zeitvorgaben für die Emissionsreduktion in Industrieländern auf, die jedoch vielfach nicht erreicht werden konnten. Verhandlungen um einen Nachfolgevertrag kamen bislang über Absichtserklärungen kaum hinaus, da sich die Verhandlungen aufgrund der erheblichen **Interessendivergenzen** zwischen Industrie-, Schwellen- und Entwicklungsländern bzw. zwischen Verursachern und Opfern des Klimawandels nicht überwinden ließen. Die Frage, welche Staaten die größeren Anstrengungen bei der Bewältigung des Klimawandels (z.B. Verursacherprinzip) unternehmen sollten, ist auch aus **gerechtigkeitstheoretischer** Perspektive (Recht auf nachholende Entwicklung, Pro-Kopf-Emissionen) umstritten.

**Spieltheorie –
ein Modell zum
Verständnis
globaler Verhandlungssituationen**
Kap. 5.1, M 3

Die Blockaden der globalen Klimapolitik lassen sich mithilfe der Spieltheorie erklären. Klimapolitische Anstrengungen sind für einen Staat nur dann *effizient*, wenn andere Staaten gleichzeitig ebenfalls Emissionsreduktionen vornehmen. Andernfalls würde dieser Staat zugleich erhöhte Kosten für die Emissionsreduktionen aufwenden und unter den Folgen der – grenzüberschreitenden – Emissionen anderer Staaten leiden (Gefangenendilemma). Globale Klimapolitik bedarf aus dieser Perspektive sanktionsfähiger Institutionen und Instrumente globaler Reichweite.

**Institutionenordnung für effiziente
und demokratische Weltklimapolitik**
Kap. 5.2, M 5, M 6

Angesichts der Blockaden in der Weltklimapolitik, die die Lebensbedingungen zukünftiger Generationen gefährden, werden nicht nur konkrete Maßnahmen der Klimapolitik (policy) diskutiert, sondern auch **institutionelle Ordnungen** (polity), die Anreize für eine klimafreundliche Kooperation von Staaten setzt. Dabei lassen sich idealistische bzw. institutionalistische Ansätze einer **Weltklimaorganisation**, die sich an Vorbildern in anderen Politikfeldern (Gesundheit/WHO) orientiert, von realistischen Modellen eines **Klimaclubs** unterscheiden, der Klimaschutz als exklusives Gut für Mitglieder organisiert und auf diese Weise Anreize zur Mitgliedschaft setzt.

Der Grüne Klimafonds – ein Modell zur Koordinierung globaler Gemeinschaftsgüter?

Auf dem Klimagipfel von Durban gab es einen Lichtblick, der in der Öffentlichkeit kaum Beachtung fand: Der Grüne Klimafonds wurde gegründet. [...] Der Fonds, aus
5 dem die Entwicklungsländer ab 2020 [...] jährlich insgesamt 100 Milliarden US-Dollar für Anpassungsmaßnahmen an den unvermeidlichen Klimawandel und für Maßnahmen zur Reduzierung von Klima-
10 gas-Emissionen erhalten sollen. [...]
Ähnlich wie IWF und Weltbank wird der Fonds ein Leitungsgremium von 24 Exekutivdirektoren haben, wobei jeder Sitz im Direktorium eine Gruppe von Ländern ver-
15 tritt. Anders als bei den Washingtoner Institutionen wird der Grüne Klimafonds in seinem Leitungsgremium allerdings paritätische Mehrheitsverhältnisse haben: Die Entwicklungsländer haben gleich viel Sitze
20 wie die Industrieländer, und im Unterschied zu IWF und Weltbank werden die Sitze nicht nach Anteilen an der Finanzierung verteilt, sondern [...] nach dem Prinzip der Repräsentanz der Weltregionen. [...] Im
25 nächsten Jahr sollen bereits viele wichtige Fragen im Zusammenhang mit der Gestaltung des Klimafonds geklärt werden. Die Leitung und die Zusammensetzung des Direktoriums, die Finanzierungsinstrumente
30 und die Verteilung der Mittel auf verschiedene Verwendungen. Klar ist, dass ein Teil der Mittel als Zuschüsse für die Anpassung an den Klimawandel an die ärmsten Länder fließen wird.

Zweifellos wird ein weiterer Teil der Mittel 35 als Hebel zur Mobilisierung von privaten Investitionen genutzt werden müssen, weil die riesigen benötigten Summen etwa für Investitionen in die Transformation des Energiesektors in Entwicklungsländern 40 ganz überwiegend nicht aus öffentlichen Haushalten, sondern nur über die Kapitalmärkte aufgebracht werden können. [...]
Die G20 mit ihrem umfassenden Anspruch, Politiken für ein nachhaltiges Wachstum 45 der Weltwirtschaft zu koordinieren, müsste dazu imstande sein, die zukünftige Finanzarchitektur für die globalen Gemeinschaftsgüter zu thematisieren. [...] Die G20 ist auch deshalb das richtige Forum dafür, weil nur 50 dort der post-koloniale Diskurs überwunden werden kann, der die Wohlhabenden im Norden zum Finanzausgleich für die Armen im Süden heranzieht. In einer Zeit wachsender Ungleichheit in und zwischen 55 den Ländern muss auch der neu gewonnene Reichtum in den Schwellenländern einen Beitrag zum Gemeinwohl leisten, in den Ländern selbst und im globalen Kontext. Deshalb sind internationale Abgaben auf 60 CO_2-Emissionen oder Finanztransaktionen, zu denen nicht nur die Industrieländer beitragen, geeignete Finanzierungsquellen.

Peter Wolff, Wie man globale Gemeinschaftsgüter koordiniert, www.zeit.de, 25.12.2011

Der Autor ist Abteilungsleiter für Weltwirtschaft und Entwicklungsfinanzierung am Deutschen Institut für Entwicklungspolitik (DIE). Das DIE zählt weltweit zu den führenden Thinktanks zu Fragen globaler Entwicklung.

Aufgaben

1 Beschreiben Sie Aufgaben und den institutionellen Aufbau des Grünen Klimafonds.

2 Charakterisieren Sie die Gründung des Grünen Klimafonds als Antwort auf die verteilungspolitischen Herausforderungen und institutionellen Hindernisse in der globalen Klimapolitik.

★ 3 Ordnen Sie den Grünen Klimafonds in das Modell der Global Governance ein.

4 Setzen Sie sich mit Wolffs Überlegungen zur Gründung und zukünftigen politischen Organisation des Grünen Klimafonds auseinander.

Bruttoinlandsprodukt (BIP) pro Kopf 2013 (in Kaufparitäten nach Regionen)

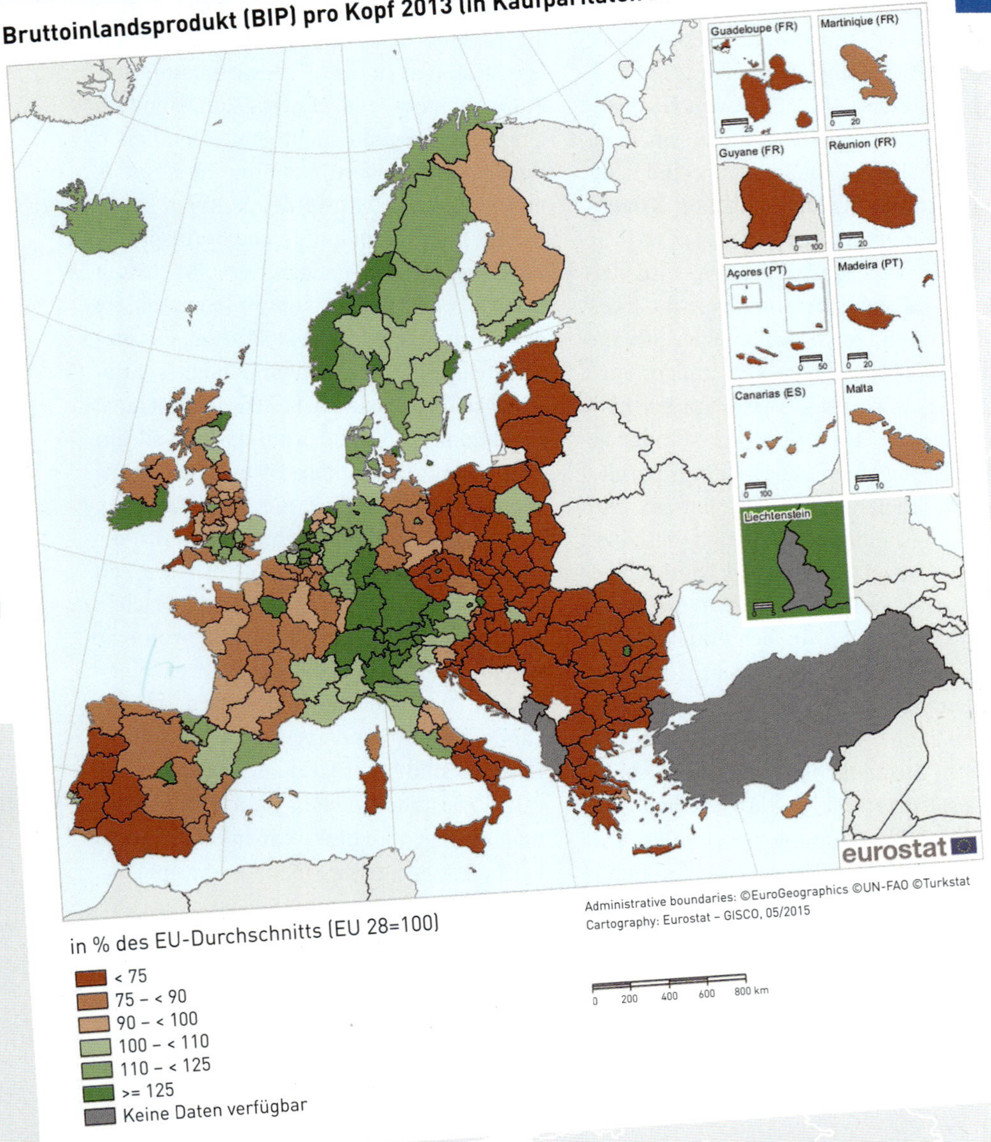

Guadeloupe (FR)

Martinique (FR)

Guyane (FR)

Réunion (FR)

Açores (PT)

Madeira (PT)

Canarias (ES)

Malta

Liechtenstein

Administrative boundaries: ©EuroGeographics ©UN-FAO ©Turkstat
Cartography: Eurostat – GISCO, 05/2015

eurostat

in % des EU-Durchschnitts (EU 28=100)

- < 75
- 75 – < 90
- 90 – < 100
- 100 – < 110
- 110 – < 125
- >= 125
- Keine Daten verfügbar

0   200   400   600   800 km

Zahlen: Eurostat 05/2015

Chancen und Risiken der wirtschaftlichen Integration in Europa

6

Frieden, Reisen ohne Grenzkontrollen, freie Niederlassung und Arbeitsplatzwahl, kein Geldtauschen im Euroraum, geförderte Uni-Austausch-Programme, gemeinsame Politik in vielen Bereichen – im 21. Jahrhundert gehören die Errungenschaften der europäischen Integration in der Europäischen Union (EU) für viele zur Normalität. Die Festlegungen auf soziale Standards in den Verträgen zur EU haben zu Diskussionen um eine tiefere Integration der EU auch in diesem Politikfeld geführt.

Im Fokus der Öffentlichkeit stehen jedoch häufig auch negative Assoziationen mit der EU: Brüsseler Technokraten, Regelungs-wut, Demokratiedefizite, großer Einfluss von Lobbyisten, Blockade. Die Mehrheit der Menschen in Großbritannien hat sich im Jahr 2016 in einem Referendum sogar dafür ausgespro-chen, die EU zu verlassen und in vielen Mitgliedsstaaten gibt es Bewegungen, die das gleiche Ziel verfolgen. Es stellen sich deshalb mehrere Fragen: Welche Freiheiten kennzeichnen den EU Binnenmarkt? Soll es zu einer tieferen Integration der EU kommen? Ist ein transatlantisches Freihandelsabkommen erstrebenswert? Inwiefern betreibt die EU Sozialpolitik? Welche Werte sind dabei maßgebend? Soll es einen europäischen Sozialstaat geben? Welche Schwierigkeiten wären damit verbunden?

In diesem Kapitel erarbeiten Sie die Herausforderungen und Probleme einer tieferen Integration der EU, setzen sich mit Diskussionen um einen Europäischen Sozialstaat und TTIP auseinander und beurteilen Lösungsstrategien sowie Zukunfts-szenarien.

Was wissen und können Sie schon?

1 Beschreiben und analysieren Sie die vorliegende Grafik.

2 Diskutieren Sie, ob und inwiefern die Angleichung unterschiedlicher Lebensbedingungen in einzelnen Mitgliedstaaten eine politische Aufgabe der EU darstellt. Berücksichtigen Sie dabei auch Ihre Vorkenntnisse über die Errungenschaften der europäischen Integration (Kapitel 1).

6.1 Ökonomische Freiheiten und Schranken des Europäischen Binnenmarktes

Basiskonzepte	Fachkategorien	Leitfragen
System und Struktur	politische Herrschaft und Ordnung, Institutionen Legitimität und Effizienz	· Was ist der Europäische Binnenmarkt?
Akteure und deren Dispositionen	Interessen und Bedürfnisse, Identität	· Welche Konflikte um Gestaltungsspielräume ergeben sich zwischen der EU und ihren Mitgliedstaaten?

6.1.1 Was bedeuten die vier Freiheiten des EU-Binnenmarktes?

M 1 ● Freiheiten auf dem EU-Binnenmarkt

Auf dem Weg zum europäischen Binnenmarkt

1951:
Gründung der Europäischen Gemeinschaft für Kohle und Stahl (EGKS)
1957:
Unterzeichnung des EWG-Vertrages, der bereits die vier Freiheiten als Ziele eines gemeinsamen Binnenmarktes nennt
1958:
Inkrafttreten der „Römischen Verträge" zur Gründung der EWG
1967:
Schaffung der EG durch den Zusammenschluss von EGKS, EWG und Euratom
1968:
Abschaffung von Zöllen zwischen den Mitgliedstaaten
1985:
Erarbeitung Europäischer Normen in sämtlichen Wirtschaftsbereichen;
Schengener Abkommen zur Abschaffung von Grenzkontrollen zwischen den Mitgliedstaaten

Eine Frankfurter Bankangestellte würde gerne für zwei Jahre in Budapest arbeiten. Wo ist sie ab dann sozialversichert?

freier Personenverkehr

EU-Verordnung 883/04: Bis zu einer Befristung von 24 Monaten im EU-Ausland unterliegen Arbeitnehmer stets den Rechtsvorschriften des Herkunftsstaates.

Ein Bierbrauer aus Dänemark möchte sein Bier, das nicht dem deutschen Reinheitsgebot entspricht, in Limburg verkaufen. Darf die Bundesrepublik ihm dies verbieten?

freier Warenverkehr

Urteil des EUGH von 1987: Bier ohne Reinheitsgebot aus anderen EU-Staaten darf in Deutschland verkauft werden.

Eine Unternehmerin aus Kassel überlegt für ihre Produktion Produkte aus Italien zu kaufen. Muss sie Gebühren für die Überweisung der Kaufbeträge zahlen?

EU-Verordnung 924/2009: Bei grenzüberschreitenden Zahlungen in Euro dürfen nur die gleichen Entgelte erhoben werden, wie für Zahlungen innerhalb eines Mitgliedstaates.
Kapitalverkehrsfreiheit
Autorentexte

Ein Transportunternehmer aus Fulda möchte seinen LKW nach einer Fahrt in Polen beladen, dann Polen etwas liefern und wieder zurück nach Deutschland fahren. Kann er dies tun?

EU-Verordnung 1072/2009: Nach einer grenzüberschreitenden beladenen Fahrt in einen EU-Mitgliedstaat durch ein Transportunternehmen, das nicht in diesem EU-Staat niedergelassen ist, dürfen innerhalb von sieben Tagen drei Beförderungen von Ladungen in dem Mitgliedstaat erfolgen.

freier Dienstleistungsverkehr

M 2 ● Der Europäische Binnenmarkt

Der Binnenmarkt der EU [...] basiert auf den Vier Freiheiten, also der Freiheit der Waren, der Freiheit der Dienstleistungen, der Freiheit des Kapitals und der Freiheit (im Sinne
5 von Freizügigkeit) der Arbeitskräfte. Einfach gesagt bedeutet das, dass jede EU-Bürgerin und jeder EU-Bürger einkaufen, arbeiten, Dienstleistungen anbieten oder in Anspruch nehmen und investieren kann,
10 wo er will. [...] Zusätzlich zu den 28 EU-Staaten gehören noch Norwegen, Island und Liechtenstein zum EU-Binnenmarkt. Sie sind der Europäischen Union im Europäischen Wirtschaftsraum (EWR) verbun-
15 den. So einfach es klingt, die Vier Freiheiten anzuwenden, so kompliziert war und ist der Prozess der Vollendung des Binnenmarktes. In jedem Land gab es unterschiedliche Vorschriften für Waren und Dienst-
20 leistungen, die sich beispielsweise auf die Sicherheit des Produkts oder die Ausbildung des Dienstleisters bezogen. [...] Dementsprechend gibt es eine EU-Richtlinie über die Anerkennung ärztlicher Diplome.
25 [...] Auch hier wurden gemeinsame Sicherheitsstandards erarbeitet und verabschiedet. Wenn die EU oft mit Bürokratie gleichgesetzt wird, hat das nicht zuletzt mit solchen notwendigen Anpassungsvor-
30 schriften zu tun, die erst die Voraussetzung für einen funktionierenden Binnenmarkt schaffen. [...] Zum Binnenmarkt gehört weiterhin die Chancengleichheit für Unternehmen aus dem EU-Ausland mit inländi-
35 schen Firmen. Öffentliche Aufträge müssen ausgeschrieben werden, um zu verhindern,

dass sie unter der Hand verschoben werden. Aber Firmen aus dem EU-Ausland dürfen bei Ausschreibungen und bei der Auswahl des Unternehmens für den Auftrag nicht
40 benachteiligt werden. Wenn die Aufträge eine bestimmte Höhe überschreiten, müssen sie sogar europaweit ausgeschrieben werden. [...] Für die Bürgerinnen und Bürger bedeutet der Binnenmarkt ein Ma-
45 ximum an Chancengleichheit und Auswahlmöglichkeit, allerdings müssen Unternehmen und Produkte sich auch einer europaweiten Konkurrenz stellen.

Eckart D. Stratenschulte, Dossier: Die Europäische Union, www.bpb.de, 24.9.2009

Info

Die vier Freiheiten des Europäischen Binnenmarktes

Freier Personenverkehr: Alle EU-Bürger können sich in jedem Land der EU aufhalten, um einen Beruf auszuüben und dort zu leben.

Freier Warenverkehr: Waren können ohne Ein- und Ausfuhrzölle zwischen den Mitgliedstaaten ausgetauscht werden.

Freier Dienstleistungsverkehr: Dienstleistungen können in allen Mitgliedstaaten angeboten werden.

Kapitalverkehrsfreiheit: Geld- und Wertpapiere können in beliebiger Höhe zwischen den Mitgliedstaaten transferiert werden.

Autorentext

1986:
Einheitliche Europäische Akte, in der die Vollendung des Binnenmarktes bis 1993 festgelegt wird
1993:
In den Kopenhagener Kriterien für den Beitritt zur EU wird mit dem wirtschaftlichen Kriterium der Beitritt zum Binnenmarkt festgeschrieben; Vollendung des Binnenmarktes; Vier Freiheiten gelten für alle Bürger der Mitgliedstaaten; Seitdem viele EU-Rechtsakte zum Abbau von Hindernissen zur vollkommenen Vollendung des Binnenmarktes
2002:
Einführung des Euro-Bargelds in zwölf EU-Mitgliedstaaten (bereits ab 1999 als einheitliche Währung an den Devisenmärkten und im elektronischen Zahlungsverkehr)
Seit 2013:
Mit dem Beitritt Kroatiens gehören dem EU-Binnenmarkt 31 Staaten an (die 28 EU-Staaten sowie Island, Norwegen und Liechtenstein) und er umfasst über 500 Millionen Menschen.

Aufgaben

1 Ordnen Sie die Beispiele den vier Freiheiten des Europäischen Binnenmarktes zu. (M 1, Info)

2 Erläutern Sie, was unter dem Europäischen Binnenmarktes zu verstehen ist. (M 1, M 2, Randspalte)

3 „Der Europäische Binnenmarkt – Meilenstein der Europäischen Integration?" - Nehmen Sie Stellung zu dieser Frage.

H zu Aufgabe 2
Gehen Sie dabei auf dessen Entwicklung sowie die Beispiele ein.

6.1.2 Welche Probleme gibt es bei der Vollendung des Binnenmarkts?

M 3 ● Was veränderte die Dienstleistungsrichtlinie von 2006?

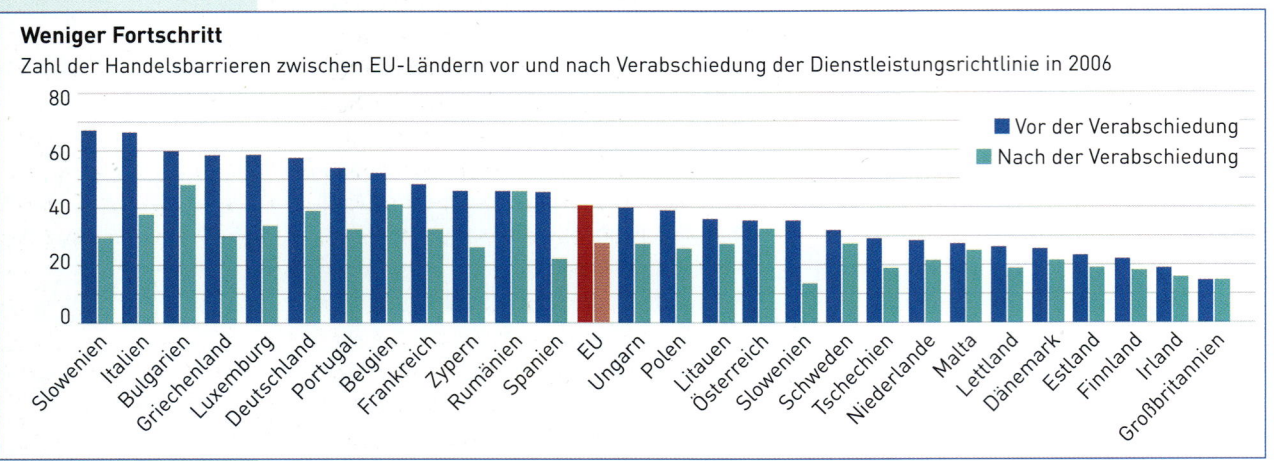

Weniger Fortschritt

Zahl der Handelsbarrieren zwischen EU-Ländern vor und nach Verabschiedung der Dienstleistungsrichtlinie in 2006

Nach: Centre for European Reform

M 4 ● Großbaustelle europäischer Binnenmarkt

Dienstleistungs-richtlinie

Richtlinie („EU-Gesetz") zur Verwirklichung eines freien und ungehinderten Dienstleistungsverkehrs innerhalb des europäischen Binnenmarkts. Erbringer von Dienstleistungen (z.B. Handwerker, Freiberufler, Kaufleute) dürfen aufgrund ihrer Nationalität nicht diskriminiert werden, müssen sich aber an die Regeln des Empfängerlandes halten (z.B. die Arbeitszeiten, den Gesundheitsschutz betreffend).

Zandonella, Bruno: Pocket Europa. EU-Begriffe und Länderdaten. www.bpb.de, Abruf am 26.4.2017

Auch nach 20 Jahren bleibt der europäische Binnenmarkt unvollendet – den Schaden haben Unternehmen und Verbraucher.
Beim Kosmetikhändler Douglas sollte der
5 Online-Kunde großes Interesse fürs Kleingedruckte mitbringen. Bestellungen mit einer Rechnungsadresse im Ausland storniert das Unternehmen, ohne den Kunden zu informieren. Selbst Schuld, wer sich
10 nicht die Mühe gemacht hat, die Geschäftsbedingungen zu studieren. Die rüde Behandlung von Auslandskunden, die sich zu douglas.de verirren, hat einen simplen Grund. Für das Unternehmen sind sie
15 schlicht nicht interessant. Sollte der ausländische Kunde nicht zahlen, so bedeutet das für die Firma einen erheblichen Mehraufwand, das Geld einzutreiben – wenn es überhaupt gelingt. Nicht nur bei Hautcremes droht Online-Kunden in Europa
20 Frust. Wer für ein Lesegerät wie den Kindle Literatur zum Herunterladen erwerben will, stößt bei Internet-Anbietern schnell an Grenzen. Bücher, die in Deutschland als E-Book angeboten werden, sind in Großbri-
25 Book angeboten werden, sind in Großbri-

tannien oder Belgien nicht erhältlich, weil Verlage die Rechte für die deutsche Version nicht fürs Ausland vergeben [...] Auch 20 Jahre nach seiner Erschaffung zum Jahresende 1992 bleibt der europäische Binnen-
30 markt eine Großbaustelle. An vielen Ecken und Enden wartet der gemeinsame Markt für 500 Millionen Verbraucher auf seine Vollendung. Ob die je erreicht wird, ist ungewiss. [...] Das andauernde Krisenmanage-
35 ment hat seitdem das Thema Binnenmarkt von der politischen Agenda verdrängt.
[...] Ein wenig ironisch ist das durchaus, denn der Binnenmarkt ist das Herz der EU
[...]. Und ein neuer Fokus auf den Binnen-
40 markt könnte Europa zu genau jenem Wachstumsschub verhelfen, den es so dringend benötigt. Alleine die vollständige Umsetzung der Dienstleistungsrichtlinie von 2006 könnte nach Berechnungen der EU-
45 Kommission das Bruttoinlandsprodukt in Europa um 1,6 Prozent steigern.
[...] Was sind die Vorteile des Binnenmarkts aus ökonomischer Sicht? Wenn Schranken zwischen Ländern fallen, können produkti-
50

vere Unternehmen Marktanteile von weniger produktiven Unternehmen im Ausland übernehmen. Schärferer Wettbewerb führt zu niedrigeren Preisen und mehr Auswahl.

55 Ein größerer Heimatmarkt ist gleichzeitig ein Vorteil für Unternehmen, die von Skaleneffekten profitieren können. Nationale Regierungen gehen den weiteren Ausbau des Binnenmarkts allerdings mit einem 60 schwachen Ehrgeiz an. Im Sommer konstatierte die EU-Kommission, dass die Mitgliedstaaten im Schnitt acht Monate länger als erlaubt gebraucht haben, um Binnenmarktrichtlinien umzusetzen. Ein Jahr zu- 65 vor lag der Verzug nur bei fünfeinhalb Monaten. Seit 2008 liegt der Anteil der Binnenmarktrichtlinien, die gar nicht umgesetzt werden, bei über einem Prozent. Regelmäßig muss die EU-Kommission Län- 70 der vor den Europäischen Gerichtshof ziehen, damit überhaupt etwas passiert. Vor allem bei den Dienstleistungen versuchen Regierungen, heimische Anbieter zu schützen. Deutschland, aber auch Frankreich, 75 Österreich und Italien halten trotz Dienstleistungsrichtlinie die Eingangsbarrieren hoch. Schwedische Architekten beispielsweise können in Deutschland nur arbeiten, wenn sie eine von drei explizit genannten 80 Universitäten besucht haben. Die Einschränkung ist schwer nachvollziehbar angesichts der hohen Standards im schwedischen Baugewerbe.

[...] Niemand hindert Regierungen daran, 85 neue Hürden aufzubauen. „Die EU-Kommission hat zu wenig qualifizierte Mitarbeiter, um die nationale Gesetzgebung auf neue Hindernisse abzuklopfen", sagt John Springford vom Centre for European Reform in London. Dies erklärt, weshalb in 90 den alten EU-Staaten 94 Prozent aller Dienstleistungen von einer inländischen Firma erbracht werden.

[...] Mario Monti, mittlerweile scheidender Regierungschef Italiens, hatte im Februar 95 noch einmal einen Anlauf gemacht, um den gemeinsamen Markt auf der politischen Agenda zu platzieren. Gemeinsam mit elf Regierungschefs etwa aus Großbritannien, Spanien und Polen entwickelte er einen 100 Fahrplan für die nächste Stufe des Binnenmarkts. Bundeskanzlerin Angela Merkel hatte den Brief übrigens nicht unterzeichnet.

Silke Wettach, www.wiwo.de, 19.12.2012

Karikatur: Kostas Koufogiorgos

Aufgaben

1 a) Arbeiten Sie aus M 3 und M 4 heraus, inwiefern der Binnenmarkt weiterhin eine „Großbaustelle" ist.

b) Stellen Sie die im Text M 4 genannten Vorteile einer tieferen Integration bzw. Ausweitung des Binnenmarktes den Gründen für eine Verhinderung dieser gegenüber.

2 Nehmen Sie Stellung zu der Frage, ob die Dienstleistungsrichtlinie vollkommen umgesetzt werden soll.

6.2 Herausforderungen europäischer Prozess- und Ordnungspolitik

Basiskonzept	Fachkategorien	Leitfragen
Prozesse und Handeln	Macht, politische Gestaltung Legitimation	· Vor welche Herausforderungen stellen Krisen und Desintegrationserscheinungen die Politik der EU?

M 1 ● Das Problem der Krisen

Karikatur: Kostas Koufogiorgos, 2010

M 2 ● Die europäische Integration in der Krise

Die multiplen Krisen der Europäischen Union haben sich zu einer Situation verdichtet, in der der Status Quo der europäischen Integration und sogar der Fortbestand der Union zunehmend hinterfragt werden. Mit der gemeinsamen Währung in der Eurozone und den offenen Grenzen im Schengenraum sind zwei Kernprojekte gefährdet, die wie keine anderen für das Zusammenwachsen der EU stehen. Die Krise der Eurozone hatte sich im Jahr 2015 so weit zugespitzt, dass erstmalig der Austritt eines Mitgliedstaats aus der Eurozone drohte – und gerade noch abgewendet werden konnte. Dies ändert nichts an der Tatsache, dass der gemeinsame Währungsraum ein halbfertiges Integrationsprojekt ist, über dessen grundlegende Weiterentwicklung die Euro-Staaten tief gespalten sind. Der massive Zustrom von Flüchtlingen in die EU hat die Defizite des Schengenraums und der gemeinsamen Asylpolitik offengelegt. Die Regierung Großbritanniens will das Land dauerhaft von weiterer Integration abkoppeln und führt im Juni 2016 eine Volksabstimmung über dessen Verbleib in der EU

durch. Schließlich wird mit dem mehrheit-
lichen Votum der Briten für den Brexit im
Referendum am 23. Juni 2016 erstmals der
30 Austritt eines Mitgliedstaates Realität.
Krisen sind kein neues Phänomen der europäischen Integration. Im Gegenteil, in der
Entwicklung der EU konnten zentrale Integrationsschritte oftmals nur unter dem
35 Druck von Krisen erreicht werden. In der
aktuellen Situation wird die EU jedoch vielfach eher als Ursache von Krisen oder als
deren Verstärker denn als Weg zu deren
Lösung betrachtet: Europaweit verzeichnen
40 EU-kritische, populistische bzw. rechtsext-
reme Parteien Zulauf, zum Teil sind sie sogar maßgeblich für die Regierungsbildung.

Umfassende Reformen einschließlich not-
wendiger EU-Vertragsänderungen sind daher zumindest mittelfristig politisch ausge- 45
schlossen. Stattdessen greifen die
EU-Staaten immer häufiger auf das Mittel
der differenzierten Integration zurück, das
es einem Teil der EU-Mitgliedstaaten erlaubt, ohne die anderen voranzuschreiten. 50
Jede der genannten Krisen wäre für sich
bereits eine große Herausforderung für die
EU, durch ihre Parallelität und ihre Wech-
selbeziehungen stellen sie aber eine neue
Qualität der Herausforderung dar. 55

*Themendossier: Die europäische Integration in der Kri-
se, www.swp-berlin.de, Abruf am 26.4.2017*

M 3 ● Eine Transferunion als Antwort auf die Krisen?

a) EU-Transferunion als Problem
Mit [den Hilfen für Griechenland und andere von Zahlungsunfähigkeit bedrohte
Euro-Staaten] [...] haben die Staats- und
Regierungschefs den Charakter der Wäh-
5 rungsunion verändert. Europa hat sich
wegbewegt von einer durch den Maast-
richt-Vertrag geprägten Währungsunion
hin zu einer Transferunion: [...]
Man kann [...] die [...] Hilfszusage an Grie-
10 chenland als einen ersten Schritt in Richtung einer europäischen Fiskalunion deuten. Ähnlich wie bei der Geldpolitik könnten
die Europäer in ferner Zukunft eine gemeinsame Fiskalpolitik betreiben. Nationa-
15 le Steuern würden durch eine EU-Steuer
ergänzt. In einer solchen Fiskalunion würden wohl die reicheren Staaten die finanziell schwächeren Staaten auf Dauer mit direkten Transfers unterstützen – ähnlich wie
20 beim Länderfinanzausgleich in Deutschland. In einer Fiskalunion wären die Boni-
tätsunterschiede der einzelnen Länder fast
vollständig verwischt, der Bankrott eines
einzelnen Staates wäre de facto ausge-

schlossen. [...] Aber das Risiko ist hoch, dass 25
die Aussicht auf Hilfen die Anreize der Pe-
ripherieländer auf Dauer schwächt, ihre
wirtschaftlichen Probleme [...] selbst zu lösen. Dagegen könnte man einwenden, dass
die EU den Griechen jetzt schon Auflagen 30
macht. [...] Befolgt Griechenland die Auflagen nicht, könnte der EU-Rat [...] Strafzah-
lungen verhängen. Letztlich erschweren es
solche Strafen Griechenland, seine Budget-
Probleme zu lösen. Aber an der Lösung die- 35
ser Probleme ist Europa interessiert, ein
Zahlungsausfall Griechenlands wäre mit zu
vielen Risiken verbunden. Verstöße Griechenland gegen die Auflagen, stünde Europa im Widerspruch, gleichzeitig helfen und 40
strafen zu wollen. Deshalb sind Sanktionen
bei Verstößen gegen die Hilfsauflagen nicht
sonderlich glaubhaft. Letztlich kann ein
Staatenbund wie die EU einem souveränen
Mitgliedsland eine solide Haushaltspolitik 45
nicht aufzwingen.

*Jens Krämer, Von der Maastricht-Union zur Transfer-
Union, blog.handelsblatt.com, 22.2.2010*

Jens Krämer ist Chefvolkswirt bei der Commerzbank.

b) Ein notwendiger Schritt

Eine gemeinsame Währung ohne gemeinsame Fiskalpolitik ist nicht überlebensfähig. In allen – auch den sehr föderalen, dezentral gegliederten – Währungs-
5 unionen musste früher oder später ein wesentlicher Teil der Fiskalpolitik von den Gliedstaaten auf die gemeinsame Bundesebene übertragen werden. Und immer waren damit auch Transfers von reicheren zu
10 ärmeren Regionen verbunden.

So wurde beispielsweise in der Schweiz im Jahr 1915 die Wehrsteuer [...] auf das Einkommen als zentrale Bundessteuer eingeführt. Die direkte Bundessteuer weist einen
15 progressiven Tarif auf. Wer mehr verdient,

wird nicht nur absolut, sondern auch relativ stärker belastet: [...]

Die direkte Bundessteuer verteilt somit sehr effektiv von besser zu schlechter (oder gar nicht) verdienenden Personen um und 20 sorgt damit indirekt auch für einen Ausgleich zwischen reichen und armen Kantonen. Dem Erfolg der Schweiz schadet die Transferunion in keiner Weise. [...]

Man muss den Deutschen den kranken 25 Zahn ziehen, dass eine Transferunion ein Nullsummenspiel ist, bei dem unabdingbar der eine geben muss, was der andere erhält. [...] Wirtschaft ist nicht statisch. Weder sind die Verhältnisse von Arm und Reich in 30 Stein gemeißelt, noch ist der Vorteil des einen der Nachteil des anderen. Wirtschaft entwickelt sich dynamisch. Gute Wirtschaftspolitik bedeutet, „Win-win"-Optionen zu erzeugen, die allen bessere Perspek- 35 tiven eröffnen und die nicht zu Vorteilen der einen auf Kosten der anderen führen.

Um positive Voraussetzungen für spätere Zeiten zu schaffen, kann der Stärkere zu Beginn dem Schwächeren ruhig helfen, 40 kräftiger zu werden. [...] Wenn dank kluger Wirtschaftspolitik der in Europa geschaffene Kuchen insgesamt wächst, kann jedes einzelne Tortenstück größer werden. Wird es Griechenland und anderen südeuropäi- 45 schen Ländern – auch dank Unterstützung aus dem Norden – besser gehen, gewinnen am Ende alle, auch die Deutschen.

Thomas Straubhaar, Die Transferunion ist besser als ihr Ruf, www.welt.de, 18.8.2015

Thomas Straubhaar war bis 2014 Direktor des Hamburgischen WeltWirtschaftsInstituts (HWWI).

Info

Ordnungspolitik

die wirtschaftspolitischen Grundsätze und Regeln, die für einen längeren Zeitraum die Rahmenbedingungen für wirtschaftliches Handeln in einer Volkswirtschaft festlegen wie die Verteilung des Eigentums und die Bedingungen, unter denen der Wettbewerb stattfindet. Der Ablauf des Wirtschaftsprozesses innerhalb des Ordnungsrahmens wird durch die Prozesspolitik [...] zu steuern versucht.

Duden Wirtschaft von A bis Z: Grundlagenwissen für Schule und Studium, Beruf und Alltag. 6. Aufl. Mannheim: Bibliographisches Institut 2016. Lizenzausgabe Bonn: Bundeszentrale für politische Bildung 2016

Prozesspolitik

wirtschaftspolitische Maßnahmen, die im Unterschied zur Ordnungspolitik auf die direkte Steuerung des Wirtschaftsablaufs gerichtet sind. Je nachdem, ob die Maßnahmen an Einzel- oder übergeordneten Größen ansetzen, unterscheidet man einzelwirtschaftliche Prozesspolitik (z. B. Preiskontrollen, Subventionen) und gesamtwirtschaftliche Prozesspolitik (z. B. Geldpolitik, Fiskalpolitik).

Duden Wirtschaft von A bis Z: Grundlagenwissen für Schule und Studium, Beruf und Alltag. 6. Aufl. Mannheim: Bibliographisches Institut 2016. Lizenzausgabe Bonn: Bundeszentrale für politische Bildung 2016

Aufgaben

1 Analysieren Sie die Karikatur. Welches Problem wird dargestellt? (M 1)

2 Erklären Sie, welche Krisen die europäische Integration derzeit kennzeichnen. (M 2)

3 Erläutern Sie die Begriffe Ordnungs- und Prozesspolitik. (Info)

4 Beurteilen Sie, inwiefern sich die Autoren mit der Zustimmung oder Ablehnung der Fiskalunion für mehr bzw. weniger Ordnungs- und Prozesspolitik aussprechen. (M 3)

6.3 Außenwirtschaftsbeziehungen und Außenwirtschaftspolitik der EU am Beispiel von TTIP

Basiskonzepte	Fachkategorien	Leitfragen
System und Struktur	politische Herrschaft und Ordnung Institutionen Legitimität und Effizienz	· Welche außenwirtschaftspolitischen Ziele verfolgt die EU?
Akteure und deren Dispositionen	Interessen und Bedürfnisse Identität	· Welche Interessen stehen sich im Politikfeld Außenwirtschaftspolitik gegenüber?

M 1 ● Schlagzeilen zum TTIP-Abkommen

Freihandel gegen Sozialstaat
TTIP: US-Konzerne könnten Deutschland wegen Wettbewerbsnachteilen infolge der erheblich höheren Sozialversicherungsbeiträge verklagen.

Ursula Engelen-Keefer, www.taz.de, 22.7.2014

Kommerz statt Sozialstaat
Die USA wollen, dass öffentliche Unternehmen „nach kommerziellen Erwägungen" agieren.

Alexander Hagelüken, John Goetz, www.sueddeutsche.de, 25.7.2015

Im Zweifel für den Arbeitgeber
Gewerkschaften und Aktivisten fürchten, dass das geplante Freihandelsabkommen zwischen den USA und der EU die Sozialstandards schwächt. Aber wie begründet ist die Sorge?

Marlies Uken, www.zeit.de, 16.5.2014

TTIP-Verhandlungen:
EU will den USA höhere Sozial- und Umweltstandards abringen.
www.spiegel.de, 12.10.2015

M 2 ● Das Transatlantische Freihandelsabkommen

a) Zielsetzung laut EU:
Bei der transatlantischen Handels- und Investitionspartnerschaft (TTIP) handelt es sich um ein Handelsabkommen, das zurzeit zwischen der Europäischen Union und den
5 Vereinigten Staaten ausgehandelt wird. Ziel ist die Beseitigung von Handelshemmnissen in einem breiten Spektrum von Branchen und damit die Erleichterung des Kaufs und Verkaufs von Waren und Dienstleis-
10 tungen zwischen der EU und den Vereinigten Staaten.

Die EU und die USA erstreben [...] auch die Reduzierung von Hürden, die über Zollgrenzen hinausgehen, wie zum Beispiel unterschiedliche technische Regelwerke, Nor- 15 men und Zulassungsverfahren. [...] Die TTIP-Verhandlungen haben außerdem zum Ziel, beide Märkte für Dienstleistungen, Investitionen und öffentliche Vergabeverfahren zu öffnen. 20

Europäische Kommission, http://ec.europa.eu, 1.4.2015; Für die Wiedergabe und Anpassung ist allein die C.C.Buchner Verlag GmbH verantwortlich.

b) Geplante Maßnahmen

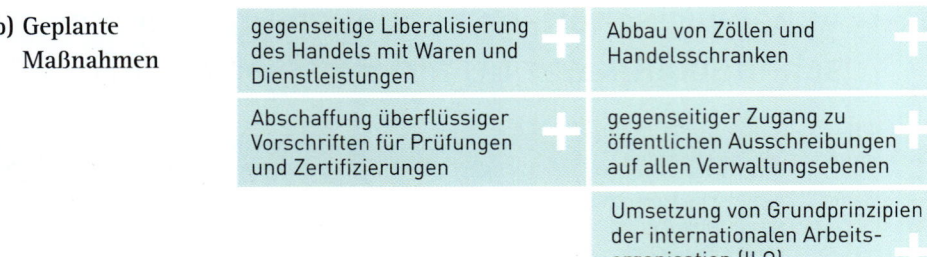

gegenseitige Liberalisierung des Handels mit Waren und Dienstleistungen	Abbau von Zöllen und Handelsschranken
Abschaffung überflüssiger Vorschriften für Prüfungen und Zertifizierungen	gegenseitiger Zugang zu öffentlichen Ausschreibungen auf allen Verwaltungsebenen
	Umsetzung von Grundprinzipien der internationalen Arbeitsorganisation (ILO)

c) langfristige Auswirkungen auf den Arbeitsmarkt

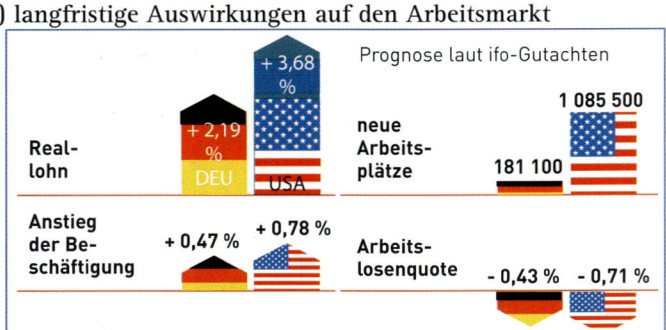

Prognose laut ifo-Gutachten

Real-lohn: DEU + 2,19 %, USA + 3,68 %

neue Arbeitsplätze: 181 100, 1 085 500

Anstieg der Beschäftigung: + 0,47 %, + 0,78 %

Arbeitslosenquote: − 0,43 %, − 0,71 %

dpa 21329,
Quelle: dpa, info-Institut

M 3 ● Diskussion um TTIP

a) Der Widerstand um TTIP ist ein Wohlstandsphänomen

„Für einen gerechten Welthandel!" lautet der Schlachtruf der 30 Organisationen, darunter Gewerkschaften, Sozial-, Wohlfahrts- und Umweltverbände. [...] In kaum
5 einem anderen Land sind die Vorbehalte gegen TTIP so stark ausgeprägt wie hierzulande. Handelsabkommen waren seit jeher eine komplizierte Sache, und selbst die Theoretiker des Free Trade bestreiten nicht,
10 dass es bei allen Wohlstandsgewinnen für die Gesamtheit der Bevölkerung einzelne Gruppen gibt, die ökonomisch Schmerzen erleiden. Doch den Nachteilen einiger weniger (die im Sozialstaat ausgeglichen wer-
15 den können) stehen die Vorteile der vielen gegenüber. Verbraucher zahlen weniger für Produkte, durch stärkeren Handel und internationale Arbeitsteilung wächst der Wohlstand. Es gibt heute keinen Ökonomen
20 von Rang, der nicht für freien Handel wäre. Dennoch ruft TTIP in der Breite der Bevölkerung enorme Emotionen hervor. Auf welche Weise Hühnchen desinfiziert werden, hat früher wenige Verbraucher interessiert.

Hygiene-Experten betonen, dass die ameri- 25 kanische Chlor-Methode gesundheitlich gesehen manche Vorteile gegenüber dem sorglosen deutschen Umgang mit gefährlichen und potenziell tödlichen Keimen hat. [...] Die NSA-Affäre mag dazu beigetragen 30 haben, Misstrauen gegen den wichtigen Handelspartner USA zu nähren, der zugleich eine „Supermacht" ist. Die holprige Euro-Rettung mag manchem einen Widerwillen gegen intransparente Vertragswerke 35 und Verhandlungen eingeimpft haben. Und seit der Flüchtlingswelle klingt der Ausdruck „offene Grenzen" in vielen Ohren alles andere als verheißungsvoll. [...] Aber vielleicht machen gerade Deutschlands Er- 40 folge den Groll gegen TTIP psychologisch erklärbar: Die Bundesbürger haben ein insgesamt hohes Wohlstandsniveau erreicht. Die zusätzlichen Gewinne an Volkseinkommen, die der Abbau von Zöllen und Büro- 45 kratie sowie die Vereinheitlichung von Standards mit sich bringen, sind gering. Ein zusätzliches Plus des Bruttoinlandsprodukts von 0,5 Prozent klingt da nicht gerade imposant. Dagegen drängen sich die 50 potenziellen Gefahren – und seien sie auch nur imaginiert oder ideologisch aufgeblasen – wie hässliche Unholde in die eigene Lebenswelt. [...] Die große Koalition hält

55 sich zugute, dank Mütterrente, Rente mit 63, Mindestlohn und anderen sozialpolitischen Wohltaten einiges für die „soziale Gerechtigkeit" im Land getan zu haben.

b) Freihandel gegen Sozialstaat

Weitgehend ausgeblendet sind in den öffentlichen Kontroversen um TTIP die existenziellen Risiken für viele Menschen in „Old Europe" durch die weitere Aushöhlung

5 von Sozialstaat und sozialer Sicherung. Dabei sind die Gegensätze zwischen USA und Europa in kaum einem anderen Bereich so stark ausgeprägt wie bei der kollektiven solidarischen Sozialversicherung.

10 So ist die große Mehrheit der EU-Bürger auf die gesetzlichen über Sozialversicherungsbeiträge von Arbeitgebern und Arbeitnehmern sowie Steuern finanzierten Sozialversicherungssysteme bei Alter, Gesundheit,

15 Pflege und Arbeitslosigkeit angewiesen. Die Gewerkschaften und Arbeitgeber sind über die Selbstverwaltungen in allen Sozialversicherungssystemen an den wesentlichen Entscheidungen von Leistungen, Ausga-

20 ben, Organisation und personellen Spitzenbesetzungen maßgeblich beteiligt.

In den USA mangelt es nach wie vor an gesellschaftlicher Akzeptanz für einen derartigen finanziellen Solidarausgleich in

25 umfassenden bundesweiten Sozialversicherungssystemen. [...]

Darüber hinaus [...] ist der Anteil von Steuern und Sozialversicherungsbeiträgen am

Geld, das ausgegeben wird, muss aber erst reinkommen. Eine weitere Senkung von 60 Zollschranken, Bürokratieabbau und internationale Vereinheitlichung sind eine ziemlich kostengünstige Methode, ein Mehr an Wohlstand zu erwirtschaften, von dem künftige Generationen profitieren. 65

Daniel Eckert, www.welt.de, 14.9.2016

Bruttoinlandsprodukt in den USA um etwa die Hälfte niedriger als zum Beispiel in der 30 Bundesrepublik, die im EU-Vergleich einen mittleren Platz einnimmt. Die Gefahr ist deshalb groß, dass US-Konzerne den deutschen Staat wegen Wettbewerbsnachteilen infolge der erheblich höheren Sozialversi- 35 cherungsbeiträge und damit auch ihrer Arbeitskosten über die gesonderten Schiedsverfahren verklagen und auch gewinnen. [...] Die gesetzliche Krankenversicherung befürchtet Klageverfahren von US-Investo- 40 ren gegen Patentschutz, Preisregulierung und Verschreibungspflicht von Arzneimitteln oder Warnung vor Gesundheitsschädigung zum Beispiel des Rauchens. Dies bedeutet nicht nur eine Gefährdung der 45 gesetzlichen Krankenversicherung, sondern auch der Patientensicherheit.

[...] Dies kann für 500 Millionen Bürger und Bürgerinnen in der EU zu einem bitteren Erwachen führen, insbesondere, wenn Ren- 50 ten, Gesundheitsversorgung oder Arbeitslosenversicherung von den Schiedsgerichten „aufs Korn genommen" werden. Die Zukunft von Sozialstaat und Demokratie ist nämlich mehr wert als der weltgrößte Bin- 55 nenmarkt.

Ursula Engelen-Keefer, www.taz.de, 22.7.2014

Aufgaben

1 Fassen Sie zusammen, welche Befürchtungen gegenüber TTIP in den Schlagzeilen geäußert werden. (M 1)

2 Arbeiten Sie die Ziele heraus, die die Verhandlungen um TTIP kennzeichnen. (M 2)

3 Stellen Sie die positiven bzw. negativen Auswirkungen von TTIP für den Sozialstaat in einer Pro-Kontra-Tabelle gegenüber. (M 3)

4 Nehmen Sie - auch vor dem Hintergrund, dass die aktuelle amerikanische Politik unter der Regierung Trump stärker zu einem Protektionismus der heimischen Wirtschaft tendiert – Stellung zur geplanten Einführung eines transatlantischen Freihandelsabkommen.

6.4 Sozialpolitik der EU zwischen nationalstaatlicher Souveränität und supranationaler Steuerung

Basiskonzepte	Fachkategorien	Leitfragen
System und Struktur	politische Herrschaft und Ordnung, Institutionen, Legitimität und Effizienz	· Soll es eine gemeinsame Europäische Sozialpolitik geben? · Wie und auf welcher Grundlage betreibt die EU Sozialpolitik?
Akteure und deren Dispositionen	Interessen und Bedürfnisse, Identität	· Welche Konflikte um Gestaltungsspielräume ergeben sich zwischen Mitgliedsstaaten und supranationaler Ebene?
Wandel	Gewordenheit, Alternativen	· Was implizieren unterschiedliche Modelle zur Errichtung Europäischer Sozialstaatlichkeit?

6.4.1 Jugendarbeitslosigkeit in Europa – eine sozialpolitische Herausforderung der EU?

M 1 ● Die große Kluft in Europa

EU-Kommissionspräsident Juncker zur Jugendarbeitslosigkeit

„Es entsteht zurzeit innerhalb der Grenzen der Europäischen Union ein 29. Staat. Ein Staat, in dem jugendliche Arbeitslose wohnen. Ein Staat, in dem Ausgeschlossene, Zurückgeworfene, am Wege Stehengebliebene leben. Ich hätte gerne, dass dieser 29. Mitgliedstaat wieder ein normaler Mitgliedstaat wird."

Zitiert nach: Holger Romann, www.tagesschau.de, 8.10.2014

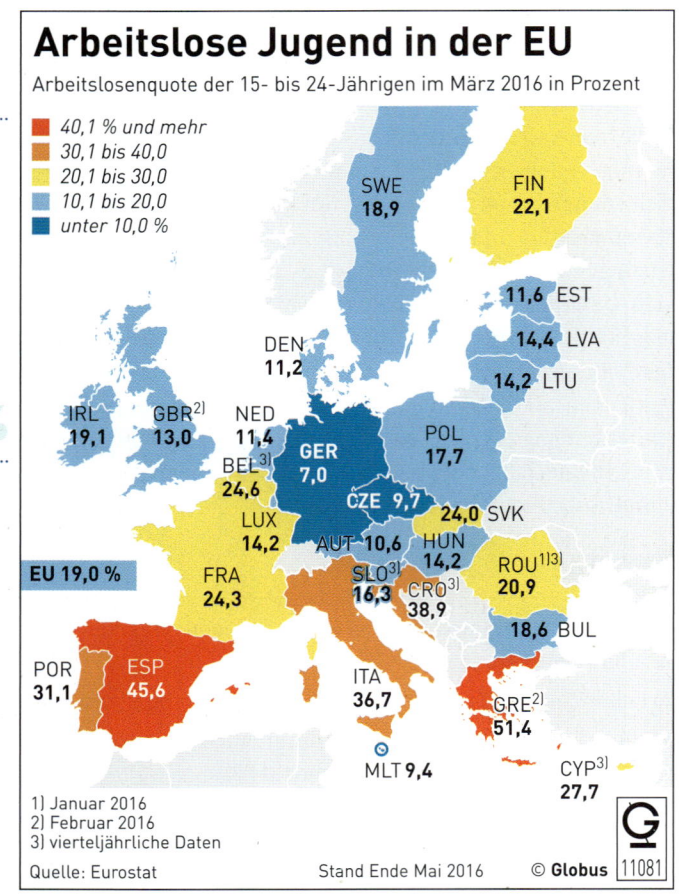

Arbeitslose Jugend in der EU

Arbeitslosenquote der 15- bis 24-Jährigen im März 2016 in Prozent

- 40,1 % und mehr
- 30,1 bis 40,0
- 20,1 bis 30,0
- 10,1 bis 20,0
- unter 10,0 %

SWE 18,9
FIN 22,1
11,6 EST
14,4 LVA
14,2 LTU
DEN 11,2
IRL 19,1
GBR[2] 13,0
NED 11,4
BEL[3] 24,6
GER 7,0
POL 17,7
CZE 9,7
24,0 SVK
LUX 14,2
AUT 10,6
HUN 14,2
ROU[1][3] 20,9
EU 19,0 %
FRA 24,3
SLO[3] 16,3
CRO[3] 38,9
18,6 BUL
POR 31,1
ESP 45,6
ITA 36,7
GRE[2] 51,4
MLT 9,4
CYP[3] 27,7

1) Januar 2016
2) Februar 2016
3) vierteljährliche Daten

Quelle: Eurostat

Stand Ende Mai 2016

© Globus 11081

23.2.

M 2 ● Jobgarantie für Jugendliche – die Maßnahmen der EU

2012 wurde [von der EU] das „Paket zur Jugendbeschäftigung" verabschiedet, in dessen Rahmen im April 2013 eine „Jugendgarantie" eingeführt wurde. Diese ruft ⁵ die Mitgliedstaaten dazu auf, sicherzustellen, dass allen jungen Menschen unter 25 Jahren innerhalb eines Zeitraums von vier Monaten, nachdem sie arbeitslos werden oder die Schule verlassen haben, eine hoch-¹⁰ wertige Arbeitsstelle, ein Ausbildungs- beziehungsweise Praktikumsplatz oder eine Weiterbildungsmaßnahme angeboten wird. Im Juli 2013 wurde die „Europäische Ausbildungsallianz" ins Leben gerufen, die eine ¹⁵ qualitative und quantitative Verbesserung des EU-weiten Ausbildungsangebots anstrebt. Zudem wurde ein Qualitätsrahmen für Praktika vereinbart, damit junge Menschen unter fairen Bedingungen einschlä-²⁰ gige Berufserfahrungen sammeln können. Ein besonders wichtiges Instrument stellt die „Beschäftigungsinitiative für junge Menschen" dar, die der Europäische Rat im Februar 2013 beschlossen hat. Für den Zeitraum 2014 bis 2020 werden insgesamt 6 ²⁵ Milliarden Euro für Maßnahmen zur Förderung der Beschäftigung der NEETs-Gruppe [„not in education, employment or training] zur Verfügung gestellt. EU-Regionen, in denen die Jugendarbeitslosigkeit bei ³⁰ über 25 Prozent liegt, erhalten als Erste Zugang zu diesen Mitteln, die jeweils zur Hälfte vom Europäischen Sozialfonds und von der eigenständigen Haushaltslinie „Jugendbeschäftigung" bereitgestellt werden. ³⁵ Insgesamt lässt sich festhalten, dass [...] die EU zunehmend von ihrer früheren Strategie abgewichen [ist], allein die Beschäftigungsfähigkeit junger Menschen zu stärken. Stattdessen will sie auch strukturelle bezie-⁴⁰ hungsweise institutionelle Veränderungen in den Bildungs- und Ausbildungssystemen sowie den Arbeitsmärkten herbeiführen.

Jale Tosun, in: APuZ 4-5/2015, S. 14f.

6 Mrd. €

Finanzrg?

M 3 ● Europäische Strategien gegen Jugendarbeitslosigkeit

DIE ZEIT: Sie warnen vor den Gefahren der Jugendarbeitslosigkeit. Warum?
Brigitte Unger: Wenn Jugendliche erst einmal langzeitarbeitslos sind, dann sind sie in ⁵ den Arbeitsmarkt kaum mehr integrierbar. So entsteht eine verlorene Generation. Damit meine ich konkret, dass ein Jugendlicher, der heute nicht lernt, dass man morgens aufstehen muss, zur Arbeit geht und ¹⁰ abends wieder nach Hause kommt, sondern der zwei Jahre lang schlapp herumhängt, langfristig teurer wird als die sofortige Bereitstellung eines Ausbildungsplatzes. [...]
Von wie vielen Jugendlichen sprechen ¹⁵ wir?
Zurzeit gilt für die EU: Jeder fünfte Jugendliche, der arbeiten will, kann es nicht. [...] Besonders erschreckend ist dabei ein neues Phänomen; bislang entwickelten sich Ju-²⁰ gendarbeitslosigkeit, die immer höher ist, und Gesamtarbeitslosigkeit parallel. Doch

Folgen

Jugendliche aus ganz Europa nehmen in Berlin an einer Demonstration gegen die Jugendarbeitslosigkeit in Europa teil (3.7.2013).

Marshallplan

Programm der USA, mit dem sie nach dem Zweiten Weltkrieg von 1948 bis 1952 den Wiederaufbau und wirtschaftlichen Aufschwung Westeuropas unterstützten. Gesamtvolumen (umgerechnet): 130 Mrd Euro

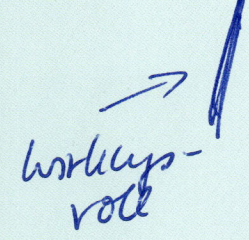

seit der Finanzkrise ist die Jugendarbeitslosigkeit drastisch und stärker angestiegen als die Gesamtarbeitslosigkeit. Unternehmen zögern in der Krise, Mitarbeiter einzustellen, das trifft besonders junge Berufseinsteiger.

Am schlechtesten steht es um die Jugendlichen in Süd- und Osteuropa. [...] Gibt es eine Erklärung dafür?

Der Süden Europas hat ein grundsätzliches Strukturproblem, das bereits vor der Finanzkrise bestand, obschon die Arbeitslosenzahlen deutlich unter den heutigen lagen. Mangelnde Ausbildungsplätze, mangelnde Infrastruktur, mangelnde Investitionen. Zu diesem großen Paket an Problemen ist [...] die Sparpolitik hinzugekommen. [...] Die Einsparungen haben die Nachfrage nach Gütern gedrosselt und die Arbeitslosigkeit [...] in die Höhe getrieben.

Nun stellt allerdings der Europäische Sozialfonds seit 2013 jährlich zehn Milliarden Euro zur Umsetzung der Jugendgarantie bereit. Reicht das nicht aus?

Geld ist vorhanden, aber trotzdem greifen all diese Initiativen nicht, weil Länder erst dann von der EU Geld bekommen, wenn sie Strukturpläne vorlegen. Von den Milliardenbeträgen sind nur kleine Millionenbeträge ausgeschöpft worden. Das ist ein Armutszeugnis für die EU. [...]

Woran fehlt es?

In der EU verfolgt man unterschiedliche Ansätze. Im Augenblick wird der Juncker-Plan und damit die Privatwirtschaft gefördert. Ich bin überzeugt, dass man parallel dazu auch den öffentlichen Sektor stärken muss. [...] Lohnkürzungen müssen zurückgenommen und soziale Leistungen aufgestockt werden, damit Menschen mehr Einkommen erzielen. Das können sie dann ausgeben, um die Wirtschaft zu beleben, was auch Arbeits- und Ausbildungsplätze für Jugendliche schafft. [...]

Was würde es denn kosten, allen [...] beschäftigungslosen Jugendlichen in Europa Arbeits- und Ausbildungsplätze zu verschaffen?

Wenn sie zu deutschen Bedingungen und Vergütungen beschäftigt werden – und je nachdem, ob man den Betrieben die Nettokosten ersetzt, die Personalkosten voll fördert oder die gesamten betrieblichen Kosten der Ausbildung ersetzt, müsste man mit 18 Milliarden, 47 Milliarden oder 75 Milliarden Euro rechnen. Finanziert werden kann dies durch Eintreibung der hinterzogenen Steuern oder durch einen Marshallplan gegen die Jugendarbeitslosigkeit in Europa.

Interview: Sibylle Trost, Die Zeit, 13.5.2015

Brigitte Unger ist Professorin für Finanzwissenschaften/Ökonomie des öffentlichen Sektors an der Universität Utrecht (Niederlande).

Aufgaben

❶ a) Beschreiben Sie die (vermutlichen) Lebensbedingungen und Zukunftsperspektiven von Jugendlichen bzw. jungen Erwachsenen aus Griechenland, Italien, Portugal oder Spanien. (M 1)

b) Erläutern Sie, inwiefern Jugendarbeitslosigkeit ein (sozial)politisches Problem für die EU darstellt. (M 1)

c) Berücksichtigen Sie dabei auch die Legitimität des politischen Systems der betroffenen Mitgliedstaaten und der EU insgesamt. (vgl. auch M 3)

❷ Erklären Sie (hypothesenartig) mögliche Ursachen der „großen Kluft" in Europa. (M 1)

❸ a) Analysieren Sie bereits beschlossene sowie diskutierte gesamteuropäische Maßnahmen gegen Jugendarbeitslosigkeit hinsichtlich ihrer Träger, Finanzierung und ihrer (intendierten) Anreize für Unternehmen und arbeitssuchende Jugendliche. (M 2, M 3)

b) Beurteilen Sie, ob die Maßnahmen das Problem lösen können. (M 1 – M 3)

6.4.2 Welche unterschiedlichen sozialpolitischen Realitäten gibt es in den Mitgliedsstaaten der EU?

M 4 ● Erwerbslosigkeit in der EU

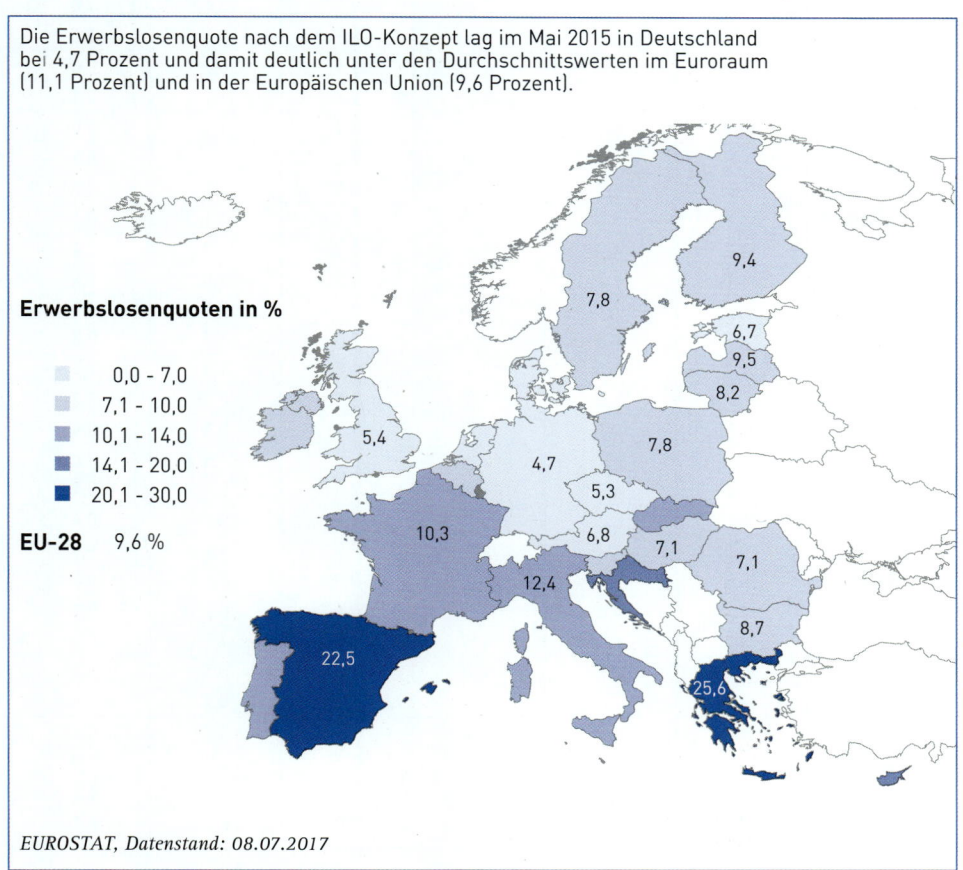

Die Erwerbslosenquote nach dem ILO-Konzept lag im Mai 2015 in Deutschland bei 4,7 Prozent und damit deutlich unter den Durchschnittswerten im Euroraum (11,1 Prozent) und in der Europäischen Union (9,6 Prozent).

Erwerbslosenquoten in %

- 0,0 - 7,0
- 7,1 - 10,0
- 10,1 - 14,0
- 14,1 - 20,0
- 20,1 - 30,0

EU-28   9,6 %

EUROSTAT, Datenstand: 08.07.2017

M 5 ● Gesetzliches Renteneintrittsalter in der EU

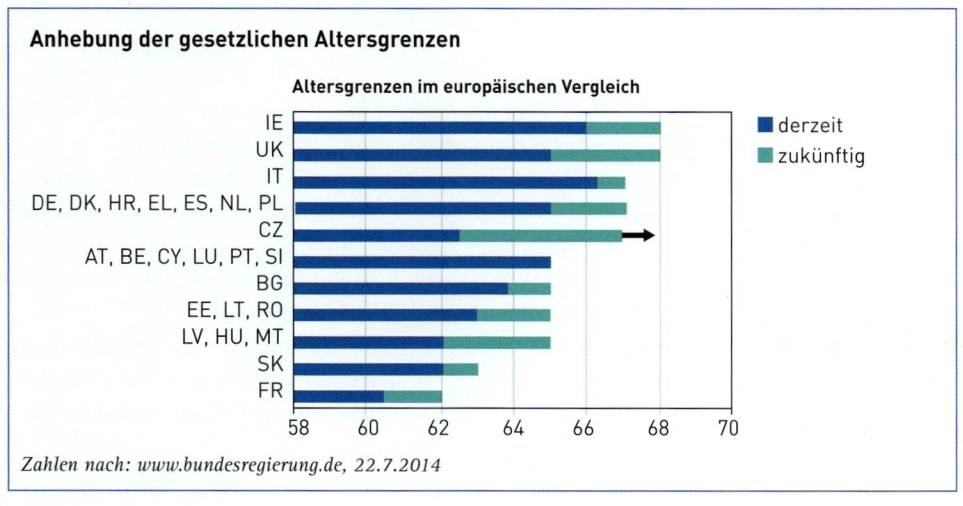

Anhebung der gesetzlichen Altersgrenzen

Altersgrenzen im europäischen Vergleich

■ derzeit
■ zukünftig

Zahlen nach: www.bundesregierung.de, 22.7.2014

M 6 ● Sozialausgaben in der EU

Sozialleistungen nach Funktionen in den 28 EU-Staaten 2014					in % des BIP
	Alter und Hinter-bliebene	Krankheit, Gesundheits-versorgung	Invalidität	Familie und Kinder	Arbeits-losigkeit	Wohnung und restliche Funktionen
Belgien	11,7	8,4	2,4	2,2	3,4	1,0
Bulgarien	9,0	4,9	1,4	1,9	0,5	1,0
Tschechien	9,0	6,0	1,3	1,7	0,6	0,6
Dänemark	14,3	6,4	4,1	3,6	1,7	2,1
Deutschland	10,9	9,7	2,2	3,1	1,1	0,8
Estland	6,6	4,4	1,8	1,6	0,4	0,1
Irland	5,8	6,7	1,2	2,5	2,7	0,5
Griechenland	16,6	5,0	1,7	1,1	1,1	0,1
Spanien	12,2	6,5	1,8	1,3	2,7	0,4
Frankreich	14,6	9,2	2,1	2,5	2,0	1,8
Kroatien	9,3	7,1	2,6	1,5	0,5	0,2
Italien	16,9	6,8	1,7	1,6	1,7	0,2
Zypern	12,3	4,5	0,7	1,4	1,9	1,4
Lettland	7,4	3,5	1,3	1,3	0,6	0,2
Litauen	6,7	4,1	1,4	1,1	0,3	0,4
Luxemburg	8,4	5,7	2,5	3,5	1,5	0,8
Ungarn	10,2	4,9	1,4	2,3	0,4	0,4
Malta	9,7	6,2	0,7	1,2	0,5	0,4
Niederlande	12,3	10,0	2,2	0,9	1,6	1,9
Österreich	14,8	7,4	2,0	2,8	1,6	0,6
Polen	11,2	4,0	1,5	1,4	0,2	0,2
Portugal	14,7	6,1	1,9	1,2	1,5	0,2
Rumänien	8,0	3,9	1,1	1,2	0,1	0,2
Slowenien	11,6	7,3	1,4	1,9	0,7	0,7
Slowakei	8,2	5,6	1,6	1,7	0,5	0,4
Finnland	13,0	7,5	3,4	3,2	2,6	1,5
Schweden	12,6	7,5	3,5	3,1	1,1	1,2
Großbrit.	11,7	8,6	1,5	2,8	0,5	2,1

Nach: EUROSTAT 2016, www.sozialpolitik-aktuell.de

M 7 ● Varianten europäischer Wohlfahrtsstaaten

Ein Wohlfahrtsstaat (W.) leistet eine rechtlich verbürgte soziale Sicherung und Förderung aller seiner Bürger, indem er monetäre Transfers, soziale Dienste und
5 Infrastruktur zur Verfügung stellt. Auf diese Weise kommt es zu einer gesellschaftlichen Entwicklung, die als „sozialer Fortschritt" bezeichnet wird. Dies ist zugleich ein Element des „Europäischen Modells"
10 und eine Besonderheit im Vergleich zu anderen Regionen der Welt. Das gilt nicht nur für die Nationalstaaten, sondern ebenfalls für die EU als supranationale Einheit. [...] In den unterschiedlichen W. in Europa geht es
15 zwar überall um die Bewältigung von klassischen Standardrisiken der modernen Gesellschaft, v. a. Krankheit, Alter, Unfall und Arbeitslosigkeit, die inzwischen um die Bereiche Pflege, Erziehung, Bildung, Familie
20 und Armut, aktive Arbeitsmarkt- und Beschäftigungspolitik und Konsumentenschutz erweitert worden sind; zugleich aber sind die nationalen Unterschiede beträchtlich. [...] Als Erklärungen für die Unterschiede werden genannt:
25
1. der sozialökonomische Problemdruck (starke Anbindung des W. etwa an Wirtschaftswachstum, Arbeitslosigkeit und Demografie);
2. die Verteilung der Machtressourcen so-
30

wie die Organisations- und Konfliktfähigkeit gesellschaftlicher Gruppierungen;

3. die Unterschiede zwischen Parteien (v. a. Sozialdemokraten betreiben den Ausbau des W.);

4. internationale Faktoren (d. h. der Einfluss der Globalisierung und der EU-Aktivitäten auf den W.);

5. politisch-institutionelle Determinanten (der W. wird etwa durch den Föderalismus und die direkte Demokratie gebremst; frühere Entscheidungen legen Entwicklungspfade fest, die kaum revidierbar sind).

Jeder Wohlfahrtsstaatstypus produziert [...] seine eigenen charakteristischen sozial- und arbeitsmarktpolitischen Programme, Leistungen und Zugangskonditionen (manchmal Barrieren). [...] Grob skizziert ergibt sich folgende „Landkarte":

Im skandinavischen oder „sozialdemokratischen" Wohlfahrtsstaat, wie er auf der Basis einer starken Arbeiterbewegung und langjähriger sozialdemokratischer Regierungsaktivitäten in Schweden, Norwegen und Dänemark realisiert worden ist, wird eine universelle Versorgung auf höchstem (qualitativen und quantitativen) Niveau angestrebt, wobei soziale Bürgerrechte die Anspruchsgrundlage bilden. Ferner sind hier die Sozialausgaben sehr hoch [...]. Die Wirtschaftspolitik ist antizyklisch und die Arbeitsmarktpolitik aktiv ausgerichtet, was eine annähernde Vollbeschäftigung und ein relativ hohes Maß an sozialer Gleichheit erzeugt. Auch die Bildungspolitik genießt hohe Priorität. [...]

Der kontinentaleuropäische oder „konservative" Typ des Wohlfahrtsstaats schließlich, der in Österreich, Frankreich, Italien und Deutschland anzutreffen ist, interveniert [...] und leistet [ebenfalls viel] mehr. Freilich macht er dies eher temporär begrenzt und oft nur aus staatspolitischen, paternalistischen Gründen [...]; zudem werden oft starke christliche und korporatistische Kräfte wirksam, was eine gewisse sozialpolitische Ambivalenz erzeugt. Der konservative Typus ist stark lohnarbeits- und sozialversicherungszentriert, d. h. soziale Rechte sind an Klasse und Status gebunden; dementsprechend bleibt die soziale Ungleichheit relativ groß.

Der Typ des südeuropäischen oder rudimentären Wohlfahrtsstaats (Spanien, Portugal, Griechenland und teilweise Italien) zeichnet sich dadurch aus, dass hier die Systeme der sozialen Sicherung nur partiell entwickelt und noch traditionelle, nichtstaatliche Formen der sozialen Unterstützung (Kirchengemeinde, Familie) relevant sind. In diesem Zusammenhang ist ebenfalls zu berücksichtigen, dass es sich um weniger industrialisierte, strukturschwache und arme Länder handelt, also auch nur relativ geringe Einkommen am Markt erzielt werden.

Als weiterer Typ lässt sich der mittelosteuropäische oder „postsozialistische" Wohlfahrtsstaat nennen, der die Staaten des ehemaligen Ostblocks umfasst. Hier sind zum einen die Folgen der politisch-ökonomischen Transformation zu bewältigen, zum anderen sind die institutionellen Fundamente des Wohlfahrtsstaats noch jung und schwach.

Josef Schmid, Wohlfahrtstaat in Europa, in: Martin Große Hüttmann/Hans-Georg Wehling (Hg.): Das Europalexikon, 2., aktual. Aufl. Bonn: Dietz 2013, www.bpb.de, Abruf am 26.4.2017

Aufgaben

1 Fassen Sie zusammen, welche Unterschiede es im Bereich der Sozialpolitik in den Mitgliedstaaten es gibt. (M 4 – M 6)

2 Erläutern Sie, welche Unterschiede es in Europa hinsichtlich Wohlfahrtsstaatsmodellen gibt. (M 7)

3 Diskutieren Sie, inwiefern es zu Problemen bei der Errichtung eines Europäischen Sozialstaates kommen könnte. (M 4 – M 7)

6.4.3 Supranationale oder nationale Ebene – Soll die EU mehr Sozialpolitik betreiben?

M 8 ● Soziale Grundrechte im Vertrag über die Arbeitsweise der Europäischen Union

„Die Union und die Mitgliedstaaten verfolgen eingedenk der sozialen Grundrechte [...] folgende Ziele: die Förderung der Beschäftigung, die Verbesserung der Lebens-
5 und Arbeitsbedingungen, um dadurch auf dem Wege des Fortschritts ihre Angleichung zu ermöglichen, einen angemessenen sozialen Schutz, den sozialen Dialog, die Entwicklung des Arbeitskräftepotenzi-
10 als im Hinblick auf ein dauerhaft hohes Beschäftigungsniveau und die Bekämpfung von Ausgrenzungen. Zu diesem Zweck führen die Union und die Mitgliedstaaten Maßnahmen durch, die der Vielfalt der einzelstaatlichen Gepflogenheiten, insbesondere 15 in den vertraglichen Beziehungen, sowie der Notwendigkeit, die Wettbewerbsfähigkeit der Wirtschaft der Union zu erhalten, Rechnung tragen."

Aus: Vertrag über die Arbeitsweise der Europäischen Union, Art. 151, www.dejure.org, Abruf am 26.4.2017

M 9 ● Europäische Sozialpolitik – Zwischen EU-Regelungen und nationalen Interessen

Die Sozialpolitik ist mittlerweile eine gemeinsame Zuständigkeit von Union und Mitgliedstaaten. Der Rat kann durch Richtlinien, die im Mitentscheidungsverfahren
5 mit dem Europäischen Parlament und nach Anhörung des Wirtschafts- und Sozialausschusses sowie des Ausschusses der Regionen mit qualifizierter Mehrheit angenommen werden, Maßnahmen unter anderem in
10 den Bereichen Gesundheit und Sicherheit der Arbeitnehmer erlassen. Einstimmig kann der Rat, ebenfalls im Mitentscheidungsverfahren, auch Maßnahmen zum sozialen Schutz der Arbeitnehmer, zum
15 Kündigungsschutz und weiteren Fragen beschließen. Die Festlegung der Sozialpolitik als „gemeinsame Zuständigkeit" ermöglicht der EU also regelnd einzugreifen, allerdings muss sie dabei die Kompetenzen der Mit-
20 gliedstaaten achten. Tatsächlich sind die Mitgliedstaaten sehr daran interessiert, auf diesem Feld die Gestaltungsmacht zu behalten, so dass der EU im Wesentlichen die Fixierung von Mindeststandards bleibt.
25 So hat die Europäische Union beispielsweise eine Richtlinie zur Arbeitszeitgestaltung erlassen, die solche Mindeststandards bei der Festlegung der Arbeitszeiten vorschreibt. Die Mitgliedstaaten sind der Richtlinie zufolge dazu verpflichtet zu re- 30 geln, dass die Höchstarbeitszeit nicht mehr als 48 Stunden pro Woche beträgt und dass zwischen Arbeitsende und erneuter Arbeitsaufnahme eine angemessene Ruhezeit eingehalten wird. 35
Auch das Verbot, Menschen wegen ihres Geschlechts oder anderer persönlicher Merkmale zu benachteiligen, gilt europaweit. Die Europäische Union hat hierzu mehrere Richtlinien erlassen, die bei uns 40 durch das Allgemeine Gleichstellungsgesetz umgesetzt wurden. Dabei ist Deutschland über die Vorgaben der EU hinausgegangen. Dies zeigt das bei Richtlinien übliche Verfahren: Es werden Werte vorge- 45 geben, die einzuhalten sind. Wenn ein Staat mehr tun will, kann er dies machen. [...] Heftig diskutiert wurde in der Europäischen Union allgemein und in Großbritannien und in Deutschland im Besonderen, ob Bür- 50 ger anderer EU-Staaten Sozialleistungen beanspruchen können. Ein EU-Bürger, der in Deutschland mindestens sechs Monate sozialversicherungspflichtig beschäf-

---

Souveränität

Souveräne Staaten können frei und unabhängig über die Art der Regierung, das Rechtssystem und die Gesellschaftsordnung innerhalb ihres Staatsgebietes bestimmen (innere Souveränität). Das Völkerrecht postuliert die Unabhängigkeit und Gleichheit aller Staaten in den internationalen Beziehungen (äußere Souveränität). Staaten können sich durch völkerrechtliche Verträge zusammenschließen, indem sie Hoheitsrechte auf supranationale Organisationen (z.B. die Europäische Union) übertragen.

Bruno Zandonella: Pocket Europa. EU-Begriffe und Länderdaten. Bonn: Bundeszentrale für politische Bildung 2005, 2009 aktualisiert.

55 tigt war, hat Anspruch auf Arbeitslosengeld II („Hartz IV"), wird er nach mehr als einem Jahr Berufstätigkeit arbeitslos, tritt fürs Erste die Arbeitslosenversicherung für ihn ein. Andererseits gilt grundsätzlich, dass 60 ein Zuzug nach Deutschland mit dem Ziel, dort von Sozialhilfe zu leben, nicht rechtens ist. Strittig ist jedoch, inwieweit EU-Bürger Anspruch auf Sozialleistungen haben, die ihnen den Zugang zum Arbeitsmarkt erleichtern, wenn sie also nicht arbeiten, 65 aber eine Arbeit suchen oder sich für eine solche qualifizieren könnten. Gemäß einem Urteil des Europäischen Gerichtshofs (EuGH) von 2009 dürfen EU-Bürger nicht von beitragsunabhängigen Leistungen aus- 70 geschlossen werden, die ihnen den Zugang zum Arbeitsmarkt erleichtern.

Eckart D. Stratenschulte, www.bpb.de, 1.4.2014

M 10 ● Sozialpolitik in der EU

Die soziale Dimension des Binnenmarkts

Regelung der Höchstarbeitszeiten
48 Std. pro Woche

keine Diskriminierung aus Gründen der Staatsangehörigkeit
Gleichstellung der EU-Bürger im Arbeitsleben

Regelung der Arbeitssicherheit
Schutzeinrichtungen vor Gefahren am Arbeitsplatz müssen vorhanden sein

Regelung zur allgemeinen Gleichstellung von Mann und Frau
Gleicher Berufszugang und gleicher Lohn für beide Geschlechter

Maßnahmen gegen „Sozialdumping"
durch die Entsenderrichtlinie

Förderung von Beschäftigung und Qualifizierung durch den Europäischen Sozialfonds
Mehr als 80 Mrd. Euro für die Zeit von 2014–2020

Nach: Bundeszentrale für politische Bildung, Bonn 2009, www.bpb.de, (aktualisiert)

M 11 ● Konkret: Der ESF – Instrument der Beschäftigungspolitik

Der ESF [Europäischer Sozialfonds] hilft den Menschen in Deutschland und in Europa, ihr Bildungsniveau und ihre Qualifikationen zu verbessern und damit ihre beruf- 5 lichen Chancen zu erhöhen. Der ESF ist damit Europas wichtigstes Instrument der EU zur Förderung von Beschäftigung und sozialer Integration. [...] Daher kümmert sich der ESF besonders um diejenigen, die 10 Gefahr laufen, aus dem Arbeitsmarkt ausgegrenzt zu werden, wie z.B. benachteiligte junge Menschen, Langzeitarbeitslose sowie Migranten und Migrantinnen. Der ESF ist jedoch keine Arbeitsvermittlung. Vielmehr fördert er Beschäftigungsprojekte auf loka- 15 ler, regionaler und bundesweiter Ebene. [...] In Deutschland erhalten Bund und Länder von 2014 bis 2020 insgesamt rund 7,5 Milliarden Euro aus dem ESF. Die ESF-Mittel verteilen sich zu rd. 36 Prozent auf das ESF- 20 Programm des Bundes und zu gut 64 Prozent auf die 16 ESF-Länderprogramme. Die ESF-Mittel stehen jedoch nur zur Verfügung, wenn ein Teil der Kosten für die geförderten Projekte von den Mitgliedsstaaten 25 selber getragen wird (Kofinanzierung).

Bundesministerium für Arbeit und Soziales, Europäischer Sozialfonds, www.bmas.de, 13.5.2014

Aufgaben

1 Fassen Sie die Ziele Europäischer Sozialpolitik zusammen. (M 8)

2 Supranationale oder nationale Ebene – soll die EU mehr Sozialpolitik betreiben? Beurteilen Sie diese Frage auf der Basis der Materialien. (M 8 - M 10)

---

supranational

[lat. überstaatlich] Bezeichnung für einen Zusammenschluss von Staaten, die ihre nationalen Souveränitätsrechte teilweise auf gemeinsame Institutionen übertragen. Beispiel: Die Organe der EU entscheiden nach dem Mehrheitsprinzip in bestimmten Politikbereichen (Binnenmarkt, Agrarpolitik, Währungsunion) verbindlich für alle Mitgliedstaaten. Dagegen muss bei der intergouvernementalen Zusammenarbeit ein Konsens aller hergestellt werden.

Bruno Zandonella: Pocket Europa. EU-Begriffe und Länderdaten. Bonn: Bundeszentrale für politische Bildung 2005, 2009 aktualisiert.

Subsidiaritätsprinzip

[Von lat. subsidium: Hilfe] Nach dem Subsidiaritätsprinzip soll eine (staatliche) Aufgabe soweit wie möglich von der unteren Ebene bzw. kleineren Einheit wahrgenommen werden. Die Europäische Gemeinschaft darf nur tätig werden, wenn die Maßnahmen der Mitgliedstaaten nicht ausreichen und wenn die politischen Ziele besser auf der Gemeinschaftsebene erreicht werden können.

Bruno Zandonella: Pocket Europa. EU-Begriffe und Länderdaten. Bonn: Bundeszentrale für politische Bildung 2005, 2009 aktualisiert.

Die vier Freiheiten des EU Binnenmarktes
Kap. 6.1, M 1 – M 2, M 4

Die vier Freiheiten sind wesentliche Kennzeichen des Europäischen Binnenmarktes: **Freier Personenverkehr**, **freier Dienstleistungsverkehr**, **freier Warenverkehr** und **freier Kapitalverkehr**. Trotz der Umsetzung dieser Freiheiten in vielen Bereichen, stehen diese z.T. nationalstaatlichen Interessen gegenüber. Deshalb wird es auch in Zukunft Diskussionen um die Umsetzung der vier Freiheiten geben.

Herausforderungen europäischer Politik
Kap. 6.2, M 2 – M 3

Die vielen Krisen der letzten Jahre haben in der EU zu **Desintegrationserscheinungen** geführt. Dennoch gibt es Diskussionen darüber, ob eine tiefere Integration ein Lösungsansatz der Krisen sein kann. So wird ein **Europäischer Sozialstaat** als Lösung für soziale Verwerfungen und eine **Fiskalunion** als Lösung für die Folgen wirtschaftlicher Integration und Krisen diskutiert.

Diskussionen um TTIP
Kap. 6.3, M 2 – M 3

Das **transatlantische Freihandelsabkommen TTIP** ist seit einigen Jahren Ziel der Außenpolitik der EU. Das Abkommen ist jedoch umstritten. Viele befürchten durch das Abkommen ein Absenken der Sozialstandards in der EU, während andere einen Wohlstandsschub von der Realisierung des Abkommens erwarten.

Sozialpolitik der EU
Kap. 6.4, M 1 – M 3

Dies gilt auch für die Europäische Sozialpolitik, die vor allem **Arbeitnehmer(schutz)politik** ist. Mit der „Lissabon-Strategie" hat sich die EU eine aktivere Rolle im Bereich der **Beschäftigungspolitik** verordnet, die in allen Mitgliedstaaten zu einer Ausweitung der Beschäftigungsquote, vor allem von Risikogruppen, führen und somit auch das allgemeine Ziel der Förderung des sozialen Zusammenhalts unterstützen soll. Die gegenwärtige **Jugendarbeitslosigkeit** vor allem in südeuropäischen Staaten zeigt Notwendigkeit und Grenzen einer weitergehenden vergemeinschafteten EU-Sozialpolitik auf. Die erheblichen sozialen Disparitäten innerhalb der EU gefährden den sozialen Frieden und die Anerkennung der EU; zudem müssen die von Arbeitslosigkeit besonders betroffenen Staaten die negativen Folgen eines „brain drains" bewältigen, wofür innereuropäische Transferzahlungen als erforderlich erscheinen. Sehr unterschiedliche sozialstaatliche Traditionen und damit verbundene Leistungsniveaus bzw. -ansprüche erschweren die vollständige Vergemeinschaftung sozialpolitischer Leistungen.

In den Verträgen über die Arbeitsweise der EU werden wesentliche Sozialstandards festgeschrieben. Die Nationalstaaten streben jedoch tendenziell eher danach, auf diesem Politikfeld möglichst eigenständig zu bleiben und sich ihre Souveränität zu bewahren. Somit kann es zu Konflikten zwischen der nationalstaatlichen und supranationalen Ebene kommen.

Varianten Europäischer Sozialstaatlichkeit
Kap. 6.4, M 7, M 9

In den Mitgliedsstaaten der EU existieren verschiedene Formen des Wohlfahrtsstaates. So werden die Formen der **sozialdemokratischen**, **postsozialistischen**, **rudimentären** und **konservativen Wohlfahrtsstaaten** unterschieden. Auch hinsichtlich der Sozialausgaben, Arbeitslosenquoten und dem Renteneintrittsalter unterscheiden sich die Mitgliedsstaaten der EU z.T. erheblich.

KOMPETENZEN ANWENDEN

Eine europäische Arbeitslosenversicherung?

EU-Sozialkommissar Lazlo Andor hat [...] seine Pläne für eine europäische Arbeitslosenversicherung präzisiert. Andor sagte im Gespräch mit der „Welt", eine europäische
5 Arbeitslosenversicherung sollte die nationalen Arbeitslosenversicherungssysteme nicht ersetzen: „Die europäische Arbeitslosenversicherung würde nur Kernaufgaben übernehmen." [...]
10 Ein solches Konzept [...] schaffe wirtschaftliche Stabilität und könne in einer Phase des konjunkturellen Abschwungs die Wirtschaft kurzfristig beleben. „Wir brauchen eine europäische Arbeitslosenversicherung:
15 Dadurch wäre es möglich, ein Sicherheitsnetz zu schaffen für die Sozialsysteme der einzelnen Mitgliedstaaten. Alle Euro-Länder zahlen beim europäischen Arbeitslosengeld in einen gemeinsamen Topf ein und
20 bekommen je nach Höhe der Arbeitslosigkeit einen Teil zurück".
Früher hätten sich die Länder bei Konjunktureinbrüchen selbst geholfen und die eigene Währung abgewertet. „Das geht bei ei-
25 ner gemeinsamen Währung aber nicht mehr, man muss also andere Wege gehen", sagte der EU-Sozialkommissar.
Laut Andor soll die europäische Arbeitslosenversicherung aus Steuermitteln der
30 Euro-Länder finanziert werden. „Es geht kein Weg daran vorbei, dass wir künftig mehr Transfers von Geldern zwischen den

Euro-Ländern vornehmen". Diese Transfers sollten aus Steuermitteln der einzelnen Mitgliedsländer finanziert werden. „Nur 35 mit solchen fiskalischen Transferzahlungen lässt sich die Währungsunion künftig sicher machen. Sie sorgen dafür, dass die sozialen und wirtschaftlichen Folgen von Reformen und Konjunktureinbrüchen ab- 40 gefedert werden und es keine Spirale nach unten gibt", erläuterte der studierte Ökonom Andor. [...]
Nach Berechnungen des Instituts für Arbeitsmarkt- und Berufsforschung (IAB) der 45 Nürnberger Bundesagentur für Arbeit hätte eine europäische Arbeitslosenversicherung – bei einem Leistungssatz von 50 Prozent des letzten Gehalts – zwischen 2006 und 2011 Deutschland netto rund 20 Milliarden 50 Euro gekostet. Damit hätte Berlin nahezu ein Drittel der europäischen Arbeitslosenversicherung finanziert. Größter Profiteur wäre Spanien mit Nettozuflüssen von 37,9 Milliarden Euro gewesen. Auch die Italiener 55 könnten sich freuen. Laut IAB würde eine neue europäische Arbeitslosenversicherung in ihrem Land im Vergleich zu den vergangenen Jahren künftig zu einem „massiven" Anstieg des Leistungsniveaus und der An- 60 spruchsberechtigten führen.

Christoph B. Schiltz, Die Welt, 25.8.2014

Aufgaben

1 Geben Sie das Modell einer europäischen Arbeitslosenversicherung wieder.

2 Erläutern Sie Möglichkeiten und Grenzen einer vergemeinschafteten EU-Sozial- und Arbeitsmarktpolitik.

3 Der europäische Integrationsprozess wird erst durch die Etablierung gemeinschaftlicher sozialstaatlicher Strukturen vollendet. Nehmen Sie zu dieser These begründet Stellung.

Szenarienübersicht

INTEGRATIONSTIEFE

Im Szenario Supermacht Europa wird das große Europa seinem objektiven Weltmachtpotenzial gerecht. Die Europäische Union nutzt ihre materiellen und institutionellen Ressourcen in vollem Umfang. Wirtschaftliche Leistungsfähigkeit, Bevölkerungszahl, militärisches Potenzial und das europäische Wertesystem bieten ihr eine beachtliche Handlungsbasis.

Im Offenen Gravitationsraum verfolgt eine der Gemeinschaftsmethode verpflichtete Avantgarde das Ziel einer kontinuierlichen Integrationsvertiefung. Das Zentrum des Gravitationsraums bildet dabei die Gruppe der Länder, die sich an den meisten Integrationsprojekten beteiligen.

Supermacht Europa

Offener Gravitationsraum

INTEGRATIONSREICHWEITE

 Methode Monnet

Im Szenario Methode Monnet setzt sich die künftige Entwicklung der Europäischen Union nach dem Muster der vergangenen Jahrzehnte fort.

 Geschlossenes Kerneuropa

Titanic

Im Geschlossenen Kerneuropa besteht unter den Mitgliedstaaten kein Konsens hinsichtlich der künftigen Entwicklung der Europäischen Union. Eine Gruppe von Mitgliedstaaten entschließt sich zu einer Zusammenarbeit außerhalb des vertraglichen Rahmens.

Das Titanic-Szenario beschreibt eine substanzielle Gefährdung bis hin zur Auflösung der europäischen Integration.

Legende:
INTEGRATIONSREICHWEITE = Anzahl der beteiligten Staaten
INTEGRATIONSTIEFE = Anzahl der vergemeinschafteten Politikfelder

Franco Algieri, Janis Andreas Emmanouilidis, Roman Maruhn, CAP Working Paper, München 5/2003

Die Entwicklung des politischen Systems Europas im Kontext von Vertiefung und Erweiterung

7

Die heutige Gestalt der EU ist nicht Ergebnis eines linearen, geplant verlaufenen Integrationsprozesses, sondern die Folge einer Vielzahl von Entscheidungen sowohl der Mitgliedsstaaten als auch der von diesen geschaffenen gemeinsamen Institutionen. Der Charakter und die Funktion der Europäischen Institutionen haben sich im Verlauf des Integrationsprozesses deutlich verändert.

Wie ist das – im Vertrag von Lissabon fixierte – bisherige Ergebnis dieses Prozesses einzuschätzen? Sichern Parlament und Bürgerbeteiligung eine demokratische Legitimation? Oder hat die EU, wie gelegentlich beklagt wird, ein Demokratiedefizit? In welchem Verhältnis stehen die räumliche Erweiterung und die inhaltliche Vertiefung der europäischen Integration? Stehen sie einander im Weg oder bedingen sie einander? Wie weit kann die Europäische Integration geografisch gehen, ohne den erreichten Grad an Gemeinsamkeit zu gefährden? Wie weit kann die Gemeinsamkeit inhaltlich ausgebaut werden, ohne die Mitgliedsstaaten in ihrer Substanz zu gefährden und die Zustimmung der Bevölkerung zu verlieren? Können politische Theorien den bisherigen Verlauf der Integration erklären und Perspektiven der zukünftigen Entwicklung aufzeigen? Wie kann eine Europäische Union aussehen, wenn mit Großbritannien das drittgrößte Mitgliedsland die Union verlässt? Diesen Fragen gehen Sie in diesem Kapitel nach.

KOMPETENZEN

Am Ende dieses Kapitels sollten Sie Folgendes wissen und können:

... das Spannungsverhältnis von geografischer Erweiterung und inhaltlicher Vertiefung der europäischen Integration beschreiben und erläutern.

... das Europäische Parlament in das Institutionengefüge einordnen und seine Funktionalität kriterienorientiert beurteilen.

... Perspektiven der zukünftigen Integration diskutieren und diese anhand von Integrationstheorien begründen.

Was wissen und können Sie schon?

1. Bestimmen Sie die gegenwärtige Position der EU in der Szenarienübersicht, indem sie den erreichten Grad an Integrationstiefe und Integrationsreichweite einschätzen.

2. Bearbeiten Sie arbeitsteilig jeweils eines der in der Übersicht abgebildeten Szenarien: Diskutieren Sie, welche Entwicklungen – vom gegenwärtigen Zustand der EU ausgehend - zum Eintreten des Szenarios führen könnten.

7.1　Ein Europa der Bürger? - Entwicklung des Parlaments und der Bürgerbeteiligung

Basiskonzepte	Kategorien	Leitfragen
Prozesse und Handeln	Macht, politische Gestaltung und Legitimation	· Wie kann eine wirksame Bürgerbeteiligung auf europäischer Ebene aussehen?

7.1.1　Das Europäische Parlament – ein (un)vollständiges Parlament?

M 1 ●　Entwicklung des Europäischen Parlaments

	Europäische Integration	Mitgliedsländer:	Bevölkerung:	Sitze:	
1951	EGKS: D, F, I, Benelux	6	158 Mio.		
1952				78	„Gemeinsame Versammlung", Mitglieder aus den Parlamenten der Staaten abgeordnet; beratende Funktion, aber Misstrauensvotum gegen „hohe Behörde" (Vorläuferin der Kommission) möglich
1958	Römische Verträge (Euratom, EWG)			142	gemeinsames Organ der drei Gemeinschaften Für beide neu geschaffenen Gemeinschaften wurden die Entscheidungen vom Rat auf Vorschlag der Kommission getroffen. Die Parlamentarische Versammlung musste konsultiert werden und eine Stellungnahme abgeben.
1962				142	Selbstbezeichnung „Parlament"
1971	Vertrag von Luxemburg			142	**Haushalt:** Parlament kontrolliert Verwendung der neu eingeführten EG-„Eigenmittel" (Zölle, Mehrwertsteuer-Anteile), betrifft NICHT die Agrarpolitik, die 90% des Haushalts ausmacht.
1973	„Norderw.", GB, IRL, DK	9	256 Mio. (davon neu 64 Mio.)	198	
1975	Vertrag von Brüssel			198	**Haushalt:** Parlament kann den Haushaltsplan der Gemeinschaft ablehnen und die Kommission bei der Durchführung des Haushaltsplans kontrollieren.
1979				410	erste Direktwahl des Parlaments
1981	„Süderweiterung" GR	10	271 Mio. (davon neu 9 Mio.)	434	
1986	„Süderweiterung" SP, P	12		518	
1987	Einheitliche Europasche Akte (EEA)			518	**Gesetzgebung:** Ausbau der Parlamentarischen Rechte: Verfahren der „Zusammenarbeit" für Bereiche, in denen der Ministerrat mit qualifizierter Mehrheit statt wie bisher einstimmig beschließt (z. B. Binnenmarkt); Außenpolitik: Zustimmungsrecht zu Beitritts- und Assoziierungsverträgen
1990				536	

	Europäische Integration	Mitglieds-länder:	Bevölkerung:	Sitze:
1992	Maastrichter Vertrag: EU			536
1994				567
1995	Beitritt Fi, S, AUS	15	372 Mio. (davon neu 22 Mio.)	626
1999	Vertrag von Amsterdam			626
2003	Vertrag von Nizza			626
2004	„Osterweiterung" EST, LET, LIT, M, PL, SK, SL, T, U, Z	25	459 Mio. (davon neu 74 Mio.)	732
2007	Beitritt RU, BLG	27	493 Mio. (davon neu 28 Mio.)	785
2009	Vertrag von Lissabon			736
2011				754
2013	Beitritt Kroatien	28	505 Mio. (davon neu 5 Mio.)	766
2014				751

Gesetzgebung: Beim neuen „Mitentscheidungsverfahren" (vgl. M3) werden die europäischen Gesetze nach einem mehrstufigen Verfahren zwischen Rat und Parlament beschlossen (Verfahren gilt nur für einige Themenbereiche); Parlament kann Kommission zur Ausarbeitung eines Gesetzesvorschlags auffordern.

Kontrolle: Die gesamte Kommission muss nun auch vom EP bestätigt werden. Das EP ernennt auch den Europäischen Bürgerbeauftragten.

Gesetzgebung: Ausdehnung des Mitentscheidungsverfahrens auf weitere Politikbereiche, wichtige Ausnahme allerdings weiterhin die Landwirtschaft; weiterhin keine volle Gesetzesinitiative des Parlaments

Kontrolle: Einsetzung des Kommissionspräsidenten braucht vorab Zustimmung des Parlaments

neue Sitzverteilung, die die Bevölkerung der Mitgliedstaaten stärker widerspiegelt (als Gegengewicht zur Ausdehnung von Mehrheitsentscheidungen im Rat)

Gesetzgebung: geringfügige Erweiterung des Anwendungsbereichs für das Mitentscheidungsverfahren sowie durch die Notwendigkeit einer Billigung der verstärkten Zusammenarbeit durch das Parlament in Bereichen erweitert, in denen die Mitentscheidung gilt. Darüber hinaus muss das Parlament zur Stellungnahme aufgefordert werden, wenn sich der Rat zur Gefahr einer schweren Verletzung der Grundrechte in einem Mitgliedstaat äußert.

Kontrolle: Einsetzung des Kommissionspräsidenten und der Gesamtheit der Kommissionsmitglieder braucht Zustimmung des Parlaments (Ernennung durch den Rat mit qualifizierter Mehrheit)

Gesetzgebung: Mitentscheidungsverfahren ist nun „ordentliches Gesetzgebungsverfahren" und wird auf weitere Bereiche ausgeweitet. Mit wenigen Ausnahmen ist das Parlament mit dem Rat als Gesetzgeber gleichgestellt, insbesondere in Bezug auf den Haushaltsplan, die Agrarpolitik sowie im Bereich Justiz und Inneres. Bei internationalen Handelsabkommen muss das Parlament zustimmen; „Europäische Bürgerinitiative" als direkte Möglichkeit für Bürgerbeteiligung eingeführt

M 2 ● Parlamentsfunktionen

In der Politikwissenschaft werden Parlamenten als „Vertretungskörperschaft mit nennenswerten Befugnissen oder einer symbolisch hervorgehobenen Rolle in einem po- *litischen System" (Patzelt) üblicherweise folgende Funktionen in Bezug auf das Gesamtsystem zugeschrieben:*

Kreations- und Rekrutierungs- funktion	Bestellung und Abberufung der Regierung, Zuständigkeiten bei der Wahl anderer Verfassungsorgane, Auslese politischen Führungspersonals Kern dieses Funktionsbereiches ist die Regierungsbildungsfunktion. Vollständig ausgeprägt ist sie, wenn das Parlament die Regierungsgeschäfte Politikern seines Vertrauens bis auf Widerruf übergeben kann. Effektiv ist sie bereits, wenn die vom Parlament gewählte Regierung auch von diesem abgesetzt werden darf.
Gesetzgebungs- funktion (einschließlich **Budgetrecht**)	Wesentlich ist hierbei, dass – unbeschadet einer engen Zusammenarbeit von Regierung und Parlament(smehrheit) insbesondere in parlamentarischen Regierungssystemen – das Parlament über das Initiativrecht verfügt und mit formalen Machtmitteln ausgestattet ist, die seine Zustimmung zu Gesetzen erfordert. Ebenso ist das Budgetrecht, also die verbindliche Zustimmung zur Haushaltsplanung der Exekutive, eine wesentliche Befugnis von Parlamenten.
Kontrollfunktion	Im traditionellen Verständnis von der politischen Gewaltenteilung hat das (Gesamt-)Parlament die Aufgabe, die Regierung zu kontrollieren. Für parlamentarische Demokratien ist jedoch eine andere Form der Gewaltenteilung charakteristisch: Regierung und Mehrheitsfraktionen steht die parlamentarische Opposition gegenüber. Die Kontrollfunktion nimmt hier vor allem die Opposition wahr. Sie nutzt verschiedene Instrumente, beispielsweise Anfragen und Untersuchungsausschüsse, um die Regierung öffentlich zu kritisieren und zu kontrollieren.
Repräsen- tations- und Willensbildungs- funktion	Grundlage seiner legitimen Machtstellung ist die Repräsentationsfunktion eines Parlamentes. Diese umfasst insbesondere die Responsivität (verlässliches Einbringen der gesamten Bandbreite gesellschaftlicher Wünsche und Probleme in die parlamentarische Entscheidungsfindung) sowie die Darstellung politischer Kontroversen und Meinungsvielfalt in öffentlichen Debatten.

Zusammenstellung des Autors

Info

Zusammensetzung des 2014 gewählten EPs nach transnationalen Fraktionen

Name der Fraktion	Zugehörige Parteien aus Deutschland
Europäische Volkspartei (EVP)	CDU, CSU (34)
Progressive Allianz der Sozialdemokraten im EP	SPD (27)
Europäische Konservative und Reformer (ECR)	LKR, Familienpartei (6)
Liberale und Demokraten für Europa (ALDE)	FDP, Freie Wähler (4)
Vereinigte Europäische Linke / Nordische Grüne Linke (GUE/NGL)	Die Linke, Tierschutzpartei (8)
Grüne / Freie Europäische Allianz (Greens/EFA)	Grüne, Piraten, ÖDP (13)
Europa der Freiheit und der direkten Demokratie (EFDD)	(1)
Europa der Nationen und der Freiheit	(1)
Fraktionslos	Die PARTEI, NPD (2)

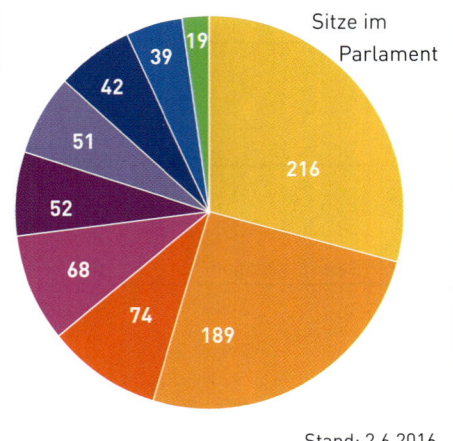

Sitze im Parlament

Stand: 2.6.2016

Die Gründung einer Fraktion „europakritischer" Parteien ist 2014 ebenso gescheitert wie die Gründung einer rechtsextremen Fraktion.

M 3 ● Mitentscheidungsverfahren

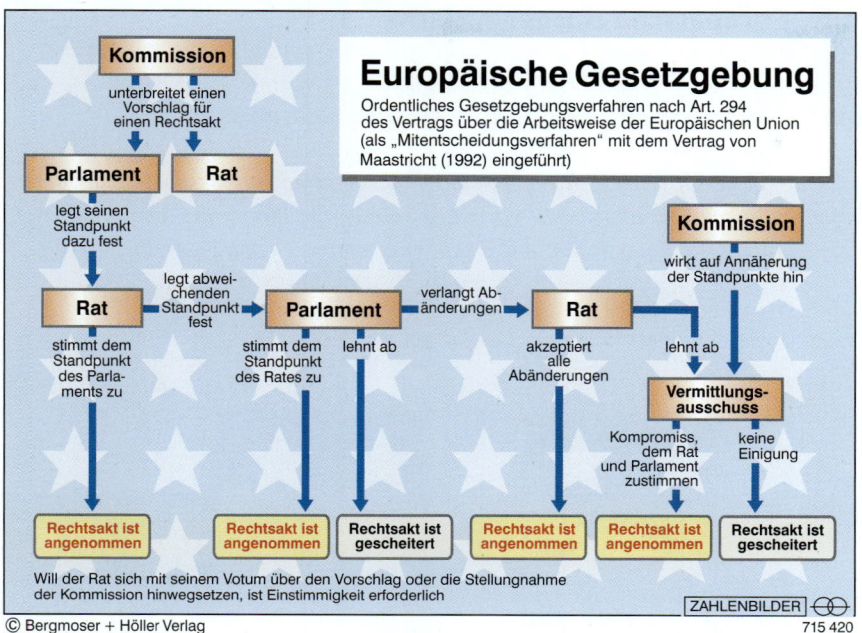

© Bergmoser + Höller Verlag

715 420

M 4 ● Wahlbeteiligung

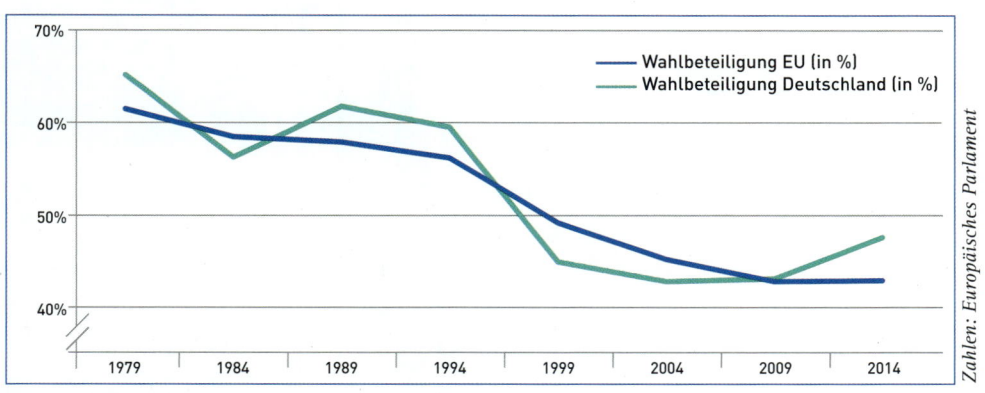

Zahlen: Europäisches Parlament

Erklärfilm zur Europawahl

Mediencode: 72025-08

Aufgaben

1 Stellen Sie die Schritte zusammen, in denen die Kompetenzen des Europäischen Parlaments ausgeweitet werden. (M 1)

2 a) Gleichen Sie die Entwicklung des EP mit den Funktionen ab, die nationale Parlamente üblicherweise übernehmen. (M 1 – M 4)

   b) Erörtern Sie, inwiefern das Europäische Parlament in seinen jeweiligen Entwicklungsstufen ein „unvollständiges Parlament" ist.

3 Prüfen Sie, inwieweit sich kausale Bezüge zwischen den Erweiterungsschritten der EU und der Entwicklung des Europäischen Parlaments herstellen lassen. (M 1)

4 In den Debatten über eine Reform der EU wird unter anderem die Forderung erhoben, das Institutionengefüge zu einem „voll ausgebauten Parlamentarismus" weiter zu entwickeln. Nehmen Sie begründet dazu Stellung.

7.1.2 Erhöhte Legitimität durch Bürgerbeteiligung? – die „Europäische Bürgerinitiative"

M 4 ● Die Europäische Bürgerinitiative - Das Verfahren

Die Europäische Bürgerinitiative (EBI) ist ein durch den Vertrag von Lissabon eingeführtes Instrument der politischen Teilhabe. Mit einer EBI können die Bürger der EU veranlassen, dass sich die Europäische Kommission mit einem bestimmten Thema befasst.

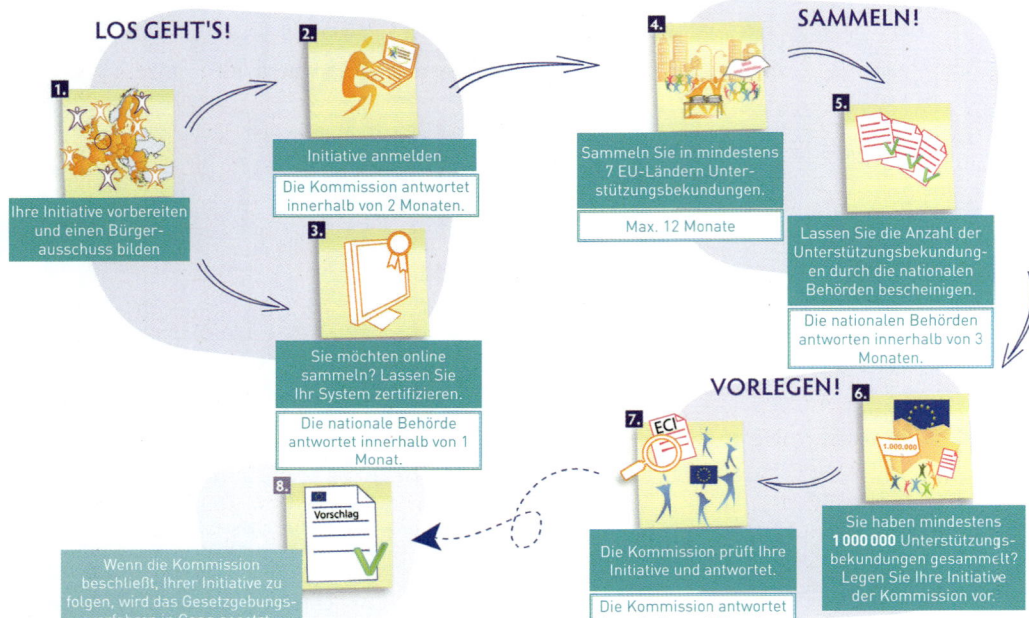

Die Ergebnisse der Befassung mit den Themen der Initiative hat die EU-Kommission auf ihrer Internetseite dargestellt: http://ec. europa.eu/citizens-initiative/public/initiatives/successful

http://ec.europa.eu, ©Europäische Union, 1995–2017, Für die Wiedergabe und Anpassung ist allein die C.C.Buchner Verlag GmbH verantwortlich.

Info

Europäische Bürgerinitiativen 2012-2017

Laufende Verfahren (Stand April 2017)	8
„erfolgreich"	3
Von den Initiatoren vor Abschluss der Sammlung zurückgezogen	14
Unzureichende Unterstützung (vgl. M 1, Schritt 4 und 6)	18
Registrierung durch EU-Kommission wegen Nichterfüllung von Bedingungen abgelehnt	19

http://ec.europa.eu, ©Europäische Union, 1995–2017, Für die Wiedergabe und Anpassung ist allein die C.C.Buchner Verlag GmbH verantwortlich.

Bisher haben drei Initiativen die erforderliche Anzahl von Unterstützungsbekundungen eingereicht, mit der Folge, dass sich die EU-Kommission mit dem Anliegen befassen musste:

1. **Stop Vivisection** (Ziel: Ausstieg aus der tierexperimentellen Forschung; 1,173 Mio. Unterstützer in 26 EU-Staaten)
2. **Einer von uns** (Ziel: Ablehnung von Abtreibung, Stopp der Finanzierung von Aktivitäten, die zur Tötung von Embryonen führen können; 1,721 Unterstützer in 28 EU-Staaten)
3. **Right2Water** (Ziel: Wasserversorgung als Menschenrecht, Verbot der Privatisierung von Wasserversorgung; 1,659 Mio. Unterstützer in 27 Staaten)

Autorentext

M 5 ● Die Grenzen einer „guten Idee"

Bürgernäher sollte die Europäische Union werden. „Giving Citizens a Say" – den Bürgern eine Stimme geben, so bewirbt die Europäische Kommission das Instrument.
5 Es geht um die Europäische Bürgerinitiative (EBI) und beim Start vor drei Jahren [2012] wurde sie noch als „neues Kapitel der europäischen Demokratie" bejubelt. Drei Jahre später fällt die Bilanz folgendermaßen aus:
10 Von insgesamt 51 Initiativen konnten nur drei genügend Unterstützer mobilisieren. [...]
Jeder Bürger kann seit 2012 eine Initiative bei der EU-Kommission registrieren. Aber
15 bereits da beginnen die Schwierigkeiten. Das mussten kürzlich die Organisatoren der Initiative gegen die umstrittenen Freihandelsabkommen TTIP und Ceta feststellen. Die EU-Kommission lehnte diese mit einer
20 juristisch umstrittenen Argumentation ab: die Verhandlungsmandate seien keine Rechtsakte, sondern interne Vorbereitungsakte [und somit nicht Gegenstand der EBI]. So wie den TTIP-Gegnern ergeht es den
25 meisten Initiativen: Sie scheitern bereits an der Registrierung. [...]
Die [bisher erfolgreichen] Beispiele offenbaren die Schwächen der Europäischen Bürgerinitiative: Sie kann ein sinnvolles
30 Anliegen haben, sie kann aber auch von dubiosen Aktivisten eingesetzt werden. Die Initiative „One of Us" unterstützten auch fundamental-christliche Abtreibungsgegner und selbsternannte Lebensschützer, die
35 sich im Sinne der US-amerikanischen Pro-Life-Bewegung verstehen. Sie verweigern der schwangeren Frau jegliches Selbstbestimmungsrecht. [...]
Europawissenschaftler Janning hält die Auflagen für angemessen. Er sieht das Ins- 40 trument als eine von mehreren Möglichkeiten, am politischen Prozess teilzunehmen. Allerdings sei das Potential der Bürgerinitiative zu Beginn überverkauft worden. „Dass aus einer guten Idee einzelner EU- 45 Bürger aus unterschiedlichen Mitgliedstaaten eine Initiative wird, die zu einem Gesetzgebungsvorschlag der Kommission führt, ist ein frommer Wunsch, beschreibt aber nicht die Realität." Denn bis- 50 lang hat noch kein Privatbürger eine Initiative erfolgreich abgeschlossen. Hinter den obigen Beispielen stehen Organisationen, die Kampagnen-Erfahrung haben. Im Fall von Right2Water sogar ein bestehendes 55 europaweites Netzwerk, nämlich der Europäische Gewerkschaftsverband des öffentlichen Dienstgewerbes, zu dem in Deutschland Verdi gehört.
Interessant findet Janning auch, welche 60 Dinge die EBI gerade nicht leisten kann. Die Initiative muss sich im Rahmen der Befugnisse der Europäischen Kommission bewegen. Die Bürger können also zum Beispiel nicht den mächtigen Ministerrat auffor- 65 dern, seine Geschäftsordnung zu ändern. Und zwar dahingehend, dass die Gesetzgebungsentscheidungen des Rates in öffentlicher Sitzung getroffen werden.

Kathrin Haimerl, www.sueddeutsche.de, 12.4.2015

Aufgaben

1 Beschreiben Sie die Ziele und Verfahrensschritte der EBI. (M 4)

2 a) Recherchieren Sie Prozess und Ergebnis einer der drei genannten Initiativen. (Info)
   b) Erläutern Sie daran den – möglichen – politischen Nutzen einer „erfolgreichen" EBI.

3 Arbeiten Sie die Grenzen der EBI als Instrument der politischen Partizipation innerhalb der EU heraus. (M 5)

4 Die 2012 eingeführte EBI markiert „ein neues Kapitel der europäischen Demokratie" (vgl. M 5, Z. 7f.). Erörtern Sie diese These.

F zu Aufgabe 4
Vergleichen Sie die EBI mit direktdemokratischen Elementen auf kommunaler und Länderebene in der Bundesrepublik.

7.2 Sind Vertiefung und Erweiterung miteinander vereinbar?

Basiskonzept	Fachkategorien	Leitfragen
System und Struktur	Politische Herrschaft und Ordnung, Institutionen, Legitimität und Effizienz	· In welchem Zusammenhang stehen die inhaltliche Vertiefung und die geografische Erweiterung der EU?

M 1 ● Vertiefung und Erweiterung

Seit ihrer Gründung als Europäische Wirtschaftsgemeinschaft 1957 [...] war die Entwicklung der heutigen EU maßgeblich durch das Wechselspiel zwischen der sukzessiven Erweiterung um neue Mitgliedsländer und einer fortschreitenden Vertiefung der Integration bestimmt. [...]

Die Prozesse der Erweiterung und der Vertiefung der Integration stehen in einer spannungsreichen Wechselwirkung. Einerseits erfordert jeder Erweiterungsschritt Vertiefungsfortschritte, um den gemeinsamen Besitzstand der bisherigen Mitglieder zu erhalten und die Funktionsfähigkeit der gemeinschaftlichen Institutionen zu sichern. Andererseits erschwert jede Erweiterung die Integration, da mit wachsender Mitgliederzahl die politische und kulturelle Heterogenität zunimmt, zum Teil auch das ökonomische Gefälle wieder ansteigt und damit die Integrationskosten steigen. Dabei ist theoretisch keineswegs ausgemacht, dass zunehmende Heterogenität sich zwangsläufig als integrationshinderlich erweisen muss. [...]

Seit Mitte der 1980er Jahre hat sich das Tempo der europäischen Integration erheblich beschleunigt. Im Hinblick auf die Vertiefung sind hier insbesondere die Vollendung des Europäischen Binnenmarktes, die Einführung des Euro, die Gemeinsame Außen- und Sicherheitspolitik und die Integration des Schengen-Acquis in die Europäischen Verträge zu nennen. Gleichzeitig hat die Erweiterungspolitik der EU seit den 1990er Jahren eine bis dato beispiellose Dynamik und Brisanz erfahren. Mit der Aufnahme zehn postsozialistischer Staaten sowie Zyperns und Maltas (2004/2007) lag nicht nur schlechthin die Zahl der Neumitglieder um ein Mehrfaches über der aller früheren Erweiterungsrunden. Vielmehr war (und ist) das sozial-ökonomische Gefälle zwischen den alten Mitgliedsstaaten und den Beitrittsländern weit größer als je zuvor. Zudem gibt es zumindest starke Indizien dafür, dass auch die kulturelle Heterogenität mit der Osterweiterung erheblich zugenommen hat. Noch verstärkt durch den erhöhten globalen Wettbewerbsdruck und die angespannte sozioökonomische Lage der alten Kernmitglieder setzen beide Tendenzen die bisherigen Arrangements der zwischenstaatlichen Solidarität innerhalb der EU unter außerordentliche Belastung. Und sie lassen erwarten, dass die Ungewissheit hinsichtlich der inneren und äußeren Strategiefähigkeit der EU sowie ihrer weiteren Entwicklungsrichtung weiter zunehmen wird.

Frankfurter Institut für Transformationsstudien, Forschungsschwerpunkte 2007-2013: „Gleichzeitigkeit von Integration und Desintegration", Europa-Universität Viadrina Frankfurt/Oder, www.europa-uni.de, Abruf am 19.1.2017

M 2 ● Grenzen der Erweiterung: Gibt es eine wirtschaftlich optimale Größe für die EU?

Clubtheorie zur Abgrenzung der „Ins" und „Outs"

Regionale Integration ist immer auch eine Entscheidung über die „Ins" und die „Outs".
5 [...] Aus der Clubtheorie können nun gewisse Aussagen über die optimale Abgrenzung eines ökonomischen Integrationsraums abgeleitet werden. Der Club Europäische Union bietet verschiedene Clubgüter an, wie
10 zum Beispiel die Teilnahme am Europäischen Binnenmarkt, die Mitgliedschaft in der Europäischen Währungsunion, die Beteiligung an der Gemeinsamen Agrarpolitik, die Nutznießung aus der Europäischen
15 Regional- und Strukturförderung oder die Existenz einer gemeinsamen Außen- und Sicherheitspolitik. [...]
Solange der Nutzenzuwachs eines zusätzlichen Mitglieds in der Gemeinschaft größer
20 ist als der hierdurch verursachte Kostenzuwachs, lohnt es sich, die Gemeinschaft zu erweitern. Die optimale Größe eines Clubs ist dann erreicht, wenn Grenznutzen und Grenzkosten eines zusätzlichen Mitglieds
25 übereinstimmen. Grundsätzlich bringt ein zusätzliches Mitglied einen Vorteil für die Gemeinschaft (positiver Grenznutzen), doch sinkt dieser Ertrag mit zunehmender Clubgröße: Je größer die Gemeinschaft
30 schon ist, umso eher sind die wichtigsten Handelspartner schon integriert, so dass die neuen Mitglieder nur noch unterproportionale Handelszuwächse bewirken oder – bei monetärer Integration – nur noch unterpro-
35 portionale Kostensenkungen aus der Beteiligung an der gemeinsamen Währung resultieren. Auch die Machtposition auf den Weltmärkten ist dann schon hinreichend gefestigt, so dass der Nutzen weiterer Mit-
40 gliedsländer immer geringer wird. Die zusätzlichen Kosten aus einer Erweiterung werden dagegen überproportional steigen. Je größer die Mitgliederzahl der Gemeinschaft ist, umso schwieriger ist die
45 Konsensfindung für die gemeinsamen institutionellen Vorgaben, Gesetze, Marktord-

nungen, Wettbewerbsregelungen usw. Es entstehen Managementprobleme, beispielsweise in den Abstimmungsverfahren, die umso komplizierter werden, je mehr Mit-
50 glieder vorhanden sind, je unterschiedlicher deren Zielsetzungen sind und je umfangreicher überhaupt der gemeinschaftliche Regelungsbedarf ist. Mit steigender Clubgröße werden also die Vorteile einer
55 Erweiterung immer geringer, während die Kosten der Erweiterung immer stärker zunehmen. Diese Kosten (Organisationskosten, Informationskosten, Abstimmungskosten, Kontrollkosten) sind zudem umso
60 größer, je heterogener die Gemeinschaft wird und je unterschiedlicher die Präferenzen der einzelnen Mitgliedsländer sind. [...] Weiterhin hängt die Entwicklung von Grenzkosten und Grenznutzen einer Erwei-
65 terung der Gemeinschaft sehr stark von der Spezifizierung des Integrationsguts und von der existierenden Integrationstiefe ab: So kann das Gemeinschaftsgut zum Beispiel ganz allgemein „Mitgliedschaft in der
70 EU" oder spezieller „Mitgliedschaft in der Währungsunion" oder „Teilhabe am Binnenmarkt" heißen. Eine Handelsintegration kann zum Beispiel die Form einer Zollunion annehmen oder auch die viel weiter gehen-
75

Karikatur: Vitaly Podvitski, 2017

de Form eines Binnenmarktes. Eine währungspolitische Integration kann die Form eines Systems fester Wechselkurse annehmen oder die viel weiter gehende Gestalt einer gemeinsamen Währung. Aus den Kosten-Nutzen-Überlegungen ergibt sich für jeden Vertiefungsgrad eine optimale Mitgliederzahl und für jede Mitgliederzahl ein optimaler Vertiefungsgrad. [...]

In der Realität der EU ist die Variabilität allerdings nahezu ausschließlich in eine Richtung gegeben: Die Mitgliederzahl wird nach und nach erhöht, eine Reduzierung erscheint dagegen mit größten politischen Kosten verbunden. Auch der Integrationsgrad wird sukzessive erhöht, da dies ebenfalls ein politisches Ziel ist, während eine Reduktion des Integrationsgrades unerwünscht ist. Somit kommen in der Realität oft Kombinationen von Integrationstiefe und Clubgröße zu Stande, die nicht den Optimalitätskriterien genügen. Wird daher bei gegebenem Integrationsstand und optimaler Clubgröße die Gemeinschaft aus politischen Gründen erweitert, so kann sie nur dann auch wieder der optimalen Clubgröße entsprechen, wenn zugleich Einfluss auf Kosten und Nutzen der Mitgliedschaft genommen wird.

Von wirtschaftspolitischer Seite ist dabei leichter die Kostenseite zu beeinflussen als die Nutzenseite. Ein wesentlicher Ansatz zur Senkung der Kosten des EU-Clubs wäre zum Beispiel eine Reduktion der Organisationskosten durch institutionelle Reformen, insbesondere im Hinblick auf die Entscheidungsprozesse in der Gemeinschaft.

Betrachtet man weiterhin beispielsweise das Clubgut „gemeinsame Agrarpolitik", so verursacht etwa die Osterweiterung tendenziell überproportional steigende Kosten, da auch Länder mit einem noch relativ großen landwirtschaftlichen Sektor dem Club beigetreten sind. Solange die EU-Agrarpreise noch deutlich über den Weltmarktpreisen liegen und die landwirtschaftlichen Einkommenshilfen noch nicht unabhängig von der Nutzungsfläche und dem Viehbestand sind, werden Anreize zu weiterer Überproduktion in der Landwirtschaft gesetzt. Die politische Zielsetzung, den Integrationsstand einer gemeinsamen Agrarpolitik und die Osterweiterung der Gemeinschaft gemeinsam zu verfolgen, kann somit nur dann den ökonomischen Optimalitätskriterien genügen, wenn im Zuge institutioneller Reformen die Kostenseite reduziert würde: Eine Liberalisierung der Agrarpreise könnte etwa die Kosten infolge überhöhter Nahrungsmittelpreise im EU-Club verringern, eine Entkoppelung der Ausgleichszahlungen von der Produktion würde die Überschüsse weiter reduzieren, und beides würde den mit der derzeitigen Agrarpolitik verbundenen hohen Verwaltungsaufwand erheblich senken. Die vorangegangenen Überlegungen zeigen, dass gerade auch im Zusammenhang mit der Osterweiterung der Zielkonflikt zwischen Erweiterung und Vertiefung besonders deutlich wird. Voraussetzung für eine effiziente Integration der Beitrittskandidaten sind eine Reform der EU-Institutionen und -Regelungen. Letztlich würde dies allerdings auch auf eine gewisse Reduzierung des Umfangs der angebotenen Clubgüter „gemeinsame Agrarpolitik" oder „gemeinsame Regional- und Strukturpolitik" hinauslaufen.

Renate Ohr, Europäische Integration und Osterweiterung, Im Spannungsfeld zwischen Vertiefung und Erweiterung, in: Georgia Augusta 3/2004, S. 26ff.

Renate Ohr war bis 2016 Inhaberin des Lehrstuhls für Volkswirtschaftslehre mit dem Schwerpunkt Wirtschaftspolitik an der Universität Göttingen; sie verfasste zahlreiche Publikationen zu wirtschaftlichen Aspekten der EU mit kritischen Positionen zum EURO.

M 3 ● Grenzen der Vertiefung?
Das Lissabon-Urteil des Bundesverfassungsgerichts

Das Bundesverfassungsgericht [BVerfG] hat in einem weitreichenden Urteil definiert, wie weit die Integration Deutschlands in die Europäische Union gehen darf. Anlass war die Zustimmung von Bundestag und Bundesrat zum Reformvertrag von Lissabon, mit dem die EU sich reformieren darf.

1 Ist der EU-Vertrag von Lissabon verfassungskonform?

Im Grundsatz ja. Laut Urteilsbegründung ergibt sich aus der Präambel des Grundgesetzes und aus Artikel 23 der „Verfassungsauftrag zur Verwirklichung eines vereinten Europas". Weil das Grundgesetz vom Willen zur europäischen Integration geprägt ist, wohnt ihm auch der Grundsatz der „Europarechtsfreundlichkeit" inne.

3 Welche Änderungen verlangt das Bundesverfassungsgericht?

Zusammen mit dem EU-Vertrag von Lissabon haben Bundestag und Bundesrat ein Begleitgesetz verabschiedet, das die Beteiligung des Parlaments und der Länder beim Erlass europäischer Vorschriften regelt. Im Kern sieht es die Möglichkeit vor, bestimmte EU-Initiativen abzulehnen. Ohne ausdrücklichen Widerspruch würde dies aber umgekehrt eine stille Zustimmung bedeuten. Auf diese Weise verzichtet der deutsche Gesetzgeber laut den Verfassungsrichtern unzulässigerweise auf einen Teil seiner Kompetenzen.

Dabei geht es besonders um Änderungen des Einstimmigkeitsprinzips auf EU-Ebene. Um die EU handlungsfähiger zu machen, sollen künftig mehr Entscheidungen im Europäischen Rat mit qualifizierter Mehrheit fallen. Bundestag und Bundesrat dürften dabei ihre „notwendige und konstitutive Zustimmung" weder aufgeben noch „auf Vorrat" erteilen, erklärten die Verfassungsrichter. Das Parlament sei für den Vollzug der EU-Verträge mitverantwortlich und dürfe sich nicht auf eine einmalige Zustimmung zum Vertragswerk selbst beschränken. „Ein Schweigen von Bundestag und Bundesrat reicht daher nicht aus", so das Urteil mit Blick auf die Regelungen des Begleitgesetzes. Ein reines Ablehnungsrecht sei kein ausreichender Ersatz für die notwendige Zustimmung in einem Ratifizierungsverfahren. Das Begleitgesetz schützt laut dem Urteil das EU-Mitglied Deutschland nicht effektiv vor unvorhersehbaren Vertragsänderungen. In den fraglichen Fällen dürfe die Bundesregierung im Europäischen Rat nur zustimmen, wenn sie von Bundestag und Bundesrat dazu ermächtigt wurde.

2 Wieviel Souveränität darf Deutschland an die EU abgeben?

Aus der Europarechtsfreundlichkeit folgt, dass die Übertragung von Hoheitsrechten auf „zwischenstaatliche Einrichtungen wie die Europäische Union" verfassungskonform ist. Allerdings setzt das Gericht dieser Übertragung Grenzen. Das Grundgesetz erlaubt demnach „nicht den Beitritt zu einem Europäischen Bundesstaat". Dies würde gegen die vom Grundgesetz zugesicherte „souveräne Staatlichkeit der Bundesrepublik" verstoßen. Vielmehr wird die EU ausdrücklich als „supranationale Organisation" definiert. Das Bundesverfassungsgericht pocht deshalb darauf, dass der europäische Einigungsprozess nicht dazu führt, dass das demokratische System Deutschlands ausgehöhlt wird. Den Mitgliedsstaaten müsse ausreichender Raum zur politischen Gestaltung der wirtschaftlichen, kulturellen und sozialen Lebensverhältnisse bleiben. Als besonders sensibel bezeichnet das Gericht beispielsweise das Strafrecht, Polizei und Militär, Steuern und Sozialausgaben sowie Familienrecht und Religion. Ferner müsse die Verfassungsidentität gewahrt bleiben. Darunter versteht das Gericht auch das Demokratieprinzip, die Recht- und Sozialstaatlichkeit sowie die Grundrechte.

Nach: www.tagesschau.de, 30.6.2009

Aufgaben

1 Vergleichen Sie, welche Zusammenhänge zwischen „Vertiefung" und „Erweiterung" hergestellt werden. (M 1, M 2)

2 Diskutieren Sie, ob und inwieweit sich die in M 2 skizzierte „Clubtheorie" auch auf nicht-materielle „Integrationsgüter" (vgl. z. B. die Art. 2 des EU-Vertrages definierten Ziele der EU) anwenden lässt.

3 Erschließen Sie die Folgen des „Lissabon"-Urteils des BVerfG für die weitere Integration der EU. (M 3)

Brexit

Neologismus aus den Wörtern Britannien und Exit (Ausgang), bezeichnet einen möglichen Austritt Großbritanniens aus der EU

Referendum

Abstimmung der wahlberechtigten Bürger

Brexit-Referendum

EU-kritische Strömungen, v.a. die UKIP-Partei, gewannen in Meinungsumfragen zunehmend an Zustimmung, unter diesem politischen Druck kündigte Premierminister Cameron im Januar 2013 ein Referendum über den Verbleib Großbritanniens in der EU an. Das Referendum ist theoretisch nicht bindend, das Ergebnis der Abstimmung aber mit einem hohen Maß an politischer Legitimität ausgestattet.

Haltung zur EU in GB

Ganz allgemein gesprochen, ruft die EU bei Ihnen ein sehr positives, ziemlich positives, weder positives noch negatives, ziemlich negatives oder sehr negatives Bild hervor?
(% der Antworten mit „sehr positiv“ oder „ziemlich positiv“)

40
30
20
10
0
2004 06 08 10 12 15

www.economist.com, 24.2.2016

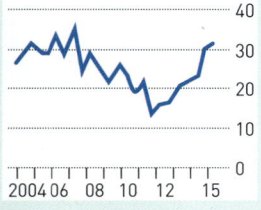

7.3 Großbritannien steigt aus – Wendepunkt der EU-Entwicklung?

Basiskonzepte	Fachkategorien	Leitfragen
Akteure und deren Dispositionen	Interessen und Bedürfnisse	· Welche Interessen verbinden die Mitgliedsstaaten mit einer EU-Mitgliedschaft?

M 1 ● Das Ergebnis des Referendums in Großbritannien im Juni 2016

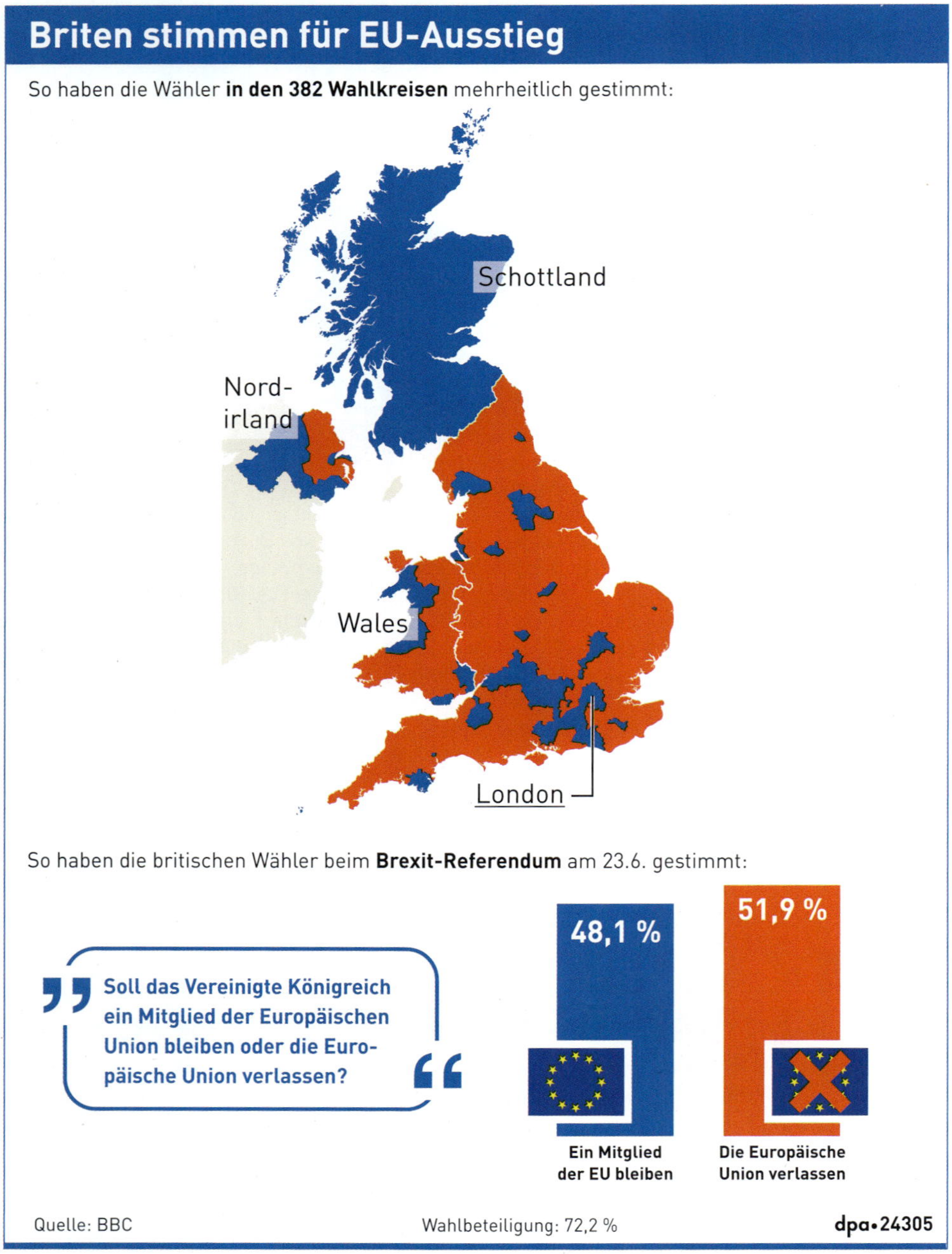
Briten stimmen für EU-Ausstieg
So haben die Wähler **in den 382 Wahlkreisen** mehrheitlich gestimmt:
Schottland
Nord-irland
Wales
London
So haben die britischen Wähler beim **Brexit-Referendum** am 23.6. gestimmt:
„Soll das Vereinigte Königreich ein Mitglied der Europäischen Union bleiben oder die Europäische Union verlassen?“
48,1 %
51,9 %
Ein Mitglied der EU bleiben
Die Europäische Union verlassen
Quelle: BBC
Wahlbeteiligung: 72,2 %
dpa•24305

M 2 ● Die EU aus britischer Perspektive

Die Briten und Europa – das war immer schon eine schwierige Beziehung. Erst im Jahr 1973 und damit mehr als anderthalb Jahrzehnte nach der Gründung der damali-
5 gen Europäischen Wirtschaftsgemeinschaft ist Großbritannien dem Staatenbund beige-treten. Das Verhältnis ist aus Sicht der Bri-ten immer eine nüchterne Geschäftsbezie-hung geblieben: Die EU, das ist für viele auf
10 der Insel in erster Linie eine Freihandelszo-ne, die wirtschaftliche Vorteile bringt. Alles andere wurde über die Jahrzehnte mit mehr oder weniger Gegrummel in Kauf genom-men. Keinem anderen Mitglied hat die EU
15 so viele Ausnahmen und Sonderregeln ein-geräumt wie Großbritannien.
Doch mittlerweile ist die Vernunftehe ver-giftet, und es ist vor allem ein Thema, das

die EU zum Feindbild vieler Briten gemacht hat: die Einwanderer, die insbesondere seit 20 der Osterweiterung der EU vor elf Jahren in großer Zahl ins Land geströmt sind. In den zwölf Monaten bis Juni 2016 ist die Zahl der Einwanderer netto um ein Drittel auf den Rekordwert von 336.000 Neuankömm- 25 lingen gestiegen. Darunter waren, anders als etwa in Deutschland, nur wenige Flücht-linge, dafür aber viele Bürger anderer EU-Staaten. Im Vergleich zur Jahrtausendwen-de hat sich der Einwandererstrom damit 30 verdoppelt. Es ist ein Klima der Fremden-feindlichkeit entstanden: Millionen Briten fürchten, dass die Neuankömmlinge ihnen die Jobs, die Krankenhausbetten und ihren Kindern die Schulplätze wegnehmen. 35

Marcus Theurer, www.faz.net, 6.1.2016

Sonderregelungen für GB

- Euro: GB hält an der eigenen Währung fest, um größere wirt-schafts- und finanz-politische Souveränität zu behalten.
- Schengen-Raum: GB nimmt nicht an der Abschaffung bzw. Beschränkung der stationären Grenz-kontrollen an den Binnengrenzen teil.
- „Briten-Rabatt": Seit 1984 erhält GB Teile seiner Netto-Zahlun-gen an den EU-Haus-halt erstattet, weil es wenig von den Agrarsubventionen profitiert.

M 3 ● Wie könnte der Brexit ablaufen?

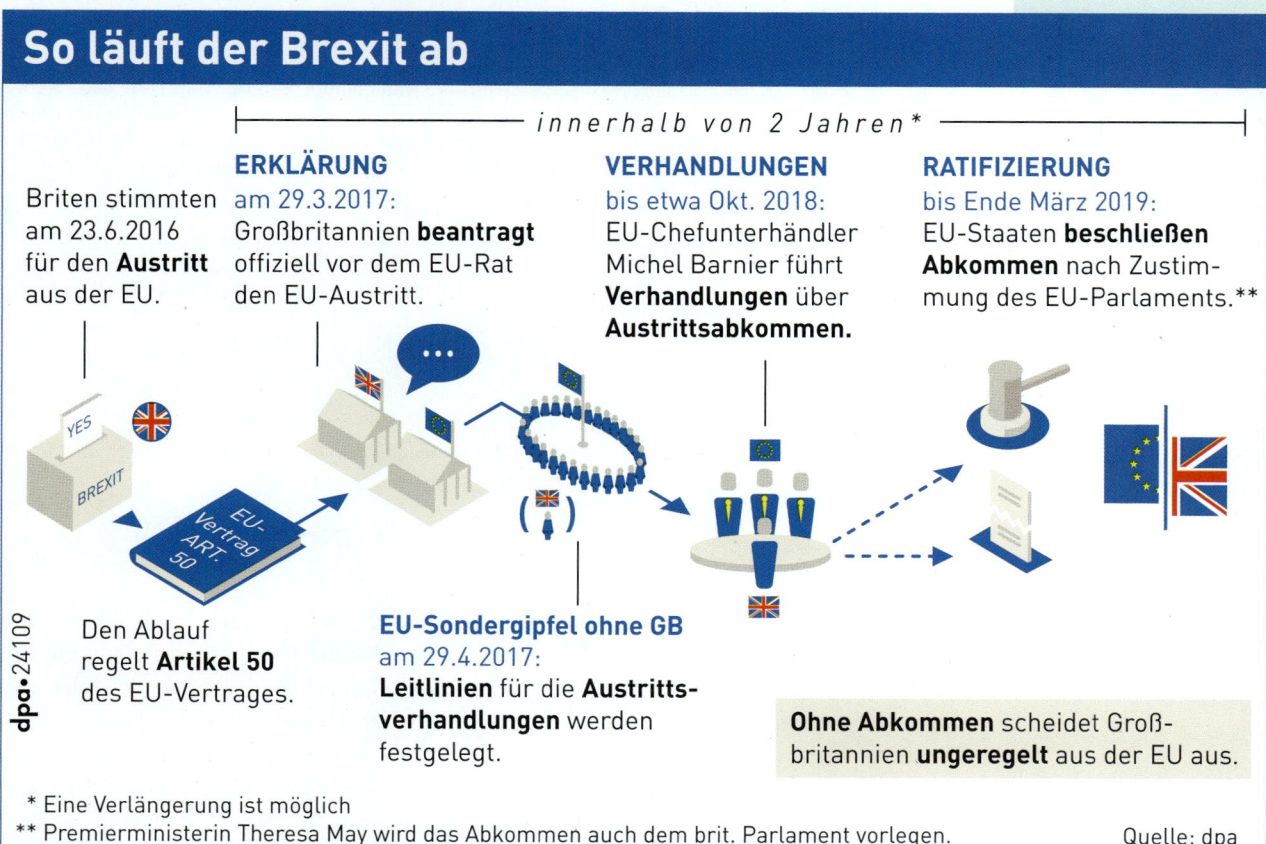

So läuft der Brexit ab

— *innerhalb von 2 Jahren** —

Briten stimmten am 23.6.2016 für den **Austritt** aus der EU.

ERKLÄRUNG
am 29.3.2017:
Großbritannien **beantragt** offiziell vor dem EU-Rat den EU-Austritt.

VERHANDLUNGEN
bis etwa Okt. 2018:
EU-Chefunterhändler Michel Barnier führt **Verhandlungen** über **Austrittsabkommen.**

RATIFIZIERUNG
bis Ende März 2019:
EU-Staaten **beschließen Abkommen** nach Zustim-mung des EU-Parlaments.**

Den Ablauf regelt **Artikel 50** des EU-Vertrages.

EU-Sondergipfel ohne GB
am 29.4.2017:
Leitlinien für die **Austritts-verhandlungen** werden festgelegt.

Ohne Abkommen scheidet Groß-britannien **ungeregelt** aus der EU aus.

dpa•24109

* Eine Verlängerung ist möglich
** Premierministerin Theresa May wird das Abkommen auch dem brit. Parlament vorlegen.

Quelle: dpa

M 4 ● Argumente der Brexit-Debatte

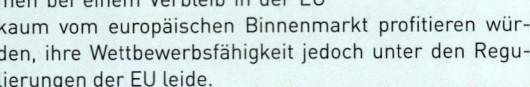

Gegen einen Brexit

Handel

Durch die EU-Mitgliedschaft können britische Unternehmen leicht
und kostengünstig Waren in EU-
Länder exportieren. Die EU-Be-
fürworter betonen, dass die EU
Großbritanniens größter Abnehmer von Exportgütern ist. Die
Summe, die europäische Firmen in Großbritannien investieren würden, betrage durchschnittlich 35,8 Milliarden
Euro pro Jahr. Dank der wirtschaftlichen Bedeutung der
EU kann Großbritannien auch leicht Freihandelsabkommen mit Ländern außerhalb der EU schließen.

Arbeit

Die britische Industriellenvereinigung (CBI) schätzt, dass
3 Millionen Stellen in Großbritannien vom Handel mit der
EU abhängen. Ein Brexit würde die britische Wirtschaft in
die Rezession stürzen. Das BIP könnte dem „Center for
economic performance" (CEP) der London School of Eco-
nomics zufolge um bis zu 9,5 % sinken. Die britischen
Landwirte würden zudem EU-Subventionen in Milliardenhöhe verlieren.

Sicherheit

Ist Großbritannien kein EU-Mitglied mehr, dann würde
auch sein militärischer Einfluss sinken. Der europäische
Haftbefehl, der die Auslieferung von Straftätern innerhalb der EU vereinfacht, hätte zum Beispiel in Großbritannien keine Gültigkeit mehr.

Mobilität

Die Briten bräuchten VISA und Aufenthaltsgenehmigun-
gen, um in andere EU-Länder reisen oder dort arbeiten
zu dürfen. Grenzkontrollen auch zwischen Nord- und
Südirland würden wieder eingeführt.

Politik

Großbritannien hätte außerhalb der EU weniger Einfluss
auf internationale Entscheidungen und würde etwa sein
Veto-Recht in Brüssel verlieren. Der Austritt könnte auch
das Unabhängigkeitsbestreben Schottlands stärken,
wenn dieses in der EU bleiben will.

Für einen Brexit

Handel

Großbritannien könnte leichter
Handelsabkommen mit
nicht EU-Mitgliedstaaten
schließen. Zudem beklagen
EU-Gegner, dass kleine und
mittelständische Unternehmen bei einem Verbleib in der EU
kaum vom europäischen Binnenmarkt profitieren würden, ihre Wettbewerbsfähigkeit jedoch unter den Regu-
lierungen der EU leide.

Abgaben

Verlässt Großbritannien die EU, müsste es keine Abgaben
mehr an Brüssel zahlen. Damit würde das Land Aus-
trittsbefürwortern zufolge mehrere Milliarden Pfund
jährlich sparen. Diese könnten in Krankenhäuser, Schulen, Straßenbau etc. investiert werden.

Mobilität

Großbritannien könnte bei einem EU-Austritt Grenzkontrollen einführen. Die UKIP-Partei schlägt dabei eine Einwanderungspolitik nach australischem Modell vor, bei
der Einwanderer je nach ihrer Qualifikation ein Visum
erhalten.

Internationaler Einfluss

Die UKIP-Partei argumentiert, dass ein Brexit Großbritanniens internationalen Einfluss stärken und nicht
schwächen würde. Ein Beispiel: Bei einem Brexit wäre
Großbritannien in der Welthandelsorganisation WTO mit
einem eigenen Sitz vertreten und nicht als Teil der EU.

Innenpolitik

Großbritannien wäre bei einem Austritt unabhängig von
EU-Regulierungen und könnte zum Beispiel die Höchst-
grenzen der Arbeitsstunden pro Woche festlegen.

Judith Karmann, Marion Roussey, http://info.arte.tv, 12.10.2015

M 5 ● Muss die EU den Brexit fürchten?

Nach Art. 50 EU-Vertrag kann jeder Mitgliedstaat den Austritt aus der EU erklären.
Dieser tritt jedoch nicht sofort in Kraft, sondern erst nach einer Frist von zwei Jahren.
5 In dieser Zeit soll zwischen dem Mitgliedstaat und der EU ein Austrittsabkommen
ausgehandelt werden, welches auch den
„Rahmen für die künftigen Beziehungen

dieses Staates zur Union" beinhaltet – also
beispielsweise seine weitere Beteiligung am 10
Europäischen Wirtschaftsraum oder am
Bildungsprogramm Erasmus Plus.
Erst wenn dieses Austrittsabkommen steht,
wird klar sein, wie weit „draußen" Großbritannien künftig ist. [...] 15

Großbritannien wird im Binnenmarkt bleiben wollen

In Bezug auf die Wirtschaftspolitik dürfte das einigermaßen klar sein: Großbritannien
20 würde hier sicherlich ein möglichst umfassendes Freihandelsabkommen anstreben, um eng in den Europäischen Binnenmarkt integriert zu bleiben. [...] Im Ergebnis könnte Großbritannien damit in einer ähn-
25 lichen Position sein wie Norwegen oder die Schweiz heute: Um am europäischen Binnenmarkt teilnehmen zu dürfen, müssen diese Länder die entsprechenden EU-Rechtsakte umsetzen, ohne jedoch am Gesetzge-
30 bungsprozess selbst beteiligt zu sein. Für die betreffenden Staaten ist das kein besonders attraktives Modell, weshalb vor einigen Monaten auch der frühere norwegische Außenminister Espen Barth Eide (Ap/SPE) die Bri-
35 ten vor einem EU-Austritt gewarnt hat. Der EU selbst hingegen würde es kaum weh tun, wenn Großbritannien auf diese Weise auf sein Mitspracherecht verzichtet.

Dennoch ist der Brexit aus wirtschaftlicher
40 Sicht ein Risiko für die EU: Mindestens bis der Austrittsvertrag ausgehandelt ist, wäre er mit einer hohen Unsicherheit verbunden, die Anleger von Investitionen abschrecken könnte. Darunter würde zwar vor allem
45 Großbritannien selbst leiden, insbesondere falls die großen Banken aus der Londoner City beginnen, ihre Sitze in einen sicheren Hafen auf dem Kontinent zu verlegen. Aber natürlich sind Großbritannien und die EU
50 wirtschaftlich eng vernetzt, und eine britische Wirtschaftskrise würde auch im Rest der EU das Wachstum schwächen.

Kaum Auswirkungen auf die Innen- und Außenpolitik

55 In anderen Politikbereichen dürften die Auswirkungen eines britischen Austritts noch weniger dramatisch ausfallen. In Fragen der Innen- und Justizpolitik etwa verfügt das Vereinigte Königreich schon jetzt über weit-
60 reichende Ausnahmeklauseln: Es ist nicht Mitglied des Schengen-Raums und nimmt auch an der übrigen EU-Gesetzgebung in diesem Bereich nur sehr begrenzt teil. Selbst die EU-Grundrechtecharta findet in Großbri-
65 tannien schon heute keine Anwendung. In der Außenpolitik wiederum ist Großbritannien zwar ein Schwergewicht mit einem großen und effizienten diplomatischen Dienst, einer schlagkräftigen Armee und
70 einem ständigen Sitz im UN-Sicherheitsrat. Trotzdem würde ein Brexit auch hier keine allzu gravierenden Veränderungen bringen: Bekanntlich handelt die EU in der Außenpolitik nur nach einstimmigen Ent-
75 scheidungen aller Mitgliedsregierungen und meistens auf Grundlage einer freiwilligen „Koalition der Willigen", die auch für Nicht-Mitglieder offensteht. [...]

Ein Verlust für die politische Kultur der EU?
80 Ein anderes Argument, weshalb die EU einen britischen Austritt fürchten sollte, betrifft die politische Kultur. Wie die Neue Zürcher Zeitung vor einigen Wochen schrieb, hat „der britische Einfluss [...] die
85 EU liberaler, wettbewerbsorientierter, weniger zentralistisch und transatlantischer gemacht"; für den deutschen Finanzminister Wolfgang Schäuble (CDU/EVP) wäre die EU ohne Großbritannien „weniger effizient
90 und weniger liberal". [...]

Droht ein Domino-Effekt?
Bleibt noch ein letztes Argument, den Brexit zu fürchten: Könnte er zum Auslöser für einen Domino-Effekt werden, der auch in
95 anderen Ländern zu Austrittsdebatten führt und Europaskeptiker begünstigt? Der tschechische Premierminister Bohuslav Sobotka (ČSSD/SPE) warnte jedenfalls vor einigen Wochen bereits vor einer möglichen
100 „Czexit"-Debatte – und wenn wir schon dabei sind, warum nicht auch noch ein „Frexit", „Swexit", „Spexit" oder „Dexit"? Indessen unterstellt diese Vorstellung einer drohenden Austrittswelle, dass Großbritan-
105 nien mit seinem nationalen Alleingang erfolgreich ist und in anderen Ländern als Vorbild wahrgenommen wird [...]. Kurzfristig mögen Europaskeptiker europaweit von einem Brexit-Votum profitieren; langfristig
110 würde es wohl eher dazu beitragen, ihre Forderungen und Versprechen empirisch zu widerlegen.

Kann ein Brexit für die EU von Vorteil
120 **sein?**

[...] [Dem Europablogger] Jon Worth zufolge versteht Großbritannien die EU zudem stärker als andere nationale Regierungen als Nullsummenspiel zwischen den Mit-
125 gliedstaaten, bei dem es immer Sieger und Verlierer geben muss – und parlamentari-
sche Demokratie als etwas, was nur auf nationaler Ebene möglich ist, nicht im überstaatlichen europäischen Rahmen. Fortschritte auf dem Weg zu einer europä- 130
ischen Demokratie, in der nicht nationale Interessen, sondern konkurrierende Visionen des europäischen Gemeinwohls die Politik bestimmen, seien deshalb ohne Großbritannien leichter zu erzielen. 135
Wäre Europa also wirklich besser dran, wenn Großbritannien austritt? Auch an den Argumenten der pro-europäischen Brexit-Befürworter lässt sich zweifeln. Denn auch wenn der britische Europadiskurs sich 140
durch einen besonders vehementen Nationalismus auszeichnet, ist die britische Regierung oft genug nur die lauteste, nicht aber die einzige Gegnerin wichtiger neuer Integrationsschritte. 145
Um nur ein Beispiel zu nennen: Wenn es um einen größeren EU-Haushalt oder eine eigene europäische Steuerkompetenz geht, stand die deutsche Bundesregierung in den letzten Jahren stets fest an der Seite Groß- 150
britanniens. Ob ein Brexit wirklich neue Integrationskräfte freisetzen könnte, ist deshalb fraglich. Ebenso gut könnte es sein, dass dadurch nur die übrigen Blockierer einen Vorwand verlieren – und künftig ihre 155
Vorbehalte selbst äußern, statt das den Briten zu überlassen.

Manuel Müller, www.foederalist.eu, 31.3.2016

M 6 ● Wächst sich das raus?

Karikatur: Klaus Stuttmann, 2016

F zu Aufgabe
Gedanken-Experiment: Stellen Sie für Deutschland zusammen, welchen Nutzen das Land aus der EU-Mitgliedschaft zieht und welche Kosten (im weiteren Sinne) damit verbunden sind.

Aufgaben

1 a) Erschließen Sie die Interessen und Wertmaßstäbe, die den Argumenten der Brexit-Debatte zugrunde liegen. (M 2, M 4)

b) Ordnen Sie die Argumente der Brexit-Debatte nach Betrachtungsebenen. (M 4)

2 Diskutieren Sie aus britischer Perspektive, inwieweit der im Referendum befürwortete Austritt in eigenem Interesse ist. (M 1 – M 4)

3 Stellen Sie die angenommenen Folgen eines Brexits für die EU getrennt nach ökonomischen und politischen Folgen zusammen. (M 5)

4 Nehmen Sie Stellung zur Aussage der Karikatur. (M 6)

5 Diskutieren Sie, wie die EU auf den im Referendum befürworteten Austritt Großbritanniens reagieren sollte.

⊕ 7.4 Ist Integration steuerbar?
Integrationstheoretische Perspektiven

Basiskonzepte	Fachkategorien	Leitfragen
Wandel	Gewordenheit, Alternativen	· Wie lässt sich der bisherige Verlauf der europäischen Integration erklären? · Wie kann die Zukunft der EU gestaltet werden?

M 1 ● Was treibt die Integration voran? Was blockiert sie?

Aktuelle Theorien der europäischen Integration unterscheiden sich in ihren Antworten auf zwei Kernfragen: Geschieht und verbleibt die europäische Integration im Interesse und unter Kontrolle der Nationalstaaten und ihrer Regierungen? Oder löst die Integration eine Eigendynamik aus, die von den Regierungen nicht mehr eingefangen werden kann? Und wenn das so ist, führt diese Eigendynamik zu mehr Integration oder weckt sie Gegenkräfte, die die Integration zum Stillstand bringen oder gar zu weniger Europa führen?

Aus Sicht des Intergouvernementalismus wird europäische Integration von den nationalstaatlichen Regierungen vorangetrieben und kontrolliert. Die Regierungen der
5 EU-Mitgliedstaaten vereinbaren die Integration von Politikbereichen, die in ihrem gemeinsamen wirtschaftlichen und politischen Interesse liegen und die besser gemeinsam als im nationalen Alleingang zu
10 bearbeiten sind. Bei der Ausgestaltung der europäischen Regeln und Institutionen setzen sich die Staaten mit der größten Verhandlungsmacht (normalerweise die bevölkerungsreichsten Mitgliedstaaten) durch.
15 Supranationale Organisationen wie Kommission oder Gerichtshof werden von den Staaten eingesetzt, um die Zusammenarbeit zu stabilisieren und die Einhaltung von Regeln zu überwachen. Das Wirken dieser Or-
20 ganisationen und die weitere Integrationsentwicklung bleiben aber unter der Kontrolle der Mitgliedstaaten.
Neofunktionalismus und Postfunktionalismus gestehen zu, dass die ersten Integrati-
25 onsschritte zumeist von den Regierungen entschieden werden. Sie widersprechen jedoch der Annahme, dass die Regierungen die weitere Kontrolle über die Integration behalten. Vielmehr setzt die anfängliche
30 Integration unvorhergesehene und unkon-

trollierbare Entwicklungen in Gang. Diese Entwicklungen beschränken den Handlungsspielraum der Regierungen und zwingen sie zu unerwünschten Integrations-
35 schritten.
Der Neofunktionalismus sieht eine Reihe von Spillover-Prozessen am Werk, die systematisch zu „mehr Europa" führen. Zum einen schafft und stärkt die Integration Ak-
40 teure wie supranationale Organisationen, multinationale Unternehmen und europäische Interessengruppen, die von den Mitgliedsregierungen unabhängige Interessen an weiterer Integration besitzen. Zum an-
45 deren führt die Integration zu neuen und noch stärkeren internationalen Verflechtungen und Abhängigkeiten. Oft entstehen Probleme daraus, dass die anfängliche Integration zu kurz greift, Konstruktions-
50 mängel aufweist, unbeabsichtigte Folgewirkungen zeitigt – und daher reformiert werden muss. Typischerweise lassen sich die Regierungen auf Reformen ein und nehmen Zuständigkeitsverluste in Kauf, die sie
55 anfänglich abgelehnt hätten. Das liegt daran, dass es für sie angesichts der aktuellen Funktionsmängel und der gewachsenen wechselseitigen Abhängigkeiten nachteiliger wäre, beim Status quo zu verharren
60 oder Zuständigkeiten zu renationalisieren,

als die Mängel zu beseitigen und die Integration voranzutreiben.

Im Gegensatz dazu hebt der Postfunktionalismus Faktoren hervor, die zu einer negativen Eigendynamik führen, den Integrationsfortschritt untergraben und damit funktionale Problemlösungen erheblich erschweren. An die Stelle des spillover tritt die „Politisierung" der europäischen Integration als zentraler Mechanismus. Politisierung bedeutet, dass die europäische Integration an politischer Brisanz gewinnt: Sie betrifft die Bürgerinnen und Bürger stärker und unmittelbar, polarisiert und mobilisiert. Seit den 1990er Jahren erstreckt sich die europäische Integration zunehmend auf Kernbereiche staatlicher Souveränität und nationaler Identität (wie Währung, Migration, innere und äußere Sicherheit) und greift tiefer in die Lebensumstände der Bürgerinnen und Bürger ein als je zuvor. Der Integrationsfortschritt produziert wirtschaftliche Verlierer, die unter den Verteilungsfolgen der Integration leiden, wenn beispielsweise europäische Regeln Subventionen und Sozialleistungen einschränken, aber auch kulturelle Verlierer, die sich durch die Öffnung der Grenzen und die Verlagerung staatlicher Kompetenzen in ihrer nationalen Identität bedroht fühlen. Euroskeptische Parteien mobilisieren diese Gruppen und gewinnen europaweit an Stimmen und Bedeutung. Wahlen zum Europäischen Parlament und Volksabstimmungen über europäische Verträge öffnen zusätzliche Ventile für den wachsenden Unmut über Richtung und Geschwindigkeit der Integration. Im Ergebnis erwartet der Postfunktionalismus, dass die zunehmende Politisierung den europapolitischen Handlungsspielraum der politischen und wirtschaftlichen Eliten einschränkt und die neofunktionalistische Integrationsdynamik bremst oder gar umkehrt. Der Integrationsprozess stagniert; es kommt zu differenzierter Integration, weil einzelne Mitgliedstaaten sich zusätzlicher Integration verweigern; und es drohen sogar Integrationsrückschritte.

Frank Schimmelfennig, Mehr Europa – oder weniger? Die Eurokrise und die europäische Integration, in APuZ 52/2015, S. 28-34

M 2 ● Die EU in der Euro-Krise: Welchen Erklärungswert haben die Theorien?

Ausgangslage: Die Währungsunion

Zentralisierte Geldpolitik
· Ausschließliche Kompetenz der EU
· Unabhängigkeit der EZB
· Ziel: Preisstabilität
· Binnenmarkt mit Kapitalmobilität

Dezentralisierte Fiskalpolitik
· „weiche" Regulierung und Überwachung nationaler Haushaltspolitik (Stabilitäts- und Wachstumspakt)
· keine eigenen Steuern, geringes Budget
· Haftungsausschuss: EU haftet nicht für Schulden der Staaten

Ursachen der Eurokrise

Exogener Schock
· US-Hypothekenkrise: internationale Bankenkrise
· Staatliche Rettung des Bankensystems: Erhöhung der Staatsverschuldung
· Vertrauensentzug der Finanzmärkte; Staatsschuldenkrise

Hausgemachte Probleme
· geringe realwirtschaftliche oder wirtschaftspolitische Konvergenz
· schwache fiskalische Regulierung
· Asymmetrischer Schock: EU-Staaten von Schuldenkrise sehr unterschiedlich betreffen

Interessenlagen in der EU

„Weichwährungsländer" (Frankreich, Irland, Südeuropa)
· Geringe Bonität, hohe Kosten durch die Krise
· Beistand, „Retten"
· Ausweitung der „Rettungsschirme"
· kollektive Schuldenhaftung
· Politische Kontrolle
· Banken-Bailout
· „Transferunion"

„Hartwährungsländer" (Deutschland, Nord- u. Osteuropa)
· Hohe Bonität, geringe Kosten durch die Krise
· Kontrolle, „Sparen"
· Beschränkung der Fonds
· Individuelle Schuldenhaftung
· Automatische Sanktionen
· Bankenregulierung
· „Stabilitätsunion"

7 Die Entwicklung des politischen Systems
Europas im Kontext von Vertiefung und Erweiterung
197

Verhandlungsverlauf – Agieren der Akteure

EU-Staaten
· Gemeinsames Interesse: Crash vermeiden
· Konkurrierendes Interesse: als Letzter ausweichen (Kosten vermeiden)
· Strategie aller Akteure: Entschlossenheit demonstrieren, hart bleiben bis kurz vor dem Crash

EU-Institutionen

Deutschland und „Sparer"

Auf Kurs bleiben heißt:
· Härter sparen
· Strenge Vorgaben und Sanktionen
· Keine (Ausweitung der) Haftung
· Begrenzte Rettungskapazität
· Drohung mit Ausschluss

Ausweichen heißt
· Aufweichen der Konditionalität
· Zustimmung zu (Aufstockung der) Rettungsschirme und Verlängerung der Hilfen
· „Transferunion"

Frankreich und „Retter"

Auf Kurs bleiben heißt
· Größere Rettungsanstrengungen!
· Vermeidung von Vorgaben und Sanktionen
· Begrenzte Sparkapazität
· Drohung mit Zusammenbruch

Ausweichen heißt
· Akzeptanz fiskalischer Kontrolle und Konditionalität

Schwäche von Kommission und Parlamaent

Europäische Zentralbank
· Institution mit größtem Eigeninteresse und größten Kompetenzen
· nutzt Unabhängigkeit und Mehrheitsentscheidungen
· Ausweitung des Mandats: Politik des billigen Geldes, Auflauf von Staatsanleihen
· springt bei Blockaden der zwischenstaatlichen Verhandlungen ein

(vorläufiges) Ergebnis

Verschärfung der fiskalischen Regulierung (Sixpack, Fiskalpakt)
· Strengere Schuldengrenzen
· Nationale Schuldenbremse
· Frühere Überwachung
· Schnellere und quasiautomatische Sanktionen

Sukzessive Ausweitung der Rettungsmaßnahmen
· Griechenland 1., 2., 3.? Rettungspaket
· EFSF, ESM
· EZB-Rettungsaktionen

Erklärungspotenzial der Integrationstheorien

Intergouvernementalistische Perspektive:
· Regierungen der Staaten versuchen, Eigeninteressen der Staaten durchzusetzen
· Intergouvernementale Gremien (Rat. Euro-Gruppe) prägen die Verhandlungen
· Gemeinschaftsmethode der EU-Gesetzgebung spielt keine Rolle
· ESM-Vertrag und Fiskalpakt sind zwischenstaatliche Verträge, kein Teil der EU-Verträge

neofunktionalistische Perspektive:
· Spillover-Prozess löst durch Eigendynamik einen Integrationsschub aus, der von den Mitgliedsstaaten nicht geplant war
· EZB-Mandat ist ausgeweitet worden

postfunktionalistische Perspektive:
Strapazierte transnationale Solidarität
· Wiederkehr nationaler Stereotypen
· Vertrauensverlust der nationalen Regierungen durch Protest der Bevölkerung eingeschränkt (Demonstrationen, Streiks, Gewalt)
· Handlungsspielraum der nationalen Regierungen durch Proteste der Bevölkerung eingeschränkt (Demonstrationen, Streiks, Gewalt)
Regierungswechsel im Verlauf der Krise: F, E, I, GR, SLK, NL

Autorengrafik nach Texten von Frank Schimmelfennig, Reformen in der Eurokrise: Wohin steuert die EU?, www.iwp-unikoelnde, 22.10.2012

Aufgaben

1 Stellen Sie die in M 1 skizzierten Antworten der drei Theoriestränge auf die eingangs genannten „Kernfragen" tabellarisch zusammen.

2 Rekonstruieren Sie den in M 2 skizzierten bisherigen Verlauf der „Euro-Krise" jeweils aus dem Blickwinkel einer der drei Theorien: Welche Aspekte der Krisenbewältigung lassen sich jeweils anhand der Theorie erklären, welche nicht? (M 1)

3 a) Stellen Sie übersichtsartig die Interessen der EU-Mitgliedsländer und Institutionen in Bezug auf die Flüchtlingspolitik zusammen.

   b) Erarbeiten Sie, welchen Verlauf des politischen Prozesses und welche Ergebnisse der Auseinandersetzung über die Flüchtlingspolitik die in M 1 dargestellten Integrationstheorien erwarten lassen.

H zu Aufgabe 1
Wo widersprechen sie einander, wo ergänzen sie sich?

ORIENTIERUNGSWISSEN

Entwicklung des Parlaments
Kap 7.1, M 1 – M 4

Die Entwicklung der 1951 gegründeten Europäischen Gemeinschaft für Kohle und Stahl (EGKS) von einem zwischenstaatlichen Vertrag mit eng umrissenem Gegenstand zur Europäischen Union als **komplexem politischem Mehrebenensystem** spiegelt sich in einem starken Wandel der von Beginn an bestehenden gemeinsamen Institutionen. Das Europäische Parlament hat sich aus einer zunächst nur beratenden Versammlung aus Vertretern der nationalen Parlamente entwickelt und sukzessive klassische Parlamentsfunktionen (Kontrolle, Haushalt, Gesetzgebung) übernommen. Es unterscheidet sich dennoch auch funktional von nationalen Parlamenten, weil die EU selbst nicht alle Staatsfunktionen abdeckt.

Vertiefung und Erweiterung
Kap. 7.2, M 1 – M 3

Die geografische Erweiterung und die inhaltliche Vertiefung der Zusammenarbeit stehen in einem **Spannungsverhältnis**, weil einerseits jede Erweiterung Vertiefungsfortschritte benötigt, um die **Funktionsfähigkeit** der EU aufrechtzuerhalten, andererseits die mit der Erweiterung verbundene Zunahme **wirtschaftlicher und politischer Heterogenität** gemeinsames Agieren erschwert.
Die Integration berührt auch immer wieder die Frage, welche Aufgaben, Funktionen und Themen auf EU-Ebene geregelt werden können, ohne die Souveränität der Mitgliedsstaaten im Kern anzutasten.

EU-Perspektiven nach dem Brexit-Votum
Kap 7.3, M 4, M 5

Nachdem die britische Bevölkerung 2016 in einem Referendum für den Austritt aus der EU votiert hat, wird nicht nur diskutiert, in welchem **Verhältnis die EU und Großbritannien** künftig stehen sollen, sondern auch, mit welchem **Ziel und welchen Mitteln die EU künftig gestaltet werden soll**. Möglich scheint ein Beibehalten des aktuellen Integrationsstandes, aber sowohl eine Reduzierung der EU auf „Kernaufgaben" als auch eine weitere Integration einiger oder aller Mitgliedsstaaten werden diskutiert.

Integrationstheorien
Kap. 7.4, M 1, M 2

Integrationstheorien versuchen die Wirkungsmechanismen zu beschreiben, die den Verlauf der Europäischen Integration beeinflussen. Neue politische Entwicklungen („Euro-Krise", Zustrom von Flüchtlingen, Brexit-Votum in Großbritannien) führen dazu, dass bisherige Theorien um neue Erklärungsansätze ergänzt werden.
Die Theorien liefern unterschiedliche Einschätzungen dazu, ob die Mitgliedsstaaten im Verlauf genügend Souveränität behalten, um den Integrationsprozess steuern zu können (**Intergouvenenmentalismus**), oder ob der Integrationsprozess eine Eigendynamik gewinnt, die eine vertiefte Integration nach sich zieht (**Funktionalismus**) oder ab einem gewissen Stadium eine solche eher verhindert (**Postfunktionalismus**).

Ob Brexit oder nicht – der EU droht der Zerfall

Das ungefähr war die Stimmung in den Tagen vor der Brexit-Abstimmung [...]: eine existenzielle, aber diffuse Verunsicherung angesichts der Zukunft der EU und Europas. Es geschieht gerade etwas, das es der europäischen Idee nach eigentlich nicht geben kann: Desintegration im Integrationsprojekt.

Wer unzufrieden mit dem Kurs der EU ist, kann ihn allein nicht ändern. Seine Stimme zählt kaum. Aber auf nationaler Ebene können Unzufriedene durchaus Einfluss nehmen auf die Regierung, sie abwählen, sodass am Ende EU-kritische nationale Regierungen in Brüssel bremsen, wie es mit Ungarn der Fall ist. [Der niederländische Politikwissenschaftler] Vollaard [...] bezeichnet so etwas als „teilweise Austritte innerhalb der EU". Es geht um Staaten oder Gesellschaften, die nicht mehr richtig mitmachen; die lästige EU-Richtlinien nicht umsetzen, unliebsame Partnerländer am liebsten rauswerfen wollen, ihre Beiträge nicht mehr zahlen. Man könnte das auch inneren Zerfall nennen. Er hat in der EU längst begonnen. Das zeigt sich zum Beispiel an der Flüchtlingspolitik: Mehrmals haben sich die Regierungschefs in Brüssel darauf geeinigt, Flüchtlinge umzusiedeln; erst aus Italien und Griechenland, dann aus der Türkei. Das Kontingent dafür, 160.000 Plätze insgesamt, hat die EU mehrmals verkündet, aber nie bereitgestellt. Die nationalen Regierungen fangen einfach nicht an. So wird die EU zur Ankündigungsunion. [...]

Wer miteinander handelt, bekriegt sich nicht. Das war das große Friedensversprechen der Union. Nun aber haben der Ukraine-Krieg und die Flüchtlingskrise gezeigt: Interdependenz erhöht auch die Kosten, wenn anderswo etwas schiefgeht. Eine Erkenntnis, die auch aus der Bankenkrise bekannt ist. Heute schlagen sich zentraleuropäische Länder mit den in Griechenland gestrandeten Migranten herum und Großbritannien muss Sanktionen gegen Russland mittragen, obwohl es sich von der Krim-Annexion nicht betroffen fühlt. Dass Kooperation auch schädlich sein kann, ist für Europa ein unerhörter, ja gefährlicher Gedanke. Umso offener sollte man ihn aussprechen. Es könnte ein wichtiger Schritt sein, die Verlierer Europas ernst zu nehmen und nicht länger so zu tun, als gäbe es sie nicht. [...] [E]s gehören auch jene dazu, für die die Auflösung homogener nationaler Identität ein Verlust ist. Ein Verlust, auf den die EU bisher kaum eine andere Antwort gibt als: Stellt euch nicht so an. [...] Vollaard plädiert für absichtliche Unbestimmtheit. Auf die EU übertragen hieße das: Wer will, dass sich die EU und ihre Mitglieder in jeder Sekunde an die postulierten Grundsätze halten, wird nicht durch diese Krise kommen. Ein Überleben der europäischen Institutionen, wie geschrumpft und geschädigt auch immer, hätte den Vorteil, dass es etwas gäbe, womit man weitermachen könnte. Man hätte einen Ort für Verhandlungen und Kooperation. [...] Man könnte es auch mit Rainer Maria Rilke sagen: „Wer spricht vom Siegen? Überstehen ist alles!"

Lenz Jacobsen, www.zeit.de, 23.6.2016

Aufgaben

1. Arbeiten Sie Jacobsens Einschätzung der Interdependenz von Staaten in der EU heraus.

2. Ordnen Sie diese Position in das Spektrum der Ihnen bekannten Integrationskonzepte ein.

3. Diskutieren Sie Chancen und Risiken der empfohlenen „absichtlichen Unbestimmtheit" (Z. 61 f.).

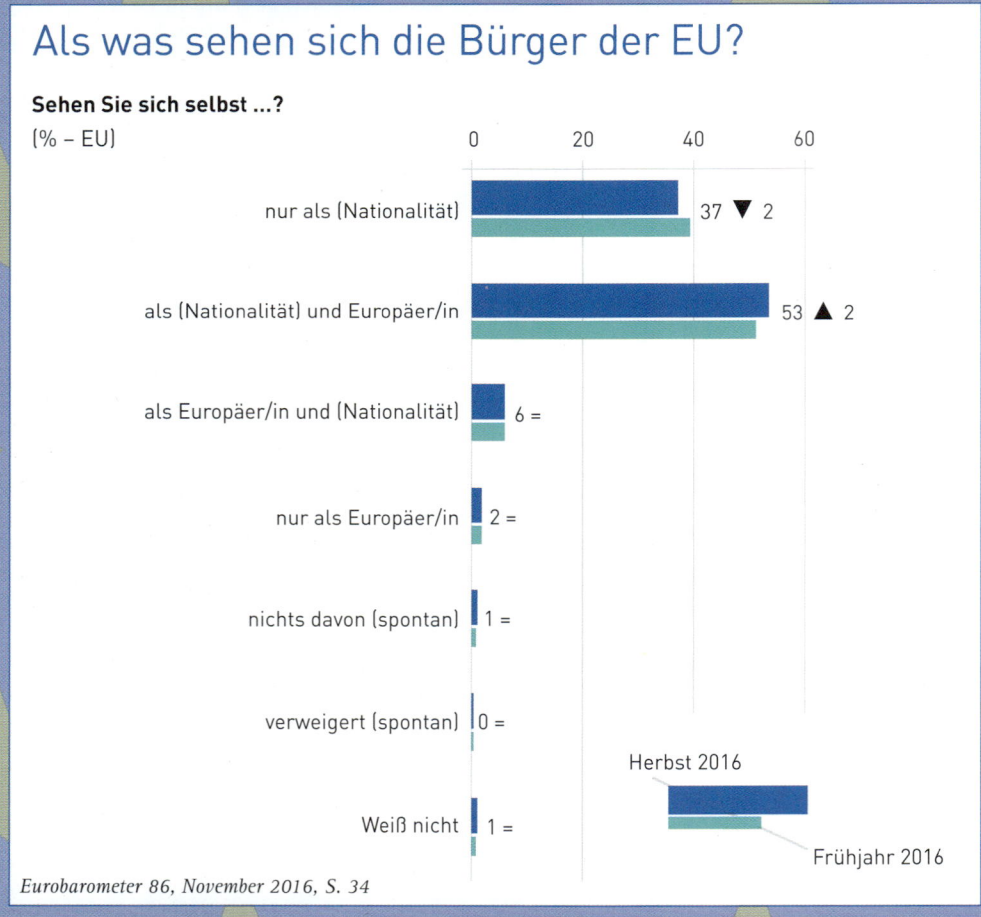

Als was sehen sich die Bürger der EU?

Sehen Sie sich selbst ...?

(% – EU)

nur als (Nationalität)	37 ▼ 2
als (Nationalität) und Europäer/in	53 ▲ 2
als Europäer/in und (Nationalität)	6 =
nur als Europäer/in	2 =
nichts davon (spontan)	1 =
verweigert (spontan)	0 =
Weiß nicht	1 =

Herbst 2016

Frühjahr 2016

Eurobarometer 86, November 2016, S. 34

Identitätsbildung und gesellschaftlicher Pluralismus in Europa

Im Vertrag über die Gründung der Europäischen Union wird das Ziel formuliert, „die Identität und Unabhängigkeit Europas zu stärken" (Präambel). Gleichzeitig verpflichtet sich die EU dazu „die jeweilige nationale Identität" der Mitgliedsstaaten zu achten (EU-Vertrag, Art. 4 Abs. 2).

Gibt es überhaupt eine europäische Identität? Und wenn ja – in welchem Verhältnis zu den nationalen Identitäten der Mitgliedsstaaten steht sie? Ist ein europäisches Kollektivbewusstsein erforderlich, um die Integration erfolgreich fortzusetzen und innerhalb der EU solidarisch zu handeln (etwa bei der Verteilung von Flüchtlingen oder im Rahmen der europäischen Sozialpolitik) oder um Entscheidungen europäischer Institutionen Legitimität und Akzeptanz zu verschaffen? Wenn ja, kann man eine solche Identität herbeiführen? Worauf könnte sie sich gründen?

Auch wenn sich viele Europäer vor allem als Bürger ihrer jeweiligen Staaten fühlen, sind die Mitgliedsstaaten der EU auch ihrerseits keine homogenen Gebilde; es gibt zahlreiche nationale und sprachliche Minderheiten mit zum Teil ausgeprägter eigener Identität. Die Roma sind als „transnationale Minderheit" in vielen Staaten der EU sowohl als „alte" (d.h. seit langer Zeit ansässige) als auch „neue" (durch Migration bedingte) Minderheit präsent. Welche Perspektiven bietet die europäische Integration den Minderheiten? Diesen Fragen gehen Sie in diesem Kapitel nach.

KOMPETENZEN

Am Ende dieses Kapitels sollten Sie Folgendes wissen und können:

... Identität als Ergebnis eines Zuschreibungsprozesses erläutern.

... aus Umfrage-Ergebnissen erschließen, welche Bedeutung die EU für die Identität ihrer Bürger hat.

... beurteilen, welche Konsequenzen der Grad der Identifikation der EU-Bürger mit der Europäischen Union für die Funktionsfähigkeit und die Entwicklungsoptionen der EU hat.

... Maßnahmen der Minderheitenpolitik in ihren Auswirkungen beurteilen.

Was wissen und können Sie schon?

1 a) Entscheiden Sie sich im Kurs für einen der vier folgenden Standpunkte: Ich sehe mich als
   a) nur Europäer.
   b) Europäer, aber auch Bürger meines Staates.
   c) Bürger meines Staates, aber auch Europäer.
   d) nur Bürger meines Staates.
   b) Vergleichen Sie das Ergebnis mit der EU-weiten Erhebung.

2 Diskutieren Sie, welche Faktoren dafür ausschlaggebend sind, sich einer größeren Personengruppe zugehörig zu fühlen.

8.1　Gibt es eine europäische Identität?

Basiskonzepte	Kategorien	Leitfragen
Akteure und deren Dispositionen	Interessen und Bedürfnisse, Identität	· Gibt es überhaupt eine europäische Identität? Und wenn ja – in welchem Verhältnis zu den nationalen Identitäten der Mitgliedsstaaten und den individuellen Identitäten der EU-Bürger steht sie?
Prozesse und Handeln	Macht, politische Gestaltung und Legitimation	· Ist ein europäisches Kollektivbewusstsein erforderlich, um die Integration erfolgreich fortzusetzen und innerhalb der EU solidarisch zu handeln oder um Entscheidungen europäischer Institutionen Legitimität und Akzeptanz zu verschaffen?

8.1.1　Welche Rolle spielt die EU für die Identität der Bürger?

M 1 ● Was macht Europa aus?

Europäische Selbstbeschreibungen	externe Andere	interne Andere
1. Kontinent Europa als geografische und kulturelle Einheit europäische Kultur, gemeinsame Geschichte	„der Osten", Asien, Türkei Russland	Balkan, Osteuropa
2. Zivilisation und technischer Fortschritt Ackerbau, Technik, Navigation, Wissenschaft, Handel und Gewerbe	„der Rest"	Osteuropa (Byzanz)
3. Christliches Abendland, römisch-katholische Kirche, Europa Karls des Großen, Protestantismus, Säkularisierung	Islam, USA, Türkei	Judentum, orthodoxe Kirchen (Byzanz), Islam, Osteuropa, Balkan
4. Ästhetische Einheit Kunstgeschichte in parallelen Epochen: Romanik, Gotik, Renaissance, Barock, Moderne, Postmoderne	USA, „der Rest"	Osteuropa
5. Reflexive Wissenschaft Umsetzung von Konflikt in Innovation, Wettbewerb und Kritik, öffentliche Diskursräume, freie Städte, Universitäten	Diktaturen, autoritäre Regime, Despotismus (Asien, Orient)	Osteuropa (Byzanz)
6. Europa der Nationen Gemeinschaft europäischer Völker und Nationen	Nicht-EU-Staaten	Beitrittskandidaten
7. Klassen, Schichten, Milieus, Mittelstand, Bürgertum, Kleinbürgertum, Arbeiterklasse	Zweiklassengesellschaften, USA, sozialistische Staaten	Osteuropa
8. Arbeitsethik und Wohlfahrtsstaat Arbeiterbewegung, Solidarität, Sozialausgaben, soziale Marktwirtschaft	USA	(Osteuropa)
9. Europäische Wertegemeinschaft Menschenrechte, Demokratie, Freiheit, Toleranz, Rationalität, Individualität, Aufklärung, Religionsfreiheit, Säkularisierung	fundamentalistischer Islam, Türkei	Osteuropa
10. Europäische Kommunikationsgemeinschaft Europa als Rechtsgemeinschaft, Entnationalisierung von Kultur und Identität, Überkreuzung individueller Lebensstile, transnationale Netzwerke, Europäisierung und Individualisierung	Nicht-EU-Staaten	bildungsferne Schichten
11. Negative Erinnerungsgemeinschaft Schuldbekenntnisse zu Weltkriegen und Holocaust, „Tätergemeinschaft", Verbot der Todesstrafe	Japan, Türkei, USA, Irak	Balkan

Gudrun Quenzel, Konstruktionen von Europa, Bielefeld 2005, S. 14

M 2 ● Identität – nur eine Konstruktion?

Ohne Identität geht es nicht. Ob Individuen, soziale Gruppen aller Art, Regionen oder Staaten, Personennetzwerke bis hin zu kriminellen oder terroristischen Netzwerken
5 definieren Identität. [...]

„Identität" wird im Kern als Selbstdefinition eines Individuums oder eines Kollektivs [...] verstanden. [...] Die Alltagsfunktion von Selbstdefinitionen besteht [...] darin,
10 dass sie dem menschlichen Grundbedürfnis, Kollektive [...] zu bilden oder ihnen anzugehören, entspricht. Identität, so die Soziologie, versorgt Kollektive mit Kontinuität, mit Frieden innerhalb des Kollek-
15 tivs, indem Aggressivität nach Außen gelenkt wird, sie schützt bis zu einem gewissen Grad vor auseinanderdriftenden Interessen [...], sie integriert bis zu einem gewissen Grad Diversität zu einer Einheit, Identität
20 legitimiert und stellt nicht zuletzt ein politisches Macht-instrument dar. [...]

Die Geschichtswissenschaft hat es in Bezug auf Europäische Identität in erster Linie mit Konstruktionen zu tun – im Gegensatz zu biologistischen oder rassistischen Konzep-
25 ten, die Identität wie im späten 18. Jahrhundert biologisch-rassisch [...] begründeten. [...] Der Begriff der Konstruktion von Identitäten bedeutet nicht, die Wirkmächtigkeit von Identitäten zu leugnen. Auch
30 die Nation war etwas Vorgestelltes, etwas im Grunde [...] Konstruiertes, aber nichts desto weniger war sie außerordentlich wirk- und geschichtsmächtig. Konstruktionen leisten die erforderliche Anpassung
35 an komplexe Wandlungsprozesse der Lebenswelt. [...]

Die Instrumente der Konstruktion kollektiver Identitäten [...] sind wegen ihres Umfangs nur schwer gemeinsam erörterbar:
40 Sprache, Herkunfts- und Ursprungsmythen, Gedächtnis und Erinnerung, verschiedene historische Narrative, Propaganda, Werte, Ab- und Ausgrenzungen etc.

Wolfgang Schmale: Geschichte und Zukunft der Europäischen Identität, Stuttgart 2008, S. 37, 40 und 41 (Originaltext gekürzt)

M 3 ● Sind wir Bürger Europas?
Europäische Integration und öffentliche Meinung

a) Was stiftet Gemeinsamkeit in der EU?

Nach: Europäische Kommission, Standard-Eurobarometer 86 – November 2016, S. 42

b) Ort – Land – EU – Europa – mit welcher Ebene identifizieren sich die Bürger?

	Ihrem Dorf / Ihrem Ort / Ihrer Stadt	(Unserem Land)	Die Europäische Union	Europa
EU28	89	92	51	61
BE	79	82	53	62
BG	98	98	50	57
CZ	90	91	31	56
DK	89	99	46	75
DE	90	96	58	71
EE	85	94	48	51
IE	95	98	57	62
EL	97	98	32	38
ES	93	84	58	62
FR	78	93	53	61
HR	90	90	42	45
IT	93	92	41	45
CY	93	96	26	30
LV	91	91	68	71
LT	87	93	55	63
LU	83	92	76	83
HU	91	95	58	73
MT	79	96	55	66
NL	72	85	38	59
AT	95	96	41	57
PL	97	98	64	73
PT	97	99	51	53
RO	87	87	54	59
SI	91	93	49	55
SK	94	94	48	60
FI	89	94	44	69
SE	87	95	47	77
UK	89	93	46	56

Zahlen nach: Europäische Kommission, Standard-Eurobarometer 86, November 2016, S. 7

Aufgaben

1. a) Definieren Sie „Europa", indem Sie Merkmale zusammenstellen, die Sie für charakteristisch halten.

   b) Ordnen Sie ihre Ergebnisse den in M 1 genannten Kategorien zu und vergleichen Sie sie mit den in M 2 aufgeführten Definitionsversuchen.

2. Analysieren Sie die Statistiken hinsichtlich der Haltung der EU-Bevölkerung zum europäischen Integrationsprojekt. (M 3)

3. Diskutieren Sie, welche der in M 1 aufgeführten Definitionen für die EU-Bürger Identifikationspotenzial beinhalten. (M 3a)

8.1.2 Identität und Politik - aufeinander angewiesen?

M 4 ● Die Unionsbürgerschaft – Baustein zur Schaffung einer europäischen Identität?

Ziele

In Anlehnung an den Begriff der nationalstaatlichen Staatsbürgerschaft soll die Unionsbürgerschaft ein durch Rechte, Pflichten und politische Partizipation des Bürgers definiertes Bindungsverhältnis zwischen diesem und der Europäischen Union bezeichnen. Dadurch soll die Diskrepanz beseitigt werden, die sich aus der Tatsache ergibt, dass immer mehr Maßnahmen der EU die Bürger direkt betreffen, die Wahrnehmung der Rechte und Pflichten und die Teilnahme an den demokratischen Prozessen sich aber fast ausschließlich auf nationalstaatlicher Ebene vollziehen. Die Identifikation der Bürger mit der EU soll verbessert und eine europäische politische Öffentlichkeit, ein europäisches politisches Bewusstsein und eine europäische Identität gefördert werden. [...]

Leistungen

Der Status der Unionsbürgerschaft beinhaltet für jeden Unionsbürger:

a) das Recht, sich im Hoheitsgebiet der Mitgliedstaaten frei zu bewegen und aufzuhalten (Artikel 21 AEUV);

b) das aktive und passive Wahlrecht bei den Wahlen zum Europäischen Parlament und bei den Kommunalwahlen in dem Mitgliedstaat, in dem er seinen Wohnsitz hat (Artikel 22 Absatz 1 AEUV), wobei für ihn dieselben Bedingungen gelten wie für die Angehörigen dieses Staates. [...]

c) das Recht, in einem (nicht der EU angehörenden) Drittstaat, in dem der Mitgliedstaat, dessen Staatsangehörigkeit der Unionsbürger besitzt, nicht vertreten ist, Schutz durch die diplomatischen oder konsularischen Behörden eines jeden Mitgliedstaats zu erhalten, und zwar unter denselben Bedingungen wie die Staatsangehörigen dieses Staates;

d) das Recht, eine Petition an das Europäische Parlament zu richten (Artikel 24 Absatz 2 AEUV) und das Recht, sich an den Bürgerbeauftragten zu wenden (Artikel 24 Absatz 3 AEUV), der vom Europäischen Parlament ernannt wird, um Missstände in der Verwaltungstätigkeit der Organe und der Einrichtungen der Union festzustellen. [...]

e) das Recht, sich schriftlich in einer der Sprachen der Mitgliedstaaten an jedes Organ und an jede Einrichtung der Union zu wenden und eine Antwort in derselben Sprache zu erhalten (Artikel 24 Absatz 4 AEUV);

f) das Recht auf Zugang zu Dokumenten des Europäischen Parlaments, des Rates und der Kommission vorbehaltlich bestimmter Bedingungen (Artikel 15 Absatz 3 AEUV).

Udo Bux, Europäisches Parlament, Kurzdarstellungen zur Europäischen Union: Die Unionsbürger und ihre Rechte, www.europarl.europa.eu, 21.5.2017

Die wichtigsten Rechte der Unionsbürger

Das Recht, sich innerhalb des Hoheitsgebiets der EU frei bewegen und aufzuhalten

Aktives und passives Wahlrecht bei allen Kommunal- und Europawahlen am Wohnsitz im EU-Ausland

Recht auf Schutz durch die diplomatischen und konsularischen Vertretungen eines beliebigen EU-Mitgliedstaats.

Recht auf Einreichung von Petitionen an das Parlament, Beschwerden an den Bürgerbeauftragten und auf EU-Bürgerinitiativen

M 5 ● Was behindert das Entstehen einer transnationalen Gesellschaft?

Seit [dem Scheitern einer EU-Verfassung 2007] scheinen sich die kritischen Stimmen zur Bindungswirkung des europäischen Projekts zu mehren und damit auch die
5 *Skepsis hinsichtlich der integrierenden Kraft einer europäischen Identität. Die Erklärungsansätze sind vielfältig:*

Zum einen ist der europäische Integrationsprozess ein Opfer seines eigenen Erfolges,
10 denn das europäische Versprechen eines dauerhaften Friedens ist eingelöst. Zudem hat der „freie Westen" über seinen sowjetischen Gegner und dessen Satellitenstaaten triumphiert, so dass Europa der traditionel-
15 le Antipode abhandengekommen ist, an dem die Überlegenheit des eigenen Gesellschaftsentwurfes im Vergleich glasklar erkennbar war.

Zum anderen mündete die Erweiterung der
20 Europäischen Union auf [28] [...] Mitgliedsländer in eine nachhaltige Erosion der Zusammengehörigkeitsvorstellungen. Nicht die Ausdehnung an sich, sondern die scheinbare Beliebigkeit der Argumente, mit
25 der die Aufnahme der verschiedenen Länder legitimiert wurde, verwischt die Vorstellungen von verbindlichen Grenzen Europas und entzieht damit einer kollektiven Identität den Boden. Dadurch wird die
30 Selbstverständlichkeit der Zusammengehörigkeit in Frage gestellt, was mindestens kurz- bis mittelfristig Auswirkungen auf die sozialen Beziehungen hat: Je größer der Kreis der Mitgliedsländer der EG und später
35 der EU wurde, umso geringer wurde das gegenseitige Vertrauen zwischen den Bevölkerungen der europäischen Staaten.

Als kritisch gilt weiterhin vor allem eine stockende Sozialintegration: Der europäi-
40 sche Integrationsprozess ist nach wie vor nicht auf das Zusammenwachsen der Gesellschaften, sondern auf Institutionen konzentriert. Während in den ersten Jahr-

zehnten des europäischen Integrationsprozesses die gegenseitige wirtschaftliche Öff- 45
nung und institutionelle Verflechtung die Bildung eines europäischen Selbstverständnisses in den Mitgliedsländern - und bei jenen, die einen Beitritt anstreben - noch wirksam befeuerte, verlor diese Form 50
der Systemintegration jedoch zunehmend ihre soziale Bindungskraft. Die These, dass aus einer europäischen Wirtschaftsordnung auch die soziale Integration in einer europäischen Gesellschaft folgen müsse, scheint 55
angesichts der nach wie vor dominanten Orientierung der Menschen an ihren Nationalstaaten als überholt.

Außerdem wird ein Demokratiedefizit der Europäischen Union konstatiert, aus dem 60
sich eine zunehmende Legitimationsschwäche entwickelt. Weil die demokratisch legitimierte, nationalstaatliche Souveränität in immer größerem Maße auf nur indirekt legitimierte EU-Akteure verlagert wird, ent- 65
steht bei den Bürgern verstärkt der Eindruck, dass das politische Handeln vom Bürgerwillen entkoppelt wird. Dies wird besonders bei den Europawahlen erkennbar: Die in den vergangenen Jahren stark 70
gesunkene Wahlbeteiligung wird von Nichtwählern vor allem damit begründet, dass die Wahlteilnahme sowieso nichts bewirke.

Die wahrgenommene Schwäche einer europäischen Demokratie durch die europäi- 75
schen Bürger wird schließlich dadurch befördert, dass sich bis heute keine europäische Öffentlichkeit gebildet hat, in der die Debatten europäischer Politik grenzüberschreitend geführt werden, wie es innerhalb 80
der Nationalstaaten geschieht. Die EU ist kein gemeinsamer Kommunikationsraum, so wie die Nationalstaaten es sind.

Michael Klein: Die nationale Identität der Deutschen. Commitment, Grenzkonstruktionen und Werte zu Beginn des 21. Jahrhunderts, Wiesbaden 2014, S. 127f.

M 6 ● Die europäische Identität – das geringste Problem?

Ein Gespräch mit dem Rechtswissenschaftler Christoph Möllers über Populismus, das Gespenst der Technokratie und die Demokratisierung der Europäischen Union.

5 ZEIT: Europa ist überall und bleibt unsichtbar.

Möllers: Die Unsichtbarkeit ist ein Problem. Dabei haben wir in den letzten drei Jahrzehnten unendlich viel an Europäisierung 10 erlebt! Seit der einheitlichen europäischen Akte von 1983 ist Europa nicht wiederzuerkennen. Vieles ist neu aufgebaut, alles vertieft worden. Vielleicht kann man eine Organisation dieser Größe und dieses For-15 mats einfach nicht schneller integrieren. [...] Wir stehen vor der Frage, wie wir die Vertiefung der EU politisch legitimieren können – obwohl gerade die politische Legitimation selbst umstritten ist. Diese Legi-20 timation kann nicht mehr über die Mitgliedsstaaten geleistet werden. Der Bundestag allein kann sie nicht stiften, er ist überfordert und bleibt stets nur nachvollziehend. Deshalb muss das Europäische 25 Parlament als legitimer Repräsentant wahrgenommen werden. Leider sind wir nicht so weit. [...] Wir beobachten hier – hoffentlich – das Entstehen eines neuen föderalen Gebildes. Dabei gibt es immer solche Friktio-30 nen und Dilemmata. Das kennen wir aus dem Kaiserreich, aus der Entstehung der Schweizerischen Eidgenossenschaft und aus den USA. Es gibt prekäre Übergangssituationen. In einer solchen befinden wir 35 uns. [...]

ZEIT: Das klingt nach größeren Problemen...

Möllers: Wir haben ein generelles Problem mit der inneren Europäisierung der Gesell-40 schaften, es fehlt uns an Gefühl für andere Länder. Wir wissen in Deutschland über Frankreich weniger, als die Preußen von Bayern wussten. Wir sind uns institutionell viel näher als gesellschaftlich.

45 ZEIT: Wären wir am Ende „Doppelbürger"? Also gleichzeitig Bürger eines Landes und Bürger der Europäischen Union?

Möllers: Ich glaube, dass die Verdoppelung oder sogar Verdreifachung von Identitäten der Normalfall ist. Manche Engländer füh-50 len sich vor allem als Briten, manche Schotten eher als Europäer denn als Briten, manche Italiener vor allem als Römer. Wir haben in Europa eine asymmetrische Vielfalt an Identitäten. 55

[...]

ZEIT: Trotzdem behaupten die Kritiker, dass die Europäische Union am Problem der unterschiedlichen Herkunftskulturen zerbrechen wird. 60

Möllers: Wenn wir uns die Welt anschauen, sehen wir, dass Staaten sehr unterschiedlich auf starken Gemeinsamkeiten wie auf großen Unterschieden beruhen können. Demokratien wie Indien sind ohne gemeinsame 65 Sprache und Religion sehr heterogen. Andere Staaten sind viel kompakter, funktionieren aber trotzdem nicht als Demokratien. Deswegen gefällt mir das Kulturargument nicht. Wenn es klappt, sagt man: „Wir ha-70 ben eine Kultur." Wenn nicht: „Oh, wir haben doch keine Kultur." Das unterschätzt die innere Vielfalt vieler Staaten. Frankreich ist intern weitaus heterogener als die Bundesrepublik, wahrscheinlich unter-75 scheidet Leute in Calais mehr von Leuten in Marseille als Leute in Greifswald von Leuten in München. Hier wird eine Homogenitätsfiktion aufgebaut, die auf die meisten Staaten nicht zutrifft. [...] 80

ZEIT: Wenn man Ihnen zuhört, dann klingt es, als brauchten wir gar keine europäische Idee, oder wie andere sagen würden: ein Narrativ.

Möllers: Wir haben bereits eine starke eu-85 ropäische Identität. Man nimmt Europa längst gemeinsam als etwas Spezifisches wahr. Wenn Europäer ihren Kontinent verlassen und zurückkehren, wissen sie schon, was sie an ihm haben und wie er sich von 90 anderen unterscheidet. Die europäische Identität ist das geringste Problem.

Thomas Assheuer, www.zeit.de, 2.1.2014

M 7 ● Braucht die EU zum Funktionieren überhaupt eine Identität?

Auch wenn es verständlich ist, transnationale Erfahrungen wie das Studieren, Wohnen, Arbeiten, Lernen oder Reisen in Europa als das Herz der Europäischen Integration zu
5 begreifen, übersieht [das Erasmus-Programm] doch, dass Begegnungen mit der EU auch innerhalb nationalstaatlicher Grenzen stattfinden können und müssen [...] Es sind also die alltäglichen Erfahrungen im heimi-
10 schen Wohnzimmer, ob virtuell oder real, die langfristig eine europäische Identität zum Massenphänomen werden lassen könnten. Und klar ist auch: das braucht Zeit; Zeit, welche die Europäische Union und ihre Vertre-
15 ter/innen nicht haben. [...]
Anders als häufig angenommen, bedarf es auch keiner europäischen Identität als Voraussetzung, um Solidarität im transnationalen Maßstab ausüben zu können. Sie ist we-
20 der ein angeborener Reflex, noch geht Solidarität einher mit einer bestimmten politischen Identität. So kann ich mich sehr wohl mit Deutschland identifizieren, muss aber noch lange nicht der Meinung sein, dass hier
25 arbeitslos gewordenen Langzeitarbeitslosen ein menschenwürdiges Auskommen zusteht. Solidarität muss vielmehr eingeübt werden [...]. In so großen sozialen Ordnungen wie dem Nationalstaat oder der Europäischen
30 Union [...] regeln das systemerhaltende Institutionen, indem sie [...] dafür sorgen, dass jeder weiß, dass ich meine Krankenversicherungsbeiträge zahle, und jeder weiß, dass ich weiß, dass alle dies tun. Im Unterschied zu
35 Identität kann Solidarität also erzwungen, d.h. rechtlich verbrieft werden.

Wie entsteht eine solche grenzüberschreitende Solidarität? Solidarität gegenüber unseren europäischen Mitbürger/innen muss
40 eingeübt werden, weil wir es bisher alle gewohnt waren, Solidarität im nationalem Rahmen zu üben – formalisiert und generalisiert, das versteht sich von selbst. Jenseits manifester Krisen und unvorhergesehener
45 Gewaltverbrechen und Naturkatastrophen bietet Sozialpolitik eine Möglichkeit, dies zu tun. Sozialstaatliche Solidarität ist seit Jahrzehnten ein Erfolgsrezept moderner Nationalstaaten. [...]
50 Damit ist die Baustelle für eine europaweite Solidarität klar benannt: Um massenwirksamer zu sein, bedarf es eines umfassenderen (sozial)politischen Projekts, das alle EU-Bürger/innen einbezieht. Solidarität wird so zu
55 einem Prozess, der bei den unmittelbaren Erfahrungen der Subjekte ansetzt. Erst durch eine solche Europäisierung von unten wird das Integrationsprojekt vor Angriffen rechtspopulistischer Regierungen gefeit sein und
60 nicht mehr nur als Gefahr begriffen werden, sondern als postmoderne Vergesellschaftungsform, die neue Möglichkeiten bietet, Fragmentierung zu bekämpfen.
Wer jetzt immer noch nicht ohne Identität auskommt, sei darauf vertröstet, dass in ei-
65 ner gut funktionierenden Gemeinschaft auch eine kollektive Identität nicht lange auf sich warten lässt.

Stefanie Börner, Das Problem mit europäischer Identität und warum europaweite Solidarität ein Ausweg sei könnte, http://etatsocial.hypothese.org, http://creativcommons.org/licences/by/3.0/, 30.6.2015

Aufgaben

❶ Die 1992 mit dem Vertrag von Maastricht eingeführte Unionsbürgerschaft soll nach Darstellung des Europäischen Parlaments die „Identifikation der Bürger mit der EU" verbessern. Untersuchen Sie, welche Auswirkungen die mit der Unionsbürgerschaft verbundenen Rechte auf diese Identifikation haben könnten. (M 4)

❷ Stellen Sie dar, welche Rolle kollektive Identität nach Auffassung von Christoph Möllers für das Funktionieren politischer Gemeinwesen spielt.

❸ Diskutieren Sie, ob die in M 5 und M 6 diagnostizierten Hindernisse bei der Herausbildung einer europäischen Identität mit den in M 4 und M 7 angesprochenen Maßnahmen überwunden werden könnten.

🅗 zu Aufgabe 1
Berücksichtigen Sie die Befunde der Befragung in M 3a.

8.2 Minderheiten – Teil einer europäischen Gesellschaft?

Basiskonzepte	Kategorien	Leitfragen
System und Struktur	Politische Herrschaft und Ordnung, Institutionen, Legitimität und Effizienz	· Wie können Minderheitenbelange in demokratischen Systemen (die auf Mehrheitsentscheidungen beruhen) berücksichtigt werden?

8.2.1 Roma - Europas größte Minderheit

M 1 ● Roma in der EU

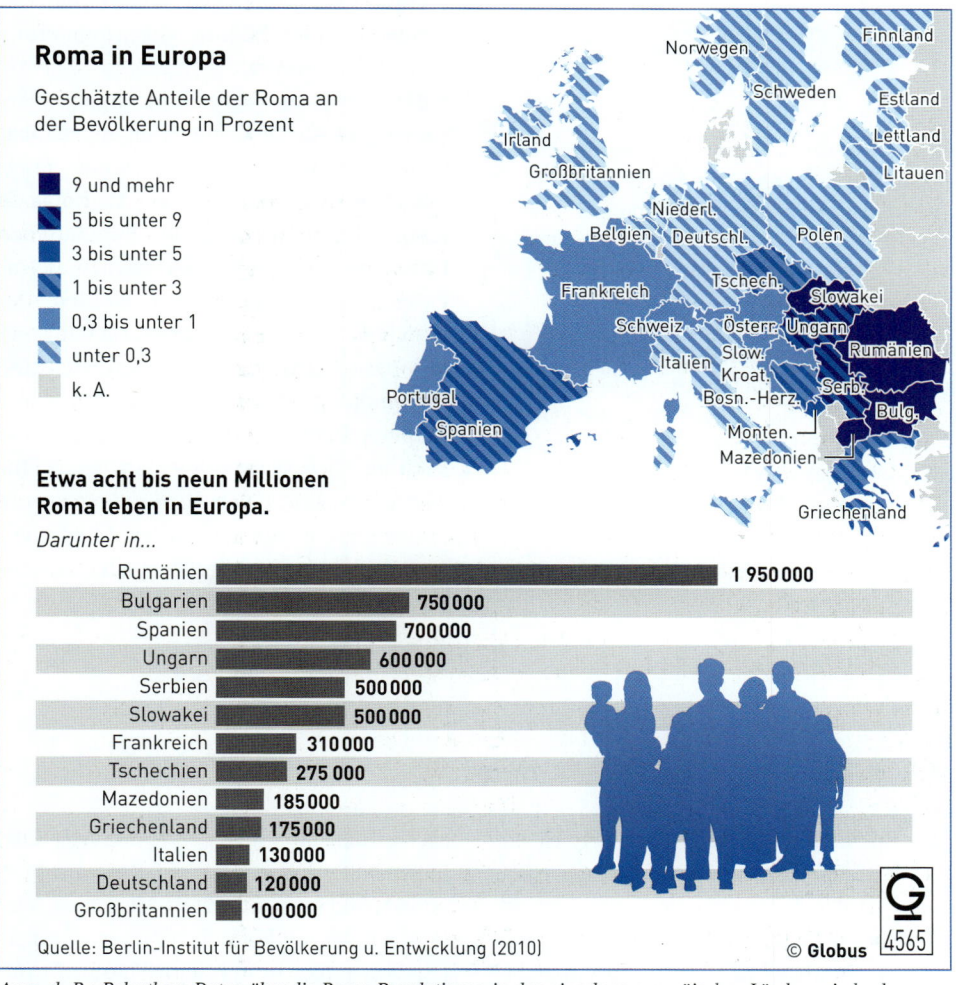

Roma in Europa

Geschätzte Anteile der Roma an der Bevölkerung in Prozent

- ■ 9 und mehr
- ◪ 5 bis unter 9
- ◪ 3 bis unter 5
- ◪ 1 bis unter 3
- ■ 0,3 bis unter 1
- ◪ unter 0,3
- ■ k. A.

Etwa acht bis neun Millionen Roma leben in Europa.

Darunter in...

Rumänien	1 950 000
Bulgarien	750 000
Spanien	700 000
Ungarn	600 000
Serbien	500 000
Slowakei	500 000
Frankreich	310 000
Tschechien	275 000
Mazedonien	185 000
Griechenland	175 000
Italien	130 000
Deutschland	120 000
Großbritannien	100 000

Quelle: Berlin-Institut für Bevölkerung u. Entwicklung (2010)

© **Globus** 4565

Anm. d. R.: Belastbare Daten über die Roma-Populationen in den einzelnen europäischen Ländern sind schwer zu erheben: Die Roma-Staatsbürger lassen sich mit den Mitteln der amtlichen Statistik nur schwer von der Allgemeinbevölkerung unterscheiden; auch die Zahl der Flüchtlinge im Land lässt sich offiziell kaum erfassen. Erschwerend kommt hinzu, dass sich viele Roma statistischen Erhebungen ihrer Ethnie verschließen. Dieser Argwohn gründet in den Verfolgungen während des Holocaust und den bis heute anhaltenden Vorurteilen und Anfeindungen gegenüber ihrer Volksgruppe.

M 2 ● Lebenssituation der Roma

Der Bericht über die „Zweite Erhebung der Europäischen Union zu Minderheiten und Diskriminierung (EU-MIDIS II): Roma – ausgewählte Ergebnisse" zeigt:

5 • 80 % der befragten Roma sind armutsgefährdet; der EU-Durchschnitt liegt bei 17 %. 30 % leben in Haushalten ohne fließendes Wasser und 46 % haben weder Innentoilette, -dusche noch -bad;

10 • 30 % der befragten Roma-Kinder leben in Haushalten, in denen jemand im vorigen Monat mindestens einmal hungrig schlafen ging;

• 53 % der Roma-Kinder kommen durchschnittlich in den Genuss frühkindlicher Erziehung; oft beträgt dieser Prozentsatz weniger als die Hälfte ihrer Altersgenossen aus der Allgemeinbevölkerung im selben Land;

• nur 30 % der befragten Roma haben eine bezahlte Arbeit, verglichen mit der durchschnittlichen EU-weiten Beschäftigungsquote von 70 % in 2015;

• 41 % der Roma sind der Ansicht, dass sie im Laufe der letzten fünf Jahre in alltäglichen Situation, wie Suche nach Arbeit und in den Bereichen Wohnraum, Gesundheit und Bildung, Diskriminierung ausgesetzt waren;

• 82 % der Roma kannten keine Organisation, die Opfer von Diskriminierung unterstützt.

Grundlage für den Bericht ist eine Erhebung, bei der Informationen zu Roma in neun Mitgliedstaaten der Europäischen Union (EU) in 8.000 persönlichen Befragungen von Roma erhoben wurden. Der Bericht ist Teil der zweiten Erhebung der Europäischen Union zu Minderheiten und Diskriminierung (EU-MIDIS II), in deren Rahmen Daten zu Diskriminierungs- und Viktimisierungserfahrungen sowie zu Einkommens- und Lebensbedingungen von Einwanderern und ethnischen Minderheiten in allen 28 EU-Mitgliedstaaten zusammengetragen wurden.

Pressemitteilung der FRA, http://fra.europa.eu, 29.11.2016

Info

Roma in Europa

Roma (Einzahl Rom, weiblich Romni) leben über den ganzen europäischen Kontinent verstreut. Die etwa neun Millionen Angehörigen dieser Bevölkerungsgruppe bilden hier die größte Minderheit. Lange Zeit war ihre Herkunft ungeklärt. Mittlerweile weiß man, dass die Roma vor Hunderten von Jahren aus Indien nach Europa eingewandert sind. Gerade durch die EU-Osterweiterung sind nun viele Roma zu EU-Bürgern geworden – dennoch sind ihre Lebensumstände noch nicht mit denen anderer EU-Bürger zu vergleichen.

In vielen Ländern ähneln sich die Probleme der Roma: Weil sie oft nur einen geringen Bildungsstand besitzen und häufig arbeitslos sind, leben sie in prekären Verhältnissen und genießen nur ein niedriges soziales Ansehen. Ihre Lebensumstände sind vor allem in den ehemaligen Ostblockländern schwierig, wo der Lebensstandard der Roma auf einem im Vergleich zu den übrigen Staaten noch niedrigeren Niveau liegt.

www.berlin-institut.org, Abruf am 21.5.2017

M 3 ● Unerwünscht im Gutleutviertel

Das Frankfurter Gutleutviertel – es ist ein Gebiet radikaler Gegensätze: Auf der einen Seite stehen die eleganten Neubauten am Westhafen, weiter westlich gibt es die günstigen Wohnungen mit hohem Ausländeranteil. Und irgendwo dazwischen [...] trifft man auf eine Brachfläche mit kleinen, unauffälligen Verschlägen aus Holzresten. Im Matsch liegen Müllreste, Stoffe und Kleidersäcke. Hier, mitten in der Frankfurter City, 10 leben Milan [Name von der Redaktion geändert] und etwa 30 weitere Menschen. Viele von ihnen zählen sich zur Roma-Gruppe. [...] Milan geht in der Stadt Flaschen sammeln. Seine beiden Kinder, erzählt der 15 22-Jährige, leben bei seiner Mutter in Alba Iulia, einer Stadt in der Mitte Rumäniens. Seine Familie wollte er zum jetzigen Zeit-

punkt nicht mit nach Deutschland bringen.
20 Mit Kindern sei es schwierig, irgendwo unterzukommen und viel zu gefährlich. Erst brauche er Arbeit [...]. Seit etwa einem halben Jahr ist Milan nun in Deutschland. Er ist EU-Bürger, spricht deutsch, hat zwar
25 keinen gelernten Beruf, ist aber Menschen und allen möglichen Berufen gegenüber aufgeschlossen. Vor vier Wochen war er im Jobcenter, „aber ich habe nicht verstanden, wie es funktioniert. Die meinten, ich bräuch-
30 te irgendein Ticket aus Bonn, und haben mich weggeschickt". [...]
Milan sagt, er hatte keine andere Wahl, als Rumänien zu verlassen. Als Roma habe er keinen Job bekommen, wurde von Polizisten,
35 die in seine Siedlung kamen, geschlagen.
Roma werden in Rumänien von behördlicher, wie auch von gesellschaftlicher Seite diskriminiert. Drei Viertel der geschätzten 2,2 Millionen Roma in Rumänien leben in
40 Armut, haben keinen Zugang zu Bildung und Arbeitsplätzen. Es existieren Gesetze gegen die Diskriminierung der ethnischen Gruppe, die jedoch von den Behörden nicht angewandt werden. [...] Außerdem bleibt
45 Roma in Rumänien in einem Großteil der Fälle der Zugang zum Arbeitsmarkt verwehrt. Laut Informationen von Amnesty International müssen sie besondere Schulen besuchen und erhalten in manchen Kommu-
50 nen nicht einmal einen Personalausweis. [...] Bis Ende 2013 galt zudem für Migranten aus Rumänien und Bulgarien die eingeschränkte Arbeitnehmerfreizügigkeit. Weil sie dadurch lediglich als Selbstständige arbeiten durften,
55 waren Dumpinglöhne und der Abbau arbeitsrechtlicher Standards die Folge. [...] Soziale Sicherungssysteme kennen benachteiligte Roma aus ihren Herkunftsländern in der Regel nicht. „Die meisten wissen sehr genau, dass man auch hier nichts geschenkt 60 bekommt", führt die Beraterin aus. Den Eindruck machen auch Milan und die anderen Menschen im Camp. Die meisten kennen nur ein Ziel: Arbeit.

Auf der Brache ist es an diesem Morgen auf- 65 fallend still, außer Milan ist um neun Uhr früh niemand zu sehen. Alle Bewohner des Camps sind „unterwegs in der Stadt". Eine Kioskverkäuferin in der Nähe hat von den neuen Bewohnern im Gutleutviertel noch 70 nie gehört. Sie wisse weder von Roma noch von einem Camp. Dessen Bewohner wollen anscheinend nicht auffallen. Sollte der Besitzer der Fläche das Camp auflösen, ist für Milan klar, wo er künftig schlafen wird: „Ir- 75 gendwo am Hauptbahnhof, so wie vorher."

Lisa Forster, www.zeit.de, 8.4.2016

Info

Was ist eine Minderheit?

Häufig werden zur Definition folgende Merkmale herangezogen:
(1) numerische Unterlegenheit im Vergleich zur Gesamtbevölkerung
(2) nicht-dominante Stellung im Staat
(3) ethnische, religiöse oder sprachliche Gemeinsamkeiten
(4) ein Solidaritäts- und Identitätsgefühl
(5) Staatsangehörigkeit des jeweiligen Aufenthaltsstaats (als Kriterium umstritten: Häufig werden alteingesessene („autochthone") Minderheitengruppen und „neue" Minderheiten (Zuwanderer und Arbeitsmigranten, die nicht die Staatsangehörigkeit des jeweiligen Aufenthaltsstaates haben) unterschieden.)

Autorentext

Mögliche Beziehungen zwischen Minderheiten und Mehrheiten

		Bezug zur eigenen (Minderheits-)Gruppe	
		positiv	negativ
Bezug zur Mehrheitsgesellschaft	positiv	Integration	Assimilation
	negativ	Segregation	Marginalisierung

Daniel Strauß (Hg.): Studie zur aktuellen Bildungssituation deutscher Sinti und Roma, Dokumentation und Forschungsbericht, Marburg 2011, S. 26

Aufgaben

① a) Stellen Sie die Problemlagen zusammen, mit denen Roma in den Mitgliedsstaaten der EU konfrontiert sind. (M 1 – M 3)

b) Erörtern Sie, welche Zusammenhänge zwischen diesen Problemlagen bestehen.

② Diskutieren Sie, welche Faktoren die Beziehung eines Individuums zur eigenen Minderheit und Mehrheitsgesellschaft beeinflussen (Info), und welche Möglichkeiten ein Individuum hat, diese Faktoren zu beeinflussen.

8.2.2 Minderheitenpolitik - Chancen und Risiken

M 4 ● Minderheitenpolitik – Sache der Nationalstaaten oder der EU?

Spätestens seit den Balkan-Kriegen ist man sich in der EU des Destabilisierungspotentials bewusst, welches ethnische Konflikte auf den gesamten Kontinent ausüben können.
5 Beim Beitritt der mittel- und osteuropäischen Staaten wurde daher explizit darauf geachtet, dass die neuen Mitgliedsstaaten Maßnahmen zum Minderheitenschutz setzten, um in den meist ethnisch heterogenen
10 Ländern einem solchen Destabilisierungspotential entgegen zu wirken. In den „alten" EU-Staaten waren keine solche Maßnahmen gefordert worden, und Minderheitenschutz lag ganz im Ermessen des jeweiligen Mit-
15 gliedsstaates [...]. In ihrer Herangehensweise zum Thema Minderheitenschutz war die Union bisher sehr vorsichtig; kollektive Schutzmaßnahmen und Gruppenrechte waren nur in der „äußeren" Dimension der EU
20 (also in der Beitrittsphase) teil des Anspruches. Im „inneren" Ansatz setzte man auf Anti-Diskriminierung und Individualrechte, dazu wurden auch Richtlinien (z. B. die Gleichbehandlungsrichtlinie) erlassen, die
25 auf dem gesamten Unionsgebiet Diskriminierung auf Grund von ethnischer Herkunft verbieten. [...] ein kollektiver Ansatz im In-

neren hätte keine Zustimmung von wichtigen Mitgliedsstaaten (z. B. Frankreich) gefunden, und die Nationalstaaten hätten eine 30 solche Einmischung in Themen nationaler Identität wohl kaum geduldet.
In der Thematik der Roma versucht die EU nun erstmals, diese verschiedenen Ansätze etwas zu vereinheitlichen; im speziellen 35 Fall einer transnationalen Minderheit soll auf europäischer Ebene zusammengearbeitet werden, um ein besseres Ergebnis zu erzielen. Es muss allerdings angemerkt werden, dass die EU zwar kollektive Maß- 40 nahmen für die Roma fordert, diese kollektiven Maßnahmen aber dennoch dem Ziel der Anti-Diskriminierung dienen sollen; es werden also „externer" und „interner" Ansatz zu einer Schutzstrategie zusammen 45 geführt. Nach der Decade of Roma Inclusion und der Einführung der EU-Roma-Gipfel wurde mit dem Rahmen ein Instrument geschaffen, welches nationale Strategien für alle Mitgliedsstaaten (bis auf Malta, 50 welches keine signifikante Roma-Population aufweist) fordert und eine gemeinsame Ausrichtung für diese Strategien vorgibt. Die EU gibt dabei nur gemeinsame Ziele vor und keine kollektive „europäische Strate- 55 gie"; die Ausarbeitung obliegt den Mitgliedsstaaten. Dies stellt einerseits sicher, dass jeder Staat für die spezifische Situation der Roma im Land passende Maßnahmen ergreifen kann; andererseits werden die 60 Roma, welche oft marginalisiert sind, so als konstituierender Teil des Staates gesehen, für den die nationale Ebene ebenfalls zuständig ist. So versucht man, der Gefahr einer reinen Sichtweise der Roma als „eu- 65 ropäisches Problem" entgegen zu wirken.

Katharina Crepaz, ‚Alte' und ‚neue' Minderheit, ‚alte' und ‚neue' Staaten – Roma Integration als Beispiel für transnationalen Minderheitenschutz", in: Karin Schnebel und Guido Schwellnus (eds.) Europäische Minderheiten im Dilemma zwischen Selbstbestimmung und Integration. Berlin: Springer 2014, S. 411-447

Info

Charta der Grundrechte der Europäischen Union

Artikel 21: Nichtdiskriminierung
(1) Diskriminierungen insbesondere wegen des Geschlechts, der Rasse, der Hautfarbe, der ethnischen oder sozialen Herkunft, der genetischen Merkmale, der Sprache, der Religion oder der Weltanschauung, der politischen oder sonstigen Anschauung, der Zugehörigkeit zu einer nationalen Minderheit, des Vermögens, der Geburt, einer Behinderung, des Alters oder der sexuellen Ausrichtung sind verboten.

(2) Unbeschadet besonderer Bestimmungen der Verträge ist in ihrem Anwendungsbereich jede Diskriminierung aus Gründen der Staatsangehörigkeit verboten.

Artikel 22: Vielfalt der Kulturen, Religionen und Sprachen
Die Union achtet die Vielfalt der Kulturen, Religionen und Sprachen.

Amtsblatt der Europäischen Union, www.europarl.europa.eu, 30.3.2010

Info

Freizügigkeit in der EU

Jeder EU-Bürger hat das Recht,
- in einem anderen EU-Land Arbeit zu suchen,
- dabei dieselbe Hilfestellung von den nationalen Arbeitsämtern zu erhalten wie Staatsangehörige des Aufnahmelandes,
- sich so lange im Aufnahmeland aufzuhalten, wie es für Arbeitssuche, Bewerbung und Einstellung erforderlich ist.

Arbeitssuchende dürfen nicht ausgewiesen werden, wenn sie nachweisen können, dass sie weiterhin und mit begründeter Aussicht auf Erfolg Arbeit suchen.

Personen, die in einem anderen EU-Land arbeiten, dürfen dort leben. Auch Arbeitssuchende sind berechtigt, sich zur Arbeitssuche in einem anderen Land aufzuhalten. Das Aufnahmeland kann von ihnen als „EU-Wanderarbeitnehmer" verlangen, sich bei der zuständigen Meldebehörde anzumelden. Andere rechtliche und verwaltungsrechtliche Formalitäten hängen von der Dauer des Aufenthalts ab – hier wird unterschieden zwischen Aufenthalten bis zu 3 Monaten Dauer, Aufenthalten von mehr als 3 Monaten Dauer und Daueraufenthalten.

http://ec.europa.eu, ©Europäische Union, 1995–2017, Für die Wiedereinreichung und Anpassung ist allein die C.C. Buchner Verlag GmbH & Co. KG verantwortlich

M 5 ● Nationale Strategie zur Integration der Roma – Deutschland 2015

Deutsche Sinti und Roma sind neben den Dänen, Friesen und Sorben vom deutschen Gesetzgeber als nationale Minderheit im Sinne des Rahmenübereinkommens des Europarats zum Schutz nationaler Minderhei-
5 ten anerkannt. Das in Deutschland im Jahr 1998 in Kraft getretene Abkommen verbietet jede Diskriminierung einer Person wegen ihrer Zugehörigkeit zu einer nationalen
10 Minderheit sowie eine Assimilierung gegen ihren Willen. Ferner verpflichtet es die Vertragsstaaten zum Schutz der Freiheitsrechte der nationalen Minderheiten. Die Angehörigen der nationalen Minderheit der deut-
15 schen Sinti und Roma haben alle Rechte und Pflichten deutscher Staatsangehöriger. Ausländische Roma genießen – anders als die deutschen Sinti und Roma, die als nat onale Minderheit eine Sonderstellung haben – keinen besonderen Status gegenüber 20 anderen Ausländern. Sofern sie ein Recht zum dauernden Inlandsaufenthalt besitzen, stehen ihnen - unabhängig von ihrer Ethnie - dieselben Integrationsprogramme wie anderen Ausländern offen. [...] In Deutschland 25 werden Projekte, Initiativen und Maßnahmen des Bundes, der Länder und der Kommunen grundsätzlich nicht exklusiv für Sinti und Roma angeboten, sondern sie richten sich an alle potenziellen Adressa- 30 ten. Dies bedeutet zugleich, dass alle Angebote stets auch von Sinti und Roma wahrgenommen werden können, da die Ethnie für die Maßnahmen keine Rolle spielt.

Bundesministerium des Innern, www.bmi.bund.de, 22.4.2016

M 6 ● Kann Förderung Stereotype verfestigen?

Der Zentralrat Deutscher Sinti und Roma begrüßte grundsätzlich den von der Europäischen Union vorgegebenen Rahmen für nationale Strategien zur Verbesserung der Lage
5 von Roma in Europa. Die Europäische Kommission wie das Europäische Parlament hielten fest, dass die Verantwortung für die jeweiligen nationalen Minderheiten der Sinti und Roma in Europa bei den Mitgliedsstaaten liegt und insbesondere die Umsetzung 10 jedweder Programme sich an den Voraussetzungen vor Ort zu orientieren hat. Gleichzeitig sieht der Zentralrat Deutscher Sinti und Roma in den Diskussionen und Dokumenten zur Politik auf der europäi- 15 schen und den nationalen Ebenen eine Ten-

denz, die bestehende Marginalisierung von - in einzelnen Mitgliedsstaaten großen - Teilen der Romabevölkerung als für die gesamte Minderheit geltendes Charakteristikum festzuschreiben. Damit wird die Wahrnehmung der Minderheit auf bestehende Stereotype reduziert. So können die Berichte der Europäischen Kommission mit ihrer Fokussierung auf die sozialen und wirtschaftlichen Probleme das Bild der Roma-Minderheiten als einer vorgeblich „europäischen sozialen Randgruppe" reproduzieren. Ebenso stigmatisierend sind die offen oder unterschwellig transportierten Stereotype, die auf eine angebliche „besondere Lebensweise und Kultur" von Sinti und Roma abheben, die wiederum Ursache für deren unzureichende Integration seien. In gleicher Weise können Fragen nach besonderen „patriarchalen Strukturen" wahrgenommen werden. Hier wirkt der gleiche Mechanismus, durch den der gesamten Minderheit aufgrund einer konstruierten „fremden Kultur" die Ursache für bestehende Benachteiligung zugeschrieben wird.

Diese Tendenz, die nationalen Minderheiten der Sinti und Roma in Europa sowohl als marginalisierte als auch als fremde Kultur zu beschreiben, wirkt in sich gegenseitig verstärkender Weise ausgrenzend und ist damit der Zielsetzung der Europäischen Union, die gleichberechtigte Teilhabe von Sinti und Roma zu gewährleisten und zu verbessern, entgegengesetzt. Jedes Programm muss diesem Zusammenhang Rechnung tragen und darf nicht zu einer neuen Form von Ausgrenzung und Segregation führen.

Der Zentralrat hält daher einen einheitlichen Beschluss in Wiederholung des EU-Papiers mit einem Titel wie „Strategie zur Verbesserung der Integration für Sinti und Roma" in Deutschland nicht für sachgerecht. Dies wäre nicht zielführend. Erforderlich sind deshalb nach wie vor differenzierte politische Vorgaben und Maßnahmen
– bezüglich der deutschen Sinti und Roma mit deutscher Staatsbürgerschaft zur effektiven Umsetzung des „Rahmenübereinkommens zum Schutz nationaler Minderheiten" mit konkreten Maßnahmen zur Anerkennung, Teilhabe und Förderung
– bezüglich der Flüchtlinge und Einwanderer mit angemessener Regelung der Statusfragen/Aufenthalts-, Einbürgerungsrechten, Förderungen im Bildungs-, Ausbildungsbereich, Arbeitsmöglichkeiten, sozialen Schutzmaßnahmen insbesondere bei Gesundheit und Wohnen.

Konkrete Maßnahmen für die Umsetzung des „Rahmenübereinkommens zum Schutz nationaler Minderheiten" betreffen die deutschen Sinti und Roma:

a) Maßnahmen für die Holocaust-Überlebenden [...]

b) Beteiligung der Minderheit in Politik und Gesellschaften
  - Beteiligung von Vertretern der Sinti und Roma in Rundfunkräten und Landesmedienanstalten [...]
  - Beteiligung von Vertretern der Sinti und Roma in politischen Gremien (in den verschiedenen Sachgebieten, Schulbuch-Kommissionen etc.) [...]

[...]

f) Förderung im Bildungsbereich
  - Am Beispiel der Sinti und Roma werden die Defizite des gegenwärtigen Schulsystems deutlich: die frühe und hohe Selektion, die Bildungskarrieren frühzeitig festlegt und weiterführende Schulabschlüsse oft verhindert. [...]
  - gezielte Angebote für den Besuch von Kindergärten und Vorschulen [...]

g) Für Flüchtlinge aus dem ehemaligen Jugoslawien und insbesondere dem Kosovo
  - gesicherten Aufenthaltstitel insbesondere für Familien mit Kindern, für Menschen mit Traumatisierungen oder chronischen Krankheiten sowie für ältere Menschen [...]

h) Roma, die aus EU-Staaten oder Drittstaaten nach Deutschland migrieren.
  - Hier ist in besonderem Maße darauf zu achten, die bestehende Situation so zu beschreiben, dass keine Ethnisierung der Migrationsursachen erfolgt.

www.zentralrat.sintiundroma.de, Dezember 2011

M 7 ● Arm oder fremd? Warum Minderheitenpolitik gegen das Elend der Roma nicht hilft

Roma sind ein „Volk", eine ethnische Gruppe. Aber sie sind es nicht nur. In der Realität und auch im Begriff, den wir und sie sich davon machen, sind sie zugleich eine sozi-
5 ale Gruppe, eine Schicht. In der Geschichte der vergangenen 250 Jahre waren beide Aspekte immer präsent. [...]
Wir begreifen Roma als Volk und wenden gegen ihre Misere alle Mittel der Volksgrup-
10 penpolitik an: Anerkennung als nationale Minderheit, Unterstützung von Selbstorganisation und Selbstvertretung, Ächtung von Diskriminierung. Dass Roma zugleich aber fast immer arm oder unmittelbar der Armut
15 entkommen sind, bleibt dabei außer Acht. Minderheitenpolitik hilft nicht gegen Armut. [...]
Quoten an Universitäten – wie es sie etwa in Mazedonien gibt – nützen einer kleinen
20 Gruppe assimilierter Roma, deren Eltern sich oft schon gar nicht mehr als solche verstanden haben. Armut ist in dieser Logik kein Argument. Wenn wir sie überhaupt zur Kenntnis nehmen, dann deuten wir sie als
25 Folge der ethnischen Diskriminierung.
Die Ambivalenz zwischen ethnischer und sozialer Gruppe begleitet die Roma durch die Geschichte. In Rumänien, dem Herkunftsland der meisten Balkan-Roma und
30 vieler Armutszuwanderer von heute, war „Zigeuner" bis um die Mitte des 19. Jahrhunderts einfach [ein] Rechtsstatus, den nicht wenige rumänische Leibeigene freiwillig wählten. Bis ins 20. Jahrhundert
35 wurden Roma nur von einer gebildeten, romantisch gestimmten Minderheit als „Volk" betrachtet und in ihrer „Eigenart" entsprechend respektiert. Die Mehrheit nahm sie einfach als diebisches, nichtsnut-
40 ziges, umherziehendes Gesindel wahr. Die Nazis führten mit der Internierung, Deportation und Vernichtung der „Zigeuner" beide Sichtweisen auf perfide Weise zusammen. Und die deutsche Gerichtsbarkeit tat
45 sich nach dem Krieg lange schwer, beides wieder aufzudröseln. Erst um 1970 setzte sich die ethnische Sicht ganz und gar durch. Gegenüber der Zeit zuvor war das ein Fortschritt.
50 Spätestens seit der Zeitenwende von 1990 aber wirkt sich die Vereinfachung negativ aus. Mit den Mitteln der Minderheitenpolitik kann man Armut eben nicht bekämpfen. Selbstorganisation und Selbstvertretung
55 oder gar die geplante Herausbildung einer so genannten Roma-Elite helfen nicht. Es kann manchmal sogar schaden. Wenn die Roma ein Volk sein wollen, liest man neuerdings in den Chaträumen, dann sollen sie ihre Verhältnisse gefälligst untereinander
60 regeln. Niemand käme auf die Idee, die Hartz-IV-Empfänger eine Vertretung bestimmen und ihre Verhältnisse untereinander regeln zu lassen.

Norbert Mappes-Niediek, www.badische-zeitung.de, 21.9.2013

Aufgaben

1 Stellen Sie die politischen Maßnahmen der EU und der Bundesrepublik zusammen, die zur Integration der Roma beitragen sollen, und untersuchen Sie deren Wirkungsmechanismus. (M 4 – M 5, Info)

2 a) Zeichnen Sie die Kritik des Zentralrats der Sinti und Roma an der Förderstrategie der EU nach. (M 6)

   b) Erörtern Sie, welche Konsequenzen diese Kritik auf Maßnahmen der Minderheitenpolitik haben könnte.

3 Diskutieren Sie, inwieweit die in M 6 und M 7 geforderten oder kritisierten Maßnahmen geeignet sind, den verschiedenen Problemen (M 1 – M 3) zu begegnen.

Kollektive Identität
Kap. 8.1 - M 1 – M 3

„Kollektive Identität" bezeichnet die **Selbst-Definition** von Personengruppen, die sich als zusammengehörig wahrnehmen. Ein gewisser Grad an Identifikation mit einem politischen Gemeinwesen gilt als hilfreich, um solidarisches Handeln innerhalb des Gemeinwesens zu motivieren und demokratisch herbeigeführte Entscheidungen als legitim zu akzeptieren.

Europäische Identität
Kap. 8.1 - M 4 – M 6

Die Bürger der Europäischen Union identifizieren sich in unterschiedlichem Maße mit ihrer Region, ihrem Staat und der EU: In allen Mitgliedsländern ist die **Identifikation mit dem jeweiligen Staat größer ausgeprägt als mit der EU**, in den meisten Ländern übersteigt das nationale Zugehörigkeitsgefühl auch das regionale. In allen 28 Mitgliedstaaten ist die Verbundenheit mit „Europa" größer als die Verbundenheit mit der „Europäischen Union".
Die EU ist bemüht, durch strukturelle Reformen ihre **Transparenz** und **Bürgernähe** zu verbessern und durch die Verwendung gemeinsamer Symbole **Identifikationsangebote** zu machen.

Minderheitenpolitik
Kap. 8.2 - M 4 – M 6

In den Staaten der Europäischen Union gibt es ca. 300 ethnische oder sprachliche Minderheiten. Minderheitenpolitik zielt darauf, den Angehörigen dieser Gruppen sowohl **Teilhabe an der Gesamtgesellschaft** wie auch die **Pflege ihrer spezifischen Gruppenidentität** zu ermöglichen.
Auf EU-Ebene geschieht dies hauptsächlich durch Sicherung von **Individualrechten** (z. B. Diskriminierungsverboten), in den einzelnen EU-Staaten teils darüber hinaus auch durch den Minderheiten gewährte **Kollektivrechte** (z. B. Recht auf eigene Schulen oder auf Gründung eigener Parteien).

Roma in Europa
Kap. 8.2 - M 1 – M 3, M 7

„Roma" bezeichnet eine Bevölkerungsgruppe, die innerhalb der EU ca. neun Millionen Angehörige umfasst und als „transnationale Minderheit" in vielen Staaten der EU sowohl als „alte" (d.h. seit langer Zeit ansässige) als auch „neue" (durch Migration seit der EU-Osterweiterung bedingte) Minderheit vertreten ist.
Die Lebensbedingungen der Roma unterscheiden sich vielfach von denen der Allgemeinbevölkerung in Bezug auf **Armutsgefährdung**, **Bildungsbeteiligung**, **Beschäftigungsquote**, **Wohnsituation** und **Diskriminierungserfahrungen**.

KOMPETENZEN ANWENDEN

Die EU – ein Elitenprojekt ohne Bürger?

Der Freitag: Herr Anheier, wo liegt Europas Problem?

Helmut Anheier: Wir haben es nicht geschafft, ein pan-europäisches Bewusstsein

5 zu schaffen. Europas Eliten sind zusammengekommen, auch die der Zivilgesellschaft. [...] Doch was fehlt, ist eine wirkliche Vernetzung von unten.

Sollen nicht Programme wie Erasmus für
10 **Studierende oder Städtepartnerschaften gerade das schaffen?**

Ja, aber was diese Programme eint, ist ihre Ausrichtung auf die Mittelklasse. Städtepartnerschaften zum Beispiel: Viele davon

15 wurden Anfang der 1970er gegründet. Bis heute treffen sich dort immer wieder dieselben Personen und Zirkel. Man wird gemeinsam alt, vielleicht kennen sich die Kinder noch. Die Frage ist: Wie kann man da

20 neues Leben reinbringen? [...]

Von der EU finanziert und gesteuert wird das Erasmus-Programm, mit dem Studierende einige Semester im europäischen Ausland verbringen können.

25 Ja, da gilt dasselbe. [...] Für Erasmus bewerben sich vor allem Vertreter der oberen Mittelschicht. Da setzt sich die Zugangshürde fort, denn wenn jemand aus einem sozial schwächeren Hintergrund an die Universi-

30 tät kommt, dann braucht der viel mehr Studienberatungsangebote und Begleitung. Erasmus gilt zwar als ein Instrument, die Jugend Europas zusammenzubringen. De facto erreicht es aber nur einen bestimmten

35 Teil dieser Jugend.

Europas Jugend kommt aber trotzdem zusammen. Zum Beispiel: Die Occupy-Bewegung, da campieren und demonstrieren

junge Spanier, Franzosen und Belgier zusammen [...].

40 [...] Bisher äußert sich das nicht in einer Botschaft, was die Bewegung will. Trotzdem sehe ich da den Beginn einer neuen Diskussion über Gerechtigkeit, die Grenzen überschreitet. [...]

45 [Seit 2012] **können die Europäer immerhin staatenübergreifende Bürgerinitiativen starten.**

Sicher erleichtert so etwas zivilgesellschaftlichen Gruppen, sich über Grenzen hinweg

50 zu organisieren, zu finanzieren, aktiv zu werden. Doch wirklich auf Europa ausrichten werden sich die Bürger nur, wenn die europäischen Institutionen, insbesondere das Parlament, wichtiger werden.

55 **Aber schon jetzt gibt es doch Themen mit klarer europäischer Dimension [...]. Haben Sie einen Vorschlag?**

Den Umgang mit dem demografischen Wandel mit einer richtigen Beschäftigungs-

60 politik zu verbinden, das wäre was: Beides ist inhaltlich eng miteinander verknüpft, und man kann gute Vorschläge machen, wenn man Europa insgesamt ins Blickfeld nimmt. Fachkräftemangel am einen, Über-

65 alterung am anderen Ort und gleichzeitig hohe Arbeitslosigkeit wie etwa in Spanien. Oder Umwelt- und Energiepolitik, da können wir den zivilgesellschaftlichen Aktionsgeist auf europäischer Ebene mit den

70 infrastrukturellen Aufgaben verknüpfen, um etwas Positives zu schaffen.

Interview: Sebastian Puschner, Der Freitag, 8.12.2011

Helmut K. Anheier ist Soziologe und Dekan der Hertie School of Governance in Berlin.

Aufgaben

1 Geben Sie Anheiers Position zum Verhältnis zwischen der EU und ihren Bürgern wieder.

2 Setzen Sie Anheiers Argumentation zum Hineinwirken des europäischen Integrationsprozesses in unseren Lebensalltag in Beziehung.

3 Entwickeln Sie eine begründete Gegenposition zu Anheiers Einschätzung, die Sie in Form eines Leserbriefes an den „Freitag" präsentieren.

Deutscher Grenzschützer bei der gemeinsamen europäischen Grenz- und Küstensicherungsagentur Frontex

Deutscher Soldatenausbilder bei der von der UNO mandatierten, multinationalen Ausbildungsmission der EU im westafrikanischen Staat Mali (EUTM Mali)

Mit der voranschreitenden Vertiefung der Europäischen Union, also des am weitesten entwickelten Staatenbundes überhaupt, wird immer wieder die Frage aufgeworfen, ob nicht auch die Außen- und Sicherheitspolitik der Gemeinschaft (GASP) supra-national geregelt werden sollte. Bisher scheuen sich die Mitgliedsländer noch, das Recht, über eigene Armeen u. ä. zu verfügen, weiter zu vergemeinschaften. Insofern ist die Gemein-same Außen- und Sicherheitspolitik der EU bisher trotz kleine-rer gemeinsamer „Battlegroups" ein ganz überwiegend inter-gouvernemental geregeltes Politikfeld.

Verhält sich die EU humanitär und intern solidarisch bei sie un-mittelbar von außen betreffenden Krisen wie dem Zuzug Flüch-tender vor allem in den Jahren seit 2014? Was tut die Gemein-schaft außen- und sicherheitspolitisch, um die Problematik der starken Flüchtlingsbewegungen zu beherrschen? Diese Fragen können Sie sich mithilfe von Kapitel 9.1 beantworten.

Und wie reagiert die Europäische Union dann auf für sie (auch militärisch) relevante Krisen wie die in der Ukraine seit 2014? Spricht sie dort mit einer Stimme oder setzen sich nationale Interessen durch? (Wie) Kann sich die Union in anderen sie umgebenden Konflikten (Kosovo, Afghanistan, Libyen, Syrien...) konstruktiv und durchsetzungsstark einbringen? Und was müsste geschehen, damit die GASP der EU (noch) schlagkräfti-ger wird? Antworten auf diese Fragen nähern Sie sich in Kapitel 9.2.

KOMPETENZEN

Am Ende dieses Kapitels sollten Sie Folgendes wissen und können:

... zentrale außen- und sicherheitspolitische Herausforderungen für die Europäische Union und deren Reaktion darauf darstellen (insbesondere Gemeinsame Außen- und Sicherheitspolitik, Europä-ische Sicherheitsstrategie).

... Probleme analysieren, die sich aus der Intergouverne-mentalität der GASP und den zukünftigen Bedrohun-gen für die EU ergeben.

... bisherige außen- und sicherheitspolitische Strategien und Entschei-dungen der EU bewerten.

... die GASP auf ihre Reform-fähigkeit hin überprüfen.

Was wissen und können Sie schon?

1 Setzen Sie die Fotografien mit Ihnen bekannten sicherheitspoliti-schen Herausforderungen in Beziehung.

2 Skizzieren Sie die mögliche Rolle der Europäischen Union innerhalb dieser Herausforderungen.

9.1   Weltoffenes Europa? – Die Asyl- und Migrationspolitik der Europäischen Union

Basiskonzepte	Kategorien	Leitfragen
Prozesse und Handeln	Politische Gestaltung und Legitimation	· Wie ist die EU-Asyl- und Flüchtlingspolitik rechtlich und faktisch ausgestaltet?
Wandel	Alternativen	· Welche (sinnvollen) Alternativen existieren zur bisherigen EU-Asyl- und Flüchtlingspolitik?

9.1.1   Warum EU? Gründe für die Migrationsbewegung nach Europa

M 1 ● Flüchtende mit Ziel EU in Bildern

Tote und vermisste Flüchtlinge im Mittelmeer

Die Flucht übers Mittelmeer hat seit 2014 Zehntausende Menschen das Leben gekostet.

	2014	2015	2016
Jan	12	370	82
Feb	36	425	427
Mar	46	488	749
Apr	96	1635	1379
May	425	1730	2512
Jun	743	1740	2901
Jul	1607	1970	3127
Aug	2223	2656	3180
Sep	3036	2924	3548
Oct	3162	3356	3981
Nov	3184	3497	4699
Dec	3297	3673	5083

Zahlen nach: www.zeit.de, 15.2.2017

Flüchtlinge an der Grenze zwischen Mazedonien und Serbien, 27.1.2016

Rund 500 Bootsflüchtlinge konnten im Mittelmeer zwischen Italien und Libyen von der italienischen Küstenwache gerettet werden. Das Boot war dabei zu kentern, sieben Flüchtlinge konnten nur noch tot geborgen werden, 25.5.2016

M 2 ● Ein Bericht von Flüchtlingen

„Was sich die Syrer untereinander antun, ist grauenvoll. Jedesmal wenn wir in Syrien anrufen, ist wieder jemand tot, den wir kennen. Wir glauben nicht, dass wir bald zu-
5 rück können. Wir sind geflohen, weil ich Reservist der Armee bin – aber ich will nicht kämpfen. [...]
Wir sind von Libyen mit dem Boot gekommen. Es war schrecklich, ein Holzboot mit
10 300 Menschen, so wie man sich das vorstellt: Wir haben 4.000 Dollar für die Überfahrt bezahlt, aber die Libyer haben gesehen, dass wir noch Geld dabeihaben. Auf hoher See haben sie uns ausgeraubt: Han-
15 dys, Geld, Pässe. Wir haben gebettelt: Bitte lasst uns wenigstens unsere Pässe! Aber die Männer haben nur gelacht: Das ist doch das Wertvollste! Es scheint ein blühendes Geschäft zu sein, Pässe zu verkaufen. Sie ha-
20 ben auch die Schwarzafrikaner auf dem Boot schrecklich misshandelt. Wir Syrer scheinen in der Hierarchie noch weiter oben zu stehen, uns haben sie immerhin nicht geschlagen. Die armen Schwarzafrikaner haben furchtbar geschrien. Unsere Kinder haben alles mitbekommen, jetzt wachen sie nachts auf und weinen. Besonders Abdul ist von der Flucht traumatisiert. Er wünscht sich ein Polizeiauto zum Spielen. Wir würden es ihm gern schenken, damit er 35 sieht: Wir sind jetzt in Sicherheit, hier passt die Polizei auf!"

Protokoll: Max Fellmann und Kerstin Greiner, Süddeutsche Zeitung Magazin 50/2014

Vor allem im Jahr 2015 flohen sehr viele Syrer vor dem Bürgerkrieg und unter schwierigsten Bedingungen nach Deutschland. Diese Familie kommt im Grenzdurchgangslager Friedland bei Göttingen an.

M 3 ● Auf welchem Weg kommen wie viele Flüchtende?

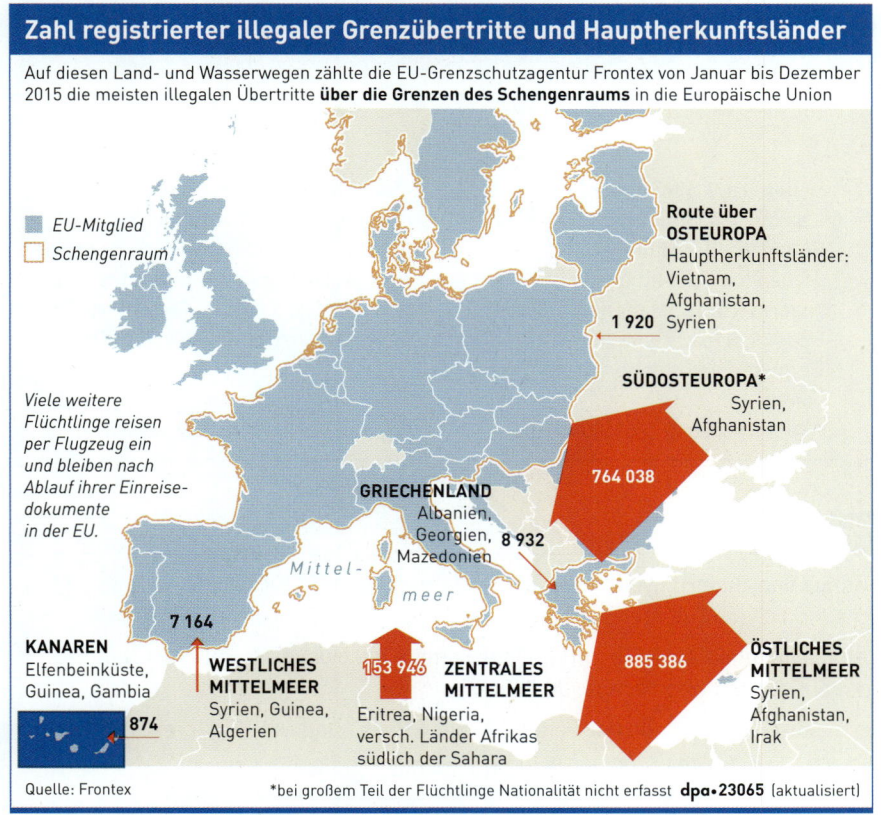

Zahl registrierter illegaler Grenzübertritte und Hauptherkunftsländer

Auf diesen Land- und Wasserwegen zählte die EU-Grenzschutzagentur Frontex von Januar bis Dezember 2015 die meisten illegalen Übertritte **über die Grenzen des Schengenraums** in die Europäische Union

■ EU-Mitglied
□ Schengenraum

Viele weitere Flüchtlinge reisen per Flugzeug ein und bleiben nach Ablauf ihrer Einreisedokumente in der EU.

Route über OSTEUROPA
Hauptherkunftsländer:
Vietnam,
Afghanistan,
1 920 Syrien

SÜDOSTEUROPA*
Syrien, Afghanistan
764 038

GRIECHENLAND
Albanien, Georgien, Mazedonien
8 932

Mittel- meer

KANAREN
Elfenbeinküste, Guinea, Gambia
874

7 164
WESTLICHES MITTELMEER
Syrien, Guinea, Algerien

153 946
ZENTRALES MITTELMEER
Eritrea, Nigeria, versch. Länder Afrikas südlich der Sahara

885 386
ÖSTLICHES MITTELMEER
Syrien, Afghanistan, Irak

Quelle: Frontex   *bei großem Teil der Flüchtlinge Nationalität nicht erfasst **dpa●23065** (aktualisiert)

M 4 ● Fluchtursachen – Push- und Pull-Faktoren

Asylbewerber/innen in der EU 2015

Alter	Prozent
0-13	18
14-17	10
18-34	55
35-64	16
65 und älter	1

Status der Minderjährigen	Prozent
begleitet	77
unbegleitet	23

Eurostat, ©Europäische Union, http://ec.europa.eu/eurostat/documents/2995521/7203837/3-04032016-AP-D E.pdf/afcd72 ad-c249-4f85-8cbd-e9fc2614af16

Abwanderungs- bzw. Push-Faktoren aus den Herkunftsländern		Anziehungs- bzw. Pull-Faktoren der Zielländer
Bevölkerungswachstum, junge Altersstruktur Mangelnde Bildungs- und Gesundheitsvorsorge, fehlende soziale Sicherung	1. Demografische Faktoren und soziale Infrastruktur ← →	Bevölkerungsstagnation, -schrumpfung, demografische Alterung Wohlfahrtsstaatliche Leistungen, gute Bildungs- und Gesundheitsversorgung, soziale Sicherung
Arbeitslosigkeit, Niedriglöhne Armut, niedriger Lebensstandard	2. Wirtschafts- und arbeitsmarktrelevante ← Faktoren →	Arbeitskräftemangel, hohe Löhne Wohlstand, hoher Konsum- und Lebensstandard
Diktatur, schlechte Regierungsführung Krieg, Völkermord, staatliche Überwachung, Folter, Verfolgung, Enteignung, Terrorismus, Minderheitsunterdrückung	3. Politische Faktoren ← →	Demokratie, Rechtsstaatlichkeit, Pluralismus, politische Stabilität Frieden, Sicherheit, Garantie der Menschen- und Bürgerrechte, Minderheitenschutz
Umweltkatastrophen, Wüstenbildung, Ressourcenmangel, Wasserknappheit, Bodenerosion, fehlende Umweltpolitik	4. Umweltbezogene Faktoren →	Intaktere Umwelt, Ressourcen- und Umweltschutzmaßnahmen
Familien-, Clan-Entscheidungen Informationsflüsse, Medien, übermitteltes Bild vom Zielland	5. Migrationsströme und -bestände ←	Ethnische Community, historische koloniale Bindungen Informationsflüsse, Medien, übermitteltes Bild vom Zielland

Susanne Schmid, Vor den Toren Europas? Das Potenzial der Migration aus Afrika (hg. vom Bundesamt für Migration und Flüchtlinge), Nürnberg 2010, S. 31

Info

Flüchtlinge weltweit in Zahlen

Ca. 65,3 Millionen Menschen (Stand: Ende 2015), davon 50 % Kinder; pro Tag mussten 2015 ca. 34.000 Menschen fliehen.
Ca. 62,4 % der Flüchtenden sind Binnenflüchtlinge (Flucht innerhalb des Herkunftslands/der Herkunftsregion), vor allem in:
· Kolumbien (ca. 6,9 Millionen)

· Syrien (ca. 6,6 Millionen)
· Irak (ca. 4,4 Millionen)
· Sudan (ca. 3,2 Millionen)
· Jemen (ca. 2,5 Millionen)
· Nigeria (ca. 2,2 Millionen)
· Südsudan (ca. 1,8 Millionen)
· Demokr. Republik Kongo (ca. 1,6 Millionen)
· Afghanistan (ca. 1,2 Millionen)

· Somalia (ca. 1,1 Millionen)
· Pakistan (ca. 1,1 Millionen)
Knapp 90% der Flüchtenden befinden sich in wirtschaftlich unterentwickelten, ca. 25% sogar in den am wenigsten entwickelten Ländern der Erde.

Nach: UNHCR (Hg.), Global Trends. Forced Displacement in 2015. Genf 2016, S. 2f.

Aufgaben

① Arbeiten Sie den Bildern hypothesenartig Gefahren auf der Flucht nach Europa und mögliche Motive der Flüchtenden heraus. (M 1)

② Arbeiten Sie die ungefähre Fluchtroute der Familie A. sowie die möglichen Hauptgefahren auf diesem Weg heraus. (M 2, M 3)

③ Ordnen Sie die Fluchtgründe der Familie A. nach Push- und Pull-Faktoren. (M 1, M 4)

④ Erläutern Sie individuelle und gesellschaftliche Fluchtfolgen. (M 4)

Ⓗ zu Aufgabe 4
Beachten Sie mögliche Folgen für die Herkunfts- und die Zielländer der Flüchtenden.

9.1.2 Jeder für sich?! Uneiniges Europa in der „Flüchtlingskrise"

M 5 ● **Angela Merkel zur Verteilung von Flüchtlingen in der EU**

„Weder Griechenland noch Italien können alle Flüchtlinge aufnehmen. Es braucht eine veränderte Asylpolitik. Schweden und Deutschland sind sich einig, dass man verbindliche Quoten braucht. Jedoch ist man davon bisher weit entfernt. Es muss sich etwas ändern."

Aussage auf einer Pressekonferenz zusammen mit dem schwedischen Regierungschef Stefan Löfven am 17.12.2015 anlässlich eines „kleinen Flüchtlingsgipfels", zitiert nach: www.athina984.gr

Asylanträge in Deutschland und Schweden

	Deutschland	Schweden	EU
2014	172.945 (2,13)	74.980 (7,68)	562.680 (1,11)
2015	441.800 (5,44)	156.110 (16)	1.255.640 (2,47)
2016	722.370 (8,89)*	20.170 (2,01) (02/16 – 02/17)	

Erstanträge auf Asyl pro Jahr (und pro Tausend Einwohner)

* 2015 kamen mehr Flüchtlinge nach Deutschland als 2016. Wegen der hohen Zahl konnten aber viele davon ihren Asylantrag erst 2016 stellen.

http://ec.europa.eu, ©Europäische Union, 1995–2017, Für die Wiedereinreichung und Anpassung ist allein die C.C. Buchner Verlag GmbH & Co. KG verantwortlich.

Info

Asylrecht in der Europäischen Union

Der Aufenthaltsstatus von Flüchtlingen wird mit unterschiedlichen Begriffen ausgedrückt: **Asylberechtigt** ist jede/r in ihrem/seinem Heimatland politisch Verfolgte. Darunter wird nicht nur politische Verfolgung im engeren Sinne verstanden, sondern auch (massive) Verfolgung aufgrund der Zugehörigkeit zu einer bestimmten Ethnie, Religionsgemeinschaft oder einem Geschlecht.

Asyl muss solange gewährt werden, bis der/die Asylsuchende in seinem/ihrem Heimatland wieder sicher ist. Einen Asylantrag darf jede Person stellen; jedes Land, das den Vereinten Nationen angehört, ist verpflichtet, diesen Antrag gewissenhaft zu prüfen und ggf. Asyl zu gewähren. Nach dem sog. **Dubliner Übereinkommen**, muss der EU-Staat, den der/die Asylsuchende zuerst betreten hat, das gesamte Verfahren durchführen. Allerdings bestehen in den Staaten der EU faktisch sehr unterschiedliche Kriterien der Asylgewährung.

Daneben gibt es Personen, die sich in einem fremden Land aufhalten, deren Bleiben aber „geduldet" wird. Die **Duldung** ist kein „Aufenthaltstitel", sondern nur eine vorübergehende Aussetzung der Abschiebung. Sie kann sehr schnell entzogen werden und wird von der Verwaltung meist nur für kurze Zeiträume gewährt (z.B. bei Kriegszuständen im Herkunftsland). Geduldeten wird i. d. R. keine Arbeitserlaubnis ausgestellt und sie sind nicht sozialversichert.

Alle anderen Flüchtenden gelten als **„illegale" Migranten**. Sie werden i.d.R. in ihr Herkunftsland oder einen sog. „sicheren Drittstaat" abgeschoben, den sie bei ihrer Herkunft passiert haben. Eine Ausnahme besteht: „Niemand darf in einen Staat abgeschoben oder ausgewiesen […] werden, in dem für sie oder ihn das ernsthafte Risiko der Todesstrafe, der Folter oder einer anderen unmenschlichen oder erniedrigenden Strafe oder Behandlung besteht." (Art. 19 (2), Charta der Grundrechte der Europäischen Union). *Autorentext*

Schengener Abkommen

Seit 1995 umgesetzte Übereinkunft vieler EU-Staaten, keine Personenkontrollen an den EU-Binnengrenzen mehr vorzunehmen, um den freien Binnenmarkt zu verwirklichen. Überwachung der Außengrenzen nach einheitlichen Standards; einheitliche Einreise- und Aufenthaltsbestimmungen.

M 6 ● Vorschlag für eine EU-Verteilungsquote Geflüchteter

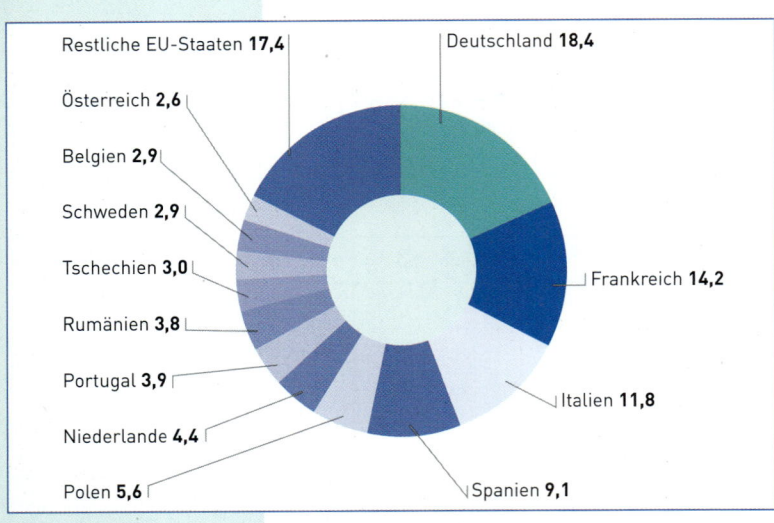

Restliche EU-Staaten **17,4** — Deutschland **18,4**
Österreich **2,6**
Belgien **2,9**
Schweden **2,9**
Tschechien **3,0**
Rumänien **3,8**
Portugal **3,9**
Niederlande **4,4**
Polen **5,6**
Frankreich **14,2**
Italien **11,8**
Spanien **9,1**

www.tagesschau.de, 26.6.2015

Im Jahr 2015 schlug die EU-Kommission [...] einen Verteilungsschlüssel für Asylbewerber in der Europäischen Union vor, der aber am Widerstand v. a. mittelost- und südosteuropäischer Mitglieder aber auch Spaniens und Frankreichs scheiterte. Demnach sollte sich die Aufnahmequote eines Staates berechnen aus dessen Einwohnerzahl (40%), dessen Wirtschaftsleistung (40%), seiner Arbeitslosenquote (10%) sowie der Zahl der bisher dort befindlichen Asylbewerber (10%). Demnach wäre es 2015 zu folgender prozentualer Verteilung gekommen (Großbritannien, Irland und Dänemark sind aufgrund älterer Sonderregelungen ausgenommen). 15

Wieder eingeführte Grenzkontrolle

Viele EU-Staaten hatten 2015 im Zuge der starken Flüchtlingsbewegung von Griechenland nach Mitteleuropa wieder Grenzkontrollen eingeführt und teilweise Grenzzäune errichtet.

M 7 ● Flüchtlinge wieder zurück an die EU-Außengrenzen?

Von Frühjahr [2017] an sollen Flüchtlinge, die über Griechenland die Europäische Union erreicht haben, wieder dorthin zurückgeschickt werden können. [...] Damit würde die EU zum sogenannten Dublin-Verfahren zurückkehren. Danach müssen Asylbewerber von jenem Staat registriert und versorgt werden, in dem sie erstmals EU-Boden betreten haben. Weil Griechenland allerdings [auch im Kontext seiner Staatsschulden- und Wirtschaftskrise] mit der enormen Zahl von Flüchtlingen überfordert war, hatten die anderen EU-Mitglieder Anfang 2011 beschlossen, bis auf Weiteres keine Asylbewerber mehr dorthin abzuschieben. Ab dem 15. März 2017 soll laut Kommission Schluss sein mit der besonderen Rücksichtnahme. „Verletzliche" und minderjährige Asylbewerber sollten von der Rücksendung jedoch weiter ausgenommen bleiben [...]. Auch soll die Regelung [...] nur für jene Asylbewerber, die nach dem 15. März nach Griechenland kommen. [...] Die Situation in Griechenland habe sich seit 2011 stark verbessert und werde sich bis März voraussichtlich weiter entspannen [...]. Außerdem setzt man darauf, dass die Aussicht auf Rücksendung Asylbewerber davon abhält, auf eigene Faust in andere Staaten weiterzuziehen. Wichtig sei die Maßnahme zudem für die geplante Reform des Dublin-Systems und für die Rückkehr zu einem normalen Funktionieren des Schengen-Raums, innerhalb dessen Reisefreiheit ohne Grenzkontrollen gilt.

Markus Becker, www.spiegel.de, 8.12.2016

ⓕ zu Aufgabe 2
★ Untersuchen Sie, für welche der Integrationstheorien der Europäischen Union der derzeitige Stand der Asyl- und Flüchtlingspolitik spricht.
→ **Integrationstheorien** vgl. Kap. 7.4

Aufgaben

1 Erklären Sie das Zitat Angela Merkels. Berücksichtigen Sie dabei das Asylrecht in der EU, den Vorschlag der EU-Kommission sowie Merkels mögliche innenpolitische Motive. (M 5, M 6, Info)

2 Erläutern Sie, warum der Vorschlag der EU-Kommission einer Verteilungsquote gescheitert ist. (M 6, Info)

3 Beurteilen Sie das Scheitern der Verteilungsquote für Geflüchtete. (M 6, M 7)

9.1.3 (Wie) Kann und sollte die EU Migration begegnen?

M 8 ● EU-Grenzpolitik in der Karikatur

Karikatur: Burkhard Mohr, Baaske Cartoon, Müllheim, 2011

Hauptaufnahme-länder von Flüch-tenden weltweit

· Türkei (ca. 2.5 Mio.)
· Pakistan (ca. 1,6 Mio.)
· Libanon (ca. 1,1 Mio.)
· Iran (ca. 979.000)
· Äthiopien (ca. 736.000)
· Jordanien (ca. 664.000)
(Stand: Ende 2015)

Nach: UNHCR (Hg.), Global Trends. Forced Displacement in 2015. Genf 2016, S. 3

M 9 ● (Neue) EU-Maßnahmen zur „Grenzsicherung"

„Hot-Spots":
An elf der Hauptgrenzübertritts-stellen an EU-Außenseegrenzen (6 in Italien, 5 in Griechenland) sollen Registrierungs- und Rückweisezentren für alle dort-hin Geflüchteten eingerichtet werden. Weiterverteilt werden sollen solche mit „guter Schutz-perspektive" (EU-weite Asyl-An-erkennungsquote von 75% oder mehr), alle anderen sollen abge-schoben werden.

Grenzschützer:
Bis zu 2.100 zusätzliche Grenzschützer, die von der – finanziell dann stark aus-geweiteten – umstrittenen EU-Grenzschutzagentur FRONTEX koordiniert wer-den, sollen auch ohne Zu-stimmung des jeweiligen Einsatzlandes Grenzen ef-fektiv und schnell schlie-ßen können.

Verhinderung von „Schleuserkriminalität":
Abschiebung aller „irregulärer" Flüchtender aus der Türkei dorthin zurück; für jeden abgeschobenen Syrer darf ein Syrer regulär in die EU einreisen; vor der nordafrikanischen (v. a. libyschen) Küste – jedoch außerhalb nationaler Hoheitsgewässer – sollen mit mehreren Kriegsschiffen Schleuserboote identifiziert und zur Umkehr gezwungen oder sogar zerstört werden.

Aufstockung der Finanzhilfe:
Die EU sagt dem Welternährungsprogramm und dem UN-Flüchtlingshilfswerk (UNHCR) eine Milliarde Euro zu, um Versorgung in Flüchtlingslagern in den syrischen Nachbarstaaten (insb. Libanon, Jordanien) zu sichern; zusätzlich wird ein Treuhandfonds (1,8 Mrd. Euro) zur Bekämpfung der Fluchtursachen in Afrika aufgelegt.

Autorentext

M 10 ● Der Flüchtlingsdeal mit der Türkei

Flüchtlings-abkommen EU – Türkei

Abkommen, wonach die Türkei ab März 2016 von der Türkei aus in die EU einreisende Flüchtende zurücknimmt; dafür nimmt die EU bis zu 72.000 syrische Flüchtlinge aus der Türkei auf und zahlt an die Türkei zur Versorgung Geflüchteter bis 2018 sechs Milliarden Euro; zudem soll es an Bedingungen geknüpfte Visa-Erleichterungen für Türken in die EU geben.

Autorentext

„Wenn Sie noch weitergehen, werden die Grenzen geöffnet, merken Sie sich das" – so hatte der türkische Präsident Recep Tayyip Erdogan auf die Empfehlung des EU-Parla-
5 ments zur Aussetzung der Beitrittsgespräche mit seinem Land reagiert. Es ist die Drohung, die Flüchtlinge wieder nach Europa reisen und das entsprechende Abkommen mit der EU scheitern zu lassen. [...]
10 Manfred Weber, CSU-Vize und Chef der konservativen EVP-Fraktion im Europäischen Parlament, sagte [...], auch die türkische Regierung profitiere von der Zusammenarbeit mit Europa, „letztlich ist Europa
15 vor allem aus wirtschaftlichen Gründen der stärkere Partner und für die Türkei extrem wichtig". [...]
[Aber anders] als von der EU erhofft, hat sich die Lage der meisten Flüchtlinge, die
20 in der Türkei leben, nicht verbessert. Für viele ist sie seit dem gescheiterten Militärputsch im Juli [2016] noch schlechter geworden. Der Tourismus ist eingebrochen, die Wirtschaft stagniert. Für Syrer sei es in

der Türkei so gut wie unmöglich, Arbeit zu 25 finden [...].
Es gibt nicht nur das Szenario, dass die Türkei den Flüchtlingsdeal im großen Stile platzen lässt. Denkbar wäre stattdessen, dass Ankara die Kontrollen an den türki- 30 schen Küsten lediglich reduziert. Laschere Kontrollen könnten sich rasch herumsprechen. Stiegen dann die Flüchtlingszahlen an, wäre die Ursache eines solchen Anstiegs im Zweifel für die EU-Partner schwierig zu 35 beweisen.
Schon solch kurzfristig höhere Flüchtlingszahlen können dramatische Folgen haben. Auf den griechischen Inseln kommen sie bereits jetzt kaum mehr zurecht mit der Last 40 der Flüchtlinge.
Und was wäre, wenn es wirklich irgendwann zum endgültigen Bruch zwischen Brüssel und Ankara käme? [...] [I]mmer lauter werden die Forderungen nach Vorsorge- 45 maßnahmen. Europa müsse selbst in der Lage sein, mit einer „möglicherweise veränderten Situation" fertig zu werden, so der EVP-Fraktionschef Weber: „Dies bedeutet vor allem eine Verstärkung des Engage- 50 ments in Drittländern, eine weitere Verbesserung des Außengrenzenschutzes, Hotspots mit größeren Kapazitäten an den EU-Außengrenzen und eine massive Beschleunigung der Rückführung von illegalen Mi- 55 granten."
Eine bessere Sicherung der Außengrenzen – dieses Schlagwort fällt jetzt häufiger. Eine Alternative zum Flüchtlingsabkommen mit der Türkei wäre das aber nicht. Denn wenn 60 die EU-Grenzschützer Migranten zum Bei-

Syrische Flüchtlinge in der Türkei

spiel auf See aufgreifen und die Türkei ihre Rücknahme verweigert, haben sie keine andere Wahl, als sie nach Griechenland zu bringen.

Und dann? Was, wenn sich die EU-Länder weiterhin nicht darauf einigen können, die Flüchtlinge nach einer Quote gerecht zu verteilen? Dann könnte man in Griechenland mehr Beamte einstellen, die Hotspots verstärken. Heißt: Die Flüchtlingsproblematik also nach Griechenland auslagern. Aber auch mit mehr Unterstützung – Griechenland würde irgendwann an die Belastungsgrenze kommen.

Markus Becker, Maximilian Popp, Anna Reimann, Plan B? Fehlanzeige, www.spiegel.de, 28.11.2016

M 11 ● Migrationsgestaltung – ein Diskussionsvorschlag

[In der EU] gibt es keine stringente Einwanderungspolitik. Es gibt nur eine Grauzone, in der sich die Politik durchwurstelt. Dabei wäre selbst eine brutale Zuwanderungsregelung, die sich allein an den Interessen der Aufnahmeländer orientiert, für alle Beteiligten besser als der graue Status Quo. [...] Für viele Flüchtlinge heute ist Lampedusa, auf halbem Wege zwischen Afrika und Sizilien gelegen, „das Tor zu Europa". Doch für Lampedusa gibt es [wie für die anderen Grenzorte, etwa das griechische Leros und Lesbos] kein Konzept. Nicht Geld entscheidet, Bildungstand oder Beruf, auch kein rechtlich einwandfreier Asylgrund. Es ist weitgehend Glückssache.

Die Italiener fühlen sich von der großen Zahl der Flüchtlinge überfordert [...]. Italien will [genauso wie andere EU-Randstaaten] nicht alle Migranten behalten müssen, wie es die EU-Regeln vorsehen. Und die meisten Menschen aus Syrien, dem Irak, Ägypten oder Westafrika wollen auch gar nicht in Italien bleiben. Also ziehen viele weiter, mit stiller Zustimmung aus Rom, und landen in Skandinavien oder eben in Deutschland. Manche schlagen sich dort irgendwie durch, besonders Glückliche werden von einem Pfarrer oder einer Schule unterstützt, andere werden zurückgeschickt. Zufall. [...]

Das [Migrationsrecht] wäre relativ einfach änderbar, mit Vorteilen für alle Beteiligten: Wer, etwa als Syrer, nach deutscher Rechtsauslegung Asylanspruch oder Bleiberecht hat, wendet sich an eine Visumstelle im türkischen oder jordanischen Flüchtlingslager, kann womöglich sogar Verwandte benennen, die ihn aufnehmen würden, und bekommt, nach rascher Prüfung, ein Einreisevisum. So kann er mit einem legalen Flug oder mit einer normalen Schiffspassage nach Deutschland reisen – oder, wenn es in Brüssel so beschlossen würde, auch in jedes andere EU-Land. Er könnte Business Class fliegen, das wäre billiger als das Schlepperboot!

In anderen Regionen, etwa Westafrika, könnten deutsche Außenstellen befristete Arbeitsvisen für Erntehelfer in der Landwirtschaft ausgeben. Die werden überall in Europa gebraucht, nur heute sind die Jobs überwiegend illegal besetzt. Wer für ein paar Monate zum Geldverdienen legal nach Europa kann, wird keine gefährliche, teure, illegale Wanderung riskieren.

Hans-Jürgen Schlamp, www.spiegel.de, 19.4.2015

„Schlepperpreise" für Überfahrten

Je nach Jahreszeit, Aufkommen von Patrouillebooten und Nachfrage von Flüchtlingen beträgt der Preis von Schleppern für eine Flüchtlingspassage von der türkischen West- an die griechische Ostküste über die Ägäis umgerechnet zwischen 900 und 1.300 Euro.

Autorentext

F zu Aufgabe 4
„Asyl ist [...] nicht das richtige Instrument zum Umgang mit Migration – dafür war es auch nie vorgesehen." (Damaliger EU-Parlamentspräsident Martin Schulz, 23.4.2015) Erklären und beurteilen Sie diese Aussage.

Aufgaben

1 Analysieren Sie die Karikatur. (M 8)

2 Die Menschenrechtsorganisation Pro Asyl betitelte einen kritischen Beitrag zur EU-Grenzpolitik auf ihrer Homepage mit „Grenzen dicht, Puffer drumherum". Erklären Sie diese Überschrift. (M 9, M 10)

3 Überprüfen Sie die Aussage der Karikatur. (M 9, M 10)

4 Nehmen Sie Stellung zu dem Vorschlag Hans-Jürgen Schlamps. (M 11)

9.2 Steht die EU sicherheitspolitisch zusammen? Die Gemeinsame Außen- und Sicherheitspolitik der EU

Basiskonzepte	Kategorien	Leitfragen
System und Struktur	Institutionen	· Wie ist die Gemeinsame Außen- und Sicherheitspolitik der EU verfasst?
Prozesse und Handeln	Macht	· Über welche Machtmittel verfügt die EU, um ihre außen- und sicherheitspolitischen Interessen durchzusetzen?

9.2.1 Wie einig handelt(e) die EU im Ukraine-Konflikt?

M 1 ● Power Play in der Ukraine

Interpretationshilfe

Die Figur rechts stellt den russischen Präsidenten Wladimir Putin dar, die Figur links im Hintergrund den damaligen US-Präsidenten Barack Obama.

Zeichner: Chappatté, 28.2.2014

M 2 ● Der Ukraine-Konflikt – Zustandekommen und Verlauf

7. Februar 2010 **2010**

Demokratische Wahl des prorussischen Politikers Wiktor Janukowytsch zum ukrainischen Präsidenten; politische Teilung des Landes deutlich: Süd- und Ostukraine stimmten mehrheitlich für Janukowytsch, der Westen mehrheitlich für Julija Tymoschenko.

2013 **August 2013**

Russlands Präsident Putin droht mit Handelserschwernissen (insbesondere beim Import ukrainischer Güter und beim Export von Gas), falls das umfangreiche Freihandels- und Assoziierungsabkommen mit der EU unterzeichnet wird.

21. November 2013 — **2013**

Stilllegung des Assoziierungsabkommens mit der EU vonseiten der ukrainischen Regierung

seit dem 21. November 2013

„Euromaidan": von der politischen Opposition angeführte Massenproteste vor allem auf dem Maidanplatz in der Hauptstadt Kiew gegen die Politik Janukowytschs; gewalttätige Auseinandersetzungen mit über 80 Toten; Bürgerkriegsgefahr

2014

22./23. Februar 2014

Absetzung Janukowytschs als Präsident (Asyl in Russland); Übergangsregierung

ab 27. Februar 2014

Aufstand auf der südukrainischen Halbinsel Krim: Machtübernahme der „Regierung der Autonomen Republik Krim", abgeschirmt von durch Russland unterstützte oder sogar entsandte paramilitärische Einheiten ohne Hoheitszeichen

Ende Februar 2014

Aufmarsch großer russischer Truppenverbände an der Grenzregion zur Ukraine

ab 1. März 2014

Erstürmung der Regierungs-, Verwaltungs- und Mediengebäude in mehreren ostukrainischen Städten durch prorussische Aktivisten; Forderungen nach weitergehender politischer Autonomie

16. März 2014

Die Halbinsel Krim sagt sich nach einem – völkerrechtlich illegalen – Referendum von der Ukraine los und stellt einen Beitrittsantrag in die Russische Föderation.

21. März 2014

Putin und das russische Parlament erklären die Krim und die Stadt Sewastopol zu russischem Staatsgebiet; die UN-Vollversammlung erklärt die Abtrennung für ungültig.

ab April 2014

Einsatz des ukrainischen Militärs gegen die Aufständischen in der Ostukraine

25. Mai 2014

Wahl des prowestlichen Multimillionärs Petro Poroschenko zum ukrainischen Präsidenten

6. August 2014

Moskau reagiert auf die Sanktionen der EU und den USA mit einem Importverbot für Früchte, Gemüse, Fleisch, Fisch und Milchprodukte aus der EU, den USA, Australien, Kanada und Norwegen.

31. Juli 2014

Verstärkte EU-Sanktionen gegen Russland wegen dessen (angeblicher) Unterstützung der ostukrainischen Separatisten, u.a.: Waffenembargo, Einreiseverbote und Kontosperrung für 95 regierungsnahe russische Geschäftsleute

26. Oktober 2014

Ukrainische Parlamentswahl: Sieg prowestlicher Parteien; teilweise Wahlboykott in vier von Separatisten bzw. Russland kontrollierten Bezirken

5. September 2014

Übereinkunft von Minsk: beidseitige Waffenruhe, Entwaffnung von Milizen, Ankündigung von Autonomierechten für Ostukraine.

2015

12. Februar 2015

Nach weiterhin schweren und langen Kämpfen und zahlreichen Opfern wird das Friedensabkommen „Minsk II" unterzeichnet.

1.November 2014

Inkrafttreten des politischen Teils des EU-Assoziierungsabkommens

2016

1. Januar 2016

Das Freihandelsabkommen, Teil des Assoziierungsabkommens zwischen der EU und der Ukraine, tritt in Kraft. Russland reagiert darauf mit der Wiedereinführung von Importsteuern auf verschiedene ukrainische Waren und führt ein Lebensmittelembargo ein.

Ende April 2016

Aufflammende Kämpfe in der Ostukraine. Seit Ausbruch des Kriegs sind knapp 10.000 Menschen getötet und 21.000 verletzt worden.

seit Ende 2016

Ständige Brüche der Waffenstillstandsabkommen und Behinderung der humanitären OECD-Hilfslieferungen und -leistungen

Autorengrafik

Kosten der EU-Sanktionen für Deutschland

Nach Berechnungen der Bundeszentrale für politische Bildung brachten die Wirtschaftssanktionen gegen Russland der Bundesrepublik in den Jahren 2014 und 2015 insgesamt ca. 34,7 Milliarden Euro Exporteinbußen und kosteten ca. 40.000 Arbeitsplätze (0,09 % der Gesamtzahl der Arbeitsplätze).

Jutta Günther et al., Unmittelbare und mittelbare Folgen der Wirtschaftssanktionen zwischen der EU und Russland auf Produktion und Beschäftigung in Deutschland, www.bpb.de, 21.11.2016

M 3 ● Ukraine zwischen Ost- und Westbindung

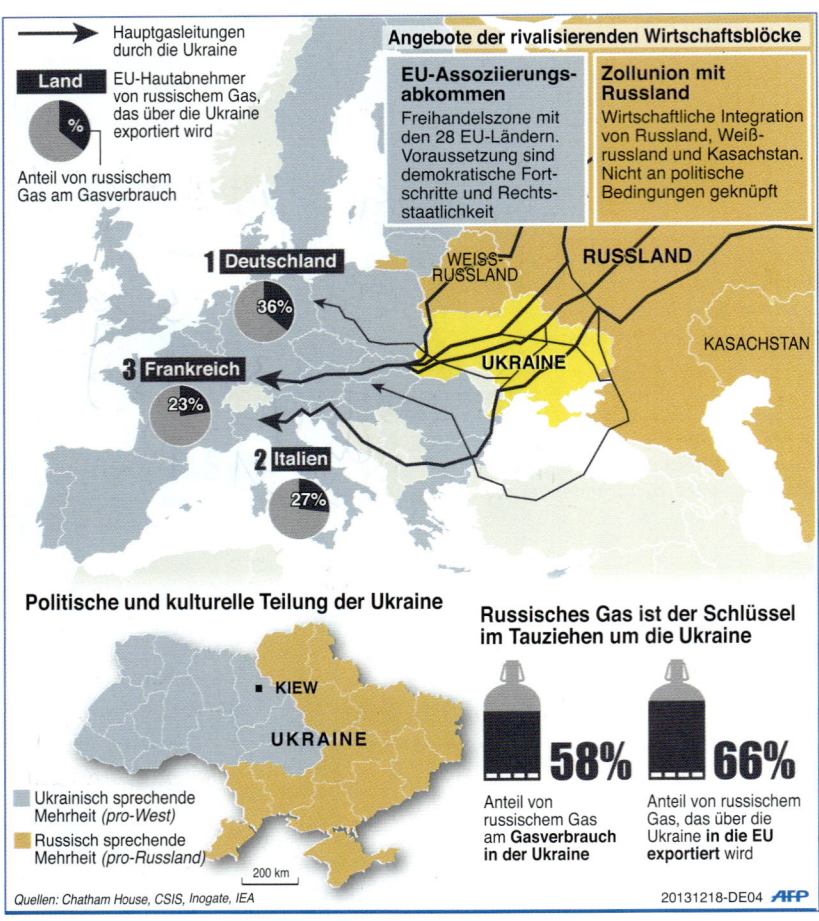

Angebote der rivalisierenden Wirtschaftsblöcke

EU-Assoziierungsabkommen
Freihandelszone mit den 28 EU-Ländern. Voraussetzung sind demokratische Fortschritte und Rechtsstaatlichkeit

Zollunion mit Russland
Wirtschaftliche Integration von Russland, Weißrussland und Kasachstan. Nicht an politische Bedingungen geknüpft

Hauptgasleitungen durch die Ukraine

Land EU-Hauptabnehmer von russischem Gas, das über die Ukraine exportiert wird

Anteil von russischem Gas am Gasverbrauch

1 Deutschland 36 %
3 Frankreich 23 %
2 Italien 27 %

Politische und kulturelle Teilung der Ukraine

■ KIEW

UKRAINE

■ Ukrainisch sprechende Mehrheit (pro-West)
■ Russisch sprechende Mehrheit (pro-Russland)

200 km

Quellen: Chatham House, CSIS, Inogate, IEA

Russisches Gas ist der Schlüssel im Tauziehen um die Ukraine

58 % Anteil von russischem Gas am **Gasverbrauch in der Ukraine**

66 % Anteil von russischem Gas, das über die Ukraine **in die EU exportiert wird**

20131218-DE04 *AFP*

Info

EU-Sanktionen gegen Russland

Seit März 2014 haben sich die Staaten der Europäischen Union auf Sanktionen gegen Russland geeinigt, um damit auf die völkerrechtlich illegale Annexion der Halbinsel Krim zu reagieren. Die Sanktionen sollten sich gegen alle richten, „die die Lage in der Ukraine destabilisieren, sowie der Handlungen von Personen oder Organisationen, die die territoriale Unversehrtheit, Souveränität und Unabhängigkeit der Ukraine untergraben oder bedrohen" (Germany Trade and Invest).
Zu diesen Sanktionen gehören im Wesentlichen:
· Verbot des Verkaufs und der Lieferung von Waffen und jedweden anderen Rüstungsgütern an Russland

· Verbot des Verkaufs, der Ausfuhr und der Lieferung sogenannter „Dual-Use-Güter", also Güter, die sowohl zu zivilen als auch zu militärischen Zwecken verwendet werden können
· Verbot des Verkaufs und der Lieferung von Material zur Erdölsuche und -förderung sowie des Angebots von Dienstleistungen in diesem Bereich
· Einfrieren des sich in der Europäischen Union befindenden Vermögens natürlicher und juristischer Personen, die die o. g. Kriterien erfüllen
· Handelsverbot von Aktien und Anleihen sowie Verbot des Anbietens von Dienstleistungen für fünf russische Staatsbanken (u. a. Sbebank) sowie sechs Unternehmen der Rüstungs-

und Ölindustrie (u. a. Rosneft, Gazprom neft und Transneft)
· Zeitweises Einreiseverbote für bis zu 151 russische Staatsangehörige in alle Staaten der EU

Russland reagierte darauf seinerseits mit Sanktionen:
· Einreiseverbote für insgesamt 89 Politiker und Militärs aus der EU
· Einfuhr- und Verkaufsverbot von Agrarprodukten und Lebensmitteln aus der EU und anderen Staaten, die aus russischer Sicht die EU unterstützen; zudem Vernichtung aller dieser Güter aus der EU, die durch russisches Gebiet transportiert werden.

Autorentext

M 4 ● Hält die einheitliche Russland-Linie der EU-Staaten?

In der EU gibt es weiter Streit über den Umgang mit Russland und der Ukraine. Zwar sind beim Gipfel am Donnerstag [15.12.2016] in Brüssel die Wirtschaftssanktionen gegen
5 Russland um weitere sechs Monate verlängert worden. Auch die Ratifizierung des umstrittenen Assoziierungsabkommens mit der Ukraine, für das viele Ukrainer auf dem Maidan in Kiew gekämpft hatten, rückt in
10 greifbare Nähe.
Doch beim letzten Treffen der 28 EU-Staaten in diesem Jahr gab es Misstöne. So sagte der amtierende EU-Ratspräsident [und slowakische Ministerpräsident] Robert Fico,
15 die Sanktionen gegen Russland seien unsinnig. Sie hätten nicht zur Erfüllung der Minsker Vereinbarungen beigetragen. Fico schränkte aber ein, er werde nicht die Einheit gefährden, indem er sich gegen
20 Deutschland und Frankreich stelle.
Bundeskanzlerin Angela Merkel und Frankreichs Staatschef François Hollande hatten sich schon vor dem Gipfel für eine Verlängerung der Sanktionen ausgesprochen.
25 Auch der scheidende Chef des Europaparlaments, Martin Schulz (SPD), [...] will den Druck auf Russland aufrechterhalten. [...]
Doch die Mehrheit für Sanktionen bröckelt. Neben der Slowakei hatte auch Italien Vor-
30 behalte angemeldet. Der formelle Beschluss zur Verlängerung wurde daher zunächst verschoben. Er soll erst nach dem EU-Gipfel fallen. Eine Verzögerung zeichnet sich auch beim Ukraine-Abkommen ab. In Brüssel
35 wurde zwar eine Zusatzerklärung vorbereitet, die auch den Niederlanden die Ratifizierung ermöglichen soll.

Karikatur: Schwarwel, 2016

Die Holländer hatten im Frühjahr in einem umstrittenen Referendum gegen den Ukraine-Pakt gestimmt und fordern Klarstellun- 40 gen. In der Erklärung wird jetzt festgehalten, dass die Ukraine durch das Abkommen keine konkrete Perspektive auf einen EU-Beitritt erhält. Die 28 [EU-Staaten] schließen auf Wunsch der Niederländer auch 45 militärische Beistandsverpflichtungen oder Waffenlieferungen aus.
Allerdings war zunächst nicht klar, ob Polen und andere osteuropäische, ukrainefreundliche Länder den Text mittragen 50 würden. Doch selbst bei einer Einigung würden die Niederlande das Abkommen nicht sofort ratifizieren.

Eric Bonse, Kein Gipfel der Harmonie, www.taz.de, 15.12.2016

H zu Aufgabe 2
Beachten Sie u. a. die Ziele der Sanktionen und die der EU überhaupt zur Verfügung stehenden Mittel.

H zu Aufgabe 3
Ist die Russlandpolitik der EU eher von Solidarität oder nationalstaatlichen Einzelinteressen geprägt?

Aufgaben

1 Beschreiben Sie die Karikatur und arbeiten Sie Deutungshypothesen heraus. (M 1)
2 Erläutern Sie die Sanktionen der Europäischen Union gegen Russland im Zusammenhang der Ukraine-Krise. (M 2, M 3, Info)
3 Charakterisieren Sie die bisherige sicherheitspolitische Zusammenarbeit der EU-Staaten im Rahmen der Ukraine-Krise. (M 2)
4 Überprüfen Sie die Wirksamkeit der EU-Sanktionen gegen Russland. (M 4, Info)

9.2.2　Die GASP der EU – Eine wirklich gemeinsame Außen- und Sicherheitspolitik?

M 5 ●　Einsätze der EU außerhalb ihres Hoheitsgebiets

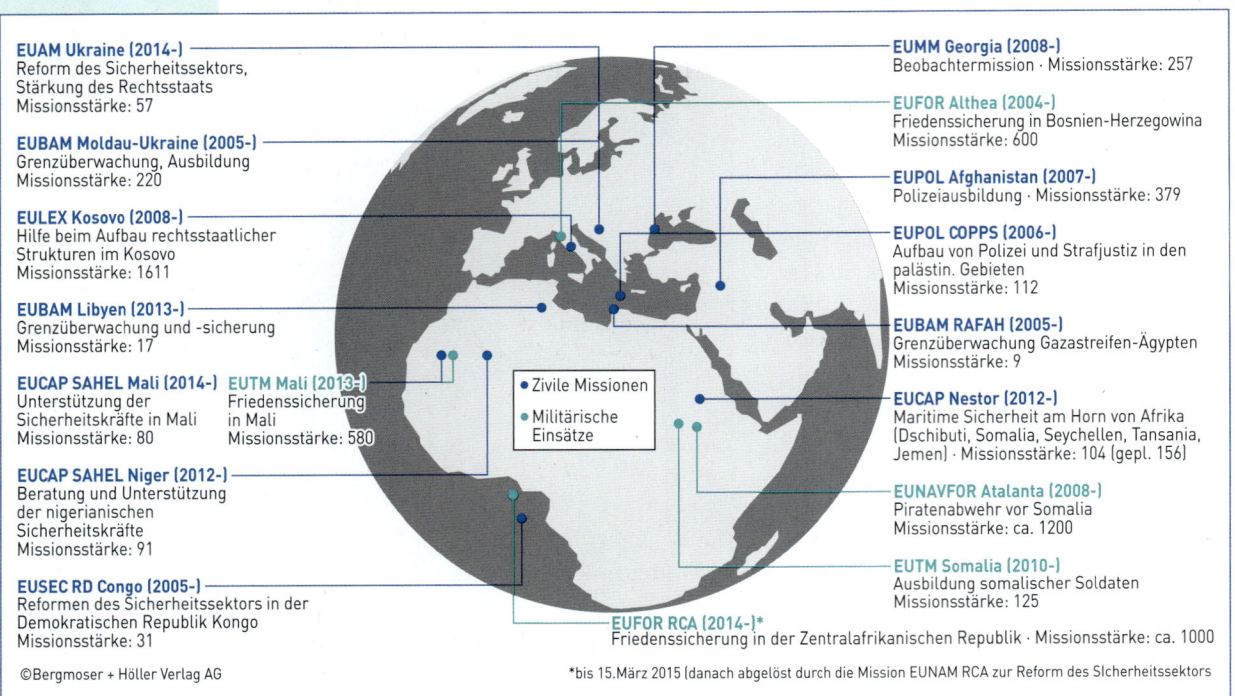

EUAM Ukraine (2014-)
Reform des Sicherheitssektors, Stärkung des Rechtsstaats
Missionsstärke: 57

EUBAM Moldau-Ukraine (2005-)
Grenzüberwachung, Ausbildung
Missionsstärke: 220

EULEX Kosovo (2008-)
Hilfe beim Aufbau rechtsstaatlicher Strukturen im Kosovo
Missionsstärke: 1611

EUBAM Libyen (2013-)
Grenzüberwachung und -sicherung
Missionsstärke: 17

EUCAP SAHEL Mali (2014-)
Unterstützung der Sicherheitskräfte in Mali
Missionsstärke: 80

EUTM Mali (2013-)
Friedenssicherung in Mali
Missionsstärke: 580

EUCAP SAHEL Niger (2012-)
Beratung und Unterstützung der nigerianischen Sicherheitskräfte
Missionsstärke: 91

EUSEC RD Congo (2005-)
Reformen des Sicherheitssektors in der Demokratischen Republik Kongo
Missionsstärke: 31

©Bergmoser + Höller Verlag AG

● Zivile Missionen
● Militärische Einsätze

EUMM Georgia (2008-)
Beobachtermission · Missionsstärke: 257

EUFOR Althea (2004-)
Friedenssicherung in Bosnien-Herzegowina
Missionsstärke: 600

EUPOL Afghanistan (2007-)
Polizeiausbildung · Missionsstärke: 379

EUPOL COPPS (2006-)
Aufbau von Polizei und Strafjustiz in den palästin. Gebieten
Missionsstärke: 112

EUBAM RAFAH (2005-)
Grenzüberwachung Gazastreifen-Ägypten
Missionsstärke: 9

EUCAP Nestor (2012-)
Maritime Sicherheit am Horn von Afrika (Dschibuti, Somalia, Seychellen, Tansania, Jemen) · Missionsstärke: 104 (gepl. 156)

EUNAVFOR Atalanta (2008-)
Piratenabwehr vor Somalia
Missionsstärke: ca. 1200

EUTM Somalia (2010-)
Ausbildung somalischer Soldaten
Missionsstärke: 125

EUFOR RCA (2014-)*
Friedenssicherung in der Zentralafrikanischen Republik · Missionsstärke: ca. 1000

*bis 15.März 2015 (danach abgelöst durch die Mission EUNAM RCA zur Reform des Sicherheitssektors

M 6 ●　Die Europäische Sicherheitsstrategie (ESS)

Das folgende Dokument wurde im Auftrag des damaligen Hohen Vertreters der EU für die Gemeinsame Außen- und Sicherheitspolitik (GASP), Javier Solana, erstellt und
5 *von ihm dem Europäischen Rat vorgelegt. Der Europäische Rat hat die Europäische Sicherheitsstrategie (ESS) auf seiner Tagung am 12. und 13. Dezember 2003 in Brüssel angenommen. In dem vorliegenden*
10 *Dokument erläutert die Europäische Union (EU) ihre Sicherheitsstrategie für ein sicheres Europa in einer besseren Welt.*

Das Sicherheitsumfeld: globale Herausforderungen und Hauptbedrohungen

15 Aufgrund der zunehmenden Globalisierung sind die internen und externen Sicherheitsaspekte untrennbar miteinander verbunden. Die Kapitalströme, die technologi-

sche Entwicklung und die demokratischen Fortschritte haben vielen Menschen Wohl- 20
stand und Freiheit gebracht. Aus der Sicht anderer jedoch steht die Globalisierung für Frustration und Ungerechtigkeit. In den meisten Entwicklungsländern gehen Sicherheitsprobleme auf Armut und Krank- 25
heiten wie AIDS zurück. In vielen Fällen ist wirtschaftliches Versagen mit politischen Problemen und Gewaltkonflikten verknüpft. Sicherheit ist eine notwendige Vorbedingung für Entwicklung. Konkurrenz 30
um Naturressourcen ist ebenfalls ein Problemfaktor. Die Abhängigkeit Europas von Energieeinfuhren gibt in besonderem Maße Anlass zur Besorgnis.

In der Sicherheitsstrategie werden für 35
Europa im Wesentlichen folgende Bedrohungen ermittelt:

Terrorismus: Abgestimmte europäische Maßnahmen gegen den Terrorismus sind
40 unerlässlich. Die Ursachen von Terrorismus [...] stehen vor allem mit den Problemen der Modernisierung sowie mit kulturellen, sozialen und politischen Krisen und der Entfremdung der in fremden Gesellschaften
45 lebenden Jugendlichen in Verbindung.

Verbreitung von Massenvernichtungswaffen (MVW): Die größte potenzielle Bedrohung besteht in der Verbreitung von MVW. [...] Die schlimmste Befürchtung ist, dass
50 Massenvernichtungswaffen in die Hände terroristischer Gruppen gelangen könnten.

Regionale Konflikte: Regionale Konflikte können unabhängig von der geografischen Lage des Schauplatzes europäische Interes-
55 sen unmittelbar oder mittelbar berühren. [...]

Zusammenbruch von Staaten: Schlechte Staatsführung – Korruption, Machtmissbrauch, schwache Institutionen und man-
60 gelnde Rechenschaftspflicht – sowie zivile Konflikte zersetzen Staaten von innen heraus. [...] Der Zusammenbruch von Staaten ist ein alarmierendes Phänomen, das die Weltordnungspolitik untergräbt und die re-
65 gionale Instabilität vergrößert.

Organisierte Kriminalität: Europa ist ein primäres Ziel für die organisierte Kriminalität. [...]

Die Europäische Union konzentriert sich
70 zur Verteidigung der Sicherheit und Verbreitung ihrer Werte auf drei strategische Ziele, und zwar:

Abwehr von Bedrohungen: Die EU beteiligt sich an der Beilegung regionaler Konflikte
75 sowie an der Stützung der von Zusammenbruch bedrohten Staaten: Die Wiederherstellung einer geordneten Staatsführung fördert die Demokratie und ermöglicht es, gegen die organisierte Kriminalität vorzu-
80 gehen. [...]

Stärkung der Sicherheit in unserer Nachbarschaft: Wir müssen darauf hinarbeiten, dass östlich der Europäischen Union und an den Mittelmeergrenzen ein Ring verant-
85 wortungsvoll regierter Staaten entsteht, mit denen wir enge, auf Zusammenarbeit ge-

gründete Beziehungen pflegen können. [...] Die Schaffung der EU war in der durch zwei Weltkriege während der ersten Hälfte des 20. Jahrhunderts geprägten europäischen 90 Geschichte der wesentliche Faktor für eine bislang beispiellose Periode des Friedens, der Stabilität und des Wohlstands. Die europäischen Länder legen Unstimmigkeiten friedlich bei und kooperieren über gemein- 95 same Institutionen. [...]

Info

Besonderheiten der Gemeinsamen Außen- und Sicherheitspolitik (GASP) der EU

Nach dem Ende des Kalten Krieges wurde die Gemeinsame Außen- und Sicherheitspolitik (GASP) 1992 als die „zweite Säule" der Union im Vertrag von Maastricht über die EU verankert. Sie umfasste nunmehr sämtliche, d.h. auch die wesentlichen militärischen Fragen der Sicherheit und enthielt die Perspektiven einer nicht näher bestimmten gemeinsamen Verteidigungspolitik und gemeinsamen Verteidigung. [...] 2003 nahm der Europäische Rat [...] die Europäische Sicherheitsstrategie [...] an. In diesem Jahr wurden auch die ersten friedenserhaltenden Operationen und Polizeimissionen der EU durchgeführt.

Unter den Neuerungen im Vertrag von Lissabon [von 2007] verdient die Flexibilität in der nunmehr so genannten Gemeinsamen Sicherheits- und Verteidigungspolitik (GSVP) im Rahmen der GASP besondere Erwähnung; das heißt, dass nicht alle Mitglieder an einem Vorhaben oder Einsatz mitwirken müssen. Dies gilt etwa für [...] die Beteiligung an der Europäischen Verteidigungsagentur, die mit – freilich beschränkten – Aufgaben im Rüstungsbereich betraut ist.

Trotz dieser Fortschritte ist die Struktur der GASP der EU weiterhin intergouvernemental und

nicht supranational angelegt. Demgemäß werden Beschlüsse grundsätzlich einstimmig gefasst. Die Organe, welche die Regierungen der Mitgliedstaaten vertreten, also der Europäische Rat auf der Ebene der Staats- und Regierungschefs und der Rat „Auswärtige Angelegenheiten" auf jener der Außenminister, geben den Ton an. Die Kompetenzen der übrigen Hauptorgane der Union, der Kommission, des Europäisches Parlaments und des Europäischen Gerichtshofs, sind dagegen mehr oder weniger eng gefasst. Die Kommission besitzt kein Initiativmonopol, das Parlament kein Mitentscheidungsrecht im Bereich der Rechtsetzung. Die Zuständigkeit des Gerichtshofs ist auf wenige Materien von untergeordneter Bedeutung beschränkt. Daran dürfte sich auch in absehbarer Zukunft nichts ändern. Denn in Zeiten der Renationalisierung europäischer Politik sind die Mitgliedstaaten der EU kaum bereit, gerade im harten Kern ihrer Souveränität, zu dem die Außen- und die Sicherheitspolitik gehören, weitere Befugnisse an die Union zu abzutreten.

Hanspeter Neuhold, Die EU auf der Bühne der internationalen Politik: nur mehr Nebenrollen? ÖGfE Policy Brief 1/2013, S. 2f

Als Zusammenschluss von [damals bald] 25 Mitgliedstaaten mit über 450 Millionen Einwohnern ist die Europäische Union 100 zwangsläufig ein globaler Akteur. Europa muss daher bereit sein, die Verantwortung für die globale Sicherheit und den Aufbau einer besseren Welt mit zu tragen.

Nach: http://eur-lex.europa.eu, © Europäische Union 1998-2017, Europäische Sicherheitsstrategie; Für die Wiedergabe und Anpassung ist allein die C. C. Buchner Verlag GmbH verantwortlich.

M 7 ● Der Anspruch der GASP nach Lissabon

Die Einrichtung des Amtes des Hohen Vertreters der Union für Außen- und Sicherheitspolitik ist eine wichtige institutionelle Neuerung des Vertrags von Lissabon. Der 5 Hohe Vertreter bekleidet zwei Ämter: Einerseits ist er Beauftragter des Rates für die Gemeinsame Außen- und Sicherheitspolitik (GASP) und andererseits Vizepräsident der Kommission für die Außenbeziehungen. Er 10 vertritt die Union und die GASP auf internationaler Bühne. Dabei wird er durch einen Europäischen Auswärtigen Dienst unterstützt.

Durch den Lissabon-Vertrag (1.12.2009) 15 wird die GASP zur Gemeinsamen Sicherheits- und Verteidigungspolitik (GSVP) ausgebaut: Sie legt die gemeinsame Verteidigungspolitik fest, die sowohl die Neutralität bestimmter Mitgliedstaaten achten als 20 auch mit der NATO-Zugehörigkeit anderer Mitgliedstaaten kompatibel sein soll. Ent-scheidungen können jedoch erst nach einstimmigem Beschluss des Europäischen Rates getroffen werden. Außerdem gibt es ab 2010 eine Europäische Verteidigungs- 25 agentur, die die Rüstungspolitik der Mitgliedstaaten koordinieren soll, die Rüstungsausgaben effizienter einsetzen und den Aufbau unnötiger Mehrfachkapazitä- ten in den einzelnen Mitgliedstaaten ver- 30 hindern soll. [...]

Die Europäische Union erhält Rechtspersönlichkeit und vergrößert dadurch ihre Verhandlungsmacht, sodass sie auf internationaler Ebene effizienter auftreten kann 35 und für Drittländer und internationale Organisationen als Partner greifbarer wird.

Nach: EUROPA, Das Portal der Europäischen Union, Der Vertrag von Lissabon auf einen Blick, http://europa.eu; Für die Wiedergabe und Anpassung ist allein die C. C. Buchner Verlag GmbH verantwortlich.

M 8 ● (Wann) Hat die GASP eine Zukunft?

Die Krisen und Konflikte des Jahres 2014, darunter die Ukraine-Krise und der Vormarsch des „Islamischen Staates", haben die Frage nach der sicherheitspolitischen 5 Gestaltungskraft der Europäischen Union und deren ordnungspolitischem Horizont neu aufgeworfen. [...] Mangelnde kollektive militärische Fähigkeiten, aber auch ein schwerfälliger, gar ineffizienter politischer 10 Entscheidungsprozess erschweren es der EU, dem Anspruch als globale Ordnungsmacht gerecht zu werden. [...] Um ihren globalen Gestaltungsanspruch langfristig einlösen zu können, ist die EU [...] in der 15 aktuellen Bedrohungs- und Interessenlage [allerdings] gefordert, ordnungspolitische Aufgaben vorrangig in ihrer erweiterten Nachbarschaft zu übernehmen [Nordafrika, Naher Osten, östliche Nachbarschaft]. [...] Der Bedeutungsgewinn der Nato im Zuge 20 der Ukraine-Krise beeinflusst auch das sicherheits- und verteidigungspolitische Profil der Europäischen Union, gerade in ihrem Verhältnis zu den USA. Das wird Konsequenzen für die weitere Entwicklung der 25 Gemeinsamen Sicherheits- und Verteidigungspolitik (GSVP) haben.

Bis auf Weiteres werden die finanziellen Möglichkeiten der EU-Mitglieder in den Bereichen Sicherheit und Verteidigung be- 30

Federica Mogherini, ehemalige italienische Außenministerin, seit 1.11.2014 Hohe Vertreterin der EU für Außen- und Sicherheitspolitik.

grenzt bleiben, wenn nicht sogar schrumpfen. Die russische Annexion der Krim und die Destabilisierung der Ostukraine haben eine Renaissance der kollektiven Verteidi-

35 gung in Gestalt der Nato ausgelöst. Angesichts dessen werden diejenigen europäischen Länder, die auch Mitglieder der Nato sind, ihre finanziellen Ressourcen, mehr noch aber ihre sicherheitspolitische Auf-

40 merksamkeit eher der Nordatlantischen Allianz als der EU widmen. [...] Wenn es denn zutrifft, dass die Ukraine-Krise die Nato politisch wiederbelebt hat, so hat sie im gleichen Maße die GSVP geschwächt. [...]

45 In Anbetracht dieser Schwierigkeiten wird die ESS den Weg weisen müssen, wie die EU-Staaten in der Nato ihre sicherheits- und verteidigungspolitische Kooperation untereinander intensivieren können. [...]

50 Die EU als institutioneller Rahmen für Entscheidungen, Abstimmungen, Initiativen und operative Lösungen kann die Teilnahme von EU-Staaten an Nato-Aktivitäten vereinfachen. So kann die EU die Hand-

55 lungsfähigkeit der Europäer stärken und solche Beiträge zu Verteidigung und Krisenmanagement möglich machen, welche die Staaten individuell nicht mehr erbringen können. [...]

60 Ein weiterer Bereich, den die EU in der ESS [...] aufgreifen sollte, sind die europäischen Beiträge zu friedenserhaltenden Maßnahmen der Vereinten Nationen im Allgemeinen und in der erweiterten EU-Nachbar-

65 schaft im Besonderen. [...] Zahl und Umfang dieser Missionen sind in den vergangenen Jahren stetig gestiegen, die Beteiligung der EU-Mitglieder daran ist hingegen kontinu-

ierlich gesunken. Heute stellen die europä-

70 ischen Staaten lediglich 6.000 Soldaten für derartige Missionen der VN. Dies ist nicht nur weniger als die Hälfte als vor zehn Jahren, sondern macht auch gerade einmal sieben Prozent der gegenwärtig 90.000 Sol-

75 daten in VN-Missionen aus. [...] Angesichts der Tatsache, dass zwei Drittel der VN-Missionen in aktiven Krisengebieten operieren, besteht ein großer und weiter steigender Bedarf an hochwertigen militä-

80 rischen Fähigkeiten, wie sie gerade die EU-Staaten zur Verfügung stellen könnten, zum Beispiel in den Bereichen Aufklärung oder Kampfhubschrauber. Vor diesem Hintergrund befürworten die Vereinigten Staa-

85 ten einen größeren Anteil der EU-Staaten an friedenserhaltenden Missionen. Sie sehen diesen als wichtigen ordnungspolitischen Beitrag in beiderseitigem Interesse und zugleich als Ausdruck einer fairen

90 transatlantischen Lastenteilung. Insbesondere die seit 2007 voll einsatzfähigen „Battlegroups" könnten bei VN-Operationen nutzbar gemacht werden. Größere nationale Beiträge von EU-Mit-

95 gliedern sind ebenso vorstellbar wie mehr Engagement der Europäischen Union. Ein Vorteil des zweiten Modells liegt darin, dass die EU als Ganzes frei von jedem Verdacht ist, mit einer Beteiligung an VN-Operatio-

100 nen nationalen Interessen zu dienen. Außerdem verfügt die EU über ergänzende humanitäre Mittel und zivile Elemente des Krisenmanagements.

Annegret Bendiek, Markus Kaim, Die neue Europäische Sicherheitsstrategie – der transatlantische Faktor. SWP-Aktuell 55, Juni 2015, S. 6, 8f

Annexion
Einseitig erzwungene Eingliederung eines Gebiets, das bis dahin unter anderer territorider Hoheit stand.

Aufgaben

1 Stellen Sie den Ist-Zustand der Gemeinsamen Außen- und Sicherheitspolitik der Europäischen Union dar. (M 5 – M 8, Info)

2 Erläutern Sie zentrale Schwierigkeiten bzw. Problemfelder der Gemeinsamen Außen- und Sicherheitspolitik der Europäischen Union. (Info, M 8)

⭐ 3 Untersuchen Sie, für welche der Theorien europäischer Integration der derzeitige Zustand und die Entwicklung der GASP spricht. (zu Integrationstheorien vgl. Kap. 7.4)

4 Überprüfen Sie, inwieweit sich die GASP der EU in Richtung der von Bendiek und Kaim formulierten Richtung entwickeln (lassen) wird. (M 8)

🄷 zu Aufgabe 2
Berücksichtigen Sie dabei die Wege der Entscheidungsfindung und aktuelle wie zukünftige Aufgaben.

🄵 zu Aufgabe 2
Arbeiten Sie heraus, inwiefern die GASP auch die deutsche Außen-und Sicherheitspolitik beeinflusst.

Flucht nach Europa: Konflikte innerhalb der EU
Kap. 9.1
M 3, M 4, M 6, M 7

Die große Zahl von Menschen, die vor allem in den Jahren 2014 und 2015 über Griechenland und die sog. Balkanroute in die EU flüchtete, löste schwere Verwerfungen innerhalb der Union aus. Einerseits wurde die **Dublin-Regelung**, nach der jeder Asylsuchende im ersten betretenen EU-Land Asyl beantragen muss, faktisch zeitweise außer Kraft gesetzt. Andererseits scheiterte der Vorschlag einer **Verteilungsquote** für Geflüchtete am Widerstand (mittel)süd- und (mittel)osteuropäischer Mitgliedsstaaten, nachdem zuvor jahrelang Deutschland eine solche Quote gebremst hatte. Zudem wurden das **Schengen-Abkommen** faktisch zeitweise kassiert und Grenzkontrollen wieder eingeführt bzw. sogar Grenzzäune, auch mit deutlichen ökonomischen Folgekosten, errichtet.

Flucht nach Europa: Migrationspolitische Reaktionen der EU
Kap. 9.1
M 9 – M 11

Die nach außen gerichteten Maßnahmen der EU sind als Abschottung zu charakterisieren. An den südeuropäischen Grenzen sind Aufnahmelager errichtet worden, ein **Flüchtlingsabkommen mit der Türkei** soll Flüchtende aus dem Nahen Osten von der EU zurückhalten. Teilweise sollen die Grenzen faktisch sogar außerhalb des Hoheitsgebiets ausgeweitet werden (z. B. angedachte Verhandlungen mit Libyen). Ideen systematischer legaler Einwanderung in die EU werden so gut wie gar nicht politisch verfolgt.

Die EU-Außenpolitik in der Ukraine-Krise
Kap. 9.2
M 4

Die EU-Staaten verhielten sich in der Ukraine-Krise bislang ambivalent: Zwar gelang es ihnen, sich auf vergleichsweise starke **Wirtschaftssanktionen** gegen Russland zu einigen und Deutschland und Frankreich moderierten im Namen der EU mehrmals Waffenstillstandsverhandlungen. Aber die Unterstützung zu den auch wenig effektiven Sanktionen bröckelte nach einigen Monaten merklich. Hieran zeigt sich eines der Grundprobleme der Gemeinsamen Außen- und Sicherheitspolitik (GASP) der EU: Während v. a. die (mittel)osteuropäischen Mitglieder Sicherheit verstehen als territoriale Integrität und Schutz vor Einmischung Russlands, wünschen sich südeuropäische Staaten Unterstützung bei der Grenzsicherung/-schließung. Es liegen also sehr unterschiedliche „Sicherheitsbedürfnisse" vor.

Die Gemeinsame Außen- und Sicherheitspolitik (GASP) der EU
Kap. 9.2
M 6 – M 8

Zurückzuführen ist die relative Zurückhaltung der EU in sicherheitspolitischen Fragen auf die **Intergouvernementalität** der GASP. Bei ihr handelt es sich trotz der Einrichtung des Postens einer **Hohen Beauftragten** und (kleinerer) gemeinsamer europäischer Kampfeinheiten („Battlegroups"), und obwohl der Rat der EU die Leitlinien festlegt, um ein Politikfeld, bei dem die nationalen Regierungen weiterhin komplett die Hoheitsrechte innehaben. Dies zeigt sich darin, dass Beschlüsse einstimmig gefasst werden (sollen), jeder Staat ein **Vetorecht** hat, und sich enthaltende Staaten nicht an die außenpolitischen Ratsbeschlüsse gebunden sind. Daher dominieren tendenziell nationale Interessen und erschweren die gemeinsame Beschlussfassung erheblich.

KOMPETENZEN ANWENDEN

Der Brexit als Chance für die GASP

Auf den ersten Blick scheint es, dass ein Austritt Großbritanniens aus der Europäischen Union die EU auf internationalem Parkett schwächen würde. Allein aufgrund
5 seiner Größe, Wirtschaftskraft und militärischen Stärke ist das Land ein Schwergewicht in der europäischen Außenpolitik. [...] Richtig ist aber auch, dass ein „Brexit" die Chance böte, die EU als außenpoliti-
10 schen Akteur handlungsfähiger zu machen. In der Vergangenheit haben britische Regierungen eine Reform der Gemeinsamen Außen- und Sicherheitspolitik (GASP) und speziell der im Rahmen der GASP veranker-
15 ten Gemeinsamen Sicherheits- und Verteidigungspolitik (GSVP) weitestgehend blockiert. [...]
[Der deutsche und der französische Außenminister] Frank-Walter Steinmeier und
20 Jean-Marc Ayrault [...] fordern, dass die EU eine gemeinsame Analyse des strategischen Umfelds und ein gemeinsames Verständnis der Sicherheitsinteressen entwickeln müsse. Dabei betonen sie zugleich, „dass es un-
25 ter den Mitgliedstaaten unterschiedliche Ambitionsniveaus gibt". Folgerichtig könnten in einem ersten Schritt ambitioniertere Mitgliedstaaten eine „integrierte" europäische Außen- und Sicherheitspolitik entwi-
30 ckeln, welche alle verfügbaren Mittel und Instrumente zusammenführt. [...]
Ich stimme mit Steinmeier und Ayrault überein, dass die besagten Reformen nicht allein der Stärkung der verteidigungspoli-
35 tischen Komponente der GSVP dienen sollten. Sie fordern, dass die Fähigkeiten der EU insbesondere im Aufgabenfeld der Konfliktprävention und der Krisenbewältigung verstärkt werden müssen. [...] [Im Bereich

der] verstärkten Kooperation mit der NATO 40 sollte die EU darauf hinwirken, dass die NATO nicht nur auf das Prinzip der Abschreckung setzt, sondern darüber hinaus mehr Bereitschaft zum Dialog mit anderen Ländern wie etwa Russland an den Tag legt. 45 [...]
Die Reformvorschläge sollten mit einer institutionellen Vertiefung der GASP/GSVP einhergehen. Ich unterstütze den Vorschlag [...], dass der Europäische Rat und der Mi- 50 nisterrat mindestens halbjährlich zum Thema Sicherheit und Verteidigung tagen sollten [...]. Ich halte es für sinnvoll, diesen Punkt im Kontext eines möglichen Brexit wieder auf die Agenda zu setzen. 55
[...] Eine stärkere parlamentarische Befassung mit sicherheits- und verteidigungspolitischen Fragen auf EU-Ebene ist [...] wichtig und notwendig, um den geforderten Reformen eine demokratische Legitimation 60 zu verleihen. Dies könnte zum Beispiel umgesetzt werden, indem [...] der Unterausschuss Sicherheit und Verteidigung (SEDE) des Europäischen Parlaments zu einem vollwertigen Ausschuss aufgewertet wird. 65 Hierbei geht es nicht etwa darum, die Kompetenzen der Parlamente der Mitgliedstaaten zu beschneiden. Der Parlamentsvorbehalt bei der Entsendung von Militär darf nicht angetastet werden. Stattdessen soll 70 das Europäische Parlament als zusätzliche parlamentarische Kontrollinstanz aufgewertet werden, die neue Vorhaben wie die gemeinsame Rüstungsexportpolitik, EU-geförderte Rüstungsforschung oder den 75 Einsatz von GSVP-Missionen kritisch und demokratisch legitimiert begleitet.

Arne Lietz, Senkrechtstart? Führt ein Brexit zu einer verstärkten europäischen Außen- und Sicherheitspolitik?, www.ipg-journal.de, 11.7.2016

Aufgaben

❶ Geben Sie die von Lietz unterstützten Vorschläge zur Weiterentwicklung der GASP wieder.

❷ Arbeiten Sie heraus, auf die Behebung welcher Problembereiche der GASP die Reformvorschläge zielen.

❸ Nehmen Sie Stellung zu Lietz' Reformvorschlägen für die GASP.

Trent'anni di Erasmus, probabilmente il senso della vera Europa

Felicittà Publica, 26.1.2017

Erasmus zeigt Europas beste Seiten

Generation Erasmus
Auf dem Weg nach Europa

Broschüre des DAAD, 2017

‚It helped me grow up': students on why the Erasmus scheme must stay

The Guardian, 14.9.2016

30 Jahre Erasmus-Programm: drei Millionen Studierende unterwegs

Tagesspiegel, 23.1.2017

Europäische Kultur als Partizipationsform und als Politikum

Die Bildungspolitik gehört innerhalb der Europäischen Union zu den Politikbereichen, die nicht harmonisiert wurden. Die einzelnen Mitgliedsstaaten gestalten ihre Bildungspolitik also selbständig und die EU unterstützt sie dabei. Dies wurde im Vertrag von Maastricht und den Folgeverträgen so festgelegt. Seitdem fördert die EU vor allem die Mobilität von Lernenden und Lehrenden, die Zusammenarbeit und den Informations- und Erfahrungsaustausch in allen Bereichen der allgemeinen und beruflichen Bildung wie auch der Wissenschaft. Denn die politische und gesellschaftliche Stabilität in Europa kann nur erreicht werden, wenn die Menschen sich gegenseitig verstehen, die Vielfalt der Kulturen kennen und schätzen. Das Erasmus+ Programm der EU, das die Mobilität innerhalb des europäischen Bildungsraumes fördert, werden Sie in diesem Kapitel (10.1) kennenlernen.

Im Bereich der Hochschulen hat man sich auf Eckpunkte zur Harmonisierung geeinigt und den sogenannten Bologna-Prozess in Gang gesetzt. Dieser soll Studierenden den Aufenthalt an einer europäischen Universität erleichtern und gewährleisten, dass ihnen keine Nachteile davon erwachsen. Einige dieser Eckpunkte sind Gegenstand des zweiten Unterkapitels (10.2).

KOMPETENZEN

Am Ende dieses Kapitels sollten Sie Folgendes wissen und können:

... die Ziele des Erasmus+ Programms der EU begründen.

... die Chancen, die das Erasmus+ Programm bietet, kennen und bewerten.

... einzelne Eckpunkte des Bologna-Prozesses kennen und beurteilen.

Was wissen und können Sie schon?

1. Notieren Sie einige Aspekte auf Karteikarten, die Sie im Laufe der Arbeit am Kapitel überarbeiten und ergänzen können.
2. Was hat die EU mit Ihrem Schulalltag zu tun?
3. Was könnte die EU mit Ihrem künftigen Studium oder Ihrer Berufsausbildung zu tun haben?

10.1 Auf dem Weg zum europäischen Bildungs- raum

Basiskonzept	Kategorie	Leitfragen
Prozesse und Handeln	Politische Gestaltung und Legitimation	· Wer gestaltet die europäische Bildungspolitik? · Weshalb wird die Mobilität der Lernenden innerhalb Europas in besondere Weise gefördert?

M 1 ● Erasmus+ bringt Schüler zusammen

Seit September (2016) nimmt die Heinrich-Böll-Gesamtschule an einem europäischen Projekt im Rahmen des „Erasmus+ - Programms" teil. Verbunden ist diese Teilnah-
5 me auch mit einer finanziellen Förderung der Schule. Im Zuge dieses Projektes finden regelmäßige Besuche der Schüler statt, um sich über den Stand der Dinge und über Ergebnisse auszutauschen.

Westdeutsche Allgemeine Zeitung, 14.12.2016

M 2 ● 30 Jahre Erasmus - ein Grund zum Feiern?

Das Erasmus-Programm der Europäischen Union wird 30. 1987 wurde es ins Leben gerufen, um den Austausch von Studierenden in Europa zu fördern. 657 deutsche
5 Studentinnen und Studenten haben damals den zeitweisen Schritt ins Ausland gewagt. Inzwischen sind es fast 1,3 Millionen Studierende, die über Erasmus für eine Zeit in einem anderen europäischen Land studiert
10 haben. Das Förderangebot ist sukzessive für Auszubildende, Schülerinnen und Schüler, für die Erwachsenenbildung und die außerschulische Jugendarbeit ausgeweitet worden. Mit Erasmus+ besteht nun seit 2014
15 ein gemeinsames EU-Programm für Bildung, Jugend und Sport. Bis 2020 werden europaweit mehr als vier Millionen Menschen [...] mit Erasmus+ Auslandserfahrung gesammelt haben.

Damit fördern die europäischen Bildungs- 20 programme seit 30 Jahren Lehren und Lernen, interkulturelle Begegnung und Zusammenarbeit in Europa. [...] „Keine andere Initiative hat eine ganze Generation von Europäerinnen und Europäern so geprägt", 25 sagte Bildungsministerin Wanka. „Es gibt keine leidenschaftlicheren Botschafter für ein gemeinsames Europa als Menschen, die selbst erfahren haben, wie bereichernd es ist, andere Kulturen kennen zu lernen. Wir 30 brauchen weltoffene Bürgerinnen und Bürger, die Europa ernst nehmen und mit Ver-

stand und Wissen gestalten." [...] Das Programm zielt drauf ab, Kompetenzen und
35 Beschäftigungsfähigkeit zu verbessern und die Systeme der allgemeinen und beruflichen Bildung sowie der Kinder- und Jugendhilfe zeitgemäß und international auszurichten.

Bundesministerium für Bildung und Forschung, www. bmbf.de, 24.1.2017

M 3 ● Mit Erasmus+ fit für den Arbeitsmarkt?

Austausch für alle, das will das neue Jugend-Programm der EU, genannt Erasmus+. [...] Das Plus soll heißen: Aus einem großen Finanz-Topf wird nicht nur das
5 Austauschprogramm für Studierende gezahlt, sondern auch die EU-Austauschprogramme [...] für Schüler. Für den Jugendaustausch gibt die EU bis 2020 rund 15 Milliarden Euro aus. Das sind insgesamt 40
10 Prozent mehr als bisher. [...] Die Bildungsministerin Wanka freut sich über den Etat. Das Programm beuge der Jugendarbeitslosigkeit vor und junge Menschen könnten sich so wichtige berufliche Kompetenzen
15 aneignen.
Erasmus stand in der Kritik, weil ein Aufenthalt meist nur ein dreimonatiger Kurztrip ist, in dem Land und Kultur kaum erkundet werden. Das zu ändern und
20 Jugendliche länger ins Ausland zu bringen, ist aber nicht Ziel von Erasmus+. Stattdessen will die EU mehr Jugendliche zum Reisen bringen: Bis 2020 sollen mehr als vier Millionen Menschen in Europa Stipendien
25 und Zuschüsse für einen europäischen Auslands-Aufenthalt bekommen. [...] Mehr Austausch, mehr „Mobilitäten". Die nordrhein-westfälische Schulministerin Sylvia

Löhrmann (Grüne) formulierte das Ziel von Erasmus+ so: Möglichst viele junge Menschen 30 sollen an grenzüberschreitendem Austausch teilnehmen.
In Erasmus+ steckt auch das Programm „Jugend in Aktion". Freizeitaktivitäten außerhalb von Schule, Ausbildung oder Studium 35 [...]. Träger der Jugendarbeit sind [...] skeptisch. „Der Druck auf Jugendliche ist hoch, sich qualifizieren zu müssen. Die Ausrichtung ist stark darauf, Jugendliche in Arbeit zu bekommen", sagt Bundesju- 40 gendring-Vertreter [Tobias] Köck. Jugendarbeit und Engagement in der Freizeit käme da zu kurz. Die Befürchtung der Jugendverbände: Erasmus+ wird mit Schule und Universität verknüpft. 45
Köck redet von einer „Verzweckungskiste", die Jugendarbeit werde von der Politik verzweckt, um die Jugend fit für den Arbeitsmarkt zu machen. Wer die Kriterien in den Katalogen erfüllt, bekommt Geld. In dem 50 Antrag, den die Jugendverbände stellen, muss dann beispielsweise stehen, dass die Jugend sich bewegt, um Arbeit zu finden. „Mobilität" heißt das Zauberwort von Erasmus+. 55

Julia Neumann, www.taz.de, 24.04.2014

Denkmal des Desiderius Erasmus von Rotterdam (~1467–1536). Er war Theologe, Priester, Augustiner-Chorherr und ein bedeutender niederländischer Humanismus-Gelehrter. Das europäische Bildungsprogramm Erasmus+ wurde nach ihm benannt, um sein Wirken zu ehren.

Aufgaben

1. Berichten Sie über Ihre eigenen Erfahrungen, die Sie möglicherweise während eines Austauschprogramms sammeln konnten. Alternativ können Sie auch Mitschüler, die an Austauschprogrammen teilgenommen haben, interviewen. (M 1)

2. Fassen Sie die Intentionen des Erasmus-Programms zusammen. Vergleichen Sie Ihre eigenen Erfahrungen bzw. die Ihrer Mitschüler mit den Intentionen des Programms. (M 2)

3. Arbeiten Sie die Kritik, die am Erasmus-Programm formuliert wird, heraus. (M 3)

4. Was bietet Ihnen das Programm nach Ihrem Abitur in einigen Wochen? Recherchieren Sie dazu einige Informationen und gestalten Sie einen Werbeflyer, der Abiturienten über das Programm informiert und sie für seine Ziele gewinnen möchte.

Ⓗ zu Aufgabe 4
Informationen finden Sie beispielsweise auf den Internetseiten des Deutschen Akademischen Austauschdienstes: *www.daad.de*

10.2 Der Bologna-Prozess – Eine ungeliebte Reform?

Basiskonzept	Kategorie	Leitfragen
Prozesse und Handeln	politische Gestaltung und Legitimation	· Auf welche Eckpunkte hat man sich in der europäischen Hochschulpolitik geeinigt? · Weshalb gelten Bildung und Kultur als „europäische Bindekräfte"?

M 1 ● Die ersten Bachelor-Absolventen erobern den Arbeitsmarkt

Karikatur: Nel, nelcartoons.de, 2015

Bachelor

Der Bachelor ist der erste Abschluss eines gestuften Studiums an einer Hochschule. Ein Bachelor-Studium dauert in der Regel drei bis vier Jahre. Unter bestimmten Voraussetzungen kann man das Studium fortsetzen und nach zwei bis vier Semestern mit einem Master-Titel abschließen.

M 2 ● Was beinhaltet die Bologna-Reform?

In ihrer „Bologna-Erklärung" (1999) einigten sich die Bildungsminister auf die folgenden Eckpunkte für die Harmonisierung des Hochschulwesens in Europa:

5 · Einführung eines zweistufigen Studiensystems, bei dem auf ein grundständiges Studium, das nach sechs bis acht Semestern mit einem ersten berufsqualifizierenden Abschluss endet, ein weiterführendes Studium von zwei bis vier Semestern aufbaut. In den meisten Ländern haben diese neuen Abschlüsse die englischen Bezeichnungen „Bachelor" und „Master" erhalten. Das Prinzip ist einfach: Ohne Bachelor-Abschluss (oder einen anderen ersten Hochschulabschluss) kann kein Master-Studium aufgenommen werden.

· Zudem sollte ein in allen teilnehmenden Ländern gleichermaßen gültiges Leistungspunktesystem, das „European Credit Transfer (and Accumulation) System" (ECTS) zur Übertragung und Akkumulierung von Studienleistungen eingeführt werden.

· Um die Transparenz zwischen den nationalen Bildungssystemen zu verbessern, soll jedem Studienabschlusszeugnis ein europäisches Studiendokument, das „Diploma-Supplement" beigefügt werden. Dieses enthält Informationen zum Studiengang und dokumentiert in der Landessprache und in Englisch den Studienverlauf mit den gewählten Modulen, Auslandsstudium- und Praxisphasen sowie die erworbenen Kompetenzen.

Martin Winter, Bologna – vom politischen Prozess in Europa zur Studienreform in Deutschland, www.bpb. de, 31.3.2015

M 3 ● Die Bologna Reform – Geschichte einer Enttäuschung?

Die Unternehmen

Vor allem der Wirtschaft lag daran, dass Absolventen jünger werden. Deshalb war eines der Ziele des 1999 eingeführten Bolo-
5 gna-Prozesses, die Studienzeit zu verkürzen – und die Studenten schneller fit zu machen für den Arbeitsmarkt. Nun beklagen Unternehmen in einer Befragung des Deutschen Industrie- und Handelskammer-
10 tages (DIHK) die fehlenden Fähigkeiten der Bachelor-Absolventen: Nur 47 Prozent der 2000 befragten Firmen gaben an, dass Berufseinsteiger mit diesem Hochschulabschluss ihre Erwartungen erfüllen. 2007
15 waren noch 67 Prozent der Firmen zufrieden mit den Bachelor-Absolventen, 2011 waren es bereits nur noch 63 Prozent. DIHK-Präsident Eric Schweitzer gibt in der „Welt" zu, dass die Bachelor-Studenten
20 nach zwölf Jahren Schule und dem Wegfall der Bundeswehr doch zu jung sein könnten: „Ein wenig Erfahrung und Horizont schaden sicher nicht."

Die Studenten

25 Die Leidtragenden zwischen starren Modulplänen, ausufernden Prüfungsleistungen, gefrusteten Professoren und schließlich unzureichenden Abschlüssen sind die Studenten. Sie sollen ins Ausland gehen, finden im
30 Lehrplan aber keinen Platz dafür. Sie sollen Persönlichkeiten statt nur Absolventen sein, ackern sich im Bachelor aber durch vorgegebene Einführungsvorlesungen – und müssen anwesend sein, auch wenn das
35 Thema nicht interessiert. In einigen Studiengängen ist der Bachelor gänzlich wertlos:

Lehramtsstudenten brauchen den Master, um ein Referendariat anschließen zu können. Und Psychologie-Absolventen haben mit dem Bachelor einen Abschluss, können 40 sich aber nicht Psychologen nennen.

Die Politiker

Die Beteiligten an der Reform und ihre Nachfolger versuchen bis heute, Bologna zu verteidigen. Aber mit den Studenten 45 sind sie trotzdem nicht zufrieden. Bundesbildungsministerin Johanna Wanka hatte im vergangenen Herbst bemängelt, dass diese heutzutage so unpolitisch seien wie lange nicht mehr. [...] Erik Marquardt vom 50 Zusammenschlusses der freien StudentInnenschaften kommentierte das in der taz einmal so: „Es ist schwierig, Menschen in einem so durchstrukturierten Studium für Politik zu begeistern. Wenn man mal ein 55 anderes Buch als das Chemiebuch in die Hand nahm, dann musste man Angst haben, etwas zu verpassen." Einen großen Protest gab es trotzdem in den vergangenen Jahren: den gegen die Bologna-Reform. 60

Die Lehrenden

Sie ärgern sich über schlechtere Arbeitsbedingungen, verschulte Studiengänge – und fühlen sich in ihrer akademischen Freiheit eingeschränkt. Auch ihnen gefiel es besser, 65 als die Studenten sich noch Zeit zum Bücherlesen nahmen und wild diskutierten. [...] Für die Lehrenden bedeutet die Bachelor-Master-Struktur vor allem Bürokratie und Prüflingsbetreuung statt Wissenschaft 70 und Forschung.

Lena Klimkeit, www.zeit.de, 23.4.2015

KMK

Die Bildungspolitik in Deutschland ist aufgrund der föderalen Struktur Ländersache. Um die Bildungspolitik in den 16 Bundesländern zu koordinieren, wurde die Ständige Konferenz der Kultusminister der Länder in der Bundesrepublik Deutschland (Kurzform: Kultusministerkonferenz, KMK) geschaffen. Die Beschlüsse der KMK sind aber nur Empfehlungen (Richtlinien), die von den Landesregierungen z.T. unterschiedlich umgesetzt werden. Wichtige Beschlüsse wurden z.B. zur Gestaltung der gymnasialen Oberstufe und des Abiturs, zur Rechtschreibreform und zur Modularisierung des Studiums getroffen.

Aufgaben

1. Interpretieren Sie die Karikatur. (M 1)

2. Analysieren Sie die Vorgaben, die auf EU-Ebene für die Vereinheitlichung des Studiums vorgegeben wurden, und die Umsetzung, wie sie in Deutschland erfolgte. (M 2, M 3)

3. Erläutern Sie, wie sich der Bologna-Prozess in den Prozess der europäischen Integration einfügt.

4. Häufig hört man in bildungspolitischen Debatten, dass der Bologna-Prozess im Prinzip gut angelegt gewesen sei, problematisch sei hingegen die Umsetzung in nationales deutsches Recht. Diskutieren Sie diese These. (M 3)

Europäische Bildungszusammenarbeit – Erasmus-Programm
Kap. 10.1,
M 1 – M 3

Anders als andere Politikbereiche beruht die europäische Bildungszusammenarbeit nicht auf Gesetzen, Verordnungen oder Richtlinien, sondern auf unterschiedlichen **Programmen und Förderinstrumenten**. Die inhaltliche Ausgestaltung der Bildungssysteme ist nach wie vor den einzelnen Mitgliedsstaaten überlassen. Deshalb gibt der Rat auf der Grundlage des Vertrags von Maastricht nur **Empfehlungen** beispielsweise für Förderprogramme wie das Programm **Erasmus+**, das die **Mobilität** von Lernenden und Lehrenden fördert. Denn die Unionsbürgerschaft gibt jedem Bürger der EU das Recht, in jedem Mitgliedsland zu leben, zu lernen und zu arbeiten. Darüber hinaus aber kann die politische und gesellschaftliche Stabilität in Europa nur erreicht werden, wenn sich die Menschen gegenseitig verstehen, die Vielfalt ihrer Kulturen kennen und nutzen lernen, damit das Zusammenleben innerhalb Europas von gemeinsamen Werten, vor allem von dem Respekt vor dem Anderssein getragen wird.

Seit 30 Jahren ermöglicht das Erasmus-Austauschprogramm jungen Menschen Studienaufenthalte im europäischen Ausland. An dem Programm nahmen rund 4,4 Millionen Studierende teil, darunter etwa 651.000 aus Deutschland. Hinzu kommen tausende Jugendliche, Azubis, Schüler und weitere Angehörige von Bildungseinrichtungen.

Harmonisierung der Hochschulpolitik – Bologna-Reformen
Kap. 10.2,
M 1 – M 3

Auf der Ebene der Hochschulpolitik hat man sich auf **Eckpunkte zur Harmonisierung** und die Schaffung einen europäischen Hochschulraumes geeinigt. Im italienischen Bologna unterzeichneten 1999 die europäischen Bildungs- und Kulturminister eine entsprechende Erklärung, die auf die **gegenseitige Anerkennung der Studienabschlüsse, eine Harmonisierung von Studiengängen und -abschlüssen sowie auf internationale Mobilität** der Studierenden ausgerichtet war. Wichtigstes Instrument war die Einführung eines zweistufigen Systems der Studienabschlüsse (**Bachelor und Master**) und die Einführung des European Credit Transfer System (ECTS), ein System zur Übertragung und Anrechnung von Studienleistungen, das an allen Hochschulen in Europa Anwendung findet.

Die Einführung der Bologna-Reformen wurden von vielen Akteuren, vor allem von Unternehmen, zunächst begrüßt, führte sie doch zu **schnelleren Studienabschlüssen**. Auch führte sie in vielen Bereichen zu **klareren Strukturen** im Studium. Kritisch wird hingegen oft angemerkt, dass die **Bachelorstudiengänge sehr verschult** und zum Teil auch **inhaltlich überfrachtet** seien, es den Bachelorabsolventen an Erfahrung mangele. Auch sei die erhoffte Mobilität der Studierenden nicht in größerem Umfang eingetreten, weil man zu sehr unter **Zeitdruck** studieren müsse. Insbesondere die Studierenden und auch viele Lehrende beklagen den hohen **Prüfungsdruck**, der infolge der Reform entstanden sei.

Neue politische Idee für Europa:
Bildungs-, Forschungs- und Innovationsgemeinschaft

Am [24. Januar 2017] wird die Hochschulrektorenkonferenz (HRK) eine Europäische Bildungs-, Forschungs- und Innovationsgemeinschaft fordern. Zu ihrem jährlichen Strategietag in Brüssel werden über 100 Hochschulleiterinnen und -leiter mit hochrangigen Repräsentantinnen und Repräsentanten der EU-Organe diskutieren. HRK-Präsident Professor Horst Hippler [...]:
„EU-Kommissionspräsident Jean-Claude Juncker hatte Recht: Die Europäische Union befindet sich in einer existenziellen Krise und jetzt ist nicht die Zeit für 'business as usual'. Bildung, Forschung, und Innovation sind unsere bedeutendsten Rohstoffe und unser entscheidendes Kapital in Europa. Bildung und Kultur haben eine starke, vielleicht die stärkste Bindekraft für die europäische Gesellschaft.
Die EU-Politik ist gefordert, diesen Themen eine entsprechend zentrale Rolle zukommen zu lassen. Deshalb sollten die im Augenblick zerstückelten EU-Politikfelder von Bildung, Forschung, Innovation und auch Kultur neu gedacht werden – als ein identitätsstiftendes Gemeinschaftsprojekt.
Die Europäische Union hat bereits gezeigt, welches Potenzial in diesen Bereichen steckt: Ihre Bildungsprogramme haben Millionen von Studierenden, Hunderttausenden von Hochschullehrerinnen und -lehrern und Verwaltungsangehörigen sowie Auszubildenden eine konkrete Erfahrung von Europa verschafft und somit zur Entwicklung und Stärkung einer europäischen Identität beigetragen. Das Europäische Rahmenprogramm für Forschung und Innovation, Horizont 2020, ist das größte Programm zur Forschungsförderung weltweit. Der Europäische Forschungsrat (ERC) hat sich in der globalen Wissenschaftsszene zum Leuchtturm für Forschungsexzellenz entwickelt.
Das Potenzial ist da, aber die EU macht zu wenig daraus. So engt sie seit Jahren ihre bildungspolitischen Ziele auf die Steigerung der unmittelbaren Berufsbefähigung von Absolventinnen und Absolventen ein. Mindestens ebenso dringend jedoch werden die anderen Dimensionen der Hochschulbildung gebraucht: Neben Fachwissen vor allem Persönlichkeitsbildung, kritisches Denkvermögen, Bürgersinn, Toleranz gegen über Andersdenkenden.
Daher sollte die Europäische Union die exzellenten Potenziale von Bildung, Forschung, Innovation und Kultur verbinden und für ihre Bürger optimal nutzbar zu machen. Dabei müssen die richtigen Instrumente eingesetzt werden. Eine Europäische Bildungs-, Forschungs- und Innovationsgemeinschaft muss 'von unten' und von allen getragen werden. Sie kann nur entstehen, wenn die Europäischen Institutionen und Politik und Wissenschaft in den EU-Mitgliedstaaten hier eng zusammenarbeiten. Dabei wird es darauf ankommen, die Vielfalt und Verschiedenheit der Bildungs-, Forschungs- und Innovationssysteme als Chance zu begreifen und tatkräftig zu nutzen. Nur dann kann ein neues identitätsstiftendes Gemeinschaftsprojekt für Europa entstehen."

Pressmitteilung der Hochschulrektorenkonferenz, www.hrk.de, 23.01.2017

Aufgaben

1 Arbeiten Sie aus dem Text heraus, wie die Hochschulrektoren die europäische Bildungspolitik verändern möchten.

2 Erläutern Sie mögliche Schwierigkeiten, die diesem Projekt entgegenstehen könnten.

3 Diskutieren Sie, inwieweit eine weitere Harmonisierung der Bildungspolitik, die weit über die heutige Praxis kurzeitiger Austauschprogramme hinausgehen müsste, dazu beitragen könnte, die Identitätskrise, von der im Text gesprochen wird, zu lindern.

Erläuterungen zu den Operatoren

Die folgenden Operatoren finden u.a. im Fach Politik und Wirtschaft Verwendung in den Aufgabenvorschlägen zum Landesabitur.

Operator(en)	Definition	Beispiel(e)	AFB
Anforderungsbereich I			
berechnen	anhand vorgegebener Daten durch Rechenoperationen zu einem Ergebnis gelangen und die Rechenschritte dokumentieren	Berechnen Sie den Arbeitnehmer- und Arbeitgeberanteil zur Sozialversicherung.	I–II
beschreiben	Aussagen, Sachverhalte, Strukturen o. Ä. in eigenen Worten strukturiert und fachsprachlich verdeutlichen	Beschreiben Sie die zentralen Merkmale der Epoche des Expressionismus. Beschreiben Sie die in der Rede deutlich werdende Haltung Hitlers gegenüber dem Judentum.	I–II
nennen	zielgerichtet Informationen zusammentragen, ohne diese zu kommentieren	Nennen Sie die zentralen Thesen der Mitleidsethik Arthur Schopenhauers. Nennen Sie die wichtigsten Stationen auf dem Weg zum Potsdamer Abkommen.	I
notieren	Noten und musikalische Zeichen traditionell oder graphisch aufschreiben	Notieren Sie Umkehrung und Krebs der Zwölftonreihe.	I–II
skizzieren	einen Sachverhalt oder Gedankengang in seinen Grundzügen angeben	Skizzieren Sie die Beweggründe des Protagonisten aus dem vorliegenden Romanauszug. Skizzieren Sie den Einfluss der Medien auf die politische Willensbildung.	I–II
wiedergeben	ausgehend von einem Einleitungssatz Informationen aus dem vorliegenden Material unter Verwendung der Fachsprache in eigenen Worten ausdrücken	Geben Sie den Textinhalt des Klavierliedes wieder.	I
zusammenfassen	ausgehend von einem Einleitungssatz die wesentlichen Aussagen eines Textes in strukturierter und komprimierter Form unter Verwendung der Fachsprache herausstellen	Fassen Sie den vorliegenden Text zur Präimplantationsdiagnostik (PID) in eigenen Worten zusammen.	I–II
Anforderungsbereich II			
analysieren	Merkmale eines Textes, Sachverhaltes oder Zusammenhanges kriterienorientiert bzw. aspektgeleitet erschließen und zusammenhängend verdeutlichen	Analysieren Sie die Liebesbeziehung in Goethes Gedicht auch unter Berücksichtigung sprachlich-formaler Aspekte.	II
anwenden	einen bekannten Sachverhalt oder eine bekannte Methode auf eine neue Problemstellung beziehen	Wenden Sie die Positionen absoluter Strafbegründung auf den vorliegenden Fall an.	II
auswerten	Daten, Einzelergebnisse oder Sachverhalte zu einer abschließenden Gesamtaussage zusammenführen	Werten Sie Material 1 aus, sodass Sie eine Aussage über die aktuellen Probleme des Naturraums treffen können.	II
charakterisieren	Vorgänge, Sachverhalte, Personen / Figuren in ihrer jeweiligen Eigenart treffend und anschaulich kennzeichnen und ggf. unter einem bestimmten Gesichtspunkt zusammenführen	Charakterisieren Sie den Protagonisten des vorgegebenen Textauszugs. Charakterisieren Sie die Themen der vorliegenden Komposition. Charakterisieren Sie die Organisation des Staates während der nationalsozialistischen Herrschaft.	II
darstellen	Sachverhalte o. Ä. und deren Bezüge sowie Zusammenhänge aufzeigen	Stellen Sie die Bedeutung der Szene im Kontext der Dramenhandlung dar. Stellen Sie Freuds Menschenbild dar, wie es sich aus dem psychischen Apparat und seiner Trieblehre ergibt.	I–II
einordnen / zuordnen	Texte oder Sachverhalte unter Verwendung von Vorwissen begründet in einen genannten Zusammenhang stellen	Ordnen Sie das Schreiben in die Geschichte der amerikanisch-sowjetischen Beziehungen zwischen 1941 und 1946 ein.	I–II

Operator(en)	Definition	Beispiel(e)	AFB
erklären	Materialien, Sachverhalte o. Ä. in einen Begründungszusammenhang stellen, z.B. durch Rückführung auf fachliche Grundprinzipien, Gesetzmäßigkeiten, Funktionszusammenhänge, Modelle oder Regeln	Erklären Sie die Funktion des Prologs für die Dramenhandlung. Erklären Sie, welche Kraftarten in Ihrer Prüfungssportart vorrangig benötigt werden, um erfolgreich zu sein.	II
erläutern	Materialien, Sachverhalte o. Ä. mit zusätzlichen Informationen und Beispielen verdeutlichen	Erläutern Sie ausgehend vom Text wesentliche Elemente des Modells der repräsentativen Demokratie.	II
gliedern	ein Musikstück begründet in Abschnitte einteilen und diese sprachlich bezeichnen	Gliedern Sie das vorliegende Notenbeispiel.	I–II
herausarbeiten	aus Materialien nicht explizit genannte Sachverhalte erschließen	Arbeiten Sie aus der Szene die Vorgeschichte der beiden Partner heraus.	II
in Beziehung setzen	Zusammenhänge unter vorgegebenen oder selbst gewählten Gesichtspunkten begründet herstellen	Setzen Sie die Grafik in Beziehung zum vorliegenden Text. Setzen Sie Dorothee Sölles Vorstellungen von Jesus Christus in Beziehung zu entsprechenden neutestamentlichen Aussagen.	II
untersuchen	Sachverhalte unter bestimmten Aspekten betrachten und belegen	Untersuchen Sie, inwieweit Büchners Kunstauffassung in diesem Text erkennbar ist.	II
vergleichen / gegenüberstellen	nach vorgegebenen oder selbst gewählten Gesichtspunkten Gemeinsamkeiten, Ähnlichkeiten und Unterschiede begründet darlegen	Vergleichen Sie die Naturschilderungen in den vorliegenden Gedichten von Eichendorff und Heym.	II–III
Anforderungsbereich III			
begründen	einen Sachverhalt bzw. eine Aussage durch Argumente stützen	Begründen Sie Ihr Trainingskonzept.	II–III
beurteilen	zu einem Sachverhalt oder einer Aussage unter Verwendung von Fachwissen und Fachmethoden eine begründete Einschätzung geben	Beurteilen Sie, welche Bedeutung dem in der Textvorlage dargestellten Menschenbild heute zukommt.	III
bewerten / Stellung nehmen	wie Operator ‚beurteilen', aber zusätzlich die eigenen Maßstäbe begründet darlegen	Nehmen Sie Stellung zu der Frage, inwieweit die oben erarbeiteten biblischen Vorstellungen von Gott heutzutage tragfähig sein können.	III
diskutieren / sich auseinandersetzen mit	zu einer Aussage, Problemstellung oder These eine Argumentation entwickeln, die zu einer begründeten Bewertung führt	Diskutieren Sie, ob es angemessen ist, die nationalsozialistische Machtergreifung als Revolution zu bezeichnen.	III
entwickeln	einen eigenen Gedankengang bzw. ein Konzept zu einem Thema entfalten und Schlussfolgerungen ziehen	Entwickeln Sie ein begründetes und nachvollziehbares Übungsprogramm.	III
erörtern	eine These oder Problemstellung unter Abwägen von Pro- und Kontraargumenten hinterfragen und zu einem eigenen Urteil gelangen	Erörtern Sie die These vor dem Hintergrund des Menschenbilds der Aufklärung. Erörtern Sie, inwiefern in einer an der Technik orientierten Gesellschaftsordnung totalitäre Tendenzen, wie sie bei Platon angelegt sind, entstehen können.	II–III
gestalten / entwerfen / verfassen	Aufgabenstellungen kreativ und produktorientiert bearbeiten, z.B. auf der Grundlage eines Materials und seiner inhaltlichen oder stilistischen Gegebenheiten eine kreative Idee in ein selbstständiges Produkt umsetzen	Gestalten Sie auf der Grundlage der vorgegebenen Informationen eine Petition der Gewerkschaftsvertreter an den Innenminister.	III
interpretieren	auf der Grundlage einer Analyse Sinnzusammenhänge aus Materialien methodisch reflektiert erschließen, um zu einer schlüssigen Gesamtauslegung zu gelangen	Interpretieren Sie das vorliegende Gedicht unter Berücksichtigung von inhaltlichen sowie sprachlich-formalen Aspekten. Interpretieren Sie die Statistik in Hinblick auf die Einkommenssituation der Dorfbevölkerung im Jahre 1897.	i.d.R. III
komponieren	ein Musikstück verfassen, ggf. unter Einbeziehung vorgegebener Merkmale	Komponieren Sie unter Verwendung Ihrer Entwürfe den ersten Abschnitt Ihres Werkes.	III
überprüfen	Aussagen auf der Grundlage von Fachkenntnissen kritisch hinterfragen und auf ihre Angemessenheit hin begründet einschätzen	Überprüfen Sie, inwieweit die Stellungnahme des UN-Generalsekretärs mit den „UN-Millenniumszielen" vereinbar ist.	III

OPERATOREN

Hinweise zur Bearbeitung von Aufgabenstellungen

Bis zum Abitur wird von Ihnen gefordert, mit Operatoren formulierte Aufgaben zu bearbeiten. Im Folgenden werden fünf häufig verwendete Operatoren näher erklärt, um Ihnen die Bearbeitung der Aufgaben zu erleichtern.

zusammenfassen

Sie sollen unter Beweis stellen, dass Sie einen fachspezifischen Text hinsichtlich seiner zentralen Aussagen „verstehen", indem Sie diesen mit eigenen Worten zusammenfassen.

Drei Gesichtspunkte sind hier zentral:
- die **inhaltliche Reduktion**; dabei ist zu beachten, dass oft in den Aufgaben ein Aspekt genannt wird, zu dem die Ausführungen zusammengefasst werden sollen. Alles andere sollte weggelassen werden.
- die **Strukturiertheit**; häufig ist es sinnvoll, sich vom Aufbau des Ausgangstextes selbst zu lösen und eine eigene sinnvolle Struktur für die Zusammenfassung zu finden.
- die **sprachliche Distanzierung**: Verwenden Sie durchgängig eigene Formulierungen (Ausnahme: Fachbegriffe) und grammatische Distanzierungsmittel (insb. Konjunktiv der indirekten Rede)

einordnen

Sie sollen – wie bei allen Aufgaben des Anforderungsbereichs II – fundierte Fachkenntnisse nachweisen, hier indem Sie diese in einem neuen Zusammenhang anwenden. Sie wählen sie bewusst aus und stellen diese nachvollziehbar dar.

Bearbeitungstipp: Stellen Sie sich einen nur wenig vorgebildeten Leser vor! Nichts ist „selbstverständlich", sondern muss diesem Leser genau erklärt werden (Fachbegriffe definieren, Zusammenhänge genau darstellen etc.).

Hier sind zwei unterschiedliche Aufgabenformate vorstellbar: erstens Aufgaben, die genau angeben, in welchen Sachverhalt eine Position eingeordnet werden soll („*Ordnen Sie die vorgestellten Handlungsansätze zur Gestaltung von gleichen Bildungschancen in ein Schema von sinnvoll bis sehr wirksam ein.*"); zweitens – und wahrscheinlicher – eine offenere Aufgabenstellung („*Ordnen Sie den Markt für Emissionszertifikate in die Marktformen ein.*"). Beim zweiten Typus sollten Sie bei der schriftlichen Beantwortung der Aufgabe zunächst kurz darlegen, welche Marktformen Sie zur Einordnung heranziehen. Dann können Sie ähnlich vorgehen wie bei der Aufgabenstellung → „vergleichen".

In beiden Varianten geht es oft darum, die im Material nicht unbedingt explizit geäußerten Grundannahmen etc. Fachkonzepten zuzuordnen und diese Zuordnung erklärend zu belegen.

erläutern

Hier sollten Sie unter Beweis stellen, dass Sie eine im vorliegenden Material nicht weiter begründete, aber allgemein als zutreffend angesehene Aussage („Sachverhalt") auf der Basis fundierten Fachwissens umfassend erklären können. Dadurch zeigen Sie, dass Sie gegebene Aussagen tief zu durchdringen verstehen.

Zwei Hauptschwierigkeiten beinhaltet der Operator „erläutern":

• Zum Ersten weist der Sachverhalt häufig mehrere zu erläuternde Dimensionen auf, die zunächst von Ihnen identifiziert und in der Einleitung zur Aufgabenbearbeitung dargestellt werden müssen. Materialbeispiel: *„Das Problem des anthropogenen Klimawandels stellt eine der Hauptbedrohungen für die Menschheit dar und konnte politisch bislang allerhöchstens in Ansätzen gelöst werden."* Hier finden sich drei zu erläuternde Aspekte, nämlich erstens die Menschengemachtheit der globalen Erwärmung, zweitens die Behauptung, der Klimawandel sei eine globale Hauptbedrohung, und drittens die fehlende politische Lösung.

• Zum Zweiten müssen sinnvolle Beispiele und/oder Theorien zur Verdeutlichung der Aussage angeführt werden.

Materialbeispiel: Das Bedrohungspotential des Klimawandels könnte am Beispiel bereits einsetzender Versteppung und daraus resultierender Nahrungskonkurrenz inkl. Hungermigration verdeutlicht werden. Zusätzlich wäre es möglich, das Nichtzustandekommen umfassender politischer Lösungen (Scheitern von Klimagipfeln) mit der Rational-choice-Theorie systematisch zu analysieren.

vergleichen

Vergleiche sind kein Selbstzweck, sondern dienen in der Regel dazu, die Spezifika eines Sachverhaltes durch die Abgrenzung von einem „verwandten" Sachverhalt zu erhellen.

Bearbeitungstipps: Vergegenwärtigen Sie sich die mögliche Zielsetzung des Vergleichs (Darlegen der Spezifika eines Sachverhalts durch Analogie und Abgrenzung), um eine problemorientierte Einleitung formulieren und tragfähige Vergleichskriterien entwickeln zu können.

Erfahrungsgemäß bereitet die **Kriterienorientierung** des Vergleichs die meisten Schwierigkeiten. Empfehlenswert ist daher in einem ersten Schritt, zur Vorbereitung auf die schriftliche Beantwortung der Aufgabe eine Matrix mit (min.) drei Spalten anzulegen: In der linken Spalte werden Vergleichskriterien festgehalten (die Sie in der Regel selbst finden müssen), zu denen dann die Spalten gefüllt werden.

Beispiel	Kennzeichen der modernen Industriegesellschaft	Kennzeichen der modernen post-industriellen Wissens- und Dienstleistungsgesellschaft
Bevölkerung		
Haushalte		
Bildung		
Erwerbstätigkeit		

OPERATOREN

Nicht immer müssen miteinander verglichene Gegenstände Gemeinsamkeiten und Ähnlichkeiten und Unterschiede aufweisen. Denkbar ist z. B. auch, dass sich nahezu ausschließlich Unterschiede finden.

Gemeinsamkeiten bzw. Ähnlichkeiten sowie Unterschiede könnten in einem zweiten Schritt farbig markiert werden. Im dritten Schritt kann der eigene Text anhand der Kriterien oder – meist empfehlenswerter – nach Gemeinsamkeiten und Unterschieden strukturiert werden, wobei die stärksten Übereinstimmungen/Unterschiede zuerst bzw. zuletzt genannt werden sollten.

erörtern

In Ihrer Erörterung (und das gilt genauso auch für die Operatoren **„beurteilen"** und **„Stellung nehmen"**) sollen Sie unter Beweis stellen, dass Sie ein gegebenes Problem unter Nutzung Ihres Fachwissens und der Übernahme unterschiedlicher Perspektiven vielschichtig abwägen können. Es wird eine rein sachorientierte Sprachwahl verlangt.

Der erwartete Text unterscheidet sich daher deutlich von sich einseitig und oft polemisch positionierenden (Zeitungs-)Texten, die immer wieder auch Gegenstand des PoWi-Unterrichts sind.

Fünf Punkte sind wesentlich zu beachten:
- Ein politisches Urteil sollte unbedingt kategorial (Legitimität, Effizienz, Grundwerte) erfolgen und diese **Urteilskategorien** sollten je nach Problemstellung in **Kriterien** (z. B. Durchsetzbarkeit, Kosten, Legalität, Repräsentativität, Gleichheit, Freiheit, Sicherheit…) aufgefächert sein. Bei der schriftlichen Entfaltung von Argumenten sollten diese jeweils explizit den Kriterien zugeordnet werden, um dem Leser eine Orientierung zu ermöglichen.
- Der Operator „erörtern" fordert zwingend die Anführung von Pro- und Kontraargumenten.
- Jedes dieser Argumente muss durch einen (empirischen) **Beleg**, ein schlüssiges **Beispiel** oder eine **logische Herleitung** untermauert werden. Grenzen Sie diese umfassend und verständlich ausgearbeiteten Argumente stets durch Absätze ab.
- Die Argumente können auf zweierlei Weise angeordnet werden: Wenn Sie sich klar gewichten lassen, bietet sich das **„Sanduhrenmodell"** an (zuerst die Pro-, dann die Kontragesichtspunkte oder umgekehrt, endend mit dem überzeugendsten Argument für die eigene Meinung). Entkräften sich jeweils einzelne Argumente inhaltlich sinnvoll, ist das Modell **dialektische Erörterung** empfehlenswert (abwechselnd jeweils ein Pro- und ein Kontraargument auf der gleichen inhaltlichen Ebene, endend mit dem überzeugendsten Argument für die eigene Meinung).
- Im Schlussteil der Erörterung sollte die **eigene Position eindeutig geäußert** werden.

Bearbeitungstipp: Um Ihre Erörterung stimmig zu gliedern, muss Ihr Schreibziel, also die vertretene Position, im Voraus klar sein.
Hilfreich kann es hierfür sein, die Problemstellung in Form einer Meinungslinie zwischen den Enden „stimme vollauf zu" und „stimme überhaupt nicht zu" zu visualisieren und die eigene Position als Schreibziel darin zu markieren.

Abiturvorbereitung

Die schriftliche Abiturprüfung – Probeklausur

M 1 ● Joachim Gauck: Deutschlands Rolle in der Welt: Anmerkungen zu Verantwortung, Normen und Bündnissen

Ich möchte sprechen über die Rolle Deutschlands in der Welt. [...] Manche in Deutschland fragen, was es denn da eigentlich zu ändern gebe. Unser Land sei
5 von Freunden umgeben, und weit und breit schicke sich kein Staat an, sich mit uns zu verfeinden. Sie glauben, dass die deutsche Außenpolitik ihre bekömmliche Rezeptur längst gefunden habe. Da gebe es wenig zu
10 justieren, schon gar nichts zu ändern. Warum reparieren, was nicht kaputt ist?
Ohne Zweifel stimmt an diesem Argument, dass die deutsche Außenpolitik solide verwurzelt ist. Ihre wichtigste Errungenschaft
15 ist, dass Deutschland mit Hilfe seiner Partner auf eine Vergangenheit aus Krieg und Dominanz eine Gegenwart von Frieden und Kooperation gebaut hat. Dazu zählen die Aussöhnung mit unseren Nachbarn,
20 das Staatsziel der europäischen Einigung sowie das Bündnis mit den Vereinigten Staaten als Grundpfeiler der Nordatlantischen Verteidigungsallianz [NATO]. Deutschland tritt ein für einen Sicherheitsbegriff,
25 der wertebasiert ist und die Achtung der Menschenrechte umfasst. Im außenpolitischen Vokabular reimt sich Freihandel auf Frieden und Warenaustausch auf Wohlstand.
30 Deutschland ist überdurchschnittlich globalisiert und es profitiert deshalb überdurchschnittlich von einer offenen Weltordnung – einer Weltordnung, die Deutschland erlaubt, Interessen mit grundlegenden Wer-
35 ten zu verbinden. Aus all dem leitet sich Deutschlands wichtigstes außenpolitisches Interesse im 21. Jahrhundert ab: dieses Ordnungsgefüge, dieses System zu erhalten und zukunftsfähig zu machen.
40 Deutschlands so definiertes Kerninteresse

zu verfolgen, während sich die Welt rundherum tiefgreifend verändert, das ist die große Herausforderung unserer Zeit. Wenn es in den vergangenen Jahren eine Konstante gab, so ist es die Beobachtung, dass 45 die Geschwindigkeit des Wandels permanent unterschätzt wurde. [...] Dies hat auch Konsequenzen für unsere Sicherheit: Unvermutet schnell geraten wir hinein in eine Welt, in der sich Einzelne so viel Vernich- 50 tungskraft kaufen können wie früher nur Staaten. Eine Welt, in der ökonomische und politische Macht wandert oder ganze Regionen aufrüstet. Im Nahen Osten drohen sich einzelne Feuer zu einem Flächenbrand 55 zu verbinden. Just in dem Moment überdenkt die einzige Supermacht [USA] Ausmaß und Form ihres globalen Engagements. Ihr Partner Europa ist mit sich selbst beschäftigt. Im Zuge dieser Entwicklung zu 60 glauben, man könne in Deutschland einfach so weitermachen wie bisher – das überzeugt mich nicht.
Wie der Wandel allmählich an bundesdeutschen Gewissheiten nagt, ist seit eini- 65 ger Zeit nicht mehr zu übersehen. An der europäischen Idee halten wir fest. Aber Europas Krise verunsichert uns. Auch an der Nato halten wir fest. Aber über die Ausrichtung der Allianz debattieren wir seit 70 Jahren, und ihrer finanziellen Auszehrung werfen wir uns nicht entgegen. Das Bündnis mit den Vereinigten Staaten stellen wir nicht in Frage. Aber Stresssymptome und Zukunftsungewissheit beobachten wir 75 durchaus. Die regelbasierte Welt der Vereinten Nationen halten wir in hohen Ehren. Aber die Krise des Multilateralismus können wir nicht ignorieren. Die neuen Weltmächte, wir sähen sie gerne als Teilha- 80

ber einer Weltordnung. Aber einige suchen ihren Platz nicht in der Mitte des Systems, sondern eher am Rande. Wir fühlen uns von Freunden umgeben, wissen aber kaum,
85 wie wir umgehen sollen mit diffusen Sicherheitsrisiken wie der Privatisierung von Macht durch Terroristen oder Cyberkriminelle. Wir beschweren uns, zu Recht, wenn Verbündete bei der elektronischen Gefah-
90 renabwehr über das Ziel hinausschießen. Und doch ziehen wir es vor, auf sie angewiesen zu bleiben, und zögern, eigene Fähigkeiten zur Gefahrenabwehr zu verbessern.
95 Aus all dem folgt: Die Beschwörung des Altbekannten wird künftig nicht ausreichen! Die Kernfrage lautet doch: Hat Deutschland die neuen Gefahren und die Veränderung im Gefüge der internationa-
100 len Ordnung schon angemessen wahrgenommen? Reagiert es seinem Gewicht entsprechend? [...]
Lassen Sie mich ein paar Beispiele in Fragen kleiden: Tun wir, was wir tun könnten,
105 um unsere Nachbarschaft zu stabilisieren, im Osten wie in Afrika? Tun wir, was wir tun müssten, um den Gefahren des Terrorismus zu begegnen? Und wenn wir überzeugende Gründe dafür gefunden haben,
110 uns zusammen mit unseren Verbündeten auch militärisch zu engagieren, sind wir dann bereit, die Risiken fair mit ihnen zu teilen? Tun wir, was wir sollten, um neue oder wiedererstarkte Großmächte für die
115 gerechte Fortentwicklung der internationalen Ordnung zu gewinnen? Ja, interessieren wir uns überhaupt für manche Weltgegenden so, wie es die Bedeutung dieser Länder verlangt? Welche Rolle wollen wir
120 in den Krisen ferner Weltregionen spielen? Engagieren wir uns schon ausreichend dort, wo die Bundesrepublik eigene und eigens Kompetenz entwickelt hat – nämlich bei der Prävention von Konflikten? Ich
125 meine: Die Bundesrepublik sollte sich als guter Partner früher, entschiedener und substantieller einbringen. [...]
Politiker müssen immer verantworten, was sie tun. Sie müssen aber auch die Folgen

dessen tragen, was sie unterlassen. Auch 130 wer nicht handelt, übernimmt doch Verantwortung. [...] Wir können nicht hoffen, verschont zu bleiben von den Konflikten der Welt. Aber wenn wir uns an deren Lösung beteiligen, können wir die Zukunft 135 zumindest mitgestalten. Deshalb lohnt es sich für die Bundesrepublik, in die europäische Zusammenarbeit und in die internationale Ordnung angemessen zu investieren. 140
Es ist schon richtig: Probleme zu lösen, kann Geld kosten, manchmal viel Geld. Aber nicht nur in der europäischen Krise haben wir bewiesen, dass wir bereit sind, weit zu gehen, Bündnisverpflichtungen 145 einzuhalten und Unterstützung zu leisten, weil dies letztlich auch in unserem eigenen Interesse liegt.
Manchmal kann auch der Einsatz von Soldaten erforderlich sein. Eines haben wir 150 gerade in Afghanistan gelernt: Der Einsatz der Bundeswehr war notwendig, konnte aber nur ein Element einer Gesamtstrategie sein. Deutschland wird nie rein militärische Lösungen unterstützen, es wird politisch be- 155 sonnen vorgehen und alle diplomatischen Möglichkeiten ausschöpfen. Aber wenn schließlich der äußerste Fall diskutiert wird – der Einsatz der Bundeswehr –, dann gilt: Deutschland darf weder aus Prinzip „nein" 160 noch reflexhaft „ja" sagen. [...]
Zudem sollte es heute für Deutschland und seine Verbündeten selbstverständlich sein, Hilfe anderen nicht einfach zu versagen, wenn Menschenrechtsverletzungen in Völ- 165 kermord, Kriegsverbrechen, ethnischen Säuberungen oder Verbrechen gegen die Menschlichkeit münden. Die Achtung der Menschenrechte ist nicht nur der Kern des Selbstverständnisses westlicher Demokra- 170 tien. Sie ist eine ganz grundsätzliche Bedingung für die Garantie von Sicherheit, ja, für eine friedliche und kooperative Weltordnung.
Das Prinzip der staatlichen Souveränität 175 und der Grundsatz der Nichteinmischung dürfen gewalttätige Regime nicht unantastbar machen. Hier setzt das „Konzept

der Schutzverantwortung" an: Es überträgt
180 der internationalen Gemeinschaft den
Schutz der Bevölkerung vor Massenverbrechen, wenn der eigene Staat diese Verantwortung nicht übernimmt. Als äußerstes
Mittel ist dann der Einsatz von Militär
185 möglich, und zwar nach sorgfältiger Prüfung und nach Folgenabwägung sowie Er-
mächtigung durch den Sicherheitsrat der
Vereinten Nationen. [...]

Ich bin zutiefst davon überzeugt: Deutschland, der Welt stärker zugewandt, wird ein 190
noch besserer Freund und ein noch besserer Alliierter sein – und übrigens ganz besonders in Europa.

Rede zur Eröffnung der 50. Münchener Sicherheitskon-
ferenz, 31.1.2014, www.bundespraesident.de, 31.1.2014

M 2 ● Friedensmission

Karikatur: Kostas Koufogiorgos

Aufgaben

1 Fassen Sie Joachim Gaucks zentrale Aussagen zur bisherigen Rolle Deutschlands in
der Welt und seine Forderungen an eine zukünftige deutsche Außenpolitik zusammen.

2 „Deutschland ist überdurchschnittlich globalisiert und es profitiert deshalb überdurchschnittlich von einer offenen Weltordnung [...]." (Z. 30 ff.) Erläutern Sie diese Aussage.

3 Vergleichen Sie die Aussage der Karikatur mit den dafür relevanten Ausführungen
Gaucks zu Auslandseinsätzen der Bundeswehr.

4 „Die Bundesrepublik sollte sich als guter Partner früher, entschiedener und substantieller einbringen." (Z. 125 ff.) Erörtern Sie diese Aussage Gaucks.

Erwartungshorizont für die Musterklausur

Lösungsskizze	Formulierungshilfen
Aufgabe 1 • Der **Einleitungssatz** sollte neben den Formalia (Autor, Erscheinungsmedium und -datum, Textsorte) die **Kernaussage/n** des Textes enthalten: *Aufgrund seines ökonomischen Gewichts, seiner diplomatischen und militärischen Expertise und seiner Eingewobenheit in internationale (westliche) Bündnissysteme sollte sich Deutschland als außenpolitischer Akteur deutlich aktiver an der Konfliktprävention und -beseitigung beteiligen als bisher.* • Zu referierende **Hauptaussagen** sind: Deutschlands außenpolitisches Engagement (mit Hilfe wirtschaftlicher, diplomatischer und militärischer Mittel) sollte im Rahmen seiner internationalen Bündnissysteme ausgeweitet werden. Auch robuste Kampfeinsätze sollten möglich sein. Begründungen: • Deutschlands Wirtschaft profitiere überproportional stark von der globalisierten Welt, die offene Märkte und Friedlichkeit und Sicherheit der Handelspartner und auf den Handelswegen erfordere. • Durch die weltweite Öffnung (des Verkehrs, der Kommunikation, des Warenaustausches) hätten sich auch die Sicherheitsbedingungen geändert (z. B. Privatisierung von Gewaltanwendung bis hin zu Massenvernichtungspotenzial). • „Krise des Multilateralismus": Großmächte entzögen sich (zeitweise) dem System der Vereinten Nationen. • Deutschland hat als Mitglied von Sicherheitsbündnissen (insb. NATO) Bündnisverpflichtungen. • Deutschlands Interesse an der Wahrung der Bürgerrechte bei der Gefahrenabwehr (z. B. Terrorismus) müsse dazu führen, dass die Gefahrenabwehr nicht anderen Bündnispartnern mit differentem Bürgerrechtsverständnis (z. B. den USA) überlassen bleibt. Allgemein gesagt eröffne eine stärkere sicherheitspolitische Beteiligung Deutschlands Mitgestaltungsmöglichkeiten im Sinne eigener Interessen und der eigenen Wertevorstellungen. • Die Bedeutung mancher – bisher vernachlässigter – Weltregionen müsse ein gesteigertes Engagement nach sich ziehen. • Deutschlands Diplomatie und Militär verfüge über spezielle Expertise, die noch nicht an jeder geeigneten Stelle eingebracht worden sei. • Das Prinzip der Schutzverantwortung stehe über dem der Nichteinmischung/ staatlichen Souveränität aus Gründen der unmittelbaren Menschenrechtsverteidigung. Kriterien für den Einsatz des Militärs im Ausland seien: • Zweck: Schutz der Zivilbevölkerung (als iustitia causa und intentio recta) • letztes Mittel (ultima ratio) • Legitimation durch den UN-Sicherheitsrat • Folgenabwägung • Militäreinsätze immer nur Teil einer Erfolg versprechenden Gesamtstrategie	• Einleitung mit Nennung der Kernaussage: *In seiner Rede zur Eröffnung der 50. Münchener Sicherheitskonferenz am 31.1.2014 formuliert Bundespräsident Joachim Gauck seine Forderung, dass ...* Mögliche Textsorten: meinungsbetonte (Kommentar, Leitartikel, Leserbrief, Rede ...), nicht meinungsbetonte (Bericht, Reportage ...) • Wiedergabe der Kernaussagen/-thesen/-argumente: *Der Verfasser legt dar/führt aus/begründet/erklärt dies mit/erläutert/betont/beweist/belegt/ untermauert/plausibilisiert/stützt dies mit/zieht dazu heran/zeigt auf/ führt zusammen/argumentiert grenzt sich ab von ...* • Sprachliche Mittel zur Verknüpfung von referierten Gesichtspunkten können sein: *Zum ersten ... zum zweiten .../darüber hinaus/ergänzend/damit zusammenhängend/diesen Gedanken weiterführend/zentral für den Verfasser ist/daneben/*
Aufgabe 2 • Zunächst sollte erklärt werden, dass sich der Bundespräsident hier auf die wirtschaftliche Dimension von Globalisierung bezieht und nicht primär auf die gesellschaftliche, kulturelle oder politische. • Deutschlands Wirtschaft hat einen extrem positiven Globalisierungssaldo: • Die Außenhandelsbilanz Deutschlands weist seit Jahren einen extremen Exportüberschuss auf. Insbesondere werden Einnahmen im Bereich des Maschinenbaus, der Automobilindustrie und auch der chemischen Industrie erzielt. Die Außenhandelskraft ist so ausgeprägt, dass deutsche Produkte trotz des vergleichsweise starken Wechselkurses des Euro zum US-Dollar international konkurrenzfähig bleiben.	

Lösungsskizze	Formulierungshilfen

- Die „Arbeitsmarktbilanz" ist durch die Globalisierung der Wirtschaft nach anfänglichen Dellen deutlich positiv. Zwar sind Arbeitsplätze in der einfachen Fertigung durch Produktionsstättenverlagerung verloren gegangen. Dafür wurden aber erheblich mehr im Bereich Hochtechnologie und Kommunikationsdienstleistungen geschaffen. Sekundärer Effekt: höhere Nachfrage nach haushaltsnahen Dienstleistungen (Handwerker, Reinigung...) durch insgesamt höheres Einkommensvolumen.
- Vorteile für deutsche Konsumenten bestehen in niedrigeren Preisen insbesondere einfach herzustellender Güter durch weltweite statt nur nationaler Konkurrenz und eine hohe Diversifikation des Güterangebots.
- Folgende theoretische und realpolitische Bezüge sollten/könnten hergestellt werden: Theorie absoluter Kostenvorteile (Adam Smith) zur Erklärung von Betriebsverlagerungen; Wettbewerbsmodell nach Porter und ggf. Wertschöpfungskette zur Erklärung der internationalen Wettbewerbsfähigkeit der Bundesrepublik; Freihandelsdoktrin der WTO inkl. deren Prinzipien (Nichtdiskriminierung, Inländerbehandlung)

Aufgabe 3

- Vor dem Vergleich muss die Karikatur umfassend analysiert und damit deren Gesamtaussage herausgearbeitet werden:
- Der **Einleitungssatz** sollte neben den Formalia (Zeichner, Titel, Erscheinungsmedium und -datum) entweder die Kernaussage der Karikatur oder eine oder mehrere **Deutungshypothese/n** enthalten:
- Unbedingt zu achten ist auf eine klare Trennung zwischen Beschreibung und Deutung der Karikatur.
- Die **Karikaturbeschreibung** sollte **systematisch** erfolgen (z. B. erst grober Bildaufbau und dann Details). Sie sollte **vollständig** auch in wesentlichen Einzelheiten sein (z. B. Körperhaltung und Mimik von Figuren).
- Die **Karikaturdeutung** kann gegliedert sein nach Teildeutungen (z. B. verwendete Symbole) und Gesamtdeutung inkl. Einordnung in den politischen Entstehungskontext. Sind in der Einleitung **Deutungshypothesen** aufgestellt worden, sollten diese hier explizit **überprüft** und ggf. als Deutung modifiziert (verändert, ergänzt) werden.
- Deutung: Kritik an unklarer Missionsvorstellung der deutschen Bundeswehr (wahrscheinlich in Afghanistan als dem größten bewaffneten Auslandseinsatz bisher). Friedensherstellung (*peace making*) und Friedenserhaltung (*peace keeping*) zögen unterschiedliche militärische und zivile Verhaltensweisen und auch Ausrüstung der Soldaten nach sich.
- Ggf. auch Hinweis darauf, dass eine naive Vorstellung von Friedenserhaltung („Brunnen bohren, Schulen bauen") in hoch konfliktuösen Weltregionen fehl am Platz und immer eine robust-militärische Flankierung notwendig sei.
- Ggf. Hinweis auf die unterschiedliche Perzeption von Einsätzen. Die Bevölkerung („Bürger in Uniform") mahnt Friedlichkeit an, das Militär weist auf Notwendigkeit der robusten Durchsetzung hin.
- **Vergleich**:
- Gemeinsamkeiten: Joachim Gauck fordert eine Güterabwägung vor Auslandseinsätzen und das Zusammenwirken militärischer und nicht-militärischer Befriedungsstrategien. Zumindest eine solche Kohärenz zwischen Mandat und Mittel kann man auch aus der Karikatur ableiten.
- Unterschiede:
  a) Ebenen: Der Bundespräsident betrachtet Auslandseinsätze summarisch von außen. Der Karikaturist nimmt eine – ironisch überspitzte – Binnenperspektive ein.

Formulierungshilfen:

Einleitung mit Deutungshypothesen:
Kostas Koufogiorgos kritisiert mit seiner Karikatur „Friedensmission", deren Erscheinungsort und -datum nicht angegeben sind, entweder ... oder ...

Schlusssatz (Varianten) mit Gesamtdeutung:
- *Vor dem Hintergrund der Darlegungen konnte die erste Deutungshypothese, wonach der Zeichner ... aussagen/kritisieren/karikieren möchte, falsifiziert bzw. gestützt/untermauert/plausibel gemacht werden.*
- *Somit wird deutlich, dass keine der anfänglich aufgestellten/formulierten Deutungshypothesen vollauf zutrifft/plausibel ist, sondern als Gesamtaussage festgestellt/festgehalten/konstatiert werden kann: ...*

Lösungsskizze	Formulierungshilfen

b) Während der Bundespräsident von einer Ausweitung von Auslandseinsätzen positive Folgen erhofft (Durchsetzbarkeit von Frieden, nötigenfalls mit Waffengewalt), sieht der Karikaturist in der Umsetzung der Aufträge (z. B. in der Ziel- und Erfolgsdefinition) und in deren Vermittlung gegenüber der Bevölkerung große Schwierigkeiten.

c) Koufogiorgos hält Befriedung mittels Waffengewalt anscheinend für ein Paradoxon. Er würde sich wahrscheinlich gegen militärische Friedenseinsätze aussprechen.

Aufgabe 4

- Der **Einleitungssatz** sollte die zu diskutierende Frage/These/Forderung und deren Urheber sowie optional einen ersten Hinweis auf die eigene Position aufweisen. Sinnvoll kann es auch sein, einen kurzen Überblick über den gewählten Aufbau der Argumente zu geben.
- Es wird eine **eindeutige** und wohlbegründete **Positionierung** (hier zur Forderung Gaucks) von Ihnen gefordert. Zudem sollte die **Argumentation kategorien-/kriteriengeleitet** erfolgen.
- Beispielsweise argumentiert Gauck auf der Sachebene mit *Effizienzgesichtspunkten*, wenn er implizit das Argument negativer wirtschaftlicher *Folgen* ungelöster bzw. uneingehegter internationaler Konflikte für die globalisierte Ökonomie der Bundesrepublik anführt.
- Auf der *Sachebene* führt der Bundespräsident auch *Legitimitätsargumente* an, wie z. B. die Weiterentwicklung des *Völkerrechts* hin zum Prinzip der Schutzverantwortung.
- Auf der *Wertebene* wird die Orientierung am in Deutschland herausgebildeten Verhältnis der Grundwerte *Freiheit* und *Sicherheit* bezogen auf die Wahrung der Bürgerrechte deutlich.
- Zudem spricht Gauck indirekt das Querschnittskriterium *Verhältnismäßigkeit der Mittel* an, wenn er Auslandseinsätze der Bundeswehr an Bedingungen knüpft.
- Gaucks Ausführungen sind auf zwei Ebenen kritisierbar: Erstens bleiben sie – auch aufgrund des Charakters einer öffentlichen Rede und wegen seiner Stellung als letztlich nicht mit den konkreten sicherheitspolitischen Entscheidungsbefugten – noch recht allgemein. Zweitens können auf inhaltlicher Ebene Einwände angebracht werden:
- Mögliche Verstärkung von Konflikten und Ausblendung dauerhaft gewaltarmer Konfliktlösung/-prävention durch stärkere militärische Intervention [Kategorie: Effizienz, Kriterium: unerwünschte Nebenfolgen].
- Mögliche Kosten für Aufrüstung [Kategorie: Effizienz, Kriterium: Minimalprinzip]
- Nutzen offensiverer Außenpolitik z. B. zur Terrorismusprävention unklar; globale sozioökonomische Verteilungsfragen ausgeklammert [Kategorie: Effizienz, Kriterium: Genauigkeit]
- Gefahr der Unterhöhlung des Prinzips der staatlichen Souveränität/der Nichteinmischung [Kategorie: Legitimität, Kriterium: Völkerrecht]
- Gefährdung deutscher Soldaten im Einsatz und anderer deutscher Bürger (durch hervorgehobenere sicherheitspolitische Rolle Deutschlands) [Grundwert: Sicherheit, Kategorie: Effizienz, Kriterium: unerwünschte Nebenfolgen]
- Der **Schlussteil** enthält noch einmal Ihr eindeutiges Urteil (Achtung: Widersprüche zur Einleitung und zum Hauptteil vermeiden!) und referiert Ihr zentrales Argument in knappen Worten.

Formulierungshilfen:

- Möglicher Einleitungssatz: *Im Folgenden setze ich mich mit Gaucks Forderung auseinander, dass sich die „Bundesrepublik […] als guter Partner früher, entschiedener und substantieller [bei der Bewältigung internationaler Konflikte] einbringen." soll. Dabei setze ich Gaucks Argumenten zunächst jeweils Überlegungen der Gegner solcher Aussagen entgegen und begründe zum Schluss/am Ende meine zustimmende/ablehnende Haltung.*

- Zwischen Argumenten/Argumentblöcken für die eine bzw. die andere Seite bieten sich folgende sprachliche Überleitungen an:
  die Kritiker/Befürworter hingegen argumentieren damit .../auf der einen Seite... auf der anderen Seite .../ Entkräftet wird diese Aussage schlüssig durch die Überlegung .../ Dem setzt die andere Seite das sehr starke Argument entgegen, wonach ...

- Möglicher Schlusssatz: *Insbesondere wegen des Arguments ... lehne ich ab/befürworte/unterstütze ich Joachim Gaucks Forderung*

Die mündliche Abiturprüfung

Die mündliche Prüfung hat eine wichtige Bedeutung für Ihr Abitur insgesamt – aber keine Sorge: mit einer guten Vorbereitung und etwas Vorübung lässt sich diese Prüfung gut bewältigen! Die Tipps auf dieser Seite geben Ihnen dazu Hilfestellung.

Die mündliche Abiturprüfung ist zu etwa gleichen Zeitumfängen in die Teile ‚**Prüfungsvortrag**' und ‚**Prüfungsgespräch**' gegliedert. Um den ‚Prüfungsvortrag' vorbereiten zu können, steht Ihnen eine 20minütige Vorbereitungszeit zur Verfügung.

Die Prüfung wird von Ihrem Kurslehrer (Prüfer) geleitet; ihm stehen zwei weitere Fachlehrkräfte zur Seite, von denen einer (der Fachprüfungsleiter) ebenfalls Fragen stellen darf.

Schritt 1: Vorbereitungszeit	Dauer: 20 Minuten

Setting: Was passiert?
- Im Vorbereitungsraum setzen Sie sich alleine mit den (zwei bis drei) Prüfungsaufgaben und -materialien auseinander.
- Ihnen stehen in der Regel Fremdwörterlexika und das Grundgesetz als Hilfsmittel zur Verfügung.

Ziel: Worauf arbeite ich hin?
- Sie bereiten den Prüfungsvortrag vor.
- Sie erstellen Notizen, die es Ihnen ermöglichen, Ihre Ergebnisse flüssig, strukturiert und fachsprachlich sicher zu präsentieren.
- Achten Sie darauf, dass die erste Aufgabe (Anforderungsbereich I) zwar notwendig zur Bearbeitung der weiteren ist, aber den geringsten Anteil bei der Benotung der Prüfung hat. Der Schwerpunkt des Prüfungsvortrags sollte daher auf der zweiten (und ggf. dritten) Aufgabe liegen.

Tipps zur optimalen Durchführung
→ Verschaffen Sie sich zunächst einen Überblick über die Prüfungsaufgaben: Welche zentralen Fachbegriffe und Unterrichtsinhalte werden angesprochen? Welche Art von Antwort wird durch den Operator gefordert? Welche methodischen Anforderungen sind zu beachten (z. B. Karikaturanalyse)? Bleibt etwas unklar?
→ Bearbeiten Sie das Ihnen vorliegende Material.
  Wichtig bei Texten (und ihrer Zusammenfassung):
  - Nicht alles ist wichtig! Achten Sie vorrangig auf die Aspekte, die durch die Aufgaben vorgegeben werden.
  - Schlagen Sie nur zur Not unbekannte Wörter nach. Meist genügt das Verstehen im Kontext.
→ Notieren Sie Ihre Arbeitsergebnisse *in Stichworten*! Achten Sie vor allem auf
  - Lesbarkeit
  - gedankliche Strukturierung (z. B. durch Zwischenüberschriften verdeutlichen)
  - Verwendung der zentralen Fachbegriffe
  - Nutzen Sie ggf. alternative Darstellungsformen wie Flussdiagramme, MindMaps o.ä.

Schritt 2: Die mündliche Prüfung	Dauer: etwa 20 Minuten
2.1 Der Prüfungsvortrag	**Dauer: etwa 10 Minuten**

Setting: Was passiert?
- Sie sitzen der Prüfungskommission gegenüber und präsentieren Ihre Ergebnisse zu den Prüfungsaufgaben.
- Der Prüfer greift in der Regel nicht in Ihren Vortrag ein.

Ziel: Worauf arbeite ich hin?
- Sie zeigen durch Ihren Prüfungsvortrag, dass Sie die Prüfungsaufgaben sachlich und methodisch sicher bearbeiten können.
- Der beste Vortrag ist der, nach dem der Prüfer keine Fragen mehr hat! Entfalten Sie also die Zusammenhänge ausführlich und stellen Sie selbstständig Verknüpfungen unterschiedlicher – relevanter! – Aspekte her anstatt auf Nachfragen des Prüfers zu warten.

Tipps zur optimalen Durchführung
→ Stellen Sie am Beginn der Prüfung Fragen, falls Ihnen noch etwas Wichtiges unklar geblieben ist.
→ Reden Sie sich „warm". Das geht am besten, indem Sie die jeweilige Aufgabenstellung mit eigenen Worten wiedergeben und/oder das bearbeitete Material kurz vorstellen (auch wenn Aufgabe 1 dies nicht ausdrücklich fordert).
→ Wählen Sie ein mittleres Sprechtempo.
→ Verwenden Sie Fachbegriffe, die Sie umgehend nach ihrer ersten Verwendung erklären bzw. definieren.
→ Bringen Sie ggf. weiterführende Aspekte ein – Ihr Prüfer wird darauf sicher im Prüfungsgespräch zurückkommen.

2.2 Das Prüfungsgespräch	**Dauer: ca. 10 Minuten**

Setting: Was passiert?
- Der Prüfer stellt Ihnen Fragen, die das Schwerpunktthema (Prüfungsaufgabe) in einen größeren Kontext (Semester) einordnen und prüft Ihre Kenntnisse aus (mindestens) einem weiteren Schwerpunkt (Semesterübergriff).
- Ggf. nutzt der Prüfer das Prüfungsgespräch, um Ihnen Gelegenheit zu geben, Ungenauigkeiten des Vortrages zu korrigieren oder Auslassungen zu ergänzen.

Ziel: Worauf arbeite ich hin?
- Sie zeigen durch Ihre Antworten, dass Sie auch mit Unterrichtsaspekten, die über das Schwerpunktthema hinausgehen, souverän umgehen können.
- Dabei sollte Ihr Gesprächsanteil möglichst hoch sein (kein Frage-Antwort „Ping-Pong").

Tipps zur optimalen Durchführung
→ Hören Sie möglichst genau zu, wenn Ihr Prüfer Fragen und Impulse formuliert.
→ Begnügen Sie sich nach Möglichkeit nicht mit kurzen Antworten! Führen Sie vielmehr den Problemzusammenhang, der durch eine Frage angesprochen wird, möglichst umfassend aus. Hierzu eignen sich vor allem Beispiele aus dem Unterricht und aktuelle politische Geschehnisse!
→ Auch hier gilt: erklären Sie die von Ihnen (oder dem Prüfer) verwendeten Fachbegriffe.
→ Bei Urteilsaufgaben: Legen Sie sich unbedingt auf eine Position fest, aber nicht zu schnell! Wichtiger ist es, dass Sie Ihre Fähigkeit unter Beweis stellen, ein Problem von mehreren Seiten abwägend (erörternd) zu betrachten.

Unterrichtsmethoden

Amerikanische Debatte

▶ **Ziele:** Perspektivübernahme, Erarbeitung, Artikulation und Argumentation kontroverser Positionen; kommunikatives Handeln

▶ **Orte im U.:** Phase der Urteilsbildung

▶ **Ablauf:** Variante der Pro-Kontra-Debatte (vgl. S. 218): Die Klasse wird in Pro- und Kontra-Gruppen eingeteilt, die auf der Grundlage von Texten oder des vorangegangenen Unterrichts unterschiedliche Positionen zur Debattenfrage erarbeiten. Die Gruppen bestimmen die jeweiligen Diskutanten, deren Anzahl je nach Klassenstärke unterschiedlich sein kann. Die Diskutanten sitzen gegenüber und der Moderator eröffnet die Debatte und erteilt einer Seite das Wort. Das erste Argument wird genannt, die gegnerische Seite greift das Argument auf, versucht es zu widerlegen und nennt ein weiteres Argument, das wiederum von der anderen Seite aufgegriffen wird (siehe Abbildung). Sollten am Ende der Reihe noch nicht alle Argumente ausgetauscht sein, wird von vorne begonnen.
Der Moderator achtet auf die Einhaltung der Reihenfolge sowie der Redezeit und beendet die Debatte. Die Zuschauer bewerten im Anschluss die Diskussion.

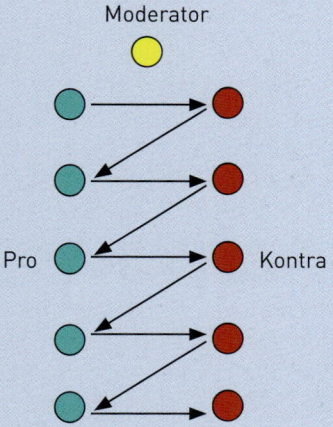

▶ **Unbedingt beachten:** Zuspitzung der Themenstellung auf eine Ja-Nein-Frage (Entscheidungsfrage). Da die Debatte eine hoch formalisierte Form der Diskussion ist, sollten die Regeln unbedingt eingehalten werden. Die Redezeit sollte unbedingt begrenzt werden. Die Amerikanische Debatte ist deutlich anspruchsvoller als die „einfache" Pro-Kontra-Debatte, da die Diskutanten mit jedem Beitrag Bezug auf den Vorredner nehmen müssen. Sie empfiehlt sich vor allem für „starke" Lerngruppen.

METHODENGLOSSAR

Ampelkartenabfrage

▶ **Ziele:** Festlegung auf eine eindeutige eigene Position; Ermittlung eines Meinungsbildes der Gesamtgruppe

▶ **Orte im U.:** erste Meinungsabfrage, Einleitung der abschließenden Urteilsbildung

▶ **Ablauf:** Jeder Teilnehmer erhält eine grüne und eine rote Karte. Zu einer politischen Streitfrage (die als Entscheidungsfrage formuliert ist) oder einer kontroversen These positionieren Sie sich nach kurzer Bedenkzeit auf ein Zeichen des Lehrers, indem Sie entweder die grüne (Zustimmung) oder die rote Karte (Ablehnung) deutlich sichtbar hochhalten. Enthaltungen oder Zwischenpositionen sind nicht zugelassen. Einzelne Teilnehmer (ggf. im Blitzlichtverfahren auch alle) werden aufgefordert, ihre Meinung mit ihrem <u>Hauptargument</u> zu begründen. Dieses Argument kann auch in der Vorbereitungszeit stichwortartig bereits auf der (laminierten) Karte notiert werden.

▶ **Unbedingt beachten:** Alle Teilnehmer müssen sich <u>gleichzeitig</u> positionieren. Ein Meinungswechsel und eine Diskussion sind während der Ampelkartenabfrage nicht vorgesehen.

Fish-Bowl-Diskussion

▶ **Ziele:** Perspektivübernahme, Erarbeitung, Artikulation und Argumentation unterschiedlicher Positionen; kommunikatives Handeln

▶ **Orte im U.:** Phase der Urteilsbildung

▶ **Ablauf:** Eine Kleingruppe diskutiert in einem Innenkreis in der Mitte des Raumes ein Thema, während die übrigen Schüler in einem Außenkreis darum herumsitzen („Fish-Bowl"), die Diskussion genau verfolgen und den Diskutanten im Anschluss eine Rückmeldung zum Diskussionsverhalten und Argumentation geben. Ein Moderator im Innenkreis leitet die Diskussion. In der Diskussionsrunde steht ein Stuhl mehr als es Teilnehmer gibt. Den freien Platz kann jemand aus der Beobachtergruppe einnehmen, um Fragen zu stellen oder seine Meinung einzubringen. Danach verlässt er die Diskussionsrunde wieder.

▶ **Variante:** Der Zuschauer verbleibt in der Diskussionsrunde, dafür verlässt ein anderer Diskutant die Runde und macht seinen Stuhl für einen anderen frei.

▶ **Unbedingt beachten:** Fragestellung sollte möglichst offen sein und in der Diskussion verschiedene Richtungen ermöglichen.

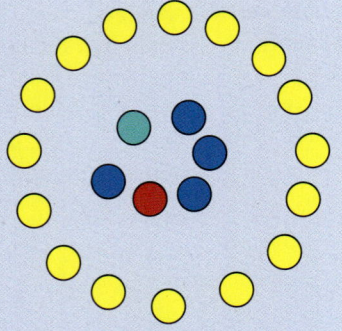

Variante Sitzkreis

● Moderator
● Gruppensprecher
● freier Stuhl
● Schüler

Gruppenpuzzle

▶ **Ziele:** Arbeitsteilige selbstständige Erarbeitung und Präsentation von (Teil-) Inhalten

▶ **Orte im U.:** Erarbeitung, Schaffung einer breiten Informationsbasis

▶ **Ablauf:** Ein Thema wird in unterschiedliche, möglichst gleichwertige Teilthemen/ -aufgaben (= Puzzleteile) unterteilt, die in Gruppen erarbeitet werden. Das Gruppenpuzzle arbeitet mit zwei Gruppenformen (Stamm- und Expertengruppe) und wird in drei Phasen durchgeführt:

1. In der ersten Phase werden die Schüler in Stammgruppen eingeteilt. Jedes Mitglied erhält eine Teilaufgabe (= Puzzleteil) einer Gesamtaufgabe, die es erarbeitet und für die es zum „Experten" wird.

2. In der zweiten Phase treffen sich alle „Experten", die dieselbe Teilaufgabe bearbeitet haben, in den sog. Expertengruppen, tauschen sich aus, klären offene Fragen und vertiefen ihr Expertenwissen.

3. In der dritten Phase kehren die Experten in ihre jeweilige Stammgruppe zurück und informieren die Mitglieder der Stammgruppe über ihre Erkenntnisse (=Zusammensetzung der Puzzleteile).

▶ **Unbedingt beachten:** Nach dieser Phase muss jedes Gruppenmitglied über alle Teilaspekte eines Themas (= Puzzleteile) informiert sein. Die Teilergebnisse sollten zu einem Gesamtergebnis zusammengeführt werden.

Mindmap

Ziele: Anschauliche Strukturierung von Informationen oder Themen; Entfaltung eines Themas und Vernetzung mit bereits bestehendem Vorwissen

Orte im U.: Einstieg, (Beginn der) Erarbeitung eines Themas; Entfaltung eines Themengebiets, z.B. bei der Vorbereitung eines Referats, ggf. systematische Sicherung der Kernergebnisse einer Unterrichtsreihe

Ablauf:

1. Verwenden Sie ein unliniertes Blatt DIN-A4 (oder größer), legen Sie es quer und schreiben Sie das Thema Ihrer Arbeit groß in die Mitte des Blattes.

2. Sammeln Sie wesentliche Aspekte zu Ihrem Thema und schreiben diese von den Hauptästen abgehend auf Ihr Blatt. Überlegen Sie genau, welche (Schlüssel-) Begriffe Sie hier verwenden, denn durch diesen Schritt strukturieren Sie Ihr Thema grundlegend.

3. Ergänzen Sie nun weitere Informationen zu den Teilaspekten, indem Sie kleinere Äste auf der zweiten (oder dritten) Gedankenebene anlegen.

4. Vervollständigen Sie abschließend Ihre Mindmap, indem Sie an jedem Ast passende Begriffe und Ideen ergänzen.

Unbedingt beachten: Um das Mindmapping zu erlernen, empfiehlt es sich, in der vorgeschlagenen Weise vorzugehen. Entwickeln Sie dann mit der Zeit Ihren eigenen Stil.

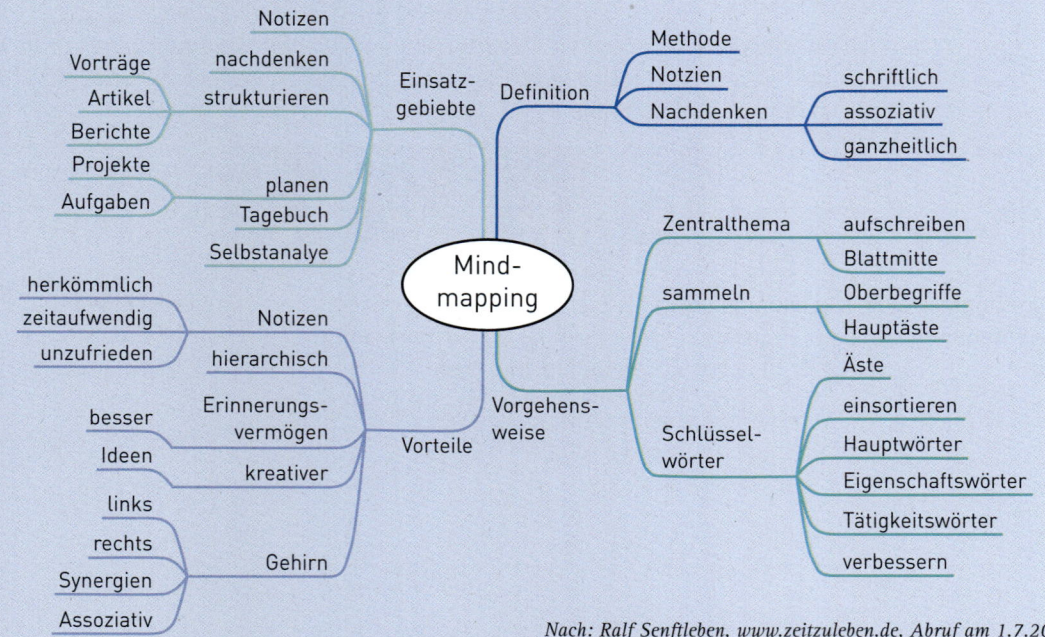

Nach: Ralf Senftleben, www.zeitzuleben.de, Abruf am 1.7.2015

Morphologischer Kasten

▶ **Ziele:** Entwickeln einer kohärenten Gesamtlösung (als eine Kombination von Teillösungen) für ein politisches Problem

▶ **Orte im U.:** im Rahmen der Möglichkeitserörterung, am Ende einer Unterrichtsreihe oder in Vorbereitung auf eine schriftliche Aufgabenlösung (Operator „entwickeln")

▶ **Ablauf:** **Phase 1** – Die Problemstellung wird möglichst genau beschrieben (Verursacher, Betroffene, Problemfolgen). Dabei ist schon die Problemauswahl zu beachten. Ein politisches Problem zeichnet sich im Gegensatz zu anderen Problemen zumindest durch folgende Merkmale aus: Es ist von mehr oder weniger existenzieller Bedeutung für eine Bevölkerungsgruppe, eine Problemlösung ist dringlich (kann also nicht beliebig lange aufgeschoben werden), es muss genau definiert werden und es weist divergierende Bewältigungsmöglichkeiten auf.

Phase 2 – Die einzelnen Problemursachen werden bestimmt, d. h. alle Teilaspekte des Problems werden festgelegt, die die Lösung beeinflussen können. Diese Teilaspekte müssen analytisch möglichst klar voneinander trennbar sein.

Phase 3 – Zunächst ohne weitere Prüfung (etwa auf Legitimität oder Effektivität) werden zu den Teilursachen des Problems Lösungsmöglichkeiten entworfen. Zu jeder Teilursache können unterschiedlich viele Lösungen vorgeschlagen werden.

Phase 4 – Lösungsmöglichkeiten für die Teilursachen des Gesamtproblems werden kombiniert. Diese Kombinationen müssen vorurteilsfrei vorgenommen werden, wobei darauf geachtet werden sollte, dass die entstehende Kombination keine widersprüchlichen Teillösungen integriert.

Phase 5 – Die aus der Kombination entstandenen Lösungsalternativen werden bewertet, um die geeignetste begründet auswählen zu können. Dies geschieht mit den bekannten Kategorien Legitimität und Effizienz (bzw. geeigneten Unterkriterien → s. Urteilsbildung).

▶ **Unbedingt beachten:** Beim Entwickeln von Teillösungen (Schritt 3) ist Offenheit gefragt. Insbesondere an dieser Stelle sollten nicht bereits Ideen wegen ihrer (vermeintlichen) politischen Nichtdurchsetzbarkeit von vornherein verworfen werden. Auch bei der Auswahl der stimmigsten Lösung (Phase 5) können – z. B. im Klassengespräch – noch Optimierungen auf Ebene der Teillösungen vorgenommen werden.

METHODENGLOSSAR

Problem:	Der Ausstoß von CO_2 in Deutschland ist noch immer zu hoch, wodurch der Klimawandel vorangetrieben wird.				
Teilursachen	Denkbare Ansätze für Teillösungen (Auswahl)				
Zu hoher Verbrauch fossiler Brennstoffe beim Heizen	Anreize für Hausdämmung (z. B. zinsgünstige staatliche Kredite, steuerliche Absetzbarkeit der Sanierungskosten)	(Erhöhung der) Energienutzungssteuern und damit Verteuerung der Energieträger (Gas, Heizöl)	Gesetzlicher Zwang zur Hausdämmung/zur Einhaltung hoher Energienutzugsstandards		
Individualmobilität zumeist mit Hilfe von Verbrennungsmotoren	Anreize zur Nutzung schadstoffarmer/ -loser PKWs (z. B. kostenfreie Sonderparkplätze/ -spuren)	Anreize zum Erwerb schadstoffarmer/ -loser PKWs (z. B. direkte Kaufsubventionierung durch staatliche Mittel)	Erhebung einer Straßennutzungsgebühr (Maut) → Einnahmen zu Verwendung für Klimaschutzmaßnahmen an anderer Stelle	Staatliche Bezuschussung von Forschung und Entwicklung schadstoffarmer/ -loser PKWs	Ausbau des öffentlichen Personen(nah)verkehrs und ggf. Preissenkung durch staatliche Zuschüsse
Stromerzeugung noch zu sehr mit fossilen Brennstoffen	Förderung der Entwicklung effizienter Stromspeicher	Ausbau des Stromtransportnetzes von Nord nach Süd	Schrittweises Verbot der Stromerzeugung aus fossilen Brennstoffen	Staatliche Förderung der Weiterentwicklung effizienter Stromerzeugung durch fossile Brennstoffe	

Podiumsdiskussion

▶ **Ziele:** Perspektivübernahme, Erarbeitung, Artikulation und Argumentation unterschiedlicher Positionen; kommunikatives Handeln

▶ **Orte im U.:** Phase der Urteilsbildung

▶ **Ablauf:** Zur Vorbereitung werden unterschiedliche Positionen zu einer bestimmten Thematik (in Gruppenarbeit) erarbeitet (Rollenübernahme). Ein Moderator (in der Regel die Lehrperson) führt thematisch in die Diskussion ein, stellt die teilnehmenden Figuren und ihre jeweilige Position kurz vor. Darüber hinaus gibt er die Regeln bekannt: Zunächst soll jeder Diskutant seine Position in einem kurzen Statement (max. zwei Minuten) vorstellen. Nach Abschluss dieser ersten Runde können die übrigen Teilnehmer darauf Bezug nehmen. Der Moderator wahrt absolute Neutralität, stellt im Verlauf der Diskussion Gemeinsamkeiten und Unterschiede in den Positionen heraus, fragt nach, präzisiert, macht auf Widersprüche aufmerksam und setzt neue Impulse oder provoziert, um die Diskussion weiterzuentwickeln. Er achtet auf eine gleichmäßige Verteilung der Redeanteile und zieht am Ende der Diskussion eine Bilanz.

▶ **Variante:** Die Zuschauer erhalten Rollenkarten und bewerten aus ihrer jeweiligen Position heraus die Diskussion.

▶ **Unbedingt beachten:** Da die Moderatorenrolle äußerst anspruchsvoll ist, sollte sie nur in erfahrenen Lerngruppen an einen Schüler übertragen werden. Auf ein entsprechendes Setting (Podium, Bühne) achten.

Pro-Kontra-Debatte

▶ **Ziele:** Perspektivübernahme, Erarbeitung, Artikulation und Argumentation unterschiedlicher Positionen; kommunikatives Handeln

▶ **Orte im U.:** Phase der Urteilsbildung

▶ **Ablauf:** Einteilung der Klasse in Pro- und Kontra-Gruppen und Erarbeitung der jeweiligen Positionen. Die Gruppen benennen einen Diskutanten. Moderator gibt das Thema bekannt und führt im Publikum eine erste Abstimmung durch. Jeder Debattenteilnehmer stellt seine Position in einem Kurzstatement vor (max. 2 Minuten). Hier empfiehlt sich ein Wechsel zwischen den Pro-Kontra-Positionen. In dieser Phase wird noch nicht aufeinander Bezug genommen. In der folgenden freien Aussprache (max. 10 Minuten) tauschen die Teilnehmer ihre Argumente aus, nehmen aufeinander Bezug. Am Ende sollen Mehrheiten für eine bestimmte Position gewonnen werden. Nach der freien Aussprache geben die Diskutanten ein Schlussplädoyer (max. 1 Min.) ab und werben noch einmal für ihre Position. Im Anschluss wird eine Schlussabstimmung im Publikum, den Adressaten der Debattenteilnehmer, durchgeführt.

▶ **Unbedingt beachten:** Zuspitzung der Themenstellung auf eine Ja-Nein-Frage (Entscheidungsfrage) Da die Debatte eine hoch formalisierte Form der Diskussion ist, sollten die Regeln unbedingt eingehalten werden. (Zeitmanagement)

Positionierung im Raum, Meinungslinie

▶ Ziele: Festlegung auf eine eindeutige eigene Position; Ermittlung eines Urteilsbildes der Gesamtgruppe; ggf. Erhebung von Vorausurteilen (Meinungslinie)

▶ Orte im U.: abschließende, kriteriengeleitete Urteilsbildung; ggf. Einleitung der Urteilsbildung

▶ Ablauf: Der Unterrichtsraum wird durch zwei vorgestellte (oder auch mit Krepp-Band markierte) Koordinatenachsen durchschnitten; der Ursprung dieses Koordinatensystems liegt in der Mitte des Raumes. Jeweils eine der Achsen repräsentiert entweder die übergeordneten Urteilskategorien Legitimität und Effizienz oder aber themenrelevante Teilkriterien dieser Kategorien (→ Urteilsbildung, Kap. 6.1.4) wie z. B. Wirksamkeit und Nebenfolgen (Effizienz) sowie Partizipation (Legitimität). Nach einer Vorbereitungszeit positionieren sich alle Teilnehmer gemäß ihres eigenen Urteils im Koordinatensystem (z. B. bei voller Zustimmung zu Effizienz und Legitimität in der äußersten Ecke des entsprechenden Quadranten im Raum; z. B. bei hoher Legitimität und mittlerer Effizienz auf der Legitimitätsachse ganz an der Raumseite „hohe Legitimität"). Einzelne Teilnehmer werden aufgefordert, ihre Meinung mit ihrem <u>Hauptargument</u> zu begründen.

▶ Variante: Bei der Meinungslinie entfällt (a) entweder die Zuordnung zu Kategorien oder es wird (b) lediglich abgefragt, ob eine politische Maßnahme o. ä. entweder als (il)legitim oder als (in)effizient anzusehen ist.

▶ Unbedingt beachten: Alle Teilnehmer müssen sich <u>gleichzeitig</u> positionieren. Alle Positionen im Raum sind zugelassen. Ein Meinungswechsel und eine Diskussion sind während der Positionierung im Raum nicht mehr vorgesehen. Die Raumaufteilung sollte im Vorfeld visuell verdeutlicht werden.

```
                          Legitimität ⊥
                              hoch

        Effizienz                              Effizienz
        gering        mittel                   hoch
        ├─────────────────────┼─────────────────────┤
                              mittel

                          Legitimität
                          ┴ gering
```

Strukturierte Kontroverse

Ziele: Intensive Vorbereitung der Urteilsbildung vor allem durch Perspektivübernahme

Orte im U.: Einleitung von Urteilsbildungsphasen

Ablauf: **Phase 1** – Materialgebunden werden zu einer politischen Entscheidungsfrage Argumente (inkl. Belegen, Beispielen) für die eigene Position erarbeitet. Zudem wird (in Partner- oder Kleingruppenarbeit) eine möglichst überzeugende Argumentationsstrategie entwickelt.
Phase 2 – Ein (ggf. moderiertes) Streitgespräch zwischen Pro- und Kontra-Gruppen wird mit wechselseitigem Rederecht durchgeführt.
Phase 3 – Die entgegengesetzte Position wird, allerdings ohne erneute Materialauswertung, eingenommen und aus dieser wird vor dem Hintergrund der ersten Diskussion eine geeignete Argumentationsstratege gegen die eigene Meinung entwickelt.
Phase 4 – Ein erneutes Streitgespräch wird – in der neuen Rollenverteilung – durchgeführt. Im Anschluss werden die Rollen verlassen, die Teilnehmer können sich kurz über die Erfahrungen innerhalb des Settings austauschen und es wird zur Urteilsbildung übergeleitet.

Variante: Die Diskussionen müssen nicht im oder vor dem Plenum, sondern können auch parallel im Unterrichtsraum stattfinden (Redelautstärke beachten!).

Unbedingt beachten: Die ungewohnte Fremdposition sollte mit Ernsthaftigkeit vertreten werden.
Die Argumente und Strategien sollten (ggf. durch Protokollanten) festgehalten werden, um sie in der anschließenden Urteilsbildung ggf. klären und gewichten zu können.

Tableset / Placemat

Ziele: Erhebung von Vorkenntnissen/Vorstellungen, Entwicklung von Ideen

Orte im U.: Vor der eigentlichen thematischen Erarbeitung, im Rahmen der Möglichkeitserörterung

Ablauf: Es werden 4er-Gruppen gebildet. Jede dieser Gruppen erhält ein quadratisches Papier (mindestens A3-Breite). Knapp die Hälfte der Fläche des Blattes wird durch ein aufgedrucktes Quadrat eingenommen, dessen Seiten immer den gleichen Abstand zum Blattrand aufweisen. In diesem Quadrat steht ein Begriff, eine Frage oder eine Aussage (zu Begriffen kann assoziiert, Fragen können beantwortet, Aussagen können erklärt oder beurteilt werden).
Phase 1 – Jede/r Schüler/in bearbeitet die gegebene Aufgabe für sich selbst und trägt seine Lösung in das vor ihr/ihm liegende Seitenfeld des Papiers leserlich (stichpunktartig) ein.
Phase 2 – Das Quadrat wird im Uhrzeigersinn gedreht, sodass jedes Gruppenmitglied die Ansätze der anderen zur Kenntnis nehmen kann.
Phase 3 – In der Gruppe können Nachfragen gestellt und Klärungen herbeigeführt werden.

Phase 4 – Die Gruppe entwickelt auf der Grundlage ihrer Ideen aus Phase 1 bis 3 eine gemeinsame Lösung für die Aufgabe, die sie gut lesbar im inneren Quadrat festhält. Diese kann im Anschluss präsentiert und mit den anderen Gruppenergebnissen verglichen werden.

▶ **Variante:**   Die Gruppen können auch unterschiedliche Aufgaben erhalten. In Phase zwei können die Gruppenmitglieder bereits Fragen oder weiterführende Ideen mit einer anderen Farbe in den anderen Feldern eintragen.

▶ **Unbedingt beachten:**   Während Phase eins und zwei wird nicht gesprochen. Für die Phasen müssen klare Zeitvorgaben gegeben werden, damit sinnvoll in die jeweils nächste Phase übergeleitet werden kann.

Table-Set für 4 Personen

World Café

▶ **Ziele:**   Herausarbeiten von für die Teilnehmer zentralen Fragen zu einem politischen bzw. gesellschaftlichen Thema; Entwickeln von Ansatzpunkten für teilnehmerorientierte Lösungen politischer Fragen

▶ **Orte im U.:**   Auftakt von Unterrichtseinheiten (Fragen formulieren); Einleitung der Möglichkeitserörterung (Lösungen andenken)

▶ **Ablauf:**   **Phase 1** – Die Teilnehmer werden in Gruppen mit ca. vier bis fünf Schülern aufgeteilt. Sie erhalten entweder die Aufgabe, zu einem festgelegten Problembereich für sie zentrale Fragen zu formulieren, oder zu einer (arbeitsgleich) oder mehreren zentralen Fragen (arbeitsteilig) Lösungsideen zu entwickeln. Ihre Fragen/Ideen notieren die Teilnehmer auf der „Tischdecke" (Flipchart-Bögen o.ä.) ihres „Cafétisches" (lockere Gruppentischanordnung im Unterrichtsraum).
Phase 2 – Die Gruppen mischen sich selbst neu (oder werden neu gemischt), wobei jeweils ein Gruppenmitglied aus Phase 1 zur Einführung der „Neuen" am Tisch sitzen bleibt. An den Cafétischen ergeben sich neue Konstellationen, die die bisherigen Vorschläge ergänzen oder auch vor dem Hintergrund ihrer eigenen Überlegungen aus Phase 1 weiterentwickeln (und die Ergebnisse ebenfalls auf der Tischdecke notieren).
Phase 3 – Die moderierte Abschlussreflexion hat zum Ziel, die interessantesten Ergebnisse herauszustellen, um sie im Unterrichtsverlauf weiter bearbeiten zu können. Außerdem kann auf individueller Ebene von überraschenden, Gewinn bringenden Diskussionen oder Ideen berichtet werden.

▶ **Unbedingt beachten:**   An den Cafétischen muss eine offene Atmosphäre herrschen, der thematische Fokus muss aufrecht erhalten bleiben (Beliebigkeit vermeiden!). Themenbezogene Ideen sollen frei geäußert, miteinander verknüpft und diskutiert werden. Notizen, Zeichnungen, Schaubilder... auf den Tischdecken sind dabei außerordentlich erwünscht. Beim Wechseln der Gruppen können je nach Bedarf mehrere Runden durchgeführt werden. Dabei ist „Pärchenbildung" aber unbedingt zu vermeiden; erwünscht sind also immer ganz neue Gruppenkonstellationen aus Personen, die sich bisher noch nicht (gut) kennen.

Register